普通高等教育"十三五"规划教材

规划引领人生——走进大学

（第三版）

敬枫蓉　主编

科学出版社

北京

内 容 简 介

本书第一章主要讨论大学使命和大学精神,强调大学的根本任务是培养德智体美全面发展的、适应社会政治经济建设及社会发展的拔尖人才和建设者。第二章着重介绍人生规划和职业规划的主要内容与方法,以及"成功=理想+规划+行动"的人生成功定律。第三章强调一个人的综合素质,即素质决定成就,提出大学教育虽然倡导学生坚定"探寻真理"和"精通一艺"的学习目标,但应更加注重人的全面发展。第四章介绍"以终为始"的学业规划方法,其中特别探讨"人才的五大黄金定律"和 SWOT 分析法。第五章讲述关于学业规划、大学学习特点及学习方法、思维锻炼及能力训练方法等内容。第六章讨论"规划引领人生,行动成就人生"的人生理念,用浅显易懂的哲理和喜闻乐见的故事、案例揭示目标、规划、行动与结果之间的关系。

本书可作为普通本专科院校及高职高专院校学生入学教育指导书和职业生涯规划课程的教材,也可作为广大青年自我提升的优秀读物,同时对高等教育工作者与学生家长也有参考价值。

图书在版编目(CIP)数据

规划引领人生:走进大学 / 敬枫蓉主编. —3 版. —北京:科学出版社,2018.9
普通高等教育"十三五"规划教材
ISBN 978-7-03-058803-6

Ⅰ. ①规… Ⅱ. ①敬… Ⅲ. ①大学生-入学教育-高等学校-教材 Ⅳ. ①G645.5

中国版本图书馆 CIP 数据核字(2018)第 212381 号

责任编辑:刘 博 / 责任校对:郭瑞芝
责任印制:霍 兵 / 封面设计:迷底书装

科 学 出 版 社 出版
北京东黄城根北街 16 号
邮政编码:100717
http://www.sciencep.com
北京市密东印刷有限公司 印刷
科学出版社发行 各地新华书店经销
*
2010 年 8 月第 一 版　开本:787×1092 1/16
2018 年 9 月第 三 版　印张:18 1/2
2021 年 8 月第十四次印刷　字数:439 000
定价:49.80 元
(如有印装质量问题,我社负责调换)

前　言

师者，传道授业解惑也。

作为一名高等教育工作者，面对着初入大学的莘莘学子，在我的脑海中，一直思考着一个问题：如今的大学生，在跨入大学校园的时候，我们该给他们提供怎样的传道解惑？

在中国高等教育的发展历程中，西方大学源于求真精神的教育思想深刻影响着中国的大学教育模式，专才教育受到高度重视：精细划分的专业结构，紧锣密鼓的培养节奏，严格系统的训练考核体系，让青年学生在大学期间"迅速"成为技术"专才"，乃至在很长一段时间里许多青年学生仍然认为，在大学中的全部目标就是"精通一艺"。

当然，今天的中国高等教育已经走出了这种培养"专才"的教育理念，提出当代大学的根本任务就是要贯彻"育人为本、德育为先、能力为重、全面发展"的高等教育理念，"着力培养信念执著、品德优良、知识丰富、本领过硬的高素质专门人才和拔尖创新人才"[①]。但是，传统的、面向专才培养的教育模式并没有完全退出教育教学领域，虽然它仍然能够迅速造就很多"可使用"人才，但是问题的凸现也显而易见：对学生的精神引导不利，树德与解惑的倡导还停留在概念上，许多青年学生在大学生活中迷失了自我，人生缺乏理想，学业缺乏规划，生活缺乏信念，甚至在大学生活结束的时候，部分青年学生仍然不知道自己的未来在哪里……

几经思索与实践，在我的心中升腾出一种强烈的愿望，那就是，我们在用先进的教育理念推动教育教学改革的同时，需要引导青年学生对自己的人生进行必要的规划。

对于多数大学新生而言，上大学意味着人生中第一次长时间远离父母而独立生活，每一个学生几乎都面临着心理适应的磨砺、前行目标的困惑、学习方式的改变、人际关系处理困难等问题。尽管如此，我们认为，青年学生不能被这样那样的问题所难倒，更不能因困惑迷茫而彷徨不定、止步不前。此时，恰恰需要的是理性清醒、从容淡定，更需要的是主动学习和主动适应。大学生需要认识：何为大学？何为大学使命和大学精神？需要问问自己：社会和人生是什么？自己是什么？自己将在未来社会中如何定位？

只有当青年学生清楚地认识了"社会"、"大学"和"我"之间的关系，才有可能真正厘清如何度过自己的大学时光。所以，本书第一章主要讨论大学使命和大学精神，强调大学的根本任务是培养德智体美全面发展的、适应社会政治经济建设及社会发展的拔尖人才和建设者。指出大学使命是科学研究与创新、文化传承与发展、推动社会发展和人才培养，促进人的全面发展；大学精神是一所大学的价值理念和价值追求，它倡导学术自由和自觉的精神，倡导永恒的道德精神和包容与批判的精神，追求创新和卓越。上述探讨，意在和大家一起探索和理解人生的意义、大学的意义、学习的意义乃至生命的意义，让青年学生懂得生命的宝贵和人生的绚丽多彩。

---

① 国家中长期教育改革和发展规划纲要（2010—2020 年）。

大学不仅是一个知识学习方式的转型期，更是一个人生的转型期。世界上许多名校重视新生入学教育中学习方式转变的教育与指导，在入学教育中讲授"怎样听课""怎样提问""怎么参与教学实践"等内容。本书虽然也涉及上述内容，但在人生转型的"规划"和"行动"上更有所侧重。第二章着重介绍人生规划和职业规划的主要内容与方法，目的是让青年学生能够在进入大学学习之初就懂得人生规划和职业规划对个人成长进步的重要意义，建立起人生规划、职业规划的概念，了解"成功=理想+规划+行动"的人生成功定律，掌握人生规划和职业规划的一般要义与方法。希望青年学生进入大学后能够志向高远、脚踏实地，尽快完成从中学到大学的顺利转型，尽快确定人生的理想和目标，尽快制定科学的学业、职业和人生规划，尽快进入人生起飞的跑道。

　　中国传统的教育源于求善的精神，"大学之道，在明明德，在亲民，在止于至善"。格物致知不是目的本身，格物致知之前须正心诚意，其目的在于修身，在于道德的完善，在于内圣，内圣方可外王。基于上述内容，第三章强调一个人的综合素质，即素质决定成就。大学教育虽然倡导学生坚定"探寻真理"和"精通一艺"的学习目标，但是应更加注重培养和提高学生的综合素质。大学生虽然需要"精通一艺"，但是更需要学会做人、学会做事、学会求知、学会创新、学会选择、学会共处、学会适应，具备良好的思想道德素质、厚重的人文素养、独立健全的人格和健康的心理素质，做一个全面发展的人。

　　我们不仅希望能够激励青年人的志向，同时希望为青年学生提供具体的方法。时间如金子般的宝贵，有意义地度过大学生活的每一天，是每一个学生获得人生成功的重要保证。第四章介绍"以终为始"的学业规划方法，其中特别探讨"人才的五大黄金定律"和SWOT分析法。目的是告诉青年学生，任何一个人都可以用SWOT分析法对自己进行分析，从中确定出自己的努力方向和前进目标，并将这个目标用"以终为始"的方法分解到每一学期、每一月、每一周乃至每一天的学习生活之中，在清晰目标的指引下，坚持践行"人才的五大黄金定律"，充实地度过每一天，坚实而有力地迈向自己的人生目标。

　　本书也是一本行动手册。第五章讲述学业规划、大学学习特点及学习方法、思维锻炼及能力训练方法等内容。第六章讨论"规划引领人生，行动成就人生"的人生理念，用浅显易懂的哲理和喜闻乐见的故事、案例揭示目标、规划、行动与结果之间的关系。告诉青年学生：如何确立正确的目标，做正确的事；如何积极行动，以正确的方法做正确的事；如何养成良好习惯和严格自律能力；如何按逻辑思考，按规则行事和依法办事。可供青年学生参考实施。

　　本书作为一本大学生的入学读本，不是大学分科教育模式的"快速入门手册"。希望它能够引导学生学会对人生、对生活、对大学和对自己进行深入思考，成为青年学生大学人生路上的第一盏明灯。

　　青年朋友，千里之行，始于足下！未来，毕竟是要通过一步步的跋涉才能到达。因此，只要对未来有一个清晰的目标，有一颗善良聪慧的心，有一双明辨是非的眼睛，有战胜困难的勇气和技巧，有勇敢而坚持的行动，相信你的大学生活一定充实而无悔，你的人生也将充实而无悔。

　　本书自2010年出版以来，迄今已重印了10次之多。2011年，被确定为"普通高等教育'十二五'规划教材"。2014年，我们在原书基础上进行了修订，形成了第二版。2018

年，为更加适应新时代对人才培养的要求，并结合多年来在教学实践过程中教师和受众学生的意见反馈，我们对本书进行了第二次修订和改版，其主要特点一是在内容上吸收了国内外最新的研究和实践成果，对部分内容进行了修改、补充和更换，使其更加贴近当代，贴近"95后"的青年学生；二是对整书的结构、编辑、排版进行了全面调整，增强了可视性和可读性；三是对老旧案例进行了更新、替换，案例更贴近新时期的学生，更体现当今社会、学校的热点问题，进一步丰富了本书的内容。

敬枫蓉

2018年5月

目 录

第一章 大学之使命 ... 1
第一节 大学的起源及发展 ... 2
一、中国大学的起源与发展 ... 2
二、西方大学的起源及发展 ... 6
三、中国当代大学 ... 13
第二节 大学使命 ... 15
一、科学研究与创新 ... 15
二、文化传承与发展 ... 19
三、推动社会发展 ... 22
四、人才培养，促进人的全面发展 ... 24
第三节 大学精神 ... 26
一、关于大学精神 ... 26
二、大学精神与大学校训 ... 28
第四节 我与大学 ... 32
一、人生的意义 ... 32
二、大学生活 ... 34
三、大学里应该学什么 ... 38

第二章 人生规划和职业规划 ... 41
第一节 美丽人生——你的人生规划 ... 41
一、人生规划及其重要性 ... 42
二、价值观是人生规划的关键和前提 ... 50
三、人生规划的三大原则：认识自我、管理自我和发展自我 ... 54
四、人生规划的一般方法 ... 68
第二节 职业规划 ... 73
一、职业规划的基本认识 ... 74
二、职业规划的基础：了解职业 ... 76
三、职业规划的依据：认识与把握自己 ... 82
四、职业规划的要素、步骤和方法 ... 88

第三章 素质决定成就 ... 97
第一节 成才的基石——素质 ... 98
一、素质的内涵及类型 ... 98
二、素质：成才之路的保障 ... 100
三、大学：素质培养的关键期 ... 102

第二节　思想道德素质 ·· 104
一、思想道德素质的内容 ··· 104
二、诚信——大学生思想道德素质的根本 ·· 106
三、知行合一，提升思想道德素质 ·· 107

第三节　人文素养 ··· 109
一、人文素养的内涵 ·· 109
二、发展人文素养的核心 ··· 111
三、如何提升人文素养 ·· 112

第四节　专业素质 ··· 113
一、专业素质的内容 ·· 113
二、培养专业素质 ·· 117

第五节　创新素质 ··· 119
一、创新素质的内涵及重要性 ·· 119
二、如何培养创新素质 ·· 119

第六节　心理素质 ··· 122
一、心理素质的主旋律——心理健康 ·· 123
二、心理素质的综合表现——情商 ·· 125
三、心理素质的基底——逆商 ·· 126
四、大学生如何培养良好的心理素质 ·· 129

第七节　身体素质 ··· 135
一、身体素质的含义及身体健康标准 ·· 135
二、身体素质的培养 ·· 136

第八节　培养综合素质 ··· 138
一、大学生综合素质的主要问题 ··· 138
二、大学中的四个"学会" ··· 139
三、在体验中提升综合素质 ··· 144

第四章　"以终为始"与大学生活 ··· 151

第一节　规划转变为行动的秘诀——以终为始 ···································· 152
一、什么是"以终为始" ··· 152
二、明确有效目标 ·· 155
三、"以终为始"的原则与步骤 ··· 159
四、"以终为始"对大学生活的指导 ·· 163

第二节　SWOT 分析法 ··· 165
一、SWOT 分析法概述 ·· 165
二、SWOT 分析的五个步骤 ··· 168

第三节　人生导航——人才黄金定律 ·· 172
一、什么是人才 ··· 173
二、人才的五大黄金定律 ··· 173

第四节　以终为始，实现人生规划与理想 184
　　　　一、以终为始，让梦想成真 184
　　　　二、以终为始，规划大学生活 184

第五章　学业规划与学习方法 188
　　第一节　大学学习特点 189
　　　　一、自主学习 189
　　　　二、目标学习 192
　　　　三、创新学习 196
　　　　四、全面学习 199
　　　　五、终身学习 202
　　　　六、学以致用和知行合一 205
　　第二节　做好学业规划 208
　　　　一、学业规划设计对于大学生的现实意义 209
　　　　二、建立学业规划的依据 210
　　　　三、做好学业规划设计的步骤 212
　　第三节　大学学习方法 215
　　　　一、在课堂、实践中学习 215
　　　　二、在竞赛中检验 219
　　　　三、向社会学习 221
　　　　四、用好网络学习 221
　　　　五、大学新生常见问题解析 224

第六章　行动成就人生 229
　　第一节　目标、规划、行动和结果 230
　　　　一、目标、规划、行动与结果的关系 230
　　　　二、正确的目标，有效的行动 236
　　第二节　时不我待，从现在做起 245
　　　　一、心动不如行动，从小事做起 245
　　　　二、时不我待，从此刻出发 251
　　第三节　习惯和自律，持之以恒 256
　　　　一、习惯决定性格，性格决定命运 256
　　　　二、培养良好习惯，坚持严格自律 264
　　　　三、成功来自于持之以恒 268
　　第四节　按逻辑思考，按规则行事 270
　　　　一、按诚信的规则行事 270
　　　　二、讲规纪：遵规守纪，按规则"出牌" 274
　　　　三、讲法治：知法守法，依法行事 278

后记 286

第一章　大学之使命

> ▶▶▶导入
>
> ### 《大学》译文两段[①]
>
> 《大学》
> 　　大学之道，在明明德，在亲民，在止于至善。知止而后有定，定而后能静，静而后能安，安而后能虑，虑而后能得。
> 　　译文：大学的宗旨在于弘扬光明正大的品德，在于使人弃旧图新，在于使人达到最完善的境界。知道应达到的境界才能够确定志向；志向确定才能够心静不乱；心静不乱才能神思安稳；神思安稳才能思虑周详；思虑周详才能有所收获。
> 　　古之欲明明德于天下者，先治其国；欲治其国者，先齐其家；欲齐其家者，先修其身；欲修其身者，先正其心；欲正其心者，先诚其意；欲诚其意者，先致其知；致知在格物。
> 　　译文：古代那些想把自己的美德彰显于天下的人，首先要治理好自己的国家。要治理好自己的国家，必须先管理好自己的家庭和家族；要管理好自己的家庭和家族，先要修养自身的品格；要修养自身的品格，先要端正自己的心思；要端正自己的心思，先要使自己的意念真诚；要使自己的意念真诚，必须先获得知识；获得知识的途径在于穷究事物的道理。（另一种译文为要使自己的意念真诚，先要招致自己的良知；招致自己的良知，在于摒除物欲的蒙蔽。）
> 　　《大学》是《礼记》中的一篇。旧说为曾子所作，实为秦汉时期儒家的作品。它以人为中心，意在提高人的品格修养，成就人的德行功业，它指出道德修养的最高境界是"至善"，提出了修德的三纲领"在明明德，在亲民，在止于至善"和八条目"格物、致知、诚意、正心、修身、齐家、治国、平天下"，非常贴近人们日常生活的现实。宋朝著名理学家、儒学大师朱熹将《大学》与《中庸》《论语》《孟子》并称为四书，《大学》位居四书之首。

　　"大学"在传统意义上其含义有二：一是博学，指广泛地学习；二是相对于"洒扫、应对、进退之礼和礼、乐、射、御、书、数"等小学内容而言的"大人之学"，即伦理道德、政治哲学等方面的学问。宋朝著名的儒学大师朱熹在《大学章句·序》中谈道，"大学之书，古之大学所以教人之法也。""人生八岁，则自王公以下，至于庶人之子弟，皆入小学，而教之以洒扫、应对、进退之节，礼、乐、射、御、书、数之文；及其十有五年，则自天子之元子、众子，以至公、卿、大夫、元士之适子，与凡民之俊秀，皆入大学，而教之以穷理、正心、修己、治人之

[①] 曾参著，刘强编译，《大学》，中国纺织出版社，2007年，第2、7、14页。

道。此又学校之教、大小之节所以分也。"可见，当时的教育大多以《大学》之道教化人的思想，提升人的品格修养和德行功业，这是中国古代高等教育教学修习的主要内容，受到大力推崇。

　　对于儒家来说，做学问的根本目的在于至善，因为作为一个人，脱离了伦理道德的学问没有意义，脱离了伦理道德的人生更是没有意义。同样地，古希腊哲学家苏格拉底也留下了"美德即知识"的教育理念。一切教育的目的在于教人成为一个完满的人。这告诉我们，大学从来就不是一个只教授知识的地方，而是教人立志、立德、立言之处。

第一节　大学的起源及发展

　　初入大学校园的那一刻，映入眼帘的是偌大的校园、宏伟的教学楼、浩大的图书馆和一群群具有青春朝气的学子，一切都是那么新鲜，那么有趣。初为天之骄子的自豪感不同往日，亲临其中的全新感官体验，让你不由自主地兴奋起来，然而这陌生的时空、陌生的人群又让你在兴奋之余感到茫然不知所措。大学生活和中学生活到底有哪些不同？经过十二年的寒窗苦读是否可以放松一下？离开父母，我是否已经独立？我的大学生活将会怎样？走出大学校门我会是一个什么样的我？许多的疑问一下子涌入了大脑却又找不到答案。面对这一切，你或许会停歇脚步，或许会从这里开始迷失方向，或许很想尽快地融入进来但又无所适从。本章带你走进大学的殿堂，从大学的起源、发展的历史开始，了解大学之"大"、大学之使命、大学精神和大学生活。

一、中国大学的起源与发展

■ 中国古代大学

　　大学，所谓"海纳百川，有容乃大"之地。大学之"大"，不光在其有大师——师德高尚、业务精湛的师资队伍；有大业——设施完善、资料翔实的优质资源；有大度——网罗众家、兼容并包的大学涵养；有大雅——追求真知、宁静致远的校园氛围；有大家——高瞻远瞩、追求卓越的大学校长，还在乎其时空之浩大。纵观大学发展的历史长河，大学的起源、发展和繁荣，无不是社会发展之产物，时代前进之必然。

　　教育源于人类的生产劳动，是因最初人类在社会生活和生产劳动中传授经验的需要而产生的。教育作为一种社会现象，是与人类社会同时出现的，并在人类生活和生产劳动过程中不断发展与前进。中国古代大学的起源可追溯到上古时期的五帝时代。古籍记载，我国唐虞以前的五帝时代（公元前2700年）已有大学，名叫"成均"。[1]据《礼记正义》（汉）郑玄注，（唐）孔颖达疏："董仲舒曰：五帝名大学曰成均"。[2]到了夏、商时期不仅设立了学校，而且有小学和大学之分。《礼记·王制》载："有虞氏养国老于上庠，养庶老于下庠。夏后氏养国老于东序，养庶老于西序。殷人养国老于右学，养庶老于左学。"郑玄作注说：上庠、东序和右

---

[1] 王炳照、郭齐家、刘德华、等，《简明中国教育史》，北京师范大学出版社，1985年，第5页。
[2] "成均"，郑玄注"均，调也，乐师主调其音"，由此可知，成均是习乐之地。传说五帝时期宗教思想盛行，氏族公社注重祭祀，因而在祭祀中融入音乐以维系民心。当时的宗教和教育活动并无严格界限，"成均"在当时已具有了明显的教化作用。

学三种是大学，下庠、西序和左学三种是小学。大学就是国学，所以养国老；小学就是乡学，所以养庶老。又据《礼记·明堂位》说："瞽宗，殷学也。"瞽宗就是商代的大学。①《汉书·礼乐志》："是故古之王者莫不以教化为大务，立大学以教於国，设庠序化於邑。"②当时的大学往往指聚集在特定地点整理、研究和传播高深领域知识的机构，已经具备了高等教育的一些属性，是高等教育的雏形，但与现代大学截然不同。中国古代的高等教育起源于朝廷，可称为"官学"；到了春秋时期，随着生产力的进一步提高，经济下移，政权下移，周王室的统治力量逐渐衰弱，使得"学在官府"失去了蓬勃发展的经济基础和政治基础，因此，"官学"逐渐开始衰落，"私人办学"开始产生，并逐渐兴起，孔子是最早开办私学的人之一，其所办的私学规模宏大，影响深远。《史记·孔子世家》记载，"弟子盖三千焉，身通六艺者七十有二"，与当时墨子所创办的墨家私学并称为"显学"。③《吕氏春秋·当染》记载："孔墨之后学显荣于天下者众矣，不可胜数。"自此，在中国古代社会的高等教育中，"官学"和"私学"一直并存发展，私学逐渐成为官学的重要补充，并影响着中国历代教育的发展。不同的办学模式促进了思想的自由和学术的发展，使知识得以更广泛地传播，为社会培养了大量的人才。

"大学"在中国古代既指有别于初级教育的高级别学校，又指具有博大精深的学术，后者是前者教学修习的主要内容。儒家的优秀作品《大学》就是后者的典型代表，它专门讨论大学教育，在当时的课堂上应用广泛，传播深远。

太学和国子监是中国封建社会的最高学府，当今提及的"太学"之称始于西周，亦称大学，明确规定以"国子"即贵族子弟为教学对象。汉武帝时（公元前124年），董仲舒希望汉武帝"兴太学，置明师，以养天下之士"。④于是汉朝在京师（长安）设立太学，为中央官学最高学府，这是我国历史上有文献记载的由官方兴办的第一所大学。关于学生的入学年龄，史籍记载不一。王太子的入学年龄，《大戴》卢注曰："《白虎通》曰：'八岁入小学，十五岁入大学……此太子之礼。'《尚书大传》曰：'公卿之太子，大夫、元士之嫡子，年十三，始入小学，见小节而践小义。年二十，入大学，见大节而践大义。'此世子入学之期也。又曰'十五年入小学，十八入大学'者，谓诸子姓晚成者，至十五入小学；其早成者，十八入大学。"⑤入学后，重视对学生的考核与奖惩。据《礼记·学记》记载："比年入学，中年考校。一年视离经辨志，三年视敬业乐群，五年视博习亲师，七年视论学取友，谓之小成。九年知类通达，强立而不反，谓之大成"⑥由此可知，当时的考核设有"小成"和"大成"两个阶段的考核标准，由此形成了官学分年考核的实施管理办法。继汉代"太学"出现之后，又出现了"国子学"。国子学设于西晋咸宁二年（公元276年），并于咸宁四年（公元278年）确定了国子学的学官制度。⑦南北朝时，国家或设太学，或两者同设，名称不一，制度也有所差异，但内容均为传授儒家经典的国家最高学府。北齐皇建元年（公元560年），设"国子寺"，作为

---

① 王炳照、郭齐家、刘德华、何晓夏、高齐，《简明中国教育史》，北京师范大学出版社，1985年，第5页。
② （汉）班固撰，（唐）颜师古注，《汉书》第四册，卷二一至卷二五（志一），中华书局，1962年，第1032页。
③ 即盛行于十世而影响较人的学术派别。
④ 曲世培，《中国大学教育发展史》，北京大学出版社，2006年，第67页。
⑤ 黄绍箕、柳诒徵，《中国教育史》，西南师范大学出版社，2012年，第69页。
⑥ 谢长法、彭泽平，《中国教育史》，西南师范大学出版社，2012年，第7页。
⑦ 谢长法、彭泽平，《中国教育史》，西南师范大学出版社，2012年，第71页。

一个教育行政机构,国子寺的创设,在中国古代学校教育发展史上有重要意义,后为隋唐所承袭。①隋文帝初年积极振兴学校教育,并下令将国子寺从太常寺中分立,国子寺是中国历史上最早的中央专属教育行政管理机构。隋朝在中央设有国子学、太学、四门学②、书学和算学等,归属于国子寺统一领导。隋炀帝大业三年(公元607年),改"国子寺"为"国子监",国子监的名称被后代一直沿用至清朝。③

类似于现代大学的高等教育机构,在中国古代除隶属于"官学"的太学、国子学、国子寺和国子监外,还有由古代"私学"发展起来的"书院",它是古代学者在特定的地点整理、研究和教授知识的教育场所,书院是中国古代农业社会里一道亮丽而独特的风景。

 知识链接

中国古代的书院

我国书院发源于唐代,最初只是地方教育组织,正式的教育制度则由朱熹创立,兴盛于宋代,在明清时期几度兴衰。在唐代,具有"书院"称谓的机构非常多,有以儿童为教育对象的书院,有祭祀名人的书院,有和尚、道士的书院,还有广收图书、聚众讲学的书院。当时书院只是校书和修书的地方,并非治学之所,也无教学之实,如中国最早的官办书院——唐朝开元六年(公元718年)唐玄宗在东都洛阳建立的丽正书院。宋代以后,书院才逐渐成为学者读书讲学之地,出现了一批集教育、研究和藏书于一体的具有大学性质的书院。宋代著名的书院有河南商丘的应天府书院,湖南长沙的岳麓书院,江西庐山的白鹿洞书院,河南登封太室山的嵩阳书院,湖南衡阳的石鼓书院和江西上饶的鹅湖书院。

当时这些书院大多"游离"在中国古代农业社会之外,在这里学习并非为了应付科举考试以求博得功名,而是以追求和钻研高深的学问为目的,为超脱现实的功利而存在,不同于"官学"。朱熹在《白鹿洞书院揭示》中明确提出,书院的办学宗旨应该是"正其义,不谋其利,明其道,不计其功"。④当时的书院与现在的大学在性质上有很大的不同,它是完全独立于社会而存在的,它的创立并非是为了促进当时农业社会的发展。书院在当时主要宣讲的是远离经济的古代哲学思想——礼学。讲授的内容也以儒家思想和儒家典籍为主,如《论语》《礼记》《周易》等。"在政治上,书院也是力图避开政治纷争,摆脱政治干涉,在书院的办学宗旨里并没有'学而优则仕'的观念,只是为了塑造明人伦、重道义的完美道德品格,而不是为了统治者培养维护统治的人才。"⑤尽管后来随着社会的发展,官学之气逐渐侵入书院,但书院最初的这这种办学理念仍在以各种方式影响着它的办学活动。例如,在当时的书院中,不乏朝中人士在更朝换代中厌弃世俗生活而隐居山林,为自己从事教授和学术研究而兴建书院。

---

① 谢长法、彭泽平,《中国教育史》,西南师范大学出版社,2012年,第74页。
② 中国古代的学校,北魏创立四门小学,唐朝四门为大学,隶属国子监,以传授儒家经典为主,学生的出身品级较低。
③ 谢长法、彭泽平,《中国教育史》,西南师范大学出版社,2012年,第84页。
④ 孙培青,《中国教育史》,华东师范大学出版社,2000年,第208页。
⑤ 凡奇,《从边缘到中心——走向社会中心的大学使命与大学教育改革》,高等教育出版社,2003年,第9页。

> 除此之外，书院的这种办学宗旨还体现在它的地理位置上，绝大多数影响较大的书院都远离当时社会的经济政治中心，坐落于相对偏僻而幽静的山林之中，如江西庐山五老峰下的白鹿洞书院，湖南岳麓山抱黄洞下的岳麓书院，河南太室山中的嵩阳书院以及江苏三茅山后的茅山书院等。书院建于山中，能够让学者潜心钻研学术，教授知识，一心只读圣贤书。但是却与社会毫无瓜葛，实属世外桃源，因此难以在社会中发展和进步，这也是古代书院与现代大学的不同之处。大学脱离社会而自行发展或许是当时自给自足的农耕时代发展的结果，但长此以往大学是无法融入社会的，特别是在工业革命后快速发展的社会中，大学更加难以生存。也正因为这样，中国的书院无法成为中国现代大学的源头。

总的来看，中国古代大学有以下五个方面的特征。

第一，主要强调的是品德教育。儒家教育以"明人伦"为中心，以三纲五常为行为规范。宋代理学家把封建的伦理道德视为"天理"，强调修身养性，格物致知。

第二，传承与创新知识相结合。古代官学中太学的教学以相互问难、讨论经义为重要形式。私学书院，以培养人才为宗旨，以繁荣学术为己任，传承与创新知识相结合。

第三，官学与私学相结合。春秋战国时期，高等教育形成官学和私学共同发展的局面，私学发展弥补了官学在数量和其他方面的不足，私学促进了官学的发展。

第四，重人文轻科学。儒家主张"劳心者治人，劳力者治于人"，强调教人予"穷理、正心、修己、治人之道"，因此中国古代大学讲授的内容大多为儒家经典以及文史辞章等，使得当时的人文学科高度发达，造就了中国古代政治家、史学家和文学家人才辈出的局面。

第五，关注政治。中国古代大学历来是开展政治活动的场所，学员关注时事与国家大事。官学和私学差不多，是"家事国事天下事，事事关心"。"学而优则仕"是教育的主要目标，隋朝后，科举成为中国古代高等教育的重心。

■ 近代中国大学的兴起

中国古代农业社会里，大学脱离社会而独立存在，以纯粹地传播学问、研习讲学为目的。到了近代，社会快速地发展，清政府的闭关自守让中国远远落后于西方国家。鸦片战争后，西方列强的大炮惊醒了中国学者的"学术梦"，打碎了当时书院学习的宁静和"超凡脱俗"。"救国图强"成为当时许多知识分子的迫切愿望，于是他们开始学习西方大学的办学模式和理念，在短期内实现了对中国传统书院的改革、改制。加上鸦片战争后又新开办了一批适应当时社会变革、工业起步发展的职业化培训学校，于是，具有现代大学雏形的新型学校开始出现，并由此拉开了中国近代高等教育的序幕。

1895年，由天津前海关道盛宣怀筹资兴办的天津中西学堂成立，这是中国近代第一所具有大学雏形的学校。天津中西学堂于1902年改名为北洋大学堂(今天津大学的前身)。1896年，盛宣怀又筹办了著名的南洋公学(今上海交通大学的前身)。1898年，戊戌变法期间，孙家鼐主持在北京创办了京师大学堂(今北京大学和北京师范大学的前身)，这所学校被认为是中国近代第一所国立综合性大学。它取代和继承了传统的太学、国子监，扮演着全国教育管理机关和最高学府的双重角色，在全国有着首屈一指的地位。1898年(光绪二十四年)由梁启超起草、康有为审定的总理各国事务衙门《奏拟京师大学堂章程》，在第一章"总纲"中，开宗明义地提出了创办京师大学堂的宏伟目标是"为各省之表率、万国所敬仰，规模当极宏远，条例当极详密，不可因陋就简，有失首善体制"。①京师大学堂的办学理念是"不再恪守中学，也不限于一技之能，而是要使学生能知晓中外，通达时务，经世济变"。②在《奏拟京师大学堂章程》第二章"学堂功课例"中指出"中西并重，观其会通，无得偏废；以西文为学堂之一门，不以西文为学堂之全体，以西文为西学发凡，不以西文为西学究竟"③是课程和专业设置的出发点。在第一节中，进一步强调中学为体、西学为用的办学思想，指出："二者相需，缺一不可，体用不备，安能成才。"③ 1902 年（光绪二十八年）颁布了《钦定京师大学堂章程》，它的一个重要贡献就是综合欧、美、日办大学的优势而提出的"把京师大学堂办成'全学'，培养'通才'的办学思想，以及德、智、体全面发展是培养人才的基础等"，④对近现代我国乃至世界高等教育都有着积极的影响和重大贡献。1904 年（光绪三十年）颁布的由张之洞等主持拟定的《奏定大学堂章程》与《钦定京师大学堂章程》在办学的指导思想上是一致的，但更为细化和完善，且各项规定对以后全国各地所办大学堂具有普遍指导意义。这一时期的京师大学堂在各方面都体现出它的独特性和先进性，例如，开始大量选送优秀大学生到海外留学；爆发了"拒俄运动"等有深远影响的学生爱国行为；举办了第一次体育运动会……这些都体现出当时京师大学堂师生对民主、科学以及民族气节的追求，对中国近现代乃至当代大学的发展都有着深远的影响。京师大学堂的建立，宣告了中国几千年的封建教育体制的全面崩溃，标志着一个新兴的、符合时代发展需要的新型大学教育体制的诞生。

可以说，中国近代大学的兴办，对沟通中西文化起到了积极的作用，虽然它有很大的局限性和不足，但在中国近代大学向现代大学迈进的过程中有着不可替代的作用。

二、西方大学的起源及发展

■ 古希腊及中世纪时期

在古希腊时期已有高等学校。公元前 387 年，哲学家柏拉图在雅典城外的阿卡德摩斯森林中创办了著名的阿卡德米学园（也称为柏拉图学园），这也是现今泛指研究团体、学术研究机构或学院的"Academic"一词语义的由来。这一学园直到公元 529 年被罗马皇帝查士丁尼一世下令关闭，在历史上存在了 900 多年之久。

作为古代希腊最负盛名的学校，阿卡德米学园培养了很多优秀的年轻人，其中最有名的是亚里士多德。后来他效仿阿卡德米学园的做法，在雅典创办了吕克昂学园。不过，与封闭式的阿卡德米学园不同的是，吕克昂学园是开放的教学园地，这里风景优美、安静，围绕学园的有条小路称为"逍遥路"，亚里士多德常常带着学生在这条路上散步、讲学，后世所称的"逍遥学派"即由此而来。

阿卡德米学园和吕克昂学园都有一些现代大学的因素，如对知识的追求、对理性的推崇

---

① 郝平，《北京大学创办史实考源》，北京大学出版社，2008 年 4 月第 2 版，第 169-170 页。
② 霍益萍，《近代中国的高等教育》，华东师范大学出版社，1999 年，第 53 页。
③ 郝平，《北京大学创办史实考源》，北京大学出版社，2008 年 4 月第 2 版，第 171 页。
④ 郝平，《北京大学创办史实考源》，北京大学出版社，2008 年 4 月第 2 版，第 185 页。

等。尽管如此，这些学园与现代大学从严格意义上说并没有师承关系，真正为现代大学奠基的是 9 世纪产生于欧洲的行会。"行会"（guild）是随着城市的兴起和生产的繁荣，新兴市民阶层为了解决经营困难，保护同行利益而组成的同业或相关行业的联合组织。关于当时的学者如何通过行会而形成大学的证据现在已无从考证，但形成的原因却是明确的。例如，当时的博洛尼亚大学，"来自欧洲各个地区的学生和教师汇聚到博洛尼亚，依据博洛尼亚的法律他们是外国侨民，因而长远来看，博洛尼亚人未来的教育事业就可能受到危害。处于当时的社会环境之下，人们目睹公社团体和手工业者、商业行会组织迅速发展的现状，自然而然地这些外来的学者首先是法律学者联合起来，形成一个保护他们自身的联合体——或者称为'大学'"。[①]行会是当时中世纪社会环境下特殊的发展群体，当时大学借鉴它的形式而获得生存发展的机会。

当时大学的办学理念与中国古代的书院有着相似之处：都是由私人兴办的、源自民间的高等教育机构。学校的建立和教学活动仅仅是为了教授学问与传播知识，它的教学内容是形而上的，基本与社会现实脱离，也不追求将知识运用于社会的发展之中。尽管如此，当时的教会和世俗力量都力图使大学为己所用，因为在大学创办之地，会带来经济和文化等方面的繁荣。作为学者行会的大学则极力排斥外界的干扰，摆脱专制的社会控制，彰显其"出淤泥而不染"的气质，具有相对的独立性。

中世纪大学以远离世俗为荣，游离于社会之外。随着工业革命的逐渐到来，大学逐渐从"象牙塔"走向社会，世俗化倾向也更加明显。任何新生事物出现后，在长久的发展过程中如果一成不变，都会让人感觉沉闷乏味，以致失去兴趣。中世纪大学也是如此，学生长时间处于这样的一种学习状态，便逐渐开始厌倦了那种讲课和辩论的教学方式，大学也因此逐渐失去了生机与活力。加上工业革命的社会环境影响，大学的传统办学理念发生了根本性的转变，大学开始融入社会。当然，这样的转变是需要一定的时间和过程的，但它标志着大学开始从遥不可及的云端走入现实的社会。因此，大学的发展在社会上赢得了越来越多的支持和呼声，大学的办学方向也朝着社会的需求慢慢靠近。

■ 现代大学的兴起

不少教育家认为工业社会第一所现代大学的出现应归属于德国的柏林大学。从1806年德意志大败于法国，并签订丧权辱国的条约后，有着理性主义传统的德意志民族就希望通过精神力量来弥补现实的物质损失，以求振兴民族。于是，教育成了首要的选择。1808 年，普鲁士成立公共教育部，由历史学家、教育学家威廉·冯·洪堡任部长，1810年，洪堡主持创办了柏林大学(1949 年更名为柏林洪堡大学)。洪堡主张自由的教育思想，提出了"教学与科研相统一"的科学教育理念。他非常重视大学，视大学为社会的道德灵魂，认为大学"是为了确保获得最纯粹和最高形式的知识(wissenschaft，它常常译为科学)，正如后来认识到的，并不是适应一个当时尚未存在的工业德国需要的以研究为方向的，尤其是有关自然的科学。"[②]在这样的思想指导下，柏林大学和社会走得越来越近，逐渐纳入国家工业化发展的轨道上，帮助德国创造了"德国奇迹"。这使得柏林大学在世界上声名鹊起，成为许多先进国家高等

---

① 凡奇，《从边缘到中心——走向社会中心的大学使命与大学教育改革》，高等教育出版社，2003 年，第 2 页。
② 伯顿·克拉克，《高等教育新论——多学科研究》，浙江教育出版社，1987 年，第 38 页。

学府争相模仿和学习的对象，包括当时美国的大学。

19世纪后，德国大学的办学成就让许多美国教育者向往，于是陆续派出留学生到德国学习。1815年，哈佛大学开始派学生留德学习深造。到19世纪80年代，短短几十年间，美国留德学生已逾2000人，"德国的大学以课堂授课，学生自由选课，教育自由研讨为主。浓厚的学术研究空气，获取新知识的孜孜不倦的特点使最初的留学生耳目一新。"①可以说当时"德国的高等教育体系对这批人有着强烈的震撼"。美国是一个移民国家，十分推崇实用主义，对大学的实用性更加看重。因此，美国的高等教育不仅继承了欧洲的大学传统，同时充分发挥其鲜明的美利坚创新特色的优势，把德国大学的办学经验与大学应适应社会需求理念相结合，走出了一条现代大学的办学之路。

这一理念在19世纪末20世纪初也是最直接和最有成效的，如为适应国家经济社会发展需求的宾夕法尼亚大学、康奈尔大学、布朗大学等常春藤盟校；为适应和满足地方经济社会发展对人才需要的由赠地学院发展起来的州立大学以及适应当地社会经济快速发展对职业化人才需求的社区大学等。

宾夕法尼亚大学(University of Pennsylvania)②：1740年在美国开国元勋本杰明·富兰克林的倡导下建立，作为学校创建人，本杰明·富兰克林认为新的知识来自对现有资源最广泛的认识和最有创新的运用，要使当时的北美洲达到欧洲那样的工业、商业和军事实力，必须提倡和实施注重实际应用的新型教育，培养具有创新思维、对他人的创造反应敏捷、不脱离现实生活的人才。因此，该校在课程设置上把重点放在实用性科目上，如现代语言、公共法律、经济学、理工学、社会科学和商业学等，致力于发展实用性学科，始终把目光盯在那些对社会发展和对人类进步有用的科目上。这一教育思想贯穿于该校两百多年的发展历程。

布朗大学(Brown University)③：该校较早摆脱了教会的束缚，在建校不久就确立了办学宗旨：一是要求学校注重研究，通过坚持不懈、锲而不舍的研究来发现知识，发现真理，进而造福人类；二是强调大学承担的社会使命，即通过知识的传授，把学生引进知识和真理的殿堂，培养他们掌握知识的本领并服务于社会。布朗大学提倡"以学生为本的科研"。在科研过程中，导师耐心指导，同学密切协作，学生的团队精神、创新意识和动手能力得到培养与锻炼。在本科生教育方面，布朗大学始终注意尊重学生的意愿，同时又建设性地引导学生，使他们不走弯路，找到学生个人兴趣、职业目标和实际能力与学校所提供课程的最佳契合点。

19世纪中期，美国大学中传统的文科学府已经无法满足机械化农业以及工业革命时代对技术人才的全面需求，1862年和1890年，先后在国会获得通过的两个《莫里尔法案》，规定州政府可以用联邦政府拨给的国有土地兴办高等学校，为本州的经济发展培养人才，提供知识和技术④。由赠地学院发展起来的大学，包括常春藤盟校中的康奈尔大学以及部分州立大学。

康奈尔大学(Cornell University)⑤：该校于1865年由企业家埃兹拉·康奈尔和学者安德鲁·迪克森·怀特携手合作创办，是唯一创办于美国独立战争以后的常春藤联盟成员。1864

---

① 舸昕，《从哈佛到斯坦福》，东方出版社，1999年，第22-23页。
② 资料来源：https://baike.baidu.com/item/宾夕法尼亚大学。
③ 资料来源：https://baike.baidu.com/item/布朗大学。
④ 于富增，《国际高等教育发展与改革比较》，北京师范大学出版社，2001年，第4-5页。
⑤ 资料来源：https://baike.baidu.com/item/康奈尔大学。

年，怀特当选为纽约州参议员并任参议文教委员会主席，主管纽约州联邦赠地高校的创建工作。恰逢康奈尔在同一参议院任农业委员会主席，作为农场主和当地首富并任纽约州的农业主管，康奈尔亲历培养农工应用专业人才的紧迫感，便决定捐出盈余个人资产(共 50 万美元)用以创建一所高等学府。康奈尔与怀特两人一拍即合，规划建立一所规模宏大、学术优秀、不受政治和宗教干扰、学科齐全、为社会输送实用技术人才的全新大学。怀特向纽约州议会递交了以最大捐资者命名的"康奈尔大学"的建校计划，并顺利被纽约州参议院法案批准为该州的赠地院校（Land-grant Institution），获得资格接受州政府的长期资金赞助。在担任首任校长的 18 年期间，怀特不遗余力地强调康奈尔大学的办学理念在于保持优秀的传统文科教育的同时，突出理工科和实用技能方面的教育，并致力于开辟新颖学科。因此，早期的康奈尔大学几乎是全美科技的象征，并在历史上一直注重将其科研成果和技术发明付诸实施。1883 年，康奈尔大学是全美最早通过水力发电来照明校园的大学之一。1898 年，康奈尔大学医学院在纽约曼哈顿建立，并于 1927 年联合哥伦比亚大学医学院共同设立庞大的纽约长老会医院系统，满足全社会的临床医学优质服务需求。

威斯康星大学①：1848 年创立，也是一所赠地大学。从它诞生之日起就将办学教育与当地的社会经济发展紧密相连，为本州服务。"科技咨询，短期培训班，大学的工厂和实验室为社会服务，以及派专家、教师当顾问，为地方承担设计、计划等工作，威斯康星大学当时就这样办了。这所大学为地方在政治、经济、管理、教育等方面进行的卓有成效的服务工作，受到地方的欢迎，学校也得到地方政府和社团、企业的大量资助。这一做法为当时美国许多州立大学所竞相仿效，后来人们就把它叫作'威斯康星思想'。"②以"威斯康星思想"为典型的美国大学办学模式的创立，使大学适应社会需求的社会职能上，除已形成的培养人、发展科学外，又增加了第三个职能，即直接为社会服务，从而使大学适应社会需求的理论和时间臻于完善。①

俄勒冈州立大学(Oregon State University)③：创办于 1868 年，该校由当时的美国总统亚伯拉罕·林肯亲自主持建立，作为全美国仅有的两所获得政府赠地同时用于参与海洋、航空、能源计划的大学之一而享有独特的荣誉，该校被誉为"公立大学之典范"。19 世纪 50 年代，美国的南北战争爆发，当时的美国分为北方的联邦政府和南方的独立政府。为了对抗南方的独立政府，当时的联邦政府急需科学技术、工业、军事科技人才来提高综合国力以应对南北战争，因此在 1858 年，由当时的美国第 16 任总统亚伯拉罕·林肯亲自主持建立了俄勒冈州立大学，并由当时的美国副总统查斯德担任俄勒冈州立大学的第一任校长。20 世纪中期是俄勒冈州立大学在物理学、化学和生物学的黄金时代。借由物理学家恩尼斯特·劳伦斯(Ernest O. Lawrence)发明的回旋加速器，在该校的研究学者发现了许多重要的化学元素。第二次世界大战时期，俄勒冈州立大学的埃莫赫尔原子能实验室(Lawrence's Radiation Laboratory)承揽了美国军方的原子弹研发计划。1942 年，该校的罗伯特·奥本海默(Robert Oppenheimer)教授被任命为曼哈顿原子弹计划的总负责人。作为美国历史上最有影响力的大学之一，俄勒冈州立大学在美国和世界享有极高的荣誉，在科学界，无数个科学史上重要而

---
① 凡奇，《从边缘到中心——走向社会中心的大学使命与大学教育改革》，高等教育出版社，2003 年，第 15 页。
② 黄赞发，陈梓权，《潘懋元高等教育文集》，汕头大学出版社，1999 年，第 149 页。
③ 资料来源：https://baike.baidu.com/item/俄勒冈州立大学。

又伟大的发现诞生在该校,其在学术界的多个重要发现被全世界的教科书收录,在工业革命时期,该校许多重要科学研究和发明成为人类历史发展道路上的里程碑。

美国的赠地学院在发展过程中,不少衍变为州立大学,成为美国高等教育的一支中坚力量,为美国的经济社会快速发展做出了重大贡献。

社区大学(Community College)[①]:20世纪美国的城市化、工业化和经济高速发展对人才的需求,促进了社区大学的发展。社区大学的理念则源自19世纪末20世纪初美国著名教育家、世界顶级学府芝加哥大学第一任校长威廉·哈珀,他强烈支持终身学习(life-long learning)的理念,推行一学年"三学期"制度,他的一些教育理念成为美国社区大学体系的基础。从第二次世界大战后,许多退伍兵曾是社区大学的重要生源。美国共有一千两百多所社区大学,拥有一千多万名注册学生。社区大学的繁荣和发展为美国输送大量适应国家与社会发展的人才。美国社区大学对美国经济发展的贡献,给普通学生带来的好处有目共睹,获得社会的广泛认可。

到了20世纪60年代中期出现了美国硅谷,它依托大学雄厚的科研力量,云集高科技事业,将大学服务社会的功能拓展开来,逐渐成为大学使命担当的重要构成。在现代的工业社会中,大学以前所未有的速度主动融入社会,教学、科研与直接的社会服务紧密结合。大学从社会的边缘逐渐置身于社会的中心,为社会进步和现代化发展发挥着越来越重要的作用。

第二次世界大战后,不少政治家和科学家清醒地意识到,要让大学的科研力量为国家和经济发展服务,当时,这项提议得到了罗斯福总统的批准并开始实施。政府与大学、研究所、工业实验室签订合同,大学与政府之间的新型关系由此产生。

第二次世界大战后,各国政府对高等教育和科研机构非常重视,它们采取不同的政策发展文化教育事业,使得各国的大学呈现出一派欣欣向荣的景象。作为研究高深学问的大学,越来越受到世人的关注和社会各界的高度重视。各国大学发展日臻完善,特别是欧美国家一些历史久远的大学,经过了几百年的发展和积淀,逐渐显露出深厚的文化底蕴和文化气息,成为一批具有世界影响力的知名大学,如美国的哈佛大学(1636年创立)、斯坦福大学(1885年创立)、麻省理工学院(1861年创立),英国的牛津大学(1167年创立)、剑桥大学(1209年创立),法国的巴黎大学(中世纪创立),日本的东京大学(1877年创立)……世界各地的学子争相迈入这些大学,进行全身心的洗礼和钻研。

一起长知识

美国哈佛大学(Harvard University)[②]

美国哈佛大学创建于1636年,是美国最早的私立大学之一,总部位于波士顿的剑桥城。1636年10月28日,马萨诸塞州大法院召开会议,会议通过建立一所学院的立法决议,决定拨款400英镑作为学校建设所需要的资金。1637年11月15日,立法会议决议在新城(New Town)建设学院,后来此地改名为剑桥(又译坎布里奇),新成立的学院校名为剑桥学院。1638年9月7日,剑桥学院正式开学。1638年9月14日,约翰·哈佛(John Harvard)因肺结核逝世。在口述的遗嘱中,他把遗产的一半(当时全

[①] 资料来源:https://baike.baidu.com/item/美国社区大学/8590096?fr=aladdin。
[②] 徐来群,《哈佛大学史》,上海交通大学出版社,2012年,第1-3页。

部财产折合价值779英镑17先令)和所有图书(400册)捐赠给剑桥学院。为纪念哈佛的义举,1639年3月13日,马萨诸塞州大法院决定把剑桥学院改名为哈佛学院(Harvard College)。1780年,哈佛学院正式改称哈佛大学。哈佛大学的建立,既为殖民地的宗教和文化事业的发展奠定了良好的基础,也为建立真正的美国大学模式奠定了基础。经历370多年的发展,哈佛大学已经从一所以教学为主的宗教氛围浓厚的小学院,发展成为以研究为主的世界最著名的研究型大学之一。哈佛大学的校训是:"要与柏拉图为友,要与亚里士多德为友,更要与真理为友。"它强调的是一种精神以及真理的重要性。

哈佛大学的学生来自美国各地以及世界各国。它被誉为美国政府的思想库,"截至2018年3月,8位美国总统、157位诺贝尔奖得主(世界第一)、18位菲尔兹奖得主(世界第一)、14位图灵奖得主(世界第四)曾在此工作或学习,其在文学、医学、法学、商学等多个领域拥有崇高的学术地位及广泛的影响力,被公认为是当今世界最顶尖的高等教育机构之一。"[1]

英国牛津大学(University of Oxford)[2]和剑桥大学(University of Cambridge)[3]

牛津大学和剑桥大学通常被人们联在一起。在英文里则有一个专有的词:牛桥(Oxbridge)。在英伦岛屿上,它们是既出类拔萃又深受欢迎的地方。剑桥大学的建立源于牛津大学,是从牛津大学中发展出来的。因此,两所学校的组织、建筑风格等非常类似,两校之间的接触与交流也一直很密切。

牛津大学建校于1167年,位于英国牛津市,传说是古代牛群涉水而过的地方,因而取名牛津(Oxford)。在12世纪之前,英国是没有大学的,人们都是去法国和其他欧陆国家求学。1167年,当时的英格兰国王同法兰西国王发生争吵,于是一批在巴黎留学的学者被召回国,聚集于牛津,从事经院哲学的教学与研究,这实际上就是牛津大学的前身。学者之所以会聚集在牛津,是因为当时亨利二世把他的一个宫殿建在牛津,学者为取得国王的保护而来到了这里。12世纪末,牛津被称为"师生大学"。1201年,它有了第一位校长。"牛津大学是英语国家中最古老的大学,拥有800多年的发展历史。牛津大学坚持学术自治的传统以及学院制和导师制的培养模式,培养了不同历史时期许多政治领袖、工商人才、科学巨星和文化精英,既是政治精英的摇篮,又是知识精英的摇篮。"[4]其中包括27位英国首相以及数十位世界各国元首、政商界领袖。截至2017年,共有69位诺贝尔奖得主(世界第九)、4位菲尔兹奖得主(世界第十五)、6位图灵奖得主(世界第八)曾在牛津大学学习或工作过。

剑桥大学位于英国的剑桥,剑桥是音译和意译合成的地名。英文Cambridge发音"坎布里奇",就是剑河之桥的意思,也译为康桥(Cambridge),是世界上最古老的桥。这里确有一条剑河,在市内兜了一个弧形大圈向东北流去,河上修建了许多桥梁,所

---

[1] 资料来源: https://baike.baidu.com/item/%E5%93%88%E4%BD%9B%E5%A4%A7%E5%AD%A6/261536?fr=aladdin。
[2] 资料来源: https://baike.baidu.com/item/%E7%89%9B%E6%B4%A5%E5%A4%A7%E5%AD%A6;周常明,《牛津大学史》,上海交通大学出版社,2012年。
[3] 李麟、辛志成,《剑桥大学凭什么出名》,同心出版社,2012年,第28-29页。
[4] 周常明,《牛津大学史》,上海交通大学出版社,2012年,前言。

以这座城市命名为剑桥。剑桥大学成立于1209年,最早是由一批为躲避殴斗而从牛津大学逃离出来的学者建立的。"剑桥大学作为一所真正的大学,最早是在1218年英王亨利三世的御书中得到确认的。"[①]英王亨利三世在1231年授予剑桥大学教学权。剑桥大学的许多地方保留着中世纪以来的风貌,到处可见几百年来不断按原样精心维修的古城建筑,许多校舍的门廊、墙壁上仍然装饰着古朴庄严的塑像和印章,高大的染色玻璃窗像一幅幅瑰丽的画面。"学校800多年的历史中,涌现出牛顿、达尔文等一批引领时代的科学巨匠;造就了培根、凯恩斯等贡献突出的文史学者;培养了弥尔顿、拜伦等开创纪元的艺术大师,走出了8位英国首相;截至2017年,共有116位诺贝尔奖获得者(世界第二)、10位菲尔兹奖得主(世界第六)、6位图灵奖得主(世界第八)曾在此执教或学习。"[②]它杰出的学术成就誉满全球,既反映出了剑桥大学卓越的学术水平,也反映出了剑桥大学特有的创新研究。

随着工业时代的到来以及信息社会的发展,大学改变了中世纪的办学传统,开始融入社会,融入生活,二者息息相关,水乳交融。然而在21世纪这样的一个新时代里,依然还存在像世外桃源一样的学校,虽然它仅仅是冰山上的一角,但我们也应该有所了解。

幽泉学院(Deep Spring College)[③]

幽泉学院创建于1917年,学校坐落于美国加利福尼亚州的荒漠山谷,与世隔绝,是真正的世外桃源。全校只有26名学生,每年只招男生,被录取学生的SAT(Scholastic Aptitude Test,美国高中生的"高考")平均分与哈佛大学和加州理工学院的新生录取分数相当。每年有数以万计的顶尖高中毕业生申请到该校读书。申请者在录取之前要递交两轮共计7篇的个人论述材料,第二轮面试是到学校接受为期4天的农场劳动、课堂考验和面试。论述材料题目通常是解释某个艰深论题。之后,申请人才能坐在由9个19岁在校学生组成的委员会面前,回答一些意想不到的问题。录取的每位学生的学费和生活费全免,全部学生得到的各种资助每年达到5万美元。学生在校期间要参与每星期30个小时的耕种、放牧等劳动。学生学制两年,之后再转到其他大学继续深造。据幽泉学院官网数据表明:过去十年间,16%的幽泉学院毕业生转学到哈佛大学,13%转学到芝加哥大学,7%转学到耶鲁大学,7%转学到布朗大学,接下来最受幽泉学院毕业生青睐的转学目标依次为:哥伦比亚大学、牛津大学、加州大学伯克利分校、康奈尔大学和斯坦福大学。幽泉学院的创办人卢西恩·卢修斯·纳恩认为,物质世界充满罪恶,真正的伟人要能倾听"荒漠的声音",并为学院定下了影响至今的校训:劳动、学术、自治(labor, academics, and self-governance)。这所特立独行的牛仔式大学,是许多优秀学生的"乌托邦",也是美国高等教育实验的成功典范。

---

① 刘亮,《剑桥大学史》,上海交通大学出版社,2012年,第2页。
② 资料来源:https://baike.baidu.com/item/%E5%89%91%E6%A1%A5%E5%A4%A7%E5%AD%A6/278542?fr=aladdin。
③ 资料来源:https://baike.baidu.com/item/幽泉学院。

你知道吗？ 　　中国大学 vs 西方大学：谁的历史更悠久？

> 　　中国是世界上历史最悠久的国家之一，拥有几千年的大学教育史，曾一度是世界上教育最发达的国家。由于中国古代农业社会的大学大多脱离社会而独立存在，因此不能成为现代大学的发源地。然而不少学者都曾将北京大学与世界各国一些古老的名牌大学相比较，认为北京大学是有几千年历史的"官学"的正宗嫡传，较其他国外名牌大学资历更深。
>
> 　　曾担任北京大学校长兼教师的著名学者胡适先生，在 1948 年北京大学建校五十周年期间发表过一篇名为《北京大学五十周年》的文章，他写道："我曾说过，北京大学是历代的'太学'的正式继承者，如北大真想用年岁来压倒人，他可以追溯到'太学'起于汉武帝元朔五年(公元前 124 年)公孙弘奏请为博士设弟子员五十人。那是历史上可信的'太学'的起源，到今天是两千零七十二年了。这就比世界上任何大学都年高了！"①
>
> 　　北京大学原副校长、著名学者季羡林先生也曾写道："计算北大的历史，我认为，可以采用两种计算法：一个是从古代的太学算起，到了隋代，改称国子监，一直到清末，此名未变，而且代代沿袭。这实际上是当时的最高学府。而北大所传的正是国子监的衣钵。这样计算，一不牵强，二不附会，毫无倚老卖老之意，而是实事求是之心。既合情又合理。倘若采用它，是完全能够讲得通的。"②因此，作为高等学府的中国当代大学也是完全有资历与世界名牌大学相媲美的。

三、中国当代大学

　　五四运动后，青年高举"民主"和"科学"的爱国旗帜，推动着中国大学继续前进。此时社会的现状让他们更加注重教育的实用性，大力推崇美国大学盛行的实用主义思想。因此，大学办学是为了适应社会需求的观念在当时得到了进一步加强，这在后来的抗日战争和国内革命战争中得到了充分体现。抗日战争时期，国统区大学的内迁活动就是为了适应反法西斯斗争需要而进行的，抗日救国的坚定信念为中外大学的发展史写上了悲壮高亢的一页。在中国共产党的领导下，当时的苏维埃大学、红军大学、抗日军政大学、陕北大学和延安大学都是为了适应阶级斗争与民族斗争而建立的，在"劳动与教育联系"的办学方针中，它们为中国革命的最后胜利做出了巨大贡献。

　　1949 年后，中华人民共和国走上了社会主义道路，在经济、政治、文化教育等方面开始全面向苏联学习。经济上的改革让大学的办学宗旨也转变到适应工业化建设的需要上来。为了迅速改变我国经济文化落后的状况，党中央、国务院指示，"大力发展中等教育和高等教育，争取在十五年左右的时间内，基本做到使全国的青年和成年，凡是有条件的和自愿的，都可以接受高等教育，我们将以十五年左右的时间来普及高等教育，然后再以十五年左右的时间来从事提高的工作"。③至此，新办大学应运而生，大学教育有了一个发展的好时机。几

---

① 资料来源：http://pkunews.pku.edu.cn/2012zt/2013-05/02/content_270695.htm。
② 季羡林，《巍巍上庠 百年星辰》，北京大学学报(哲学社会科学版)，1997 年，第 6 期。
③ 《人民日报》，1958 年 9 月 20 日。

年后的"文化大革命"运动,让大学教育呈现出两极分化的状况。一是正规大学教育被大幅缩减;二是非正规性大学超常地发展起来,如当时的"七二一大学""五七大学",以及各类高校进修班、短训班等超规模地发展。"文化大革命"后,中国大学教育开始全面恢复,大学以加强发展重点院校的方式提高质量和效益,同时随着社会主义市场经济发展的需要而不断改进和发展。大学在社会中的作用越来越重要,并开始融入社会,促进社会的发展和进步。

改革开放四十年来,在党中央"科教兴国"战略方针的指导下,我国的高等教育得到了快速发展,涌现出一批全国乃至世界闻名的高水平大学。1993年,国务院批转国家教育委员会《关于加快改革和积极发展普通高等教育的意见》,要求高等教育"规模有较大发展,结构更加合理,质量上一个台阶,效益有明显提高"。为了推进"科教兴国"战略的实施,1999年中央再次决定扩大高校招生规模,让更多的年轻人能有机会步入大学进行学习深造。此后,中国高等教育表现为主动、积极地适应我国社会经济、政治的发展而发展。近年来,高等教育逐步在民众中得以普及。2003年,我国高等教育在校生人数首次超过美国,居世界首位。"2005年,全国高校招生人数是1998年的4.7倍,仅中国大陆在校学生人数就已经超过2300万人,大学毛入学率超过21%"[①]。大学生录取率从1977年的4.7%发展为2017年的79.6%。

一起长知识

蓬勃发展的中国高等教育

据《中国统计年鉴》2017年统计数据,高校普通本专科在校生人数:2009年有2144.7万人,2010年有2231.8万人,2011年有2308.5万人,2012年有2391.3万人,2013年有2468.1万人,2014年有2547.7万人,2015年有2625.3万人,2016年有2695.8万人。

据就业频道——中国教育在线统计的近年高校毕业生人数,如图1-1所示。

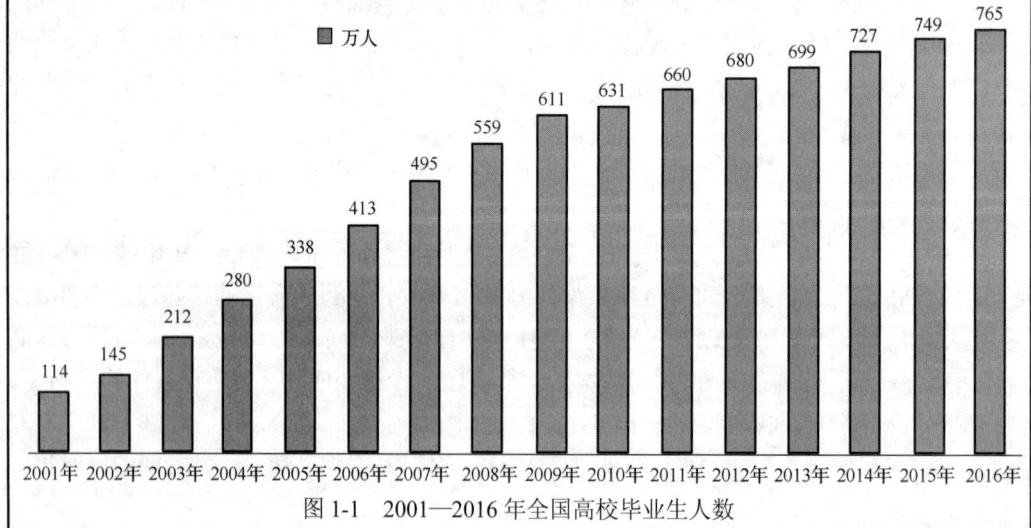

图1-1 2001—2016年全国高校毕业生人数

[①] 张向前,《中华高教研究》,华龄出版社,2006年,第25页。

第二节 大学使命

当代社会,大学是为师生提供教学、科研等条件的高等教育场所,也是授权颁发学位的高等教育机关。大学选拔具有高中以上学历者进行教育、培训和深造,并以考试考核等方式检验其在校期间所学的知识和技能。

西班牙著名的思想家和社会活动家奥尔特加·加塞特在《大学的使命》中谈到,大学应该走出象牙塔,打开校门,走向社会,服务大众,推进社会文明。

大学在建立之初只是为了纯粹地传播知识和研究学问,随着社会的不断发展和进步,这样的办学目的已经不能满足社会的需求,适应社会的发展。于是,大学开始涉入适应社会的过程,探索真理,创新知识,服务社会,成就个体,最终走出了所谓的象牙之塔。

当今社会,科学技术是第一生产力在现实生活中已经体现得淋漓尽致。社会的不断进步和发展,新兴行业的逐渐兴起,专业技术领域的不断深化,各行各业对专业技术人员和科技研发、产品开发人员需求的日益增强,使大学成了为市场提供高级专门人才和专业劳动力的重要场所。习近平总书记在 2016 年 12 月全国高校思想政治工作会议发表重要讲话时指出,"教育强则国家强。高等教育发展水平是一个国家发展水平和发展潜力的重要标志。实现中华民族伟大复兴,教育的地位和作用不可忽视。我们对高等教育的需要比以往任何时候都更加迫切,对科学知识和卓越人才的渴求比以往任何时候都更加强烈。"[①]这也再次说明了大学(即高等教育)在国家富强、民族振兴、人民幸福中的历史地位和重要作用。

当代大学对学生的教育内容有:通过思想教育培育信念;通过人文教育健全人格;通过科学研究创新知识;通过课堂教学传授知识;通过社会实践进行知识和专业技能的训练等。除此之外,大学还主动融入社会,履行社会责任,服务社会需求。

因此,当今大学已肩负起时代使命,即科学研究与创新,文化传承与发展,推动社会发展和人才培养、促进人的全面发展。其中,人才培养、促进人的全面发展是大学的根本使命。

一、科学研究与创新

"每一个较大规模的现代社会,无论它的政治、经济或宗教制度是什么类型,都需要建立一个机构来传递深奥的知识,分析、批判现存的知识,并探索新的学问领域。换言之,凡是需要人们进行理智分析、鉴别、阐述或关注的地方,那里就会有大学。"[②]可见,大学的建立是人们对知识不断追求、对外在的世界不断探索、对未解之谜不断追问的必然结果。

从古至今,人类对知识的渴慕、对未知的好奇、对外在的探问从未停止过。只是到了现代,作为高等教育机构的大学才有条件将科学研究与创新建制化、规模化。大学聚集了全世界最聪明的头脑,在教与学的过程中,追求新的知识、探求宇宙之谜;点燃理性之光,照亮人生之路。就现代社会来说,科学研究与创新是社会进步的重要推动力,而现代社会的大学,其重要的使命便是科学研究与创新。

---

① 《人民日报》,2016 年 12 月 09 日,01 版。
② 约翰·S.布鲁贝克,《高等教育哲学》,浙江教育出版社,2001 年,第 13 页。

> **一起长知识**
>
> ### 大学：高深学问的执着追求者
>
> 　　大学自创立之初就自觉地以研究高深学问为己任。19世纪初，洪堡创立了柏林大学，大力"发展了大学的研究功能，使它真正成为研究高深学问的机构、科学与学术的中心"。① 美国著名的教育学家约翰·S.布鲁贝克指出，"高等教育与中等、初等教育的主要差别在于教材的不同：高等教育研究高深的学问。""教育阶梯的顶层所关注的是深奥的学问。"② 中国现代教育家蔡元培也曾指出："大学者，研究高深学问者也。"③
>
> 　　大学以研究高深学问为宗旨的含义是，"大学不仅讲授和传播高深学问，而且注重科学研究，即'分析批判现存的知识，并探索新的学问领域'，大学特别是研究型大学是以通过研究而发展高深学问为主要办学任务，大学因此而成为新知识的发源地。"④ 另外，大学在成为新知识发源地的同时让知识得到了传承和创新。一代代的大师将自己毕生所学传授给莘莘学子，学子在这里通过几年的刻苦钻研、学习思考，继承传统知识的同时又推陈出新。时光的流逝，一代代人的更替，让知识不断地传承和创新。

■ 大学与科学研究

　　韩愈在《师说》中说："师者，所以传道、授业、解惑也。" 一个社会的高级人才出自大学，这就要求大学相较于中小学教育而言要更重视传道，即"授人以渔"。教师在教学的过程中不仅传授专业知识和高深学问，还要引导学生自主思考、自主学习，培养学生的自学能力，因为这对个人一生的发展有着重要的意义。同时，从19世纪初洪堡创立的柏林大学，提出了"教学与科研相统一"的科学教育理念以来，大学和社会就走得越来越近。重视对社会实际问题的科学研究成为大学区别于初级、中级教育的主要特征之一，通过科学研究，大学不断融入社会，解决层出不穷的科学技术问题和社会问题，为科技的进步和社会的发展不断创新知识，推动社会文明。因此，无论是出于培养人的需要，还是出于社会的需要，大学都需要把科学研究的职责牢牢地扛在肩上。

> **数据阅读**
>
> ### 教育部：高等学校基础研究贡献突出 创新效率持续提高⑤
>
> 　　据中国科学技术信息研究所发布的2013年度中国科技论文统计结果，以科学引文索引数据库(SCI)统计，2013年度，我国作者为第一作者发表的国际论文共20.41万篇，其中82.77%的论文产自高校。而在被引用次数高于学科均线（即"表现不俗"）的69064篇论文中，仍然有82.7%出自高校，在"表现不俗"的论文占本校全部论

---

① 杨东平，《大学精神》，辽海出版社，2000年，前言第2页。
② 约翰·S.布鲁贝克，《高等教育哲学》，浙江教育出版社，2001年，第2页。
③ 杨东平，《大学精神》，辽海出版社，2000年，第324页。
④ 凡奇，《从边缘到中心——走向社会中心的大学使命与大学教育改革》，高等教育出版社，2003年，第49页。
⑤ 资料来源：http://www.moe.gov.cn/jyb_xwfb/gzdt_gzdt/s5987/201410/t20141028_177366.html。

文比例统计中，苏州大学、南开大学、复旦大学摘揽前三甲，比例超过45%。在2013年全国百篇最具影响国际学术论文中，75篇论文的第一作者来自高校，其中北京大学6篇、浙江大学6篇、复旦大学3篇、哈尔滨工业大学3篇、东南大学3篇。高校依然是科技论文发表的"主力军"。

2013年，高校折合全时人员占全国9%，经费占全国7.6%；然而，高校牵头承担973计划（国家重点基础研究发展计划）项目占全国68%，牵头承担国家重大科学研究计划项目占67%，牵头仪器开发专项或承担子任务占90%，获得国家科技三大奖（包括国家自然科学奖、国家技术发明奖通用项目、国家科学技术进步奖通用项目）占全国60%；发表SCI论文占全国82.77%。高校用全国9%的人力和7.6%的经费，实现了发表SCI论文数超过全国80%，获得国家科技三大奖占据半壁江山，有效地支撑了学科建设和创新人才培养。在国际科技激烈竞争下，高校的经费尽管逐年增长，但所占份额仍然较低，可在论文等科研方面的投入产出效率却非常高，高校科技的指标比例仍在稳中有进，数量份额仍在不断提升，显示出高等学校是科技第一生产力和人才第一资源的重要结合点，始终是国家创新体系中重要的组成部分，地位重要，作用独特。

在刚刚过去的2017年，我国科研论文发表数量依然呈现出持续增长的趋势。据SCI最新检索至少包含一位中国作者的论文结果显示，2017年中国科研人员发表SCI论文的总数已累计33万余篇，位居世界第二。其中，各高校在期刊引用报告（JCR）一区期刊上发表的论文总数超过43000篇。[①]

大学与创新

大学是科学研究与创新的重要机构表现在以下几点。

第一，大学作为中学后教育，起点高，内容设置更加系统化、专业化，功能更加强大。这就决定了中学的学习方式不能适应大学的学习，教师在教学的过程中除传授专业知识和高深学问外，还要引导学生自主思考、自主学习，培养学生的自学能力。这一点对个人一生的发展都有着重要的意义。

第二，19世纪初洪堡创立的柏林大学，提出了"教学与科研相统一"的科学教育理念，这让柏林大学的科学研究与社会实际相结合，从而使大学和社会走得越来越近，并创造了"德国奇迹"。重视对社会实际问题的科学研究是大学区别于初级、中级教育的主要特征之一。大学在科学研究的过程中不断解决新的社会问题，为社会的发展不断创新知识，推动社会不断前进。

第三，做科学研究需要大学融入社会，同时大学需要坚持学术自由和自主办学。中学教育主要是掌握必备的基础知识，但作为研究高深学问的大学，一方面需要融入社会，另一方面要遵循科学研究的内在逻辑，因此，大学具有相对的自由度和自治性。

信息时代的到来，让科学研究与创新有着越来越重要的地位。科学技术是第一生产力，因而大学教育则是决定社会劳动生产率的因素之一。大学在科学研究与创新的同时，一方面，

---

① 资料来源：https://cloud.tencent.com/developer/article/1096546。

在研究的过程中不断创造新知识，推出新成果，推动社会的不断进步；另一方面，让学生不断地接触社会中最先进的知识和技能，掌握并运用到实际生活中，以适应社会的快速发展，让学生适应社会，与时俱进。因此，大学教育除培养掌握专业知识、技能，能将知识与社会实践相结合，学以致用、学有所用的社会主义建设者之外，还要继续研究科学技术中最富有挑战性的基本问题，以便培养出更多杰出的学生，成为社会上富有创造性的成员。这是大学的使命之一，也是当代大学不容推卸的责任和义务。

> **一起长知识**
>
> ### 21世纪科技发展对人的创新能力提出更高要求
>
> 几乎所有的未来学家都认为，人类在进入21世纪后，科技发展的速度会明显加快。早在20世纪50年代，美国著名信息理论学家冯·诺依曼就曾提出，人类科技发展正在朝着某种类似奇点的方向发展，而在《奇点临近》一书中，雷·库兹韦尔（Ray Kurzweil）更进一步指出，人类科技发展的速度是呈指数级的速度增长，而不是线性增长，这意味着未来的发展趋势不会跟原来一样。他认为：
>
> 20世纪所取得的成就，等同于以2000年的速度发展20年所取得的成就，也将等同于未来14年的发展取得的成就（到2014年），依此类推，这14年取得的成就将等同于其后7年所取得的成就；我们将见证两万年的发展进步（同样以"今天"的速度衡量），或者说，我们将见证1000倍于20世纪的发展成就[①]。
>
> 按照库兹韦尔的预测，如果按这样的发展速度，2020年机器的智能会跟人类的智能一样，到2045年，机器智能会超过人的智能。最近几年人工智能发展的状况似乎也在印证这一预测。2016年，由Google公司推动的人工智能项目阿尔法狗（AlphaGo）成为第一个击败人类职业围棋选手、第一个战胜围棋世界冠军的人工智能程序，其主要工作原理是"深度学习"。2016年末~2017年初，该程序在中国棋类网站上以"大师"（Master）为注册账号与中国、日本、韩国数十位围棋高手进行快棋对决，连续60局无一败绩；2017年5月，在中国乌镇围棋峰会上，它与排名世界第一的棋手柯洁对战，以3比0的总比分获胜。围棋界公认阿尔法围棋的棋力已经超过人类职业围棋顶尖水平，在GoRatings网站公布的世界职业围棋排名中，其等级分曾超过排名人类第一的棋手柯洁。目前，阿尔法狗有了升级版阿尔法元（AlphaGo Zero），它不再像阿尔法狗那样，需要大量棋谱进行学习，而是通过自己跟自己下棋，仅用了三天，就彻底超越了阿尔法狗。
>
> 不过，库兹韦尔的预测也受到了来自科学界的质疑，不少科学家也认为库兹韦尔的预测言过其实。但无论如何，21世纪随着全球化和市场经济的进一步发展，科技的发展会呈现出更快的速度，人类的创新能力会受到更大的挑战已是毋庸置疑的事实。

---

① 雷·库兹韦尔著，李庆诚、董振华、田源译，《奇点临近》，机械工业出版社，2011年，第3页。

二、文化传承与发展

■ 文化与教育

"文化"一词在现代汉语词典里被解释为，人类在社会历史发展过程中所创造的物质财富和精神财富的总和，特指精神财富，如文学、艺术、教育、科学等。钱穆先生认为："夫文化不过人生式样之别名，举凡风俗习惯信仰制度，人生所有事皆属之。"①一生致力于研究文化的人类学者泰勒将文化定义为："一复合整体，包括知识、信仰、艺术、道德、法律、习俗以及作为一个社会成员的人所习得的其他一切能力和习惯"。②在这两位大学问家看来，文化是与人类生活(尤其是精神生活)有关的，包括风俗、信仰、习惯、制度、法律、艺术、道德等在内的一切。

既然文化是一种人生式样，或人习得的能力和习惯，那么很显然，我们就必须要追问这样一个问题：人生式样(或人所习得的能力和习惯)之中，最重要的是什么？要回答这个问题，我们不得不首先回答"什么是人生的价值？"或者"生命的意义是什么？"这样的问题。因为作为人类，对生命价值的追问决定了我们将要主动或被动选择学习什么样的人生式样(或能力、习惯)。天地万物中，无生命的物体比比皆是，有生命的植物和动物都不会想要去了解生命的价值。只有在人类这里，对生命价值的追问才成为自始至终最为重要的事。

任何一种文化里，都蕴含了对人生命价值的提问和回答。文化通过家庭教育、学校教育的途径，使这个问题逐渐清晰，最终得到解答。柏拉图在《理想国》中问道：什么生活值得去过？他的答案是：教育会决定人们过好的生活所需要的能力、愿望及动机。人生的每条路我们都有选择的可能，但决定你最终选择的是你认为什么样的生活是好的生活。这就是一个最直截了当的人生价值观的问题。教育就是一个以文化人的过程，就是一个人们不断追问生命价值的过程，因此，《易经》中才说"观乎天文，以察时变；观乎人文，以化成天下"。

一直以来，文化与教育就有着密切的联系，教育传递知识的同时也是文化传播和传递的过程。大学以人才培养和科学研究与创新为己任，自始至终就与文化密切相关，无论是其诞生之际或发展之时，还是科学技术高度发达的今天，大学都是精英文化的缔造者和传播机构。大学在人才培养和科学研究与创新的同时，通过各种校园文化活动，丰富课余生活，增添生活情趣，提升文化品位，培育和践行社会主义核心价值观，从而推动文化进步，适应当代社会发展的需求。

> **一起长知识**
>
> **不同文化造就不同的价值观**
>
> 小张是个留学生，到美国有五年了。但是，在她看来，美国人好像是生活在另外一个星球上的物种，很多习惯她都无法接受。比如，美国人说话非常直率，一点也不含蓄，好几次让小张觉得下不来台。再比如，她常和一位关系比较要好的美国同学一

---

① 钱穆，《文化与教育》，广西师范大学出版社，2004年，第1页。
② 泰勒，《原始文化》，上海文艺出版社，1992年，第1页。

起吃饭，对方每次都强调要AA制，她主动要付饭钱时，总是遭到对方的拒绝，每当这个时候，她就会觉得两个人的关系很生疏。这样的事情还有不少，这种情况也直接导致小张决定将来毕业后不会留在美国，而是回到中国找工作。

中国文化和美国文化是两种十分不同的文化，其中蕴含的是非常不同的价值观。社会学者通常认为，中国文化是集体主义文化的典型代表，而美国文化则是个体主义文化的典型代表。中国社会讲"人伦"，讲"关系"，重视人与人之间那种互相依存的关系，这也造成了"走后门"的现象蔚然成风；美国社会重视个人权利，注重保护个人隐私，但也造成了极端个人主义的情况。这里仅仅列举了中国和美国两种不同的文化及价值观的点滴，生活中还有不少事例都能让我们感受到文化差异带来的价值观的差异，以及相应的行为的差异。比如，中国餐馆里人们大声喧哗，非常热闹，而美国餐馆里人们埋头吃饭，生怕打扰了别人用餐；同样一家美国博物馆里中国人的旅游团大声谈论，而美国人则默默观看……凡此种种，不一而足。

■ 传承与发展优秀文化

文化具有历史性，更具有时代性，"不变亦变"。钱穆先生将"绵历性"作为文化的一个首重之义①，直指文化的历史性。中华文化一路传承，不仅影响了生长在中国大地上的人们，更影响了亚洲其他国家，甚至世界的一些国家和地区的人们，这就是文化的历史性。同时，我们要看到，文化历久弥新的要诀并不是守成拒变，而是随着时代的进步而有新的含义和形式。

文化与教育有着密切的联系，教育在传递知识的同时也在传播文化。大学教育可以说是传播文化最集中的途径，更是创新、发展文化最有效的途径。无论是大学诞生之际或发展之时，还是科学技术高度发达的今天，大学作为传统优秀文化的传承者、精英文化的缔造者、创新文化的引领者这一角色始终没有改变。

 你知道吗？

《洛神赋》的创新

在2017年开始播出的《国家宝藏》节目中，我们认识了1992年出生于浙江衢州的叶露盈老师。她2010年进入中国美术学院影视与动画艺术学院学习，读完本科、硕士后出国留学，最后回到母校任教，在杭州定居。叶露盈能够登上《国家宝藏》的舞台，是因为她将中国传统文风、画风与现代的漫画技艺结合，画出了一幅新的《洛神赋》图。这一作品继承了中国传统绘画的技法和风格，同时符合现代人的审美观，尽情展现了《洛神赋》这一千古绝唱的诗歌之美，使每一位看到它的观众都为之惊叹不已。不仅如此，这一作品得到了业内的广泛好评，叶露盈捧回了"金龙奖""金风车奖"等国内外知名的多个奖项。

---

① 钱穆，《文化与教育》，广西师范大学出版社，2004年，第1页。

> 将传统与现代相结合,从自己的文化之根里寻找力量,《洛神赋》正是叶露盈对中国传统文化进行发展和创新的成果,相信这样的文化创新会越来越多地涌现在大学校园中。

2013年12月30日,习近平总书记在主持就提高国家文化软实力研究第十二次集体学习时强调,"提高国家文化软实力,关系'两个一百年'奋斗目标和中华民族伟大复兴中国梦的实现。要弘扬社会主义先进文化,深化文化体制改革,推动社会主义文化大发展大繁荣,增强全民族文化创造活力,推动文化事业全面繁荣、文化产业快速发展,不断丰富人民精神世界、增强人民精神力量,不断增强文化整体实力和竞争力,朝着建设社会主义文化强国的目标不断前进。"①习近平总书记在党的十九大报告中强调,"要坚持中国特色社会主义文化发展道路,激发全民族文化创新创造活力,建设社会主义文化强国。发展中国特色社会主义文化,就是以马克思主义为指导,坚守中华文化立场,立足当代中国现实,结合当今时代条件,发展面向现代化、面向世界、面向未来的,民族的科学的大众的社会主义文化,推动社会主义精神文明和物质文明协调发展。要坚持为人民服务、为社会主义服务,坚持百花齐放、百家争鸣,坚持创造性转化、创新性发展,不断铸就中华文化新辉煌。"②这些论述体现了发展社会主义先进文化和建设社会主义文化强国的重要性,同时明确了大学以文化传承与创新为主旨的发展目标。

大学教育是先进文化的教育,先进文化通过大学教育得以创新和传播。在这一过程中,大学积极发挥文化育人的作用,传播先进文化,把"不断丰富人们的精神世界,增加人们的精神力量"作为教育的主要目的,注重对青年学生精神世界的塑造和培养及完美人格的建立。这一主旨在现代大学起源之时就已有体现。大学培养的人才不再是迂腐的、教化类的人,而是自由的、全面发展的、彰显个性的新时代青年,他们在这里接受先进文化的熏陶,感悟博大精深的大学先进文化,亲历大学先进文化带给他们的全面洗礼,在这里积累、收获、提升、成长,成就创造美好精神家园和幸福、安宁生活的能力。

大学是先进文化的发源地,肩负着文化传承和创新的重要使命。社会的不断进步和文化的不断发展促使了文化的创新。通过扬弃继承,开拓创新,不断培育崇尚科学、追求真知的思想理念,从而推动文化建设,发展出具有面向世界、博采众长的先进文化。作为大学,有责任和义务推动文化的传承与创新,通过文化之力,促进人与人之间,人与自然、社会之间形成和谐关系。在面对多种思潮和多元文化时,大学总是以审视的眼光加以对待,以犀利的目光给予批判,坚定地传承优秀传统文化,发展创造民族先进文化,以达到匡正社会风气,引领社会先进文化健康发展的目的。另外,高等教育与基础教育的不同之处就在于对人性的塑造和自我完善。在大学教育中,大学以丰富的教学手段和形式多样的教育方式使先进文化进入青年学生的头脑,使之不断吸取知识的养分,茁壮成长,促进大学生对人性的塑造和自我完善,为社会培养出众多具有文化修养的创新人才,从而增强国家的文化软实力和本国文化的国际影响力,为人类文明进步做出贡献。

所以说,在当代社会,大学的办学宗旨除了传播知识,更在于陶冶人的情操,培养构建完美的人格,以人为中心和主体,推动文化进步。

---

① 习近平,《习近平谈治国理政》,外文出版社,2014年,第160页。
② 《人民日报》,2017年10月28日,04版。

三、推动社会发展

■ 服务经济社会

 你知道吗？

以色列大学的创新奇迹[①]

以色列的七所研究型大学，在全球研究领域均表现不俗，为以色列科学和科技研发提供了坚强的支撑。其中，魏茨曼科学研究所、希伯来大学入选美国《科学家》杂志评选的2011年全球前十佳适合学术工作的场所。以色列理工学院与美国斯坦福大学和麻省理工学院齐名，堪称以色列创新的"引擎"和高科技业的"脊梁"。在纳斯达克上市的以色列公司里，70%的公司里都有一个以色列理工学院的毕业生位居三大高管职位。以色列大学中均设立了众多研究所和研发中心，还有独立的技术转移公司，专门负责科研成果的商业化开发。魏茨曼科学研究所在全球生命科学和生物医药研究领域名列榜首，其技术转移公司专门负责本所科研成果的应用开发及技术转移，每年平均转移60多项新获专利，还与各科技园区紧密合作，完成科研成果的产业化转移。此外，以色列政府部门中直属的科技机构，如农业部直属的农业研究组织、工业贸易部直属的工业研究组织、科技部直属的太空计划开发署等，在各自领域都有丰硕的科研成果。

任何行业的建立都以服务经济社会为前提，否则它就没有持续旺盛的生命力，从而难以在现实社会长久生存。大学的另一个使命便是服务经济社会，自工业时代开始，这一使命就已得到印证。在当代社会经济高速发展、科技高度发达之时，大学服务经济社会的职能得到了越来越充分的体现。

工业经济时代，大学开始进入经济社会中，并服务于经济社会的发展。德国教育学家洪堡提出的"教学与科研相统一"的观点为大学服务于社会提供了理论支持。而后，注重实用主义的美国众多大学纷纷效法，将这一职能和使命发挥到极致。"这种服务的观念和做法适合着经济发展的需要，形成了大学具有权威性的办学指导思想，贯穿于整个工业经济时代的大学教育之中。我国在开始了工业化进程之后，也一直是把大学为经济建设服务作为始终坚持的办学宗旨。"[②]

改革开放以来，国家大力发展经济建设，以经济建设为中心，大力提高生产力，促进社会全方位改革。一方面，大学为经济社会的发展提供智力支持，如高级知识分子、专业技术人员或一般劳动者等，促使经济社会在高科技人员的指引和操作下快速发展，由此带来经济的飞速发展，创造出巨大的社会财富；另一方面，大学为了让培养的学生为社会带来更多价值，也在根据社会的发展和变化提升办学理念，调整办学定位，改革学校管理，加强师资队伍建设，改进教学方法，更新教学设备和公共设施，以提高教学质量和办学效益。

近年来，我国高等教育紧紧围绕着"科学发展"的主题，在教学科研中不断促进产学研

[①] 资源来源：http://cn.bizisrael.com/biz/success-elements-of-israel-innovation/。
[②] 凡奇，《从边缘到中心——走向社会中心的大学使命与大学教育改革》，高等教育出版社，2003年，第118页。

的融合和科技成果的转化,加快产业化的步伐,自觉融入社会。与此同时,高等教育的范围也不断扩大,如自考、函授、网络等继续教育,为社会提供形式多样的教育服务,让大多数的人接受高等教育,将大学创造的先进科学技术和先进思想理念注入大多数青年人的头脑,让他们不断吸收充足的养分壮大自己,武装自己,这样培养出来的适应社会需求的高素质人才,就能不断增强高等教育服务经济社会发展的能力,从而推动经济社会的发展。

■ 参与社会建设

大学和社会的关系一直是人们所关注的问题。从游离于社会边缘的过去到走入经济社会的当代,大学服务于经济社会的职能和使命从未改变过。从近代的京师大学堂到如今这个庞大的大学群,无论是研究高深学问,还是传授创新知识,无不是让大学服务于经济社会需要,推动经济快速增长,促进社会的发展和进步。在二者相互促进发展的同时,大学以最先进的办学理念和办学模式为适应经济社会发展而做出努力,为经济发展培养优秀人才,为新兴城市的建设和新农村的改革提供必要的智力保障,缩小社会的贫富差距,为创造和谐社会贡献出自己的一分力量。在当代,各高校都在加强科技创新和应用研究,"以服务求支持,以贡献求发展",加快科技成果转化,服务地方经济建设,这也是高校服务经济社会的现实需要。

大学通过培养好的公民参与社会建设。 社会建设的重要方面是公民的培养,正如中国科学院院士、中国科学技术协会副主席、核物理学家杨福家所说,大学要培养好的公民,公民培养好了,人才也就有了。的确如此,如果没有好的公民,那么再聪明的头脑也可能走入歧途,成为危害社会的人。公民的关键在于"公",也就是要有公德,能够承担自己的社会责任。

大学成为时代精神的引领者。 作为科学研究和创新的领头羊,大学凝聚了时代发展的要求,也必将把这一要求融入自身的教育工作中去。在这一过程中,大学通过传授知识、科学研究和创新以及其他教育工作,扎实而生动地体现出时代精神。在全社会的所有机构中,大概没有一个机构能比大学更能准确、及时地反映时代的变化;也没有哪一个机构更能像大学那样孜孜以求,展现出不断向上的精神面貌,成为时代精神的引领者。

大学传递和弘扬社会主义核心价值观。 作为文化的传承和发展之地,大学对文化有选择性,而作为中国大地上的社会主义大学,它的选择标准就是社会主义核心价值观。人类社会发展的历史表明,对一个民族、一个国家来说,最持久、最深层的力量是全社会共同认可的核心价值观。核心价值观,承载着一个民族、一个国家的精神追求和道德追求,体现着一个社会评判是非曲直的价值标准。核心价值观,其实就是一种德,既是个人的德,也是一种大德即国家的德、社会的德。国无德不兴,人无德不立。习近平总书记在 2014 年与北京大学师生的座谈会上指出,"教师要时刻铭记教书育人的使命,甘当人梯,甘当铺路石,以人格魅力引导学生心灵,以学术造诣开启学生的智慧之门……我相信当代中国青年一定能够担当起党和人民赋予的历史重任,在激扬青春、开拓人生、奉献社会的进程中书写无愧于时代的壮丽篇章!"[①]

---

① 习近平,《习近平谈治国理政》,外文出版社,2014 年,第 175-176 页。

四、人才培养,促进人的全面发展

习近平总书记在全国高校思想政治工作会议上指出,"我国高等教育肩负着培养德智体美全面发展的社会主义事业建设者和接班人的重大任务,必须坚持正确政治方向。高校立身之本在于立德树人。只有培养出一流人才的高校,才能够成为世界一流大学。办好我国高校,办出世界一流大学,必须牢牢抓住全面提高人才培养能力这个核心点,并以此来带动高校其他工作。必须围绕学生、关照学生、服务学生,不断提高学生思想水平、政治觉悟、道德品质、文化素养,让学生成为德才兼备、全面发展的人才。"[①]

爱因斯坦曾经说过:学校教育的首要目的始终应当是,青年人在离开学校时,是作为一个和谐发展的人,而不是作为一个专家。

大学时期是人的社会化的关键时期。一个人只有进入社会,对社会的发展进步产生积极作用,他的生命才有价值,他的人生才有意义,这就是人的社会化问题。一个自然人要成为社会人,第一,他要具备在社会中生存的能力,就是我们所说的专业技能或一技之长。在过去,人们获得求生技能可以依靠师傅带徒弟的方式,而今天,大学提供了培养专业技能的系统教育环境,所以技能社会化需要在大学中完成;第二,作为社会成员必须要有国家意识、民族意识和正确的政治意识,要使自己向着国家需要的人才方向上发展,了解国家的政治制度,履行公民的政治义务,这叫做人的政治社会化,它是大学教育的重要内容;第三,作为社会人,其行为要在国家法律法规的范围内行使,要符合社会规范和法律法规,也就是说社会人要行为社会化,这就要求大学在人才培养的过程中注重培养学生的公民意识、法律意识、道德意识和道德能力;第四,社会人还表征在性别角色的社会化上,其含义是公民除享有社会基本公共权利和义务外,社会还赋予不同性别的社会成员不同的权利和义务,代表不同的社会特征和性别角色,这也需要学校、社会、家庭的教化和熏陶才能完成。由此可见,一个人无论将来是求生存还是求发展,大学的教育都应该是他一生中接受的一次最系统、最重要的教育,为人的社会化发挥着重要的作用。

随着时代的发展变化,大学教育更加需要根据社会对人才的需求来设计培养方案和专业培养计划,《国家中长期教育改革和发展规划纲要(2010—2020年)》对高等教育提出:"着力培养信念执著、品德优良、知识丰富、本领过硬的高素质专门人才和拔尖创新人才"。[②]党的十九大报告强调:"要全面贯彻党的教育方针,落实立德树人根本任务,发展素质教育,推进教育公平,培养德智体美全面发展的社会主义建设者和接班人。"[③]可以看出,当代大学的根本任务就是要贯彻"立德树人"的高等教育理念,培养适应社会政治经济建设、社会发展的拔尖人才和建设者。哈佛大学的一位校长也曾说:"如果哈佛培养的学生只掌握知识和技术,那就是我们的失败。"这让我们联想起德国哲学家雅斯贝尔斯所指出的:教育是极其严肃的伟大事业,通过培养将新的一代带入人类文化精神之中,让他们在完整的精神中生活工作和交往。所以,教育不只是简单地培养一些专业人才,不只是使人在专业上成功,重要的是使培养的新的一代能生活、工作在"人类优秀文化精神之中"。这一经典思想向我们揭示

[①] 《人民日报》,2016年12月09日,01版。
[②] 资料来源:教育部网站 2010年7月29日。
[③] 《人民日报》,2017年10月28日。

了教育的本质，也就是说，教育应该是以人为本的关怀人、影响人、塑造人、引导人、改变人和发展人的教育。因此，今天的大学教育已经从过去单一的专业教育、专门化培养逐步发展成激发学生全面自由发展的活力，重视学生思想素质教育和文化素质教育，以促进人的全面发展为使命的大学教育。

大学教育是科技教育与人文教育并重的教育。"大学所进行的科技教育，是在提高创造'人之物'的能力，是人的本质力量的强化；大学所进行的人文教育更是直接为了人格的完善，为了实现人的价值，也可以说是为了'人的自由而全面的发展。'"[①]也就是说，科技教育和人文教育相结合的大学教育，才能让受教育者的人格更加完善、心智更加健全、情操更加高尚、品位更加优雅，才能使人从一个个体"独生"的自然人逐步成长为在群体中"共生"的社会人。今天的大学，优质的人力资源、文化资源和物质资源在这里聚集，学生在教师的谆谆教导下，提升自己的专业知识和专业技能，在专业领域里有所建树，培养出自主学习的能力和善于思考、发现、解决问题的能力；同时，更重要的是莘莘学子在大学精神的感召下，在大学文化的熏陶中，在人文关怀的氛围里知使命、明责任、有道德、扩视野、学知识、提能力。因此，大学为学生提供了足够的时间和空间来塑造个性、完善自我，促进个人的全面发展。

大学教育是教人学会"做人做事"的教育。被爱因斯坦称为才子的无名氏(Anonymous)有一句耐人寻味的话："什么是教育呢？把所学的东西都忘了，剩下的就是教育"。[②]这句话的意思是，教育最终赋予受教育者的不只是知识的积累，而是赋予受教育者学会做人做事，成就美好人生的道德智慧和创新创造能力。我国著名教育家陶行知先生说过这样一句话："千教万教教人求真，千学万学学做真人。"这就是说，教育的根本任务就是要教学生学会做人，做一个求真、求善、求美的人，做一个知行统一的人；教学生学会做事，追求真理，做正确的事和会正确地做事。今天的国家希望青年学生具有讲诚信、能负责、敢担当、会创新的优秀品质和能力，能够承担起国家未来的社会主义现代化建设和中华民族伟大复兴的历史使命，这就要求大学要为学生提供完整而系统的人才培养体系，将课堂学习与课后实践相结合，学校教育与社会实践相结合，让学生在这一体系中学习、实践、体验、感悟和升华，帮助引导学生学会仰望星空，铸就人生理想；学会脚踏实地，实现人生理想；学会承担责任，敢于担当重任；学会执著坚守，对事业精益求精；学会爱和尊重，爱天下人，爱天下生命也善待自己；学会包容宽恕，与邻与友为善；学会诚实守信，忠诚待人诚信做事；学会理性思考，遇事冷静应对；学会谦虚严谨，性情不骄不躁；学会承受挫折，勇敢面对失败；学会组织领导和与人沟通，善于团队协作；学会知足，不贪财，不计较名利地位；学会优雅，懂得欣赏音乐美术诗词；学会唯美唯好，整洁高雅漂亮；学会表达自己，言谈举止有方，待人接物有礼；学会感恩珍惜，记住生命中所有帮助过自己的人；学会竞争创造；学会坚忍奋斗……

时代的进步给大学的使命提出了新的要求：科学研究与创新，文化传承与发展，推动社会发展，人才培养、促进人的全面发展。只有这样，大学培养出来的高素质人才才能推动社会进步，引导人们不断向前，让大学生在社会中表现自我，实现自我，发展自我，最终引领社会前进。

---

① 凡奇，《从边缘到中心——走向社会中心的大学使命与大学教育改革》，高等教育出版社，2003年，第118页。
② 肖川，《教育的理想与信念》，岳麓书社，2002年，第149页。

第三节 大学精神

大学精神是一所大学的灵魂。大学精神是大学在长期办学治学的发展过程中积淀形成的，具有自己独特气质的精神文明成果；大学精神是一种共同的目标追求和价值理念追求，是大学办学治学理想和信念的价值引导，具有相对的稳定性；大学精神是大学文化的精髓和核心，对大学的生存和发展起着导向作用。

一、关于大学精神

■ 什么是大学精神？

大学精神是在大学理念的支配下，经过所有大师、学子等大学人的努力，长期积累、积淀而成的共同的追求，共同的理想和信念。

大学精神是大学文化的核心，是大学的灵魂所在，也是大学的价值理念和价值追求。正如一个人的内在气节一样，大学精神蕴含在大学的躯壳之中，虽然看不见摸不着，却无时不在。在大学精神的统领下，不同家庭条件和成长环境、不同价值观和人生观、不同文化和专业背景的学子凝聚在一起，形成一股向心力和凝聚力，维持着学校的正常运转，影响着社会的发展。没有大学精神的大学，就像没有灵魂的人，就不能称为真正意义上的"大学"。大学精神既深藏于大学之中，又游离于大学之外。它给大学注入了生命活力，使大学不仅仅是教学楼、图书馆、林荫大道等毫无生气的建筑群落，也不仅仅是人才的聚集地，聚众讲学的场所，而是人、思想、价值观念、理性思考、创新、智慧与博大胸怀等精神的集合。

大学精神自大学创立之初就已存在，从近代、现代再到当代，大学精神在不同的历史条件和社会环境中流动、变化与发展着，正如每所大学在创立之初、发展之时和成熟之后的大学精神都有着些许变化一样，虽然基本主旨不变，但大学精神还是有着各种不同的表述。中山大学的学者任剑涛对大学精神的概括很富于启示：大学精神和制度"具有相对于政治组织体制而言的独立性，相对于意识形态而言的自由性，相对于组织化社会自我确认特性而言的批判性，相对于重视功利的社会习性而言的创造性和传授知识的超脱性，相对于社会分工专门定势而言的包容性"。[①]

■ 大学精神的内容

◆ 学术自由

学术自由是维持大学生命活力的源泉。大学是研究高深学问、推动社会发展的场所，需要"相对于政治组织体制而言的独立性"和"相对于意识形态而言的自由性"的空间，需要让学者在一个不受外界约束和干扰的自由环境中进行工作，给他们以独立思考的环境与空间，他们需要学术自由与学术言论自由。"这种自由一旦被剥夺，他就失去了充分参与智力交流活动的机会，而智力交流活动却是有助于培养人的价值观，有助于认识世界，有助于发

---

① 杨东平，《大学精神》，辽海出版社，2000年，前言第11页。

挥那些最具人性特点的思维和想象力的。""如果我们希望推动社会进步，我们就不能用传统观念对这些人加以约束，也不能设置其他人为的障碍来抑制创造性思维。"①因此，要维持大学学术的生命活力，大学需要倡导学术自由的大学精神。

◆ 自觉的学术精神

自觉的学术精神是大学充满学术活力的灵魂。曾任国立交通大学校长的叶恭绰在一次演讲中告诫师生："诸君皆学问中人，请先言学问之事……尝以为诸君修学当以三为难衡：第一，研究学术，当以学术本身为前提以达于学术独立境界……夫学术之事，自有其精神与范围，非以外力逼迫而得善果者……"这就要求为学问者要有一种自觉的学术精神，需要大学自身要有深厚的文化底蕴，大学教师要有对科学的敬畏感和探知欲，要对学术的孜孜追求，要有独立的批判精神和创新精神，以达到对学生的深厚影响和对学术的发展。大学的高深与涵阔，大学的进步与发展，均在于有自觉探究学术的精神。

◆ 永恒的道德精神

永恒的道德精神是社会文明进步的灯塔。浙江大学前校长竺可桢在抗日战争时期被迫西迁途中对学生说："乱世道德堕落，历史上均是，但大学犹如海上灯塔，吾人不能于此时降落道德标准。切记：异日逢有作弊机会是否能涅而不淄、磨而不磷，此乃现代教育试金石也。"②大学聚集着一批民族精英，他们反观自己，远瞰世界，重温历史，感知未来；他们以高雅的文化品位和卓尔不凡的气质追求着自己的理想；他们拒绝社会腐朽，批判低俗观念。大学以高尚德行与理性思维培养目光远大、修养深厚、境界高远、学识广博的新一代社会力量，成为社会道德的坚守者和提升者，乃至道德先锋；大学精神中倡导道德重塑和道德实践，以积极的姿态影响社会风气，彰显道德精神的力量，成为社会文明进步的灯塔。

◆ 包容精神

大学的包容精神表现为"海纳百川，有容乃大；壁立千仞，无欲则刚"。就是说大学以其博大的胸襟将不同文化背景、成长环境的人融入一起，纳入大学人的范围内，在它统一的文化背景和文化底蕴下，感染、熏陶、塑造和培育；大学的包容精神体现在名师如林、学子众多、唯才是用与宽容尊重上。大学的包容精神在学术上体现出兼容并包的精神，大力提倡学术自由、民主竞争、思想的交流和碰撞、中西合璧，使大学人在宽松、兼容并包的良好环境下读书思考、学习交流、探索研究，使大学成为科学与文化的实践地，成为博大精深的思想库和优秀人才的聚集地。

◆ 批判精神

大学的批判精神表现为教师在教学和科研过程中，以科学的态度对待传统文化知识与现实问题，破除迷信与守旧主义，建立起完善的科学知识体系；表现为对社会现实思潮的理性反思和价值构建，在社会各种思潮和文化涌现出来之时，大学有义务和责任以审视的眼光对待，以犀利的目光批判，以达到匡正社会风气，引领社会文化健康发展的目的；还体现在大

---

① 德里克·博克，《走出象牙塔——现代大学的社会责任》，浙江教育出版社，2003年，第17页。
② 资料来源：https://baike.baidu.com/item/大学精神/5962021。

学知识群体对政府决策的意见或建议上,他们以对问题的科学态度和客观的批判精神,以他们职业的特质和专业领域的眼光为政府决策提供咨询,帮助政府科学决策。

◆ 创新精神

大学的创新精神是大学发展的不竭动力,是大学存在和发展的必备要素,是大学保持社会地位的根本生命力。

19世纪,洪堡提出"教学与科研相统一"的原则,在大学与社会相联系之时也让科学研究成为大学的一个重要职能。在社会的创新过程中,人才和有效知识发挥出的重要功能往往是在大学内完成的。大学的"基础研究和技术创新之间的联系往往是微妙的、间接的,它们之间的联系要经过很长的时期才会显现"。[1]直至大学研究成果的出现,这也是大学对社会的贡献。作为推动社会不断发展的大学,创新精神是它所必备的一个因素,也是大学不断向前发展的不竭动力。

大学以人才培养为己任,而创造性则是人才的核心要素。曾任哈佛大学校长的艾略特认为,大学文化最有价值的成果是让学生具有开放的思维、审慎的态度和谦恭的行为方式,掌握哲学研究方法,全面了解前人积累的思想。爱因斯坦则更直接地认为,学校教育的首要目的是"发展独立思考和独立判断的一般能力"。[2]

创新是大学精神的灵魂。创新精神可以帮助大学在教育理念、办学思想、培养模式、教学管理等方面塑造自我,发展出具有各自特色的独创性。哈佛大学以师资雄厚,拥有几十名诺贝尔奖得主的教授,以及拥有学术卓著、自由全面发展、自信自立自强的学生而著称;耶鲁大学则以教授治校、思想开放、人文一流、盛产总统而自豪;普林斯顿大学则以重质量、重研究、重理论而闻名,并培养出多位诺贝尔奖获得者;斯坦福大学以积极主动的进取精神,提出不因袭任何传统,沿着自己的目标前行的理念,以"学术顶尖"的构想建设和发展大学,成为"硅谷"坚实的后盾。许多世界上顶尖的大学都因善于创新,坚持走自己的路而闻名于世,将自己的大学精神发扬光大。

大学精神维系着大学未来的命运,大学的教育理念决定着学生综合素质。在科技发达的今天,唯有具备坚守道德、学术自由、科学研究、兼容并包、取其精华、去其糟粕、善于创新的大学精神,才能让大学之树常青。

二、大学精神与大学校训

■ 大学精神与大学

南京大学前校长蒋树声在《大学精神与办学传统》一文中谈道:"在经济转型的过程中,大学不可避免地受到社会实用性和专业化的巨大冲击,尤其是我国由于时间较短,一流大学的建设特别容易停留在有形的物质层面上,而忽视营造、培育、扶植无形的大学灵魂的塑造。"[3]正如美国普林斯顿大学前校长、著名教育家亚伯拉罕·弗莱克斯纳所指出的,"在保障大学的高水准方面,大学精神比任何设施、任何组织都更有效"。可见,在创建一流大学

---

[1] 德里克·博克,《走出象牙塔——现代大学的社会责任》,浙江教育出版社,2003年,第155页。
[2] 资料来源:https://www.sohu.com/a/194116588_667940。
[3] 蒋树声,《大学精神与办学传统》,南京大学报,2004年9月10日,第19期。

的过程中，大学精神对大学发展有着至关重要的作用。大学精神与大学的关系正如养分与植物的生命、人的精神与人的存在意义一样，没有了大学精神，大学便失去了勃勃生机，失去了不断前进和发展的动力，最终也将步入迷途。大学精神使大学敢于攻坚克难，开拓创新；敢于挑战强权，捍卫正义；敢于扬弃旧义，创新发展。大学精神让大学具有无限生机，是大学生命力的体现，是大学文化的精髓和核心，是大学不断前进的思想导向。

大学精神的建立和维护需要每一位大学人的努力和实践，正如德国著名哲学家卡尔·雅斯贝尔斯在《大学生的精神升华》一文中所说："大学的理想要靠每一位学生和教师来实践，至于大学组织的各种形式是次要的。如果这种为实现大学理想的活动被消解，那么单凭组织形式是不能挽救大学生命的，而大学的生命全在于教师传授给学生新颖的、符合自身境遇的思想来唤起他们的自我意识。"①大学精神的塑造是所有大学人共同努力的结果，需要广大师生共同发扬和维护。作为大学教育主体的师生，在学习实践的过程中应当建立起自由平等、互利互助、人性而又不失原则的和谐关系，成为追求真知和研究高深学问道路上的合作伙伴。这种和谐关系的建立、维护与传承，不仅是大学精神形成的必备条件，也是大学精神经久不衰的精神保证。

大学精神内涵丰富，它既体现着大学共有的特点，又有自己独具风格和魅力的一面，它体现着大学存在的价值和发展的方向，是大学区别于其他教育机构的显著特质。任何一所大学都有自己独特的大学精神，这不仅是一笔宝贵的精神财富，也是大学的魅力所在，更是大学持续发展的生命力和不竭动力。

由于每所大学在特定的历史文化、社会环境、学科设置、发展目标和办学理念等方面有所不同，因此大学精神也各具特色。大学正是在其长期的文化底蕴熏陶中，经过一代代大学人的不断实践与传承，自觉形成其独具一格的精神风貌。这种独特的大学精神本身具有嬗变性，"在历史和不同的社会情境中流动、变化和发展着"。②它能够根据环境的变化对传统进行扬弃继承，以便更好地适应和融入社会。

■ 大学精神与校训

中国近现代大学建立之初，有一批优秀的大师，他们对大学精神的不懈追求和可贵探索，丰富着成长中的大学文化和大学教育，并以此引领着近现代大学的过渡与发展。他们是现代大学的人格化象征。梅贻琦将大学之道解释为"在明明德，在亲民，在止于至善"。潘光旦认为："大学教育的宗旨不止是教人做人、做专家，而且是要做'士'——承当社会教化和转移风气之责任的知识分子。"曾担任交通大学校长的国学大家唐文治，致力于将文化传统融于现代教育之中，通过文理沟通、两文（中文、外文）并重以实现"体用兼备"的教育目标。张伯苓为南开大学制定"允公允能"的校训，主张德智体美四育并举。③梁启超先生指出，大学在于"独立其精神，自由其思想"。蔡元培先生提出"思想自由，兼容并包"……在众多大学精神的表述中，校训集大学独立思想和传统精神于一体，最能反映一所大学的历史文化、办学理念以及大学精神，体现着这所大学的追求、信念和精神气质。

---

① 邹进译，《什么是教育》，三联书店，1991年。
② 杨东平，《大学精神》，辽海出版社，2000年，前言第10页。
③ 杨东平，《大学精神》，辽海出版社，2000年，前言第7页。

你知道吗？

世界名校的校训

哈佛大学校训，用拉丁文表达，"Amicus Plato, Amicus Aristotle, Sed Amicus VERITAS"，意为要与柏拉图为友，要与亚里士多德为友，更要与真理为友。

哈佛大学是美国最著名与古老的高等学府之一，作为世界顶尖级名校，它的校训也集中地体现着它的精神，以及它追求的理想和信念。

哈佛大学最初由一批清教徒所创立，它最早的校训是"察验真理"（Veritas），目的在于教育清教徒确立起清教观念；1650年，其校训改为"荣耀归于基督"（In Christ Gloriam）；1692年，其校训又改为"为基督、为教会"（Christo et Ecclesiae）。哈佛大学最初的办学目的和大学校训都与教会有着莫大的关系，它是为当时的教会服务的。

哈佛大学校徽

后来，哈佛大学确立了新的校训意为"与柏拉图为友，与亚里士多德为友，更要与真理为友"，这是一句非常著名的校训。在由哈佛学院时代沿用至今的哈佛大学的校徽上面，用拉丁文写着VERITAS字样，意为"真理"，昭示着哈佛大学办学兴校的宗旨——求是崇真。担任哈佛大学校长长达20年（1933—1953年）之久的美国著名教育家科南特曾说过："大学的荣誉，不在它的校舍和人数，而在于她一代一代人的质量。"正因为哈佛大学在择师和育人上的高标准与高质量的要求，哈佛大学才得以成为群英荟萃、人才辈出的世界一流名校。

耶鲁大学校训：光明与真理。

耶鲁大学位于康涅狄格州的一个小城市纽黑文。纽黑文是美国比萨饼的起源地。1701年，以詹姆斯·皮尔庞特为首的一群牧师，说服了康涅狄格州法院投票赞成"特许建立教会学校的法案"，以使年轻人"可以学习艺术，为教会和国家服务"。于是，这群牧师建立了大学学院，设在萨柏克，1716年，学院搬到纽黑文。同年，一位从萨柏克迁到纽黑文的耶鲁先生向学院捐赠了400册图书，以及一副乔治一世的字画，董事为了表示感念，决定把校名改为耶鲁。经过300年的风风雨雨，耶鲁大学为美国输送了大批精英，也为世界培育出了许多栋梁之材。

20世纪60年代，当时的耶鲁大学校长金曼·布鲁斯认为，"只有在学校拥有全部的自治权利、每个教师及学者皆有研究自由的条件下，整个社会才会有完全的自由与平等。而这也正是耶鲁的真正完整精神所在。"[①]个性独立、维护学术自主的耶鲁精神一直为世人所称道。

耶鲁大学具有思想开放、兼容并蓄的特点。求是创新，精英教育，追求卓越；以人为本，重在素质；具有全球大视野与国际竞争力，这些都是耶鲁大学的精神所在。

---

① 资料来源：http://edu.people.com.cn/GB/8216/47717/3619728.html。

> 清华大学校训：自强不息，厚德载物。
> 早在 1911 年，清华学堂初创时就提出"以进德修业、自强不息为教育之方针"。（见《清华学堂章程》）。1914 年，著名学者梁启超在清华大学任教时做了题为"君子"的讲演，以"自强不息""厚德载物"勉励学生，希望他们能继承中华民族的传统美德，并引用了《易经》上的"自强不息""厚德载物"等话语来激励学生。此后，清华人便把"自强不息，厚德载物"8 个字写进了清华校规，以激励清华学子，后来又逐渐演变成为师生共同遵循的清华校训。
> "自强不息，厚德载物"出自《周易》，"天行健，君子以自强不息"（乾卦）；"地势坤，君子以厚德载物"（坤卦）。意思是，天（即自然）的运动刚强劲健，相应于此，君子应刚毅坚卓，发愤图强；大地的气势厚实和顺，君子应增厚美德，容载万物。也就是说，君子应该像天宇一样运行不息，即使颠沛流离，也不屈不挠；要成为君子，接物度量就要像大地一样，容纳承载万物。

校训是一所大学的办学特色与思想，最能反映其大学精神。人文精神求善，科学精神求真，大学精神在于对人文精神和科学精神的融合。南京大学文学院一位著名教授曾在一篇文章中说过："大学应存在一股强大的'清流'，它标志着一个民族之文明与良知不可磨灭，标志着一个民族对真理、正义的追求，即使十分艰难的时日也不能放弃。"[①]这正是对大学精神的生动概括。

总之，大学校训最能体现一所大学的精神，是一所大学独立思想和传统精神的集中体现。

一起长知识

蒋梦麟谈北大精神

中国著名教育家，曾任北京大学校长的蒋梦麟在谈到北大精神时，说道：

"第一，本校具有大度包容的精神。俗话说，'宰相肚里能撑船'，这是说一个人能容，才可以做总揽万机的宰相。如是气度狭窄，容不了各种的人，就不配当这样的大位。凡历史上雍容有度的名相，无论经过何种的大难，未有不能巍然独存的。千百年后，反对者、讥议者的遗骨已经过变成灰土；而名相的声誉犹照耀千古，'时愈久而名誉彰'。个人如此，机关亦如此……本校自蔡先生长校以来，七八年间这个'容'字，已在本校的肥土之中，根深蒂固了。平时于讲堂之内，会议席之上，作剧烈的辩驳和论争，一到患难的时候，便共力合作。这是已屡经试验的了。但容量无止境，我们当继续不断地向'容'字一方面努力。'宰相肚里好撑船'，本校肚'里'要好驶飞艇才好！

第二，本校具有思想自由的精神。人类有一个弱点，就是对于思想自由，发露他是一个胆小鬼。思想些许越出本身日常习惯范围以外，一般人惊慌起来，好像不会撑船的人，越出了平时习惯的途径一样。但这个思想上的胆小鬼，被本校渐渐地压服了。本校是不怕越出人类本身日常习惯以外去运用思想的。虽然我们自己有时还觉得有

[①] 高一飞，《高等教育改革与人性解放(2)》，光明网，2008 年 12 月 19 日。

> 许多束缚，而一般社会已送了我们一个洪水猛兽的徽号。本校里面，各种思想能自由发展，不受一种统一思想所压迫，故各种思想虽平时互相歧异，到了有某种思想受到外部压迫时，就共同来御外侮。引外力以排除己异，是本校所不为的。
>
> 　　故本校虽处恶劣政治环境之内，尚能安然无恙。我们有了这两种的特点，因此而产生两种缺点。能容则择宽而纪律弛。思想自由，则个性发达而群治弛。故此后本校当于相当范围以内，整饬纪律，发展群治，以补本校之不足。"①
>
> 　　作为新文化运动的中心和五四运动的策源地，作为中国最早传播马克思主义和民主科学思想的发祥地，作为中国共产党最早的活动基地，北京大学为民族的振兴和解放、国家的建设和发展、社会的文明和进步做出了不可替代的贡献，她在中国走向现代化的进程中起到了重要的先锋作用。爱国、进步、民主、科学的传统精神和勤奋、严谨、求实、创新的学风在这里生生不息、代代相传。②

第四节　我　与　大　学

　　步入大学校园，莘莘学子感受到了这边独好的大学风景，在享受"梅花香自苦寒来"的欣喜之时，也迈入了人生重要的过渡阶段——大学。大学是校园生活与社会的过渡时期，是学生时代到成人社会的衔接期，是未来人生重要的起点。莘莘学子将在这里扬帆起航，逐步走上自立的道路，为自己和家人撑起一片蓝天。

一、人生的意义

　　对个人而言，生命是宝贵的，它具有唯一性、可体验性和可创造性。

　　生命的唯一性。生命犹如单行道，没有回头的道路，更没有重来的机会。生命之所以宝贵，是因为它脆弱，一旦失去便无法重来，所以活着的人一定要珍惜。无论在人生历程中遭遇怎样的挫折与困难，一定要坚信明天依然美好，翻开新的一页，人生也将从新的一天开始，让每一天都活得精彩，过得有意义。

　　生命的可体验性。从我们睁开双眼的那一刻起，就已经开始体验生命了，体验她的快乐、痛楚、成功、荣耀、失败、懊恼。每个人都有同等的机会去体验和感悟，去寻觅我们所需要的，体验我们所向往的⋯⋯

　　生命的可创造性。世事轮回，千百年来，无数后人重复着前人经历的悲欢离合，喜怒哀乐。除此之外，还可以以自己的方式与不懈地努力去创造专属于自己的人生，创造奇迹，创造未来。今天的行为与习惯造就的是明天的成败，每一个人都应该把握住生命中的每一个今天，活在当下，活得精彩。

　　人生的意义，关于这个话题，多少年来，无数人曾思考过，叩问过，追寻过。答案林林总总，没有标准。但是，有一点可以说，世界观、价值观、人生观的定位，就决定了人生意义的方向。但由于个人先天条件和后天成长环境等因素的不同，答案也各不相同。

---

① 杨东平，《大学精神》，辽海出版社，2000 年，第 23、24 页。
② 资料来源：http://www.pku.edu.cn/about/index.htm。

> **名人金句**
>
> 你若要喜爱你自己的价值，你就得给世界创造价值。
>
> ——歌德
>
> 我们只有献出生命，才能得到生命。
>
> ——泰戈尔
>
> 人只有献身社会，才能找出那实际上是短暂而有风险的生命的意义。
>
> ——爱因斯坦
>
> 青春的光辉，理想的钥匙，生命的意义，乃至人类的生存、发展，全包含在这两个字之中——奋斗！只有奋斗，才能治愈过去的创伤；只有奋斗，才是我们民族的希望和光明所在。
>
> ——马克思

戴尔·卡耐基说："如果想要自己快乐，就为自己立一个目标，使它支配自己的思想，放出自己的活力，并鼓舞自己的希望。"

这也正是本书的主旨：**成功 = 理想 + 规划 + 行动**（将在第二章进行详细论述）。青年人要在自己理想的支配下，设立目标，科学规划，并加以坚持不懈的行动便可成就未来。其实，每个人都有自己的理想或志向。两千多年前，孔子在与众弟子谈论志向之时，谈到自己的志向是：

"老者安之，朋友信之，少者怀之。"——《论语·公冶长》

这句话大致的意思是：让社会上的老年人，无论在精神或物质方面，都有安顿；朋友之间，能够互相信任，人与人之间和谐相处，没有猜疑；关心年轻一代，让年轻人永远有伟大的怀抱，美好的理想。孔子以简单的三句话，道出了生命的真谛：活着就是为了奉献与分享。

孔子所描述的志向是我们所称道的理想世界。但这伟大的理想无不是由细微点滴的小事情所构成的，所以活在当下的我们，要把握每一天，尽其所能去成就它。如果觉得鸿鹄之志太过遥远，那至少应该停下来思考，懂得爱与被爱、关怀与被关怀、奉献与分享。要知道人生的意义在于创造奇迹，在于它显示出的生生不息的力量。

人生的意义在于创造奇迹。19 世纪美国盲聋女作家海伦·凯勒、优秀科学家斯蒂芬·威廉·霍金，他们身残志坚，以超凡的勇气和毅力，战胜了自己，战胜了病魔，在科学道路上不懈追求，创造了生命的奇迹，分别成为享誉世界的作家、教育家、慈善家、社会活动家和当代最伟大的物理学家、20 世纪享有国际盛誉的伟人之一，用举世瞩目的成就诠释了人生意义，实现了自己的人生价值。

人生的意义在于它显示出的生生不息的力量。中华民族的和平崛起，向世界展示了这个民族生生不息的力量。2008 年"5·12"汶川特大地震，华夏儿女心系灾区，慷慨相助，全国上下万众一心、众志成城、不怕困难、共克时艰，灾后重建工作取得重大阶段性成果，显示出民族团结的力量，显示出中国社会主义制度的优越性，显示出各级政府在党中央领导下的有力组织和主导，显示出灾区人民自强不息、生生不息的力量。

生命的意义在于经历磨难和失败而后生。一个人可以被困难淹没而窒息，也可以从困难和挫折中成长，正如腐朽的土壤中可以长出鲜活的植物一样。生活也许苦难，但它可以为坚强的人磨炼意志；失败固然可悲，但它却是成功之母。只有当我们心平气和地面对困难和挫折，才能在思考总结中变得智慧并逐渐成长。而我们所遭遇的困难和挫折，将成为我们生命中值得珍藏的可贵财富。这就是人生的意义。新东方的创始人俞敏洪就是这个时代自强不息的典范，他经历三次高考才被录取，北京大学毕业后留校任教，起初他的事业也并非一帆风顺。在经历了人生的一次挫折之后，他失望之极，同时他也抓住了人生中最大的机会——创办了北京新东方学校。短短二十几年间，新东方学校培养的出国留学的学生不计其数，俞敏洪因此被誉为"留学教父"。

人生的意义要在社会中完成，才能体现出价值。当代社会，任何优秀成功的人究其生命轨迹，无一不是与社会的贡献密切相关。他们把实现个人人生价值与国家需要、社会需要有机结合，把个人理想前途融入社会事业发展的大潮中，他们经历挫折而百折不挠，最终成就了一番事业，为社会所认可。其实，一个人来到世间，他首先被打上的是民族的烙印、国家的烙印，然后是社会的、家庭的和自己的烙印，所以人的生命的意义就在于他能为国家服务、为社会服务和为人民服务，在服务中体现价值，让生命闪烁出耀眼的光辉。

二、大学生活

■ 大学是什么？

一直以来，大学就是年轻人所向往的地方，在这里，有自己的理想，有自由的时间，有宽松的人际环境，有深厚的文化底蕴，还有设施齐全的现代化教学设备。在这里，学生将完成自己喜爱的专业知识的学习与深造，为未来的人生奠定坚实的基础。那么，大学究竟是什么呢？

> **一起长知识**
>
> **"大学"面面观**
>
> 关于"大学是什么"的话题，从古至今，不同的思想家对大学有不同的认识和界定。例如，香港科技大学社会科学部教授丁学良认为：大学(university)的词根是"universus"，即"普遍""整个""世界""宇宙"的意思，所以大学从它诞生的那一日开始，它的精神气质就是"普遍主义"。
>
> 综观古今中外对大学的表述，大致可分为五种"大学观"。
>
> 一是，大学是荟萃先进思想和研究高深学问的场所。
>
> 北京大学前校长蔡元培说："大学者，'囊括大典、网罗众家'之学府也""大学者，研究高深学问者也""大学为纯粹研究学问之机关，不可视为养成资格之所，亦不可视为贩卖知识之所，学者当有研究学问之兴趣，尤当养成学问家之人格。"[①]
>
> 欧洲大学校长联合会主席罗曼齐教授认为："大学享有充分的自由；大学的知识

[①] 高平叔，《蔡元培全集》第3卷，中华书局，1984年，第191、211页。

属于人民;大学是崇高的传统思想文化的捍卫者;大学既创造知识,也传播知识;大学对研究自由和教学自由给予了保障;精神和文化是人类尊严的实质内容,而大学则是维护精神和文化的中心。"[①]

二是,大学是大师荟萃之地。

梅贻琦在就任清华大学校长的演讲中提出:"所谓大学者,非谓有大楼之谓也,有大师之谓也。"[②]

三是,大学是汇集和传播学问之地。

1854年,都柏林天主教大学校长约翰·亨利·纽曼(John Henry Newman)认为:一所大学就是一个群英会集的殿堂,天下各处各地的学子到这里来以寻求天下各种各样的知识。[②]

北京大学前校长陈佳洱说:"大学自古以来就是人类智慧和知识产生、汇集和向外界辐射和散播的场所。随着'知识'和'人才'成为社会经济发展的主要动力,被广泛地誉为高素质人才的'摇篮'和知识创新的'发动机'的大学,无疑将在新世纪的社会中发挥空前重要的作用,从昔日处于社会的边缘走向社会的内核,成为人们注目的中心之一。"[③]

美国加州大学伯克利分校前校长伯代尔教授认为:"21世纪的大学不仅要担负起保护知识的重任,也要担负起保护文化遗产和向人们解释增加的含混意识的责任。大学还必须增加研究能力,解决现实中的实际问题。"[④]

四是,大学是专业知识传播和教育的场所。

"大学应该是什么样子?"在现代化刚起步之时,西方对此问题回应的主导思想是:大学应该是一个教化的机构,目的是培养颇有学问的青年绅士。[⑤]

1859年,美国密歇根大学课程表的开场白如下:没有任何一个机构配得上称为大学,除非这个机构能够为想要学习任何一门科目的学生提供自由广阔的天地,令他乐此不疲。[②]

"大学是学术殿堂,它研究高深学问,发展和传授知识;大学是专业教育机构,它实施高等专业教育计划,培养专家和专门人才;大学是社会服务机构,它介入地区和国家的社会生活和经济生活,并为之服务;大学是岗位培训站,它通过各种形式的教育和教学,培养各类职业岗位的人员,使他们能够胜任本职工作和适应工种的变换。"[⑥]

英国牛津大学前校长鲁卡斯教授认为:"大学的工作是提供有意义的信息,即发明和传授知识……大学的首要功能是保持那些国家特有的文化,并促进其与其他文化相碰撞中或是相互理解中的有效结合。"[④]

[①] 罗洪波,《博洛尼亚大学》,湖南出版社,1993年,第81页。
[②] 资料来源:http://www.sohu.com/a/142365825_653862.
[③] 陈佳洱,《高等教育研究》,1998年,第4期,第20页。
[④] 马万华,《迎来大学"灿烂的明天"》,高等教育研究,1998年,第4期。
[⑤] 资料来源:http://edu.sina.com.cn/l/2005-01-26/ba99316.shtml.
[⑥] 杜作润,《世界著名大学概览》,四川人民出版社,1994年,第7页。

> 五是，大学是学历教育的场所。
> "大学是指实施高等教育的机构中那些综合性、多学科的、正规的高等学校，主要实施本科及本科以上层次的全日制大学教育。"[①]
> 日本著名教育家平冢益德教授认为："大学是指高等院校中以学术为媒介进行研究和教育，即培养人和进行高等专业教育的机构。"[②]
> 此外，还有一些关于大学的表述，例如，著名科学家，曾长期担任浙江大学校长的竺可桢认为：大学是社会之光，不应随波逐流。大学犹如海上之灯塔，吾人不能于此时降落道德标准也。还有如"大学是发展科学的源泉""大学是新知识、新思想、新文化的生长点"等论述。
> 大学作为高等学府，海纳百川，兼容并包，以研究高深学问、服务经济社会、推动文化进步和促进人的全面发展为使命，为青年学生提供了良好的受教育机会。

大学是青年学生梦想起飞的地方，是自由独立的天堂，是了解社会、融入社会的重要过渡期。对于步入大学新生活的学生而言，新面孔、新环境、新生活，一切从"新"开始。在这里，学生将开始涉足高深知识领域，走进科学的、美学的、哲学的、文学的世界；开始独立学习与生活，走进自我的、群体的、自由的、自主的世界；开始追逐自己的理想与兴趣，参与个人的、团体的、省内的、国内的比赛；开始自主地选择参与社会实践和社团活动，体会真实的、多彩的、五味俱全的社会生活；开始有足够的时间由自己做出安排而不受父母的干涉……大学生活自由而独立，大学生活要求你学会独立。

大学是个人系统地接受教育的最佳时期。英国数学家、哲学家 A.N.怀特海认为：青年在中学时代，常是低着头，弯着腰，在书桌上面，实验室中消磨。但是等到大学的时候，每个大学生就应当抬起头、挺起胸，高瞻远瞩，才能领略到大学教育是为了培养真正的人才，发挥人类内在的美德与潜在的天才。然后才可在学术上创造种种的奇迹，不仅贡献给国家世界，而且是全人类。[③]

所以说，大学学习不再像中学时期仅仅停留在知识的积累上，而是独立思考、自我探求、自我思索的过程。在大学，你可以用整段的时间来思考人生、规划自我、潜心钻研、博览群书、发展兴趣、提升素质、锻炼能力；你可以系统性地接受某一专业领域的专业教育和学习，全面建立起自己的知识构架和创新思维能力，培养进入社会的生存能力和发展能力；你可以用四年的时间发展人际关系，培养属于自己的人脉，结交人生的挚友，收获受益一生的人力资源；你可以在追求科学和人文关怀的浸润中让自己心智丰富、理性成熟、虚怀若谷、宁静优雅……

■ 大学生活的特点

大学是未来人生重要的起点，在这里培养的素质与能力将影响到大学生的职业选择和未来人生。因此，步入校园的学子，首先应该了解大学生活的特点，以此来应对不同于高中时代的全新的大学学习和生活。

简单而言，大学生活主要有以下几个特点。

[①] 张澜、温松岩，《"大学教育"和"大学"概念的界定与分析》，现代教育管理，1995年，第4期。
[②] 平冢益德著，黄德城等译，《世界教育辞典》，湖南教育出版社，1989年，第63页。
[③] 杨叔子，《中国大学人文启思录》第一卷，华中理工大学出版社，1996年，第275页。

◆ 面临更多责任

大学生大多是18周岁以上的年轻人，在年龄上已经是成年人了，所以在享受法律赋予自己权利的同时，也要承担相应的义务和责任，开始自立的路程。

在中学，学习时间和学习任务由家长与老师来帮助安排，而大学期间的自由时间和学习任务则完全由自己来掌控。大学是向社会过渡的阶段，必须在这里学会生存、学会生活。因此，自己要独立地安排自己的时间，即管理好自己的时间，打点自己的衣食住行，独立地与人交往、处理各种关系、完成学业和各项工作。因此，需要你独立地承担责任。

◆ 学习内容和学习方式的改变

中学期间，学校一般开设 10 门左右的课程，教授的大多是基础性知识，大多数时间是为了应付高考而准备的；在大学，实行学分制，四年的学习时间至少要修习 50 门以上的课程，每学期(每学年)都有新课程。大一、大二基本上是公共课和基础课的学习，大三、大四以学习专业课为主，包括做毕业设计、写毕业论文，大学期间的学习任务看似轻松，实则繁重。

大学课堂教学内容多，老师的课堂教学大多讲要点、重点和难点，讲思想方法和结论，这就需要学生课前预习、课后自己及时消化；大学授课进度快，老师一般会按照教学进度，一节课讲授一章或多章内容，如果上课注意力不集中或缺课，下节课仿佛云里雾里，尤其是理工科的学习；课后参考书目较多，课外习题较少；每门课考试的次数明显比高中少，一般情况，基础课有期中考试，其他课程只有一次期末考试，科目难易不同，考试方法也不同，学习主动性掌握在自己手中，但是若不用功、不复习，考试照样会亮红灯。大学学业成绩与奖学金、学位证、毕业证、黄牌警告、红牌退学有直接关系。目前，高等教育面临新一轮改革，教学内容、教学方式、教学手段、实验实习方法、考试方法等都在不断改进，所以适应大学学习是新生走进大学的第一道坎。

作为大一新生，一定要学会自主学习，温故而知新，还要多读书、读好书，多去图书馆、实验室，积极参与科研活动，以便尽快适应大学的学习生活。

◆ 人际关系的改变

大学期间的人际关系尤为重要，此时积累的人际网络关系对今后步入社会的人脉关系有着至关重要的作用。在中学期间，人际关系的概念更多是友谊的延伸，根据个人的兴趣、喜好来取舍朋友。大学是小社会，在这里各种文化价值观念和社会行为的矛盾、冲突都会显现，必须学会与不同性格、不同兴趣爱好和不同习性的人和平共处，尤其是一个寝室的同学。良好的人际关系和生活环境是个人良好发展的前提，况且和谐共处也是构建和谐校园、和谐社会的必要条件。

综上所述，大学是全新的学习环境，一切从"新"开始。在和大家站在同一起跑线上之时，要对自己有一个全面、客观的认识。曾经的辉煌也好，失落也罢，一切都烟消云散，随风而逝。在这里，要给自己重新定位，设立新的目标，做出新的规划，付诸新的行动，为自己的理想而坚持不懈地努力，孜孜不倦地追求。随着时间的推移，你会发现，原来青涩、单纯、被动的你，将会慢慢成长、成熟、主动，积累着智慧，积淀着经历，收获着喜悦，赢得认可与成功。

三、大学里应该学什么

> **名人金句**
>
> 学生在大学里，实际上是学四种东西，一是学怎样读书：learn to learn；二是学怎样做事：learn to do；三是学怎样与人相处：learn to together；最后是学怎样做人：learn to be。
> ——香港中文大学前任校长金耀基
>
> 大学应该做的事情有三件：第一，教会学生如何做人；第二，教会学生如何思维；第三，教会学生必要的科学技术和文化知识，以及应用现代科学技术与文化知识的能力。
> ——中国科学院院士，著名机械工程专家、教育家，华中理工大学前校长杨叔子

人作为社会成员，其一系列关系都是在社会中形成与发展的。因此，个人的理想和信念从来都具有社会性与共同性的特点。大学是人一生中最为关键的时期，作为当代大学生，从入校的第一天开始，我们就应该对自己的大学生活有正确的认识和科学的规划：一方面要为自己树立理想信念；另一方面要了解大学学习和大学生活的特点，为人生理想的实现制定科学的规划，并付诸有效的行动，以实现一个个小目标去逼近人生宏愿，成就人生梦想。

◆ **学会做人做事**

学会做人。青年人要先学"为人"，然后才是学"为学"，即"为学先为人"。做一个诚实守信、积极上进的人；做一个虚怀若谷、谦虚严谨的人；做一个乐于助人、乐善好施的人；做一个顾全大局、有责任心的人；做一个勤于思索、善于总结的人；做一个有理想，会实干的人。

学会做事。学会追逐梦想的方法，学会正确地做事和做正确的事（后面将逐步阐述）。在做事中善于思考，善于总结，善于创新；在做事中积累经验，积淀阅历，成长收获；在做事中体验生活，感悟生活，丰富生活。

◆ **学会独立**

1929 年，陈寅恪先生在王国维的纪念碑铭中提出：独立之精神、自由之思想，倡导的就是独立思考，独立人格。青年学生从走进大学校门的那天起就应该培养自己独立的能力，即能够独立生活，善于独立思考，养成独立人格。"独立生活是一种自主、自理的生活态度，让大家能够独自面对和处理生活学习中的困难和选择。独立思考是一种实事求是的思想方法，让大家遇事不跟风、不盲从、不随波逐流。独立人格是一种不依附他人和权威，具有自我人性和追求的精神品格。只有学会了独立思考、具备了独立人格，才能帮助你们激发好奇心、启迪想象力、建立批判性思维，才能促使你们真正走向成熟，也才意味着你们可以对自己负责、对家庭负责、对社会负责。"[①]

◆ **学会学习**

大学是研究高深学问的地方，有大楼、大师，青年学子在这里成长、成才。大学的学习

---

① 陈吉宁，《如何让大学生活更有意义——在清华大学 2012 级本科生开学典礼上的讲话》。

不仅要掌握一门科学技术，重要的是建立系统的科学知识体系，学会自主学习，学会有选择地学习，学会应用所学知识解决实际问题的方法，建立起终身学习的生存、发展理念。

大学学习与中学学习不同，大学生应重在培养自己独立思考的能力。独立思考能力的培养要从学会质疑开始。正如华中科技大学前校长李培根在该校 2010 年新生开学典礼上所说，大学生要有质疑精神，甚至要敢于质疑校长，质疑权威。因为在他看来，质疑是创造的基础，更是科学进步的基础，是人类社会发展的不竭动力。

◆ 学会创新

学会创新是学习的最高境界。科学技术在发展，社会在进步，这一切都源于人类的不断创新。简言之，创新推动社会文明发展，促进社会经济繁荣，创新是时代精神、民族精神。而如果没有前面所说的敢于质疑，具备独立思考的能力，那一切创新都不可能发生。科学史上一次次的进步正是科学家前仆后继，不断质疑、不断创新的结果，没有伽利略对亚里士多德的挑战，人类对于自由落体的认识就不会更新；没有牛顿对伽利略理论的发展，就不会有万有引力定律；没有爱因斯坦对牛顿理论的质疑，就不会有相对论……历史上每一次科学的进步，无一例外都伴随着独立思考，伴随着不断创新的勇气。

◆ 学会定目标、做规划

所有在海上作业的渔夫都知道，不定立方向的航行是非常危险的。没有目标的人生就像漂泊在大海上的小船，不知道终点在哪里，自然就不可能知道正确的航线在哪里。有人说，我并不知道明天会怎么样，我不愿意制定任何目标和计划，因为人生里很多事情不是我们所能控制的。这种观点是错误的。诚然，人生既短亦长，明天和意外不知道哪一个会先来，虽然我们可能在这个美丽的旅途里经历一些意外，偏离了原来拟定的目标，但这不等于目标没有作用。恰恰相反，那些明白自己想到达哪里的人，明白自己的人生想要实现什么的人，才能够在意外来临之际更快地调整心态，及时调整规划，最终抵达想去的终点。从古至今，大凡成功人士都拥有远大的理想和高远的志向，他们在给自己树立好了人生的目标后，会做出相应的规划，然后落实到行动上全力以赴地去完成。青年学生在大学期间就要学会树立目标，做好规划，用"以终为始"的方式和"知行统一"的方法走好大学生活的每一步。

学习笔记

问题思考

1. 理解大学使命和大学精神。
2. 我为什么上大学？我上大学学什么？毕业后我能干什么？

参考文献

伯顿·克拉克，2001. 高等教育新论：多学科的研究[M]. 杭州：浙江教育出版社.
德里克·博克，2001. 走出象牙塔：现代大学的社会责任[M]. 王承绪，等，译. 杭州：浙江教育出版社.

凡奇，2003. 从边缘到中心：走向社会中心的大学使命与大学教育改革[M]. 徐小州，等，译. 北京：高等教育出版社.

曲士培，2006. 中国大学教育发展史[M]. 北京：北京大学出版社.

孙培青，2000. 中国教育史：修订版[M]. 上海：华东师范大学出版社.

杨东平，2000. 大学精神[M]. 沈阳：辽海出版社.

杨叔子，1996. 中国大学人文启思录[M]. 武汉：华中理工大学出版社.

约翰·S.布鲁贝克，2001. 高等教育哲学[M]. 3版. 杭州：浙江教育出版社.

张向前，2006. 中华高教研究[M]. 北京：华龄出版社.

第二章 人生规划和职业规划

> ▶▶▶ 导入
>
> ### 哈佛25年研究：目标与人生[①]
>
> 美国哈佛大学曾对一群年轻人做过一项长达25年的跟踪调查，这群人当时即将从哈佛大学毕业，他们的智力、学历、家境条件都相差无几，这次调查是一次关于人生目标的调查。调查结果如下：
>
> 27%的人，没有目标；60%的人，目标模糊；10%的人，有清晰但比较短期的目标；3%的人，有清晰而长远的目标。
>
> 25年后，哈佛再次对这群学生的生活状况进行了调查，结果如下：
>
> 那3%的人，在25年间朝着一个方向不懈努力，几乎都成为社会各界的成功人士，其中不乏行业领袖、社会精英等。
>
> 那10%的人，不断地实现他们的短期目标，成为各个领域中的专业人士，大多生活在社会的中上层。
>
> 那60%的人，安稳地生活与工作，但没有什么特别成绩，几乎都生活在社会的中下层。
>
> 剩下27%的人，几乎生活在社会的底层，生活境况不太好，过得很不如意，并且常常抱怨他人、抱怨社会、抱怨这个"不肯给他们机会"的世界。
>
> 其实，他们的差距也仅仅在于：25年前，他们中的一些人为自己的人生目标做好了短、中、长期的人生规划，而其他人则没有。调查者因此得出结论：目标对人生有巨大的导向作用。

"子在川上曰：逝者如斯夫，不舍昼夜。"作为一代圣人的孔子，看着河川的流水绵绵流向远方时，发出了这样的感慨。诚然，时间像流水一样不停地流逝，世事变幻之快，人生短暂之极。在这短暂的一生中，我们无法掌控生命的长度，但却可以决定生命的宽度。唯有珍惜利用每一分一秒，才会无憾于此生。

人生，无论出身如何、身处何地，只要理解人生的价值、生命的意义，就能拥有快乐的人生；无论锦衣玉食或衣单食薄，只要为自己的选择奋斗过、努力过，就能拥有无悔的人生；只要选定清晰的人生目标，实施人生规划，就能拥有美丽的人生。

第一节 美丽人生——你的人生规划

当我们在思考我们的目标是什么的时候，其实我们已经在思考自己的人生规划问题了。

[①] 穆臣刚，《哈佛人生规划课》，中国法制出版社，2016年，第144-145页。

但如果一个人没有清晰的目标，自己不知道该做什么或怎么做，那么别人便无法帮助你，尤其是关于个人的人生规划问题。

成功是一种选择，你设立了什么样的目标和人生规划，就会享有什么样的人生。在漫长的人生道路上，没有人生目标，也就没有了希望，以致失去生活的动力。设立你的人生目标，实施人生规划，你会在实现目标的过程中享受快乐，获取心灵的愉悦和完善。

一、人生规划及其重要性

人生规划有多重要？

人生规划可以帮助人们设立目标，并且思考实现目标的方法与步骤，让人突破发展中的内外部障碍，给人带来希望和动力，带来信心和勇气，最终实现幸福的人生。

儒家经典四书之一的《礼记·中庸》中有这样一句话："凡事豫（预）则立，不豫（预）则废。""凡事"二字虽有些绝对，但却突显出了规划的重要性。每个人在年轻时都有自己的理想和抱负，刚迈入大学校园的新生宏图大志，雄心勃勃。全新的生活环境带给他们新奇的感官享受，渴望在这里让自己大展宏图，放飞理想。然而对于刚脱离高考的新生来说，对于大学的新环境有着或多或少的不适应。不知道自己的理想如何与现实接轨，迷茫、缥缈、困惑。此时，当以规划为理想导航，引领着自己朝着正确的方向前行。因此，对大学四年乃至今后人生的规划就成了莘莘学子的必修课。做好规划后，还需要行动为理想和现实搭桥。因为再好的规划，若不付诸行动，即使目标近在咫尺，也难以到达目的地。

时不我待，人生短暂，且每个人只有一次人生，不要因为年轻的无知和过失，让自己在生命的最后时光里留下太多的遗憾，从而抱憾终生。如果我们能在年轻时做好自己的人生规划，或许遗憾就不会那么多了。

小故事

寓言一则[①]

有兄弟两人出去郊游，高高兴兴地到了凌晨以后才回到家，这时想起来，今天电梯维修，零点以后停止运行。而他们家住在80层的公寓上，怎么办，总得回家吧，兄弟俩心想仗着年轻，就往上爬。前20层意气风发、说说笑笑就上去了。可走到20层就累了，想想才走了四分之一，怎么办呢？两人商量后就把背包存在了20楼的电梯口，想着等电梯开始运行了，再来取。放下背包，人轻松多了，又往上走了20层。到了40层，他们很累，想到往上往下都一样，这个时候他们有些绝望。这种绝望和怨气使兄弟俩开始互相指责，互相抱怨，在指责和抱怨中又往上走了20层。到了60层，累得连指责的力气都没有了，速度也降下来了，他们最后终于走完了80层。到了家门口，兄弟俩面面相觑，觉得好像忘了点什么。一想，钥匙忘在了20层的背包里。

---

① 资料来源：http://www.kmmc.cn/Pages_431_8750.aspx。

> 　　这是一个寓言，其实也就像是我们的人生。少年之时我们在学校里意气风发，谁的成长不是把满怀的希望和梦想扔进行囊，直到20来岁要进入社会时，生命、生存、生活的命题第一次摆在了自己面前。要独立面对的时候才发现身上的行囊挺沉，觉得背着个负担往前走挺慢的，只能放下。但是真的放下不要吗？没有人愿意割舍，只能先埋头苦干几年等到有条件时再来实现自己青春的梦想。可再走20年你就会发现，人到中年了，以前孔子说"四十而不惑"，在从前小农经济条件下是可以不惑了，而现在的人，不到40岁，连迷惑的资格都没有。到了40岁，各种矛盾、冲突、迷惘接踵而至，在充斥着指责和抱怨的生活中，走到了60岁，这是人生最激烈的一段时间。到了60岁，临近退休了，看看生活好像也就这样了，打打太极、做做保健、喝点养生汤，日子过得不错，但是没什么感觉了，晃晃悠悠人就到了80岁。到80岁"回顾所来径，苍苍横翠微"。有一天，你会突然意识到，20岁时的那一把钥匙，这一生从来没有跟随过，它还在出校门时的那个门口。而这时，这条单行道再也回不去了。

◆ 人生的阶段

　　早在春秋时期，儒家学派创始人孔子就对人生经历的不同阶段做出了精辟的概括："吾十有五而志于学，三十而立，四十而不惑，五十而知天命，六十而耳顺，七十而从心所欲，不逾矩。"[①]

　　这段经典之语人们早已耳熟能详，成为人生各阶段的代名词。孔子告诉人们人生各个阶段应该做什么、成就什么。现代人的成长历程依然遵循这样的规律。

　　改革开放后，中国社会快速发展，独生子女家庭所占比例越来越大，即使在多子女家庭，孩子也享受着市场经济带来的社会福利和科学技术带来的各种便捷。网络、电影、电视等大众媒体、自媒体充斥着他们的童年生活，他们在以各种方式从外界获取信息的同时，也充分感受着高科技带给他们的快乐和惊喜，伴随着他们走过难忘的童年。步入中学后，孩子进入了青春期，此时的生活是充满彩色梦想的，但同时是繁忙紧张的，直至步入大学。在大学里，他们感受到的是另一个全新的"小社会"，大部分时间可以自由支配，用于自我学习、自我提升、自我成长。经过四年大学生活的洗礼后，大部分人进入社会走上工作岗位，还有部分人继续读研深造。在事业成长的道路上，不断获得信息、增长知识、积累经验，成长着、快乐着、挫折着、收获着。几年后，有了一定的经济基础，便开始谈婚论嫁，接着经历婚姻，成立家庭，然后为人父母，享受天伦之乐，直至终老。这就是人的一生，看似漫长，实则短暂。

　　在个人的成长过程中，世界观、价值观和人生观不断发生着变化，并随着年龄的增长逐步趋向成熟、稳定。社会环境对人的心理发展至关重要，外因和内因的相互作用是人心理成长发展的动力。随着年龄的增长，我们的学习、工作、生活环境不断改变，教育程度的不断深化，外界环境的刺激逐渐转为内在的影响，使人的心理活动发展也逐渐变得复杂、主动而成熟。对人生的看法、想法和规划也从小学时期的理想慢慢成长为大学时代的初步构思，对未来职业有了初步的设想。

[①] 《论语·为政》，见杨伯峻，《论语译注》，中华书局，2012年，第16-17页。

幼儿时期，孩子在父母、幼儿教师的呵护中开始对人、对周围、对事物有了一些感性认识，头脑里形成了一些自己的概念。父母和幼儿教师是自己童年时期接触最多的人，此时的心理发展很大程度上受父母和老师的影响，大多数孩子的思想、行为依赖于父母和老师，并以他们为榜样。步入小学，孩子开始了义务教育生涯，有了自己的生活空间和生活圈子，可以进行看课外书、看电视、上网等多种课外娱乐活动，有一帮可爱的小伙伴共同度过课余生活，此时的他们初步建立了自己的世界观和价值观，对人生和未来有了自己的理想和抱负：当科学家、人民警察、教师、演员、医生，时刻准备着为共产主义事业而奋斗……认为这些理想就是自己遥不可及的未来。

中学后，孩子步入了青春期，这是人生重要的转折点。此时的他们叛逆、自负，人生观、世界观和价值观逐渐融入了自己的想法，有了自己的困惑和疑问，这个阶段正确适时地疏导和教育，可以及时地转变他们偏执的思想，避免不必要事件的发生。孩子中学期间的学习、生活大多是在家长与老师的教导和督促下，设立共同的目标：向高考迈进。虽然重心放在学习上，但孩子也会利用自己闲暇的课余时间，忙里偷闲地做自己喜欢的事情，憧憬美好的大学生活，对大学生活有了初步的想法和构思，脑海中形成了自己理想而美好的图画和场景。

当昔日的梦想变成现实，步入大学学堂，在感受"宝剑锋从磨砺出，梅花香自苦寒来"的喜悦之时，莘莘学子对这个新的环境有了全新的认识和感悟。昔日梦中的大学生活来得如此之快、如此现实，他们惊喜、愉悦、欢腾……随着年龄的增长、社会实践的丰富和社会积淀的增多，他们的世界观、人生观和价值观也不断发展、成熟，直至清晰，逐步确立自己大学乃至人生新的规划。

大学毕业后，大多数人迈入了职业生涯，在自己的岗位上努力奋斗，几年后选择结婚生子，为人父母，在工作岗位上默默地奋斗，看着自己的孩子逐渐长大成人，然后和自己一样参加工作，结婚生子，此时的自己也已到了花甲之年，尽享天伦之乐，直至终老。

 知识链接

生涯发展过程与生涯彩虹图[①]

1953年萨柏在《美国心理学家》上发表文章，提出"生涯"的概念，认为生涯的发展是一个持续渐进的过程，由童年时代开始一直伴随人的一生。"自我概念"是萨柏理论中的核心概念，是指个人对自己的兴趣、能力、价值观以及人格特征等方面的认识和主观评价。个人的自我概念在青春期前就开始形成，至青春期较为清晰，并在成人期转化为生涯概念。个人对自己的工作和生活满意与否，取决于个人能否在工作和生活中实现自我，正如萨柏所说的，"生涯就是对自我的实现"。而个人的自我实现即生涯发展过程可分为五个阶段，且每个阶段都有其独特的角色、职责及不同的发展任务，如表2-1所示。前一阶段发展任务的完成情况会影响下一阶段的发展。个人面对及完成发展任务的准备情况则体现了个人的生涯成熟度。

---

① GCDF 中国培训中心，《全球职业规划师 GCDF 资格培训教程》，中国财政经济出版社，2006年，第14-15页。

表2-1 生涯发展过程表

阶段	年龄	发展任务
成长阶段	出生~14岁	发展自我概念，发展对工作世界的正确态度，并了解工作的意义
探索阶段	15~24岁	发展相关的技能使职业偏好逐渐具体化、特定化并实现职业偏好
建立阶段	25~44岁	有适当的职业领域稳定下来，巩固地位，并力求晋升
维持阶段	45~64岁	维持既有成就与地位，更新知识与技能，创新
退出阶段	65岁以上	减少在工作上的投入，计划安排退休生活，退休

成长阶段：出生~14岁，儿童开始辨认周围的事物，并逐渐开始意识到自己的兴趣所在以及和职业相关的一些最基本技能。他们在这个阶段的发展任务是：发展自我概念和对工作世界的正确态度，并了解工作的意义。

探索阶段：15~24岁，青少年开始通过学校活动、社团休闲活动、兼职打零工等机会，对自己的兴趣、能力及角色、职业进行探索，尝试自己对于职业的一些假想。到18岁至21岁，青年人进入就业市场或接受专业训练，开始将一般性的职业偏好转为具体的职业选择。在22岁至24岁期间，个人初步确定自己的职业并试验其成为长期发展领域的可能性。这个阶段的发展任务就是使职业偏好逐渐具体化、特定化并实现职业偏好。

建立阶段：25~44岁，个人通过工作与实践接触，尝试选择适合自己的职业领域。经过不断地探索和尝试，最终在某个领域中逐步稳固下来。这个阶段发展的任务就是在适当的职业领域稳定下来，巩固地位，并力求晋升。这一时期通常是大部分人最具创造力的时期，是生涯发展的上升和高峰期。

维持阶段：45~64岁，个人不断地付出努力来获得生涯的发展和成就，避免产生停滞感。这一阶段的发展任务是维持既有的成就与地位，更新知识与技能，创新。

退出阶段：65岁以上，由于生理及心理机能日渐衰退，个人已经有意退出工作岗位并开始享受自己闲暇的晚年生活，职业角色的分量逐渐减少。这一阶段的发展任务是减少在工作上的投入，计划安排退休生活，退休。

萨柏认为，一个人一生中扮演的多种角色就像彩虹一样，同时具有多种色带。他创造性地描绘出一个多重角色生涯发展的综合图形——**生涯彩虹图**，如图2-1所示（请扫描图旁二维码查看彩图）。在生涯彩虹图中，纵向层面代表个人的生活空间，由子女、学生、休闲者、公民、工作者和持家者多种角色交互影响而形成个人独特的生涯类型。

在生涯彩虹图中，横向层面代表的是横跨一生的"生活广度"，在彩虹的外层标示出了人一生主要的发展阶段和相应的大致年龄。纵向层面代表的是由一组角色组成的"生活空间"，它描绘了生涯发展阶段与角色间的相互影响和发展状况。而个人在不同时期对不同角色的投入和重视程度，则以每一道深浅不一的颜色来表现。生涯彩虹图非常直观地展现了个人生命的长度（发展阶段）、宽度（角色）和深度（个人对角色的投入程度），展现出生命的意义所在。萨柏的理论观点至今仍是职业生涯辅导的重要理论基础和实践指导。

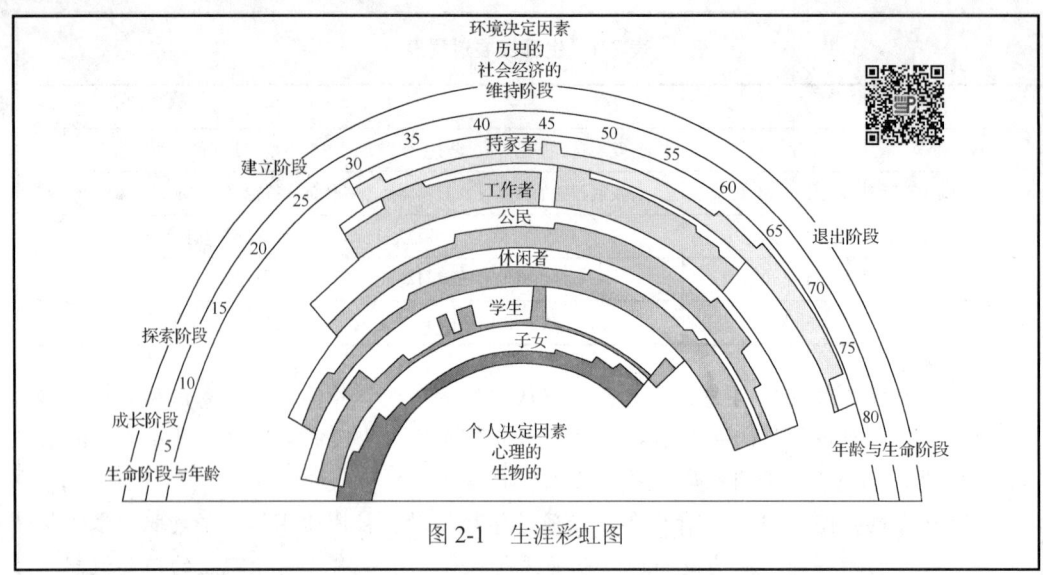

图 2-1　生涯彩虹图

■ 人生规划的重要性

国学大师王国维在《人间词话》中谈到，古今之成大事业、大学问者，必经过三种之境界："昨夜西风凋碧树。独上高楼，望尽天涯路。"此第一境也。"衣带渐宽终不悔，为伊消得人憔悴。"此第二境也。"众里寻他千百度，蓦然回首，那人却在，灯火阑珊处。"此第三境也。[①]

王国维对历史上无数大事业家、大学问家的成功进行了深刻反思，并做出归纳总结。他认为，大事业、大学问不可能一蹴而就，要遵循循序渐进的规律，它是一个长期研究、探索的艰辛过程，要求欲成功者务必具备坚韧不拔的意志、坚定不移的信念和坚如磐石与百折不挠的精神。王国维用晏殊、柳永、辛弃疾三首词中的三句话道出了伟人成功的共同内在逻辑，此非大学问家不能道已。在这条通往成功的道路上，人生目标、理想的设立和实施必须要有一个全面、客观、科学的整理与规划。很多时候设立目标和理想与年龄没有太大关系，如果能从小立志，并努力实现它，你就能拥有超人的力量。

名人经历

斯皮尔伯格是如何成为闻名世界的导演的？

闻名世界的大导演史蒂文·斯皮尔伯格，在年轻时就身兼电影导演和制片人两职，他的作品《侏罗纪公园》和《辛德勒名单》对大家而言应该并不陌生，他的成功历程具有必然性。早年斯皮尔伯格在参观过一个电影制片厂后，立下长远的目标：要拍最好的电影。虽然这个目标对当年的他来说一点都不切实际。但是，自那以后，他对自己的人生便有了明确的规划，生活中他把自己定位为一名电影导演，并以导演的生活方式来严格要求自己，从外形穿着、内在气质到专业素养等，并且通过与外界的不断接触来提升自己的专业知识和专业技能，如认识和接触一些优秀的导演与编剧，不断学习、观察和思考，通过与他们的沟通和交流不断提升自己，积累经验，积淀生活。很多年后，他实现了自己的目标——成为闻名世界的电影导演。

[①] 王国维著，滕咸惠译评，《人间词话》，吉林文史出版社，2005 年，第 41 页。

> **小故事**
>
> **人生的信念**[①]
>
> 斯尔曼是伦敦一对著名登山家夫妇的儿子。11岁时，他的父母在乞力马扎罗山上遭遇雪崩，不幸双双遇难。父母临行前，留给了年幼的斯尔曼一份遗嘱，希望斯尔曼能像他们一样，一座接一座攀登上世界著名的高山。在遗嘱中，他们赫然罗列了一些高山的名字：乞力马扎罗山、阿尔卑斯山、喜马拉雅山……
>
> 这样的遗嘱，对于一条腿患了慢性肌肉萎缩症的斯尔曼来说，简直就是一场灵魂的地震，但捧着父母遗嘱的那一刻，残疾的斯尔曼并没有害怕和退缩，却有了一种坚毅的信念：我一定会征服那一座座高山，并在世界之巅和你们的灵魂相会！
>
> 以后的六七年里，斯尔曼抱着征服世界巅峰的坚定信念和使命，马不停蹄、坚持不懈地锻炼着自己年轻却又残疾的躯体，他跛着腿参加越野长跑，跟随南极科考队在白雪皑皑的南极适应冰天雪地的艰苦生活，甚至远行非洲，到一望无际的撒哈拉大沙漠上考验自己在弹尽粮绝时的野外生存能力。
>
> 19岁时，斯尔曼登上了世界第一高峰——珠穆朗玛峰；
>
> 21岁时，斯尔曼登上了阿尔卑斯山；
>
> 22岁时，斯尔曼登上了乞力马扎罗山……
>
> 斯尔曼凭借着坚毅的信念和使命，克服了种种困难，作为残疾人的他做出了常人想都不敢想的壮举。
>
> 正当人们羡慕他的成就，津津乐道他的壮举时，28岁的斯尔曼，却在他的寓所里平静地触电自杀了。
>
> 遗言中，斯尔曼不无颓废地写道："这些年来，作为一个残疾人，我创造了那么多征服世界著名高山的壮举，那都是父母的遗嘱给我的一种信念。如今，当我攀登完所有的高山之后，功成名就的我感觉无事可做了，我没有了新的目标。我厌倦爬山、上楼甚至走路，对生活和生命有了一种乏味的感觉。假若再有几座比珠穆朗玛峰更高的山峰，或许我会攀登到50岁或60岁，可现在没有，我感到了无奈和绝望……"

从这段故事看，即使斯尔曼的观点极端而且片面，但或许真的如斯尔曼所言，如果不是过早地征服完一座座高山，如果能再有几座比珠穆朗玛峰更高的山峰，那么他应该还会顽强地生活着，坚定而执着地向更高处攀登，因为他心中有目标、有信念。

我们在为斯尔曼的成就喝彩的同时也感到惋惜。原因就在于，当斯尔曼实现了自己的既定目标后，他没有及时为自己找到新的目标和信念，即没有将已有的信念及时更新。由此，我们引出人生规划的概念。

[①] 李雪峰，《人生的信念》，青年博览，2009年，第19期。

规划引领人生——走进大学

■ 什么是人生规划？

成功经验

山田本一的成功[①]

1984年，在东京国际马拉松邀请赛中，一位毫无名气的日本选手山田本一却出乎意料地夺得了世界冠军。所有人都在好奇他是如何做到的，可他却在自传中这样写道："每次比赛之前，我都要乘车把比赛的线路仔细看一遍，并把沿途比较醒目的标志画下来，比如第一个标志是银行，第二个标志是一棵大树，第三个标志是一座红房子……这样一直画到赛程的终点。比赛开始后，我就以百米冲刺的速度奋力地向第一个目标冲去，等到达第一个目标，我又以同样的速度向第二个目标冲去。40多公里的赛程，我将其分解成几个小目标轻松地跑完了。起初，我并不懂这样的道理，我把我的目标定在40多公里外终点线上的那面旗帜上，结果我跑到十几公里时就疲惫不堪了，我被前面那段遥远的路程给吓倒了。"

这个故事告诉我们，在大目标下分出层次，以阶段性小目标的实现去实现大目标，这就是规划。当自己设立了过于远大的目标时，不妨在大目标下设立中期、短期的目标，当达成一个小目标时，用这一轮的成就感激励自己投入下一轮的拼搏中，这样，一个个实现小目标，最终成功的概率就会高得多。

◆ 人生规划的概念

关于规划，《现代汉语词典》上注释：规划是比较全面的长远的发展计划。

所谓人生规划，即结合自身实际情况（个人的兴趣爱好、能力及志向等），根据社会发展的需要，对人生未来的发展道路做出一种预先的策划和设计。在实施的过程中，积极主动地设立自己的人生目标、确定自己事业的发展方向，然后为达到这一目标和发展方向而确定行动的时间和实施方案。

人生规划的意义在于人生规划有助于实现自己的人生目标。人生规划的设立，可以帮助我们清晰地认识自己的人生目标，理性地思考自己的未来，初步尝试性地选择未来适合自己的职业和生活方式。在大学期间就开始认真思考人生，设立好自己的人生规划，可以引导我们有针对性地培养自己的综合素质和综合能力，为步入职业生涯做好充分的准备。人生规划的设立还可以让我们在纷繁复杂的人生中，找寻到自己的方向，追随自己的志向和理想，实现人生价值。

◆ 人生的不同阶段需要不同的人生规划

每个年龄阶段都有不同的人生规划。步入职业生涯前，大学阶段的规划显得尤为重要，它的确立决定了你今后职业发展的基本方向。步入社会，面对五彩缤纷、充满诱惑的世界，喜悦、矛盾与困惑交织，此时此刻，人生规划的实施、人生目标的确立会坚定你前行的方向，使你更高效地到达目的地。大学，可以用四年的时间成长、收获、成熟，并结合自己的兴趣

[①] 穆臣刚，《哈佛人生规划课》，中国法制出版社，2016年，第145页。

爱好、专长和能力确立人生目标，为毕业后的工作道路点亮灯塔，准备随时起航。

20岁以前，大部分人的经历相似，读书、升学、考研、工作……大多数人都在同一个起跑线上，在父母及亲朋好友、社会价值观、人生观等诸多因素的影响下完成基本的教育。在青年时代，人们就应该开始对未来做出规划，懂得规划人生的重要性，一旦决定就不轻言放弃。然后，在迈入工作岗位前，全面积累丰富的知识，用实际行动一步步迈向目的地。

20～25岁，在这个年龄阶段里，我们需要懂得掌握和规划自己的未来，决定自己在什么领域发展事业，实现自己的理想与抱负。此时除了要享受法律赋予我们的权利，还要履行自己的责任和义务。同时要开始规划自己的未来，如考研、就业、感情……争取自己人生的主动权。

25～30岁，我们像海绵一样努力吸收的同时也甘心被压榨，以获得自我的成长。在此期间，我们在工作取向、薪水待遇以及感情婚姻等方面都极力争取，在没有经验的同时遭遇着不同程度的挫折。

30～35岁，我们要善于判断机会、把握机会、不能再有尝试错误的心态。此时的事业正是如日中天之时，我们要高瞻远瞩，在面对宽广人生时不局限于自我。如婚姻，结婚是人生第一次重大抉择，面对婚姻，很多人认为结婚就是找到生命中的另一半，并开始新的家庭生活，殊不知，婚姻也是一项社会责任，是人生另一种学习的开始。

35～40岁，我们开始享受生活和事业带来的喜悦与快感，同时给他人带来希望。如果此时的你已经是领导了，那就应该领导你的下属为享受更好的生活而努力，力争做一个有影响力的人。

40～55岁，事业稳步发展，家庭、事业等各方面都相对成熟、稳定。

55岁以后，一般进入了支配个人时间的时期，从社会角色、职业角色中慢慢淡出，家庭角色、休闲消费角色更加浓重……

◆ **人生规划不同于儿时梦想**

人生规划不同于儿时梦想，它是可行的、具体的，儿时的理想更多是一种憧憬。童年时期的梦大多是彩色的，想象力随着外界信息的不断获得、增多而变化着，此时的想象力极其丰富，会在大脑里勾画或在本子上用笔描绘出未来的宏伟蓝图。孩提时代的身体、心理、智力处于不断发展变化中，世界观、人生观虽初步形成，但还处于懵懂状态，他们分不清现实社会和虚无缥缈的想象世界，不知道它们之间有着千差万别。而是对外界有着自己的构思和想法，在心中逐步搭建起自己的小小的世界，并把它等同于现实世界。因此，此时构思的理想大多脱离实际，他们会想当然地认为理想就是自己的未来。例如，当宇航员、科学家、歌星、影视明星等，这些职业并非人人都能从事，它有着如身体、智力、心理、专业技能和专业素质等多方面的要求，它更多是儿时对自己初次接触社会后，在大脑里反馈出的信息，是对五彩缤纷的世界幻化出的一种憧憬，是在一系列科幻片、影视剧及其他大众媒体的冲击下产生的不切实际的理想。在未来成长的道路上，绝大多数人会因为人生目标的改变或其他自身因素的限制而中途放弃这些理想，因此儿时理想实现的可能性不大，它们是人们在儿时对未来世界的一种憧憬。

梦想是人们获得力量的源泉。从小到大，每个人都有自己的梦想。进入大学后，个人的身体、心理、个性、气质等逐渐发展成熟，各种适应能力也逐步培养起来。在经历大学教育、大学生活和社会体验中，青年学生会对人生产生新的认识和感悟，对人生道路和人生目标做出初步的归纳和定位，并制定出相对具体的实施方案和时间表，有针对性地进行挑战和冲刺。在追逐自己梦想的过程中，通过对自己未来规划不断进行调整和修正，你的目标会越来越清晰，儿时的梦想也更加趋于理性，变成可实现的人生理想。

幸福的人不只是实现自己梦想的人，还有正在实施着自己人生规划的、离梦想越来越近的追梦人，因为他们的努力，幸福离他们越来越近，他们在快乐的过程中接近幸福，享受追求幸福的乐趣。

由表2-2可知，儿时的梦想是一种模糊的美好愿望，不切实际，很难用现实的行动去达到。例如，一个天生就五音不全的小孩希望长大后能当歌唱家，即使他在后天的成长过程中勤奋刻苦地训练，也无法在歌唱领域有太大的发展空间，儿时的梦想对他来说可能更多是镜中花、水中月。青年时代，人的心智较儿时更为成熟，此时的梦想切合实际，如果加以规划，制定出切实可行的方案和步骤，再付诸行动，那实现梦想的机会就要大得多。又如，还是那个五音不全的小孩，长大后，尽管他还是爱好唱歌，但他意识到了计算机软件操作对他来说更加得心应手，于是，他给自己定下一个目标，大学学习软件工程专业，毕业后当一名软件高级工程师。在接下来的时间里，他有针对性地对自己的学习生活做出切实可行的规划，并付诸行动。这样，在他毕业后，做一名软件高级工程师对他来说就是唾手可得的了。

表2-2 规划和梦想的区别

项目	概念	关键词	不同成长期	性质	能否达到
儿时的理想	孩提时代对未来事物的想象或希望	想象	儿童时代，大脑对未来事物的简单勾画	虚幻的、缥缈的、抽象的	难以到达
大学的规划	青年时代的比较全面、长远的发展计划	有目的的计划	青年时代，为接近理想而做出的一系列实施步骤	现实的、可行的、具体的	通过行动和努力可以达到

二、价值观是人生规划的关键和前提

■ 人生的选择

 你知道吗？

价值观决定人生选择

不知从什么时候开始，当身边的朋友或我们自己面临选择时，总有人会说"Follow your heart"。有一次，有位朋友在面临职业选择时又被告诉说要"Follow your heart"。她却迷惑地反问道："问题是我也不知道我内心的想法是什么啊,这要我怎么跟随呢？"这位朋友的问题并不少见，现实生活中有很多人跟她一样，感到自己在面临人生选择时常常是"选择无能"。实际上，"Follow your heart"这句话里的"heart"指的就是由价值观决定的人生理想，没有明确清晰的价值观，显然不太可能有好的人生理想，自然也不可能果断地做出选择。所以，价值观是人生选择的第一步，更进一步说，价值观决定了人生选择。

> 历史上这样的事例很多。两千多年前，孔子为了大道行于天下，奔波六国多年，游说各国君王。虽然他的建议最终并没有被采纳，但直到离开人世时，他也没有放弃自己的人生理想，因为他的人生理想就是要天下大同，而这是由他那"做个有德行，讲仁义，心怀天下的君子"的价值观所决定的。即使最后也没能成为将相，但孔子却成了中国历史上最重要的思想家，影响了一代又一代的中国人。

人的一生很长，我们将要在这个世间度过几十年的光阴；人的一生很短，也许在几秒钟内我们做出的选择就会影响整整一生。人的一生里，我们常常会面临许多选择，如选择考哪个大学、学哪个专业、去哪个行业就业、去哪个地方工作、去哪里买东西等。但真正决定人生道路的，是我们在面对内心冲突时，自己的价值观指引下所做出的人生选择。因此，我们可以说，你的人生选择要跟随你的内心，但你的内心就在你的价值观里，而你在做出人生选择前，最需要做的事情就是厘清自己的价值观，问问自己"什么是我人生里最重要的？""对我来说，最不能放弃的是什么？"。

人生的选择很重要，而人生规划是在已经决定了选择哪条人生道路之后的规划，因此，在进入系统的人生规划理论学习之前，我们必须明白自己的人生选择，并清楚会为之付出的代价。显然，选择是人生规划的前提，而价值观则是选择的前提。

■ 价值观决定人生选择

从小到大，我们有思想品德课、政治课等帮助我们树立人生价值观的课程。有些学生觉得这些课程死记硬背的东西太多，所以对"价值观""人生观"等这些在课程上提到多次的名词有些厌烦，觉得它们只是抽象的概念，只是在考试时才需要背背，对自己的真实人生并没有用处。有的学生甚至一听到老师说与"价值观""人生观"有关的话语，就会把自己封闭起来，故意不听。其实，这样的观念和做法是非常错误的。因为，价值观和人生观的的确确就是把持我们人生的方向盘。

◆ 格局铺就人生之路

日常生活中，我们常常发现，人的智商水平相似，才能差不多，可是往往却有不同的心胸和气度。有人会为了别人的一个眼神而整天不安，有人会因为一个小小的失败而一蹶不振，还有人甚至会因为某科不及格或者失恋而选择结束自己的生命……人生的根本差异，并不在于智商和才能，而在于人生的格局，这种格局有时表现为心胸和气度，有时表现为计划和谋略，有时也表现为情商和抗挫能力……。有宏大的人生格局，才能成就伟大的人生。

人生格局是什么？人生格局就是一个人对待人生的整体认识和态度。人并不是自己活得好，活得逍遥自在就行，否则流落在荒岛上的鲁滨孙也不会天天想着要重返人类社会。我们知道，人是集体的人，社会性是人区别于动物的一个特性。生活在人群之中，我们的人生其实是整个社会中的人彼此造就的，这就是孔子为什么告诉子贡说，"仁"就是"己欲立而立人，己欲达而达人"。[①]

---

① 杨伯峻，《论语译注》，中华书局，2012年，第91页。

规划引领人生——走进大学

> **名人经历**
>
> ### 钱学森：人生格局决定结局
>
> 　　1934年，钱学森从国立交通大学毕业后，考上了清华大学留美公费生。他是当时那批留美公费生中唯一一名攻读航空学的学生，这也是他当时在国立交通大学就读时就已立下的志愿。1935年8月，他从上海乘坐杰克逊总统号邮轮前往美国，就读麻省理工学院(MIT)的航空学专业。硕士毕业后，他来到加州理工学院攻读空气动力学博士。取得博士学位后，回到MIT任教，成为MIT当时最年轻的终身教授。1955年，钱学森带着家人历经艰难回到百废待兴的中国，成为中国导弹研究和航天计划的元勋。
>
> 　　曾有人评论说，如果钱学森当时不回国，他可能会成为世界一流的科学家，不会比杨振宁、李政道等华裔科学家差。显然，对于当时的钱学森来说，回国面临的肯定不是优越的生活条件和好的科研环境，很多工作都得从零开始。但是，如果钱学森没有回国，那么中国的导弹研究和航天计划不会在很短的时间里取得重大进展。显然，像钱学森这样的人生选择是利国家而非利自我，正应了流传上千年的《钱氏家训》中这样的一句话："利在一身勿谋也，利在天下者必谋之。"而正是有了"利在天下者必谋之"的人生价值观，钱学森才会有那样胸怀祖国的人生格局，才成就了报效祖国的人生佳话。

◆ 价值观决定人生格局

> **名人金句**
>
> 　　仁以为己任，不亦重乎？死而后已，不亦远乎？
>
> 　　　　　　　　　　　　　　　　　　　　——孔子《论语·泰伯》

　　"做人"是我们从生下来就开始并且伴随我们一生的事业，只不过，人生的路显然并不是靠我们自己一个人能够走完的，所以我们必须将对待自己和对待别人放在一起，统一称为"为人处世"。"处世"既是"为人"的目标，也是"为人"的途径，因为人生在世，如果想"人人为我"，那必先"我为人人"，这是具备社会性的人从上万年的历程中学会的道理。既然"做人"首先要面对人的社会性，那么人生的首要问题其实并不是如何对待自己，而是如何对待他人。在对待他人的过程中，选择做什么，不做什么，这就是价值观的问题。

　　从古至今，有多少仁人志士选择舍生取义，又有多少贪生怕死之辈为一己私利放弃民族大义？舍生取义的人，认为"义"大过于自己的个体生命；做了汉奸的人，认为什么都不如自己的生命重要。他们都做了同样一件事，那就是都选择自己认为重要的东西。认为什么重要而什么不重要，对世界有一个基本的价值判断，这就是人生的价值观。人生的格局不是人一生下来就有的，人生的价值观更是如此，两者都是有了一定人生经历后自然而然生长出来的。个体在对世间的一切挑挑拣拣之后，对于什么是能够放弃的，什么是坚决不能放弃的有了一些清晰判断，这种价值观形成以后，决定了人在面对问题时会如何决策，会关注什么，不会关注什么；会选择什么，会放弃什么。前面提到钱学森先生毅然回国，表明对他来说，重要的是国家和民族的大义，他的人生格局中装着国家和人民。可见，正是有了孰轻孰重的价值判断，才会有不同的人生格局，价值观决定了人生格局。

价值观的不同，决定了人生格局的不同境界。将自己放在最前面，把自己看得最重的人，往往整天担心忧虑自己的得失。没有得到时，寤寐思服、辗转反侧；得到了又害怕失去，所以战战兢兢、如履薄冰……整天生活在焦虑之中。因此，王尔德将"没有得到自己想要的"和"得到了自己想要的"称为"人生的两大悲剧"，这样的人越活越困，越活越狭隘，越活越渺小。把他人、国家看得更重要的人，会在关键时刻做出对他人、对民族、对国家有利的选择，而不在乎个人的利益得失。这样的人，格局很大，视野宽广，大气大为。还有一种价值观，将"道"（也就是普遍的真理）看成人生中最重要的事，认为人生里没有什么比这个更重要，所以孔子说"朝闻道，夕死可矣"。这种价值观决定的人生格局就是不断地学习，不断地求真。这也是儒家倡导的"修身"的精义所在。从《大学》中的"自天子以至于庶人，一是皆以修身为本"到明朝理学家张载所言"修身齐家治国平天下"的人生理想，无一不是建立在这样的人生格局之上的。这样的人生格局，不患得失，不患贫病，不患孤独，只是一心向道，一心求索于宇宙真理。士当修身以求道，这就是中国古代知识分子一生所追求的人生格局。

大家之言

梁启超论"仁者不忧"[①]

为什么仁者便会不忧呢？想明白这个道理，先要知道中国先哲的人生观是怎么样。

"仁"之一字，儒家人生观的全体大用都包在里头。"仁"到底是什么？很难用言语说明，勉强下个解释，可以说是："普遍人格之实现。"孔子说："仁者人也。"意思是说人格完成就叫做"仁"。

但我们要知道，人格不是单独一个人可以表现的，要从人和人的关系上来看。所以"仁"字从二人，郑康成解他做"相人偶"。

总而言之，要彼此交感互发，成为一体，然后我的人格才能实现。所以我们若不讲人格主义，那便无话可说；讲到这个主义，当然归宿到普遍人格。

换句话说，宇宙即是人生，人生即是宇宙，我们的人格，和宇宙无二区别，体验得这个道理，就叫做"仁者"。

然则这种仁者为什么就会不忧呢？大凡忧之所从来，不外两端，一曰忧成败，二曰忧得失。我们得着"仁"的人生观，就不会忧成败。为什么呢？因为我们知道宇宙和人生是永远不会圆满的，所以《易经》六十四卦，始"乾"而终"未济"。正为在这永远不会圆满的宇宙中，才永远容得我们创造进化。

我们所做的事，不过在宇宙进化几万万里的长途中，往前挪一寸，两寸，那（哪）里配说成功呢？然则不做怎么样呢？不做便连这一寸都不往前挪，那可真是失败了。

"仁者"看透这种道理，信得过只有不做事才算失败，肯做事便不会失败。所以《易经》说："君子以自强不息。"换一方面来看，他们又信得过凡事不会成功的几万万里路挪了一两寸，算成功吗？所以《论语》："知其不可而为之。"你想，有这种人生观的人，还有什么成败可忧呢？

[①] 梁启超，《梁启超哲学思想论文选》，北京大学出版社，1984年，第523—524页。

> 再者，我们得着"仁"的人生观，便不会忧得失。为什么呢？
>
> 因为认定这件东西是我的，才有得失之可言。连人格都不是单独存在，不能明确的(地)画出这一部分是我的，那一部分是人家的，然则哪里有东西可以为我们所得？既已没有东西为我所得，当然也没有东西为我所失。
>
> 我只是为学问而学问，为劳动而劳动，并不是拿学问劳动等做手段来达某种目的——可以为我们"所得"得。所以老子说："生而不有，为而不恃。""既以为人已愈有，既以与人已愈多。"你想，有这种人生观的人，还有什么得失可忧呢？
>
> 总而言之，有了这种人生观，自然会觉得"天地与我并生，而万物与我为一"，自然会"无入而不自得"。他的生活，纯然是趣味化艺术化。这是最高的情感教育，目的教人做到"仁者不忧"。

三、人生规划的三大原则：认识自我、管理自我和发展自我

■ 认识自我

认识自我是人生规划的第一步，是对"我是谁？我打算做什么？我该怎样活着？"等问题的思索和探讨。从广度上看，认识自我涉及理想与现实的整合、个体先天遗传特征的分析、后天生活环境及教育程度、大众传媒的影响等；从时间上看，个体在不同时期对"我是谁？我打算做什么？"会有不同的看法。因此，从长远的角度来看，认识自我是每个人长期的任务，尤其是青年时期的自我认识，对个人的发展意义深远，是奠定个人职业生涯发展的基础。

认识自我包括自我评估，即对自己做全面的分析，包括兴趣爱好、特长、性格、能力、智商、情商、思维方式及组织管理、活动协调能力等方面的内容。自我分析可以清晰地认识自己、了解自己，扬长避短，制定出符合自己未来发展的路线图，从而对目标做出最佳选择。因此，实事求是的自我认识和自我评估是制定出适合自己发展的人生规划的必要前提。

◆ 正确认识自己

> **名人金句**
>
> ### 人啊，你要认识你自己！
>
> ——德尔斐箴言，相传刻在古希腊德尔斐的阿波罗神庙的入口处。
>
> 古代希腊最伟大的哲学家，柏拉图的老师苏格拉底将这句话作为他一生哲学研究的核心。

人性是人特有的属性，包括自然属性和社会属性。人的自然属性是人在生物学上区别于其他动物的特点，包括生理结构、生理机能和生理需要等。人的自然属性的最基本表现是以人的生理结构为物质前提的各种欲望和自我保存等基本机能。

人的社会属性是人在实践基础上形成和发展起来的人与人之间的关系属性。它是人所特有的属性，主要表现为：人与人之间的相互依存、相互协作、社会交往、社会道德等。

马克思在《关于费尔巴哈的提纲》中表述了"人的本质并不是单个人所固有的抽象物,实际上,它是一切社会关系的总和"。[①]人作为社会的人,同时具有自然属性和社会属性。因此,在认识自我的时候,首先要对自己的身体、心理、智力等方面有一个全面的了解。

身体是人的各个生理组织构成的整体,是人进行一切活动的载体,拥有健康的身体是人学习、工作、生活、实现理想抱负和人生价值的前提。没有强健的体魄,任何理想和抱负都无法实现。因此,身体素质在人的一生中占据着极其重要的地位。拥有良好的身体素质不仅和遗传有关,而且与后天的锻炼有密切的联系。一般而言,身体素质的先天性不足是可以通过后天科学的锻炼来弥补的,并可以达到增强体质、强健体魄的目的。因此,从年幼时,我们就应该养成坚持锻炼身体的良好习惯,从而使自己拥有人生最大的一笔财富——健康的身体。

智力是人们认识、理解客观事物并运用所学知识和经验等解决实际问题的能力。它包括观察力、记忆力、想象力、分析判断能力、思维能力和应变能力等。[②]美国心理学家布朗(Brown)强调早期经验对智力发展的重要性,他认为,智力是学习能力、积累知识、推理和应付新情景的能力。

知识链接

多元智力理论[③]

传统的智力理论认为人类的认知是一元的、个体的智能是单一的、可量化的,如学校一直只强调学生在逻辑—数学和语文(主要是读和写)两方面的发展。但这并不是人类智能的全部。不同的人会有不同的智能组合,例如:建筑师及雕塑家的空间感(空间智能)比较强、运动员和芭蕾舞演员的体力(肢体运作智能)较强、公关的人际智能较强、作家的内省智能较强等。1983年,美国哈佛大学心理学家霍华德·加德纳在《智力的结构》一书中提出"智力是在某种社会或文化环境的价值标准下,个体用以解决自己遇到的真正难题或生产及创造出有效产品所需要的能力"。传统上,加德纳认为,支撑多元智力理论的是个体身上相对独立存在着的、与特定的认知领域和知识领域相联系的八种智力:即言语—语言智力、逻辑—数理智力、视觉—空间智力、身体—动觉智力、音乐—节奏智力、交往—交流智力、自知—自省智力和自然—观察能力,如图2-2所示(请扫描图旁二维码查看彩图)。这八种智力彼此联系,又相互独立。而每种智力都由不同的核心能力组成,并以不同的形式表现和发挥作用。同时,从多元智力图上还可以看出,每个人都是不一样的,他们各自有各自的智力特点和优势,从而表现出人的多元化特点。这一理论被称为多元智力理论(Multiple Intelligences)(又称多元智能理论)。

[①] 马克思,恩格斯,《马克思恩格斯全集》第3卷,人民出版社,1960年,第5页。
[②] 资料来源:https://baike.baidu.com/item/智力。
[③] 资料来源:https://baike.baidu.com/item/%E5%A4%9A%E5%85%83%E6%99%BA%E8%83%BD%E7%90%86%E8%AE%BA/1704606?fr=aladdin 和 http://baike.baidu.com/item/%E9%9C%8D%E5%8D%8E%E5%BE%B7%C2%B7%E5%8A%A0%E5%BE%B7%E7%BA%B3/797518。

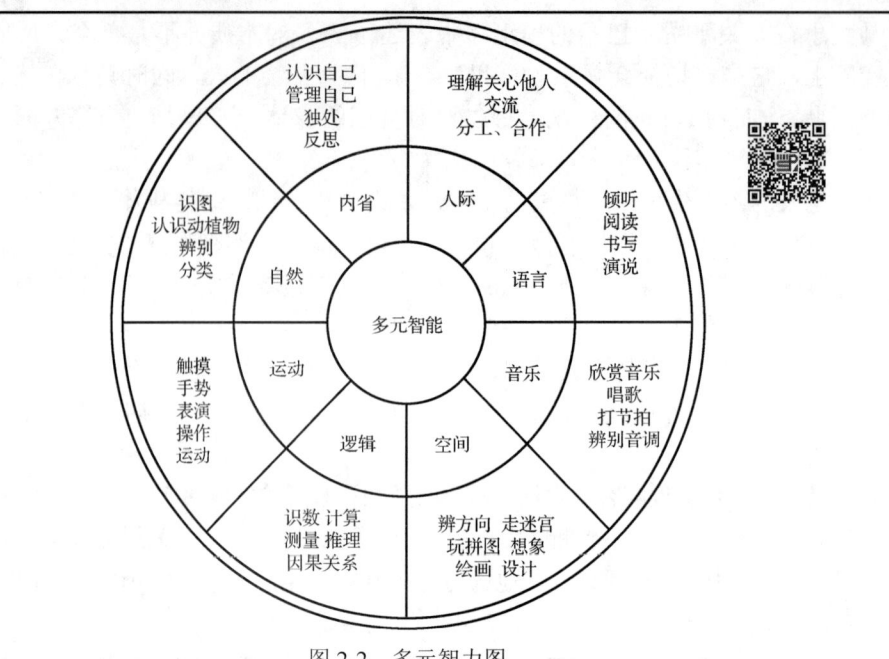

图 2-2 多元智力图

由此可见，智力是一种集抽象和概括于一体的综合能力，并非单一的能力。智力因素除了与先天遗传有关外，还与后天获取的知识、信息与外界的接触和交互作用有着密切的联系，特别是早期经验对智力的发展尤为重要。

性格是"个人对现实稳定的态度和与之相适应的习惯化了的行为方式中所表现出来的心理特征"。[①]性格是一个人在成长过程和生活环境中，接受各类事物的影响，而逐渐培养出来的心理特征，具有相对的稳定性，同时受个体的生物学因素影响。心态则因性格而生，并为性格所左右，是在感受外界刺激时所做出的心理反应，因此性格决定着人的基本态度和行为方式。在做人生规划时，需要考虑自己的性格特点来做出选择和规划。

气质"在心理学中是指表现在人的心理活动和行为的动力方面的、稳定的个人特点，也就是日常所说的脾气秉性"。[②]日常生活中，你的做事风格是冲动型还是稳妥型？心里郁闷是极力找朋友分解还是独自"消化"？喜欢安静地待着还是热衷于各种社交活动？反应敏捷还是迟钝？……这些问题都与气质有很大的关系。现实生活和小说人物中有不少气质独特的人物。例如，多愁善感的林黛玉，爽朗泼辣的王熙凤，思维灵活、动作敏捷的燕青，情绪暴烈、直爽忠诚的李逵，忠厚稳重、坚毅的林冲……这些心理差异即气质差异。古人早已注意到气质带来的不同表现，圣人孔子把人分为"中行""狂""狷"，认为"狂者进取，狷者有所不为"，要"狂而不狷"。气质不同于能力和性格，它较多地受到神经系统先天特性的影响，具有一定的先天性，且相对稳定，并具有一定的可塑性。

兴趣是"人积极探究某种事物的认识倾向，是人的认知需要的情绪表现，反映了人对客观事物的选择性态度"。[③]爱因斯坦说："兴趣是最好的老师。"一个人对某种事物感兴趣，

[①] 赵国祥，《心理学概论》，光明日报出版社，2007 年，第 267 页。
[②] 赵国祥，《心理学概论》，光明日报出版社，2007 年，第 258 页。
[③] 资料来源：https://baike.baidu.com/item/%E5%85%B4%E8%B6%A3/5720174。

就会对其产生强烈、肯定的情绪色彩,产生主动接近这种事物的倾向,积极参与有关活动。美国著名作家艾默生说:"有史以来,没有任何一项伟大的事业不是因为热忱而成功的。"兴趣是发自内心的激情和热忱,是一切事业努力与专注维持长久发展的原动力。它主要体现在以下两方面。

一是定向作用。兴趣吸引我们去看、去听、去关注能满足自己内在需求的事物,将人的关注点与注意力锁定在一定范围。

二是动力作用。兴趣代表着内在需求,可以激发人们从事某项事业或活动的持久热情,并使之获得较大进展。当初,比尔·盖茨放弃了自己在法律系的学业,选择了喜爱的软件开发,成就了一代神话,他的故事,彰显了新经济时代、新兴行业崛起之时,兴趣在成功中重要的引领作用。可见,兴趣对人生事业的发展尤为重要,如我们在学科专业选择或职业选择中,应该进行兴趣的探索,从而提高自己的满意度。

素质是"一个人在社会生活中思想与行为的具体表现。在心理学上指人的某些先天的特点。素质对大学生而言,是指其从事社会实践活动所具备的能力。它包括自然素质、心理素质和文化素质。素质只是人的心理发展的生理条件,不能决定人的心理内容与发展水平,人的心理活动是在遗传素质与环境教育相结合中发展起来的。而人的素质一旦形成就具有内在的相对稳定的特征,所以人的素质是以人的先天禀赋为基质,在后天环境和教育影响下形成并发展起来的内在的、相对稳定的身心组织结构及其质量水平。"[①]素质是一个人本身应该具备的当前性和潜在性的能力。

能力,即对一项活动的胜任力,是直接影响人的活动效率,促使活动顺利完成的个性心理特征。生活中,有人擅长绘画,有人擅长舞蹈,有人具有超强的记忆力,有人具有较强的组织管理协调能力。这些都是每个人身上所表现出的不同的能力。一般而言,个体具备一定的能力就能顺利完成某项活动,能力直接决定着活动效率。相反,个人的能力又总是在活动中形成和发展的,并在相应的活动中得以表现。例如,打羽毛球,发展了人的迅速判断能力、敏捷反应能力、动作协调能力;辩论赛,发展了人的语言表达能力、思维敏捷能力、团队协作能力等。能力的形成受先天遗传和后天环境两方面因素的影响,是二者相互交织、相互作用的结果。如果说兴趣是先导,缺乏兴趣难以维持长期发展,那么能力则是手段,缺乏能力,再高尚宏伟的理想蓝图也不过是泡沫而已。能力又可分为一般能力和特殊能力,模仿能力和创造能力,认识能力、操作能力和社交能力等。

特长,在《现代汉语词典》中,是指个人特别擅长的技能或特有的工作经验。其中,技能是指掌握和运用专门知识的能力。每个人都有特长,每个人的特长都不一样。有的特长"一听就很高雅",如琴、棋、书、画,而有的特长"看上去并不美",如吃、喝、赌、偷、耍嘴皮子等。俗话说"纵有良田万顷,不如一技在身","千招会不如一招绝"。在古代,很多人赖以生存和实现自我价值的都是他的一技之长,他的成就、幸福都建立在最擅长的技能上。当然,在当今这个竞争激烈的社会中,仍然需要这样的人才,特别是技术含量高的部门更是对这样的人才求贤若渴。只要拥有了"一技之长",你就有了竞争的资本,有了谋生的手段和实现人生目标的机会。特长就是人生的财富,如"吃",有人善品美食,做了美食家;有人善做美食,做了名厨;苏秦、张仪凭着三寸不烂之舌,左右了战

[①] 资料来源:https://baike.baidu.com/item/%E7%B4%A0%E8%B4%A8。

国末期的局势；而孟尝君利用"神偷"得以成功逃生。世有伯乐，然后有千里马。只要找到了伯乐，千里马的特长就能发挥到极致。

> **动手做一做**
>
> **认识自己的特质**
>
> 在生活中，我们应该如何正确认识自己的特质？现在，请你拿出一支笔，一张纸，按照下面这个提纲开始认识自己之旅。
>
> 首先，请写下你的长处，包括：
> (1)你适应新环境的能力(在短期内适应从中学生到大学生的转变，并很快融入大学生活)；
> (2)你目前具备的素质和能力(身体素质良好、政治素质过硬等，以及口头表达能力良好、善于与人沟通交流等)；
> (3)你具备的特质(优于他人的潜质，如专业学习上的，对计算机、物理学的敏感度与领悟力等，或具备短跑、跨栏等体育运动的特质)。
>
> 其次，请写下你的短处，包括：
> (1)不能很快适应大学生活(学习的方式不适应，性格内向，不善于与人往来等)；
> (2)综合素质和能力欠佳(身体素质、文化素质等，以及自学能力、思辨能力、口头表达能力等尚需提高)。
>
> 最后，明确自己人生的方向和目标，也就是"我来大学要学什么？四年后我是谁？"的答案，并确立目标，看看现在的自己离目标的差距有多大，还需要哪些方面的发展和完善，用大学四年的时间去完善和成就自己。

◆ **客观认识自己的独特性**

前述多元智力理论告诉我们，人与人是不一样的，每个人都有自己的智力特点和智力优势。当然其他方面也有着各自的特点。毕竟每个人由于后天成长的环境条件不同，受到的文化教育、社会熏陶和外界影响不同，在性格、气质、兴趣、特长、个人素质及能力等方面会参差不齐，各自都具有优势和特点，因此形成了区别于他人的鲜明的个性，即个人的独特性。这种相对稳定的态度和行为方式贯穿于人的所有活动中，在相似或不同的场景中都会有所表现。人的性格是个性和共性的统一，在一定的经济、政治、文化条件中，形成性格的共性，又因每个成员先天条件、后天所处环境影响的不同，形成了性格的个性。各种不同的特点组合就形成了每一个人的独特性。

庄子《逍遥游》中有一个故事：大鹏展翅十万八千里，小雀蹦蹦跳跳飞不高，小雀嘲笑大鹏一飞那么远，看我多自在，想飞就飞，想停就停。其实正如"尺有所短，寸有所长"，每个人都拥有自己的特质。如同世上没有相同的两片树叶，上天在造人之时也从未有过重复。每个人都具有聪明、坚强、善良、美丽等不同的特点，但每个人具有的这些特点又因其程度不同，在与个人其他特点相结合之时，形成了自己独有的特质。哈佛人生规划课中有这样一种关于"自我潜能"的理论：每个人身上都蕴藏着一份与他人有别的才能，这种特殊的才能就如同一个熟睡中的巨人，等待着我们去唤醒。上天不会亏待任何人，他会提供无穷无尽的机会让我们充分发挥特长,只有当个人可以充分地欣赏自己时,才能将潜能发挥得当。[①]或许很多时候,我们艳羡别人的特质而对自己的特质不屑一顾。其实,我们应该好好审视自己,挖掘出属于自己的特质,找到属于自己的人生位置。

> **小故事**
>
> **珀西的故事**[②]
>
> 20世纪90年代后期是计算机崛起的时代,当时人们一致认为,未来是信息的时代,只要掌握了IT技术,便可以让自己变得出类拔萃。于是,许多年轻人盲目地冲向了自己的IT梦想,同时让自己丧失了宝贵的时间与经历,更失去了许多可以在其他领域中成功的机会。
>
> 珀西便生长在那个时代,他从小便喜欢画画,而且梦想着将来成为一个知名的艺术家。但是,在计算机成为时尚的那几年里,他在家人的建议下,放下了手中的画笔,全神贯注地投入对计算机的学习中,并且认真地学习了两年。
>
> 在这两年里,珀西在计算机方面的技术并没有变得出色,而且,他始终不明白:难道IT产业日后真的会将其他产业都取代吗?在矛盾的思想中纠结了两年的珀西不仅没有获得IT界新秀的殊荣,反而由于没有时间练习绘画,自己原本出色的画技明显退步了。
>
> 后来,事实向人们证明,当时那种IT时尚与热情被无限度地夸大了,并不是每一个人都有机会成为比尔·盖茨。珀西心中的困惑也随之变得明朗与清晰:就算未来真的会成为信息主导一切的时代,但艺术与其他领域并不会因此而消失。于是,他重新执起画笔,开始了自己的历练之路。在他看来,那两年的计算机学习的确对自己的人生有所帮助,但若将最有激情与梦想的宝贵两年用在艺术创作上,也许自己可以获得更大的进步。

在生活中,不少人每天按照别人的意愿做着自己并不喜欢或擅长的事情,导致自己力不从心,疲惫不堪,进而陷入生活的恶性循环中。实际上客观认识自己的独特性,做自己喜欢或擅长的事情,你才会赢得更多成功的机会。毕竟人生中,每个人都是独一无二的个体,都是无可代替的个人。

> **名人经历**
>
> **不愿做总统的爱因斯坦**[③]
>
> 1952年11月9日,以色列独立以来的第一任总统魏茨曼不幸因病逝世,这位总统正是伟大物理学家爱因斯坦平生少有的挚友之一。在魏茨曼去世的前一天,以色列驻美国大使便向爱因斯坦转交了以色列总理本·古里安的信,信中以诚挚的语气明确指出,自己将会正式提请爱因斯坦为以色列共和国总统候选人。

---

① 穆臣刚,《哈佛人生规划课》,中国法制出版社,2016年,第10页。
② 穆臣刚,《哈佛人生规划课》,中国法制出版社,2016年,第12-13页。
③ 穆臣刚,《哈佛人生规划课》,中国法制出版社,2016年,第13-14页。

> 消息很快便传遍了整个新闻界,当晚,一位记者拨通了爱因斯坦住所的电话:"亲爱的教授先生,听说您将会出任以色列共和国总统,这件事情是真的吗?"
>
> 电话那头,爱因斯坦的回答非常平静:"不,我不会当总统的,我并不具备那样的才能。"
>
> "但是,总统没有多少具体的事务,而且这一职位往往是象征性的。教授先生,您可以说是这个世界上最伟大的犹太人,不,不,您简直是这个世界上最伟大的人。由您来担任以色列总统,不仅体现了犹太民族的伟大,更预示了犹太民族的美好未来!"记者的声音越来越兴奋。
>
> "不,我干不了这样的事情。"爱因斯坦并没有因为记者的话而有所骄傲,而是轻声地做出了自己的回答。
>
> 随后,当驻华盛顿的以色列大使再次打过来电话时,爱因斯坦同样明确地拒绝了。
>
> 不久后,爱因斯坦在美国一家权威报上发表了自己的声明,声明中指出,他不会出任以色列总统一职:"有关自然,我可能了解一点。但是有关人性,我几乎一点也不了解。相比之下,方程对我更重要些,因为政治是为当前,而方程却是一种永恒的东西。"

当代社会,很多人会为了各种各样的目的编制出一个个美丽的谎言来鱼目混珠、混淆视听,扰乱思维和判断。只有清楚地认识自己、了解自己,才会知道什么事可以做、什么事不可以做;对于可以做的事,他们懂得如何做得更好,不可以做的事,他们懂得怎样采取对策。在认识自我、了解自我的过程中,更可以看到自己离目标有多远,差距有多大,这样有针对性地发展自我,同时挖掘自己的独特性,才会拥有更多的成功机会。

■ 管理自我

> **名人金句**
>
> 征服自己的一切弱点,正是一个人伟大的起始。
>
> ——沈从文

许多人在面对学习、工作时,都处于一种很被动的位置,总是依靠别人的监督和鞭策,自律不强,自己无法正确、自觉地管理自我,缺乏积极主动的精神,长此以往,那离成功只会越来越远。

"自律"是我们在学习、工作和生活中经常要提到的一个词,它指在无人监管的情况下,通过个人的自我要求,约束自己的一言一行,变被动为主动,用个人自觉的行动造就出一种井然的秩序,为我们的学习与生活争取更大的自由空间。"自律"对于当代大学生来说,是必备的一种基本素质,它对于管理自我有着极大的推动与促进作用。

管理自我是个人对自己的目标、思想、时间、人脉、情绪、心理和行为等表现进行管理,在个人奋斗的过程中,自己管理自己,约束自己,激励自己,最终实现自我设定目标的一个过程。在生活中，管理自我或许是一件再简单不过的事，但很多人却往往忽视这一点，学生、职业者、自由人士等均不例外。殊不知管理自我在个人职业生涯乃至整个人生都有着至关重要的意义。纵观古今中外，凡成大事者，无不是通过严格的自我管理而获得成功的。

对青年学生而言，管理自我应做好以下几方面的管理。

◆ 健康管理

对任何人而言，健康都是最宝贵的，没有健康，什么都是空谈。当代社会工作压力、环境污染、食物污染等不断侵蚀着人们的身体，加上缺乏运动、饮食、生活不规律等，让头痛、失眠、劳累、职业病等随之而来。青年学生的健康管理不仅是身体的健康，也在于心理的健康，保持心情舒畅、待人真诚、乐于结交朋友、快乐生活。

第一，养成规律的生活习惯。 会休息的人才能更好地学习、工作。要按时上、下课，按时吃饭、睡觉、自习等。大学期间一般都是集体生活，尽管宿舍的室友作息时间都不一样，但在经过了忙碌的一天学习后，还是应该在宿舍熄灯后就开始休息，给身体一个缓冲和恢复的时期，以便精神饱满地开始第二天的学习与生活。

第二，坚持运动。 除正常的体育课外，必要的体育运动和锻炼是不可少的。在学习一段时间过后，身体会感到疲劳，要注意劳逸结合。和同学打球、跑步、跳绳等，在参与运动的过程中提升自己身体的力量素质、灵敏素质、平衡素质等，增强身体的抵抗力。哈佛大学的一项研究发现，"经常坚持每次持续 20 分钟跑步、健美操的学生，其学习成绩明显优于那些懒于活动者"。[1] 这是因为运动的过程不但能够提高个人身体素质，还能使大脑处于放松状态，思维变得更加敏捷，更富于创造力。

第三，充实自己。 大学期间的课程比中学少，也没有过多的作业，部分自律性差的青年学生在课余之时便会觉得无所事事，虽然吃穿不愁，但内心觉得空虚，生活感觉烦闷单调，尤其在周末或独自一人时会产生一种无名的彷徨和孤独感。其实空虚无聊并非坏事，正好可以利用这个机会充实自己，弥补自己所欠缺的，可以选择到图书馆读书增长知识，或参加学生组织广交朋友，或参与学生社团活动、志愿者活动增长阅历，或选择培养兴趣爱好，让自己感受成长的快乐。只有在不断充实自己的生活中，才能不断成长与进步。

第四，善待压力。 自呱呱坠地之时，压力便与我们结伴而行，如生存的压力、学习的压力、工作竞争的压力等。哈佛大学医学家赫伯物·本林认为："当一个人的身心过分紧张时，他的机体免疫能力便会被削弱。"[2] 既然压力是生活的一部分，而且会给人的身心带来创伤，那么青年学生应该学会接受压力、善待压力，把压力转变成动力，充分享受在压力的驱使下所获得的学习和生活的乐趣与成就感。

◆ 时间管理

时间对每个人而言都是公平的，一天 24 小时、一年 365 天。在同样的时间里，不同的人取得的成绩却截然不同，在时光隧道里，有的徘徊不前，有的勇往直前，有的造就了辉煌又享受了幸福的人生，有的尝尽了苦涩却感受不到生活的温馨。这很大程度上与个人对于时间的管理有关。生活中许多人乐于做让自己觉得愉快或者方便的事情，这种随意的做事方式，

---

[1] 穆臣刚，《哈佛人生规划课》，中国法制出版社，2016 年，第 187 页。
[2] 穆臣刚，《哈佛人生规划课》，中国法制出版社，2016 年，第 193 页。

在让他们感觉到时而轻松惬意的同时也让他们感到手忙脚乱，"时间都去哪儿了？"现代管理学之父彼得·德鲁克说："有效的管理者知道，如果要管理自己的时间，首先应该了解自己的时间实际上消耗在什么地方。"

 **知识链接**

时间管理的"四象限"法[①]

这是美国管理学家科维提出的一个关于时间管理的理论，他把工作按重要和紧急两个不同的程度，划分为四个象限：重要且紧急、重要但不紧急、紧急但不重要、不紧急也不重要。

根据"四象限"法，我们把日常需要处理的事情分为以下四类。

第一类：**重要且紧急的事。**

这类事情如应对突如其来的各种灾害、各类考试、生病住院等。在日常的工作和生活中，这类事情往往是放在第一位的，我们必须马上去处理，以防危机进一步扩大。

第二类：**重要但不紧急的事。**

这类事情如人生规划、职业规划、学习计划、预习、复习、师生之间的沟通交流、参加培训等。这类事情虽然不紧急，但却很重要，必须要去做、去落实。

需要大家注意的是，我们在处理这类事情时，要做到事前有计划，做事时把握好时间进度，主动按时去完成。因为，只有抓紧时间做好这一类事情，才能减少第一类重要且紧急事件的发生率。

第三类：**紧急但不重要的事。**

这类事情如父母、朋友或同学在你工作之时打来电话或微信聊天询问近况又或者是突来访客等。这类事情虽然不是很重要，但却需要花时间去处理。

通常，当我们遇到这类事情时很容易将其与第一类事情相混淆，从而在此类事情上花大量时间去处理。在学习关于时间管理的理论之后，一定要尽量减少这类事情的发生，如无意义的闲聊或谈话等。

第四类：**不紧急也不重要的事。**

这类事情如无聊的网络小说或视频、微信聊天、玩网络游戏、看毫无内容的电视节目、KTV 唱歌的娱乐活动等。这是在工作之余，很大一部分年轻人喜欢做的事情，也是部分大学新生容易步入的一个误区，初入职场的年轻人如果在工作之余不充电，而是沉迷于做这些非重要又不紧急的事，那么终会落在同事之后，逐渐被社会所淘汰。同样初入大学的新生如果在学习之余，放纵自己，花大量的时间、精力来做这些事，那么最终只会虚度年华、荒废学业。步入这类事件的人部分是因为受到挫折而通过做这类事来调整心态，但作为大一新生，如果把握不好度，一味地沉迷下去，最终只会适得其反，让个人沉溺在自己的世界里不能自拔。

作为年轻人，对于时间掌控的优先计划原则是必须要会的。按事情处理的顺序划分：先

[①] 资料来源：https://baike.baidu.com/item/四象限法则。

是既紧急又重要的事，接着是重要但不紧急的事，再者是紧急但不重要的事，最后才是既不紧急也不重要的事。这也是我们通常说的优先计划管理，即把事情按照既定目标来进行优先设定，这样做可以有条不紊地处理事情，最终按照原定计划，顺利完成。这样，时间就被充分利用起来，学习、工作的效率也会提高。

◆ 人脉管理

在好莱坞流行着这样一句话"一个人能否成功，不在于你知道什么(what you know)，而是在于你认识谁(whom you know)"。被尊称为华文卡内基之父的黑幼龙[①]指出，这句话并不是说人们可以不需要培养专业知识，而是强调"人脉是一个人通往财富、成功的入门票"。人脉管理在管理自我中占据着重要的地位。正如马克思所说，人是社会的人，不可能独立于社会和他人而单独存在。从人呱呱坠地之时，就和周围的人和事发生着千丝万缕的联系。而在人的成长过程中，周围的人如父母、长辈、老师、同学、朋友都是个人人际关系中重要的角色。人脉通常是指人际关系，或指由人与人之间相互联系而构成的网络。人脉管理就是将人脉进行有效管理，使人脉朝着我们预期的方向发展，促进个人人生目标的达成。人脉管理在管理自我中的地位不可小觑，它在个人成长成才中发挥着极其重要的作用。

作为大学生应该从以下几个方面做好人脉管理。

重视人脉。人脉体现人的人缘和社会关系。在人不断追求事业成功和幸福快乐的同时，人脉是最广泛运用的资源。无论以后从事何种职业、进入何种行业，人脉都是极其珍贵的资源。因此要重视人脉，客观了解它在个人职业生涯中的重要性和不可或缺性。学生时代，同学的和睦相处、老师的循循善诱、小伙伴的快乐陪伴、长辈的关心爱护，无疑给我们的生活增添了无限色彩、几多温暖。当我们步入大学校园开始独立生活后，才发现第一次远离家门的酸楚、第一次独立的辛酸。这个时候，我们静下来思考，才发现原来人脉是如此的珍贵。大学生应该珍惜目前所拥有的一切，重视已有的人脉，因为这些资源对于今后职业或事业发展所起的积极作用不容低估。

注重人脉的积累。儿时伙伴、大学同学、朋友或陌生人等，都是个人积累人脉的对象。俗话说：在家靠父母，出门靠朋友。大学的独立生活开始后，青年学生也开始了人生的独立起航。在大学里，虽然没有父母的时刻相伴，但却有同窗而学的同学，有志同道合的朋友，有朝暮相处的室友，有关心爱护的师长。在这里，你的人脉得到了全新的洗礼，你对人脉的认识也有了全新的感受。许多创业的故事就是从大学里志同道合的朋友、同窗而学的同学或朝暮相处的室友共同演绎而来的。请珍惜现在你身边志同道合的同学或朋友，或许有一天他会成为你事业中的合伙人或生命中的贵人。在人生的不同时期，在遇到新朋友时，要勇敢地敞开心扉，大胆接纳、求同存异、扬长避短，作为大一新生，积累人脉，结交朋友从现在开始并不晚。

正确维护人脉。人脉仅仅说明你认识对方，对方认识你，但这种认识的程度不足以帮助你事业获得成功。如果要让它在你的职业生涯或事业中发挥重要作用，那就需要正确地去维护，将普通的人脉发展为关系良好的人脉，并且正确地利用它，让其在你的事业中充分发挥

[①] 黑幼龙，1940年11月9日出生，河南省荥阳县人，美国罗耀拉大学硕士，1987年，引进全球知名的企业训练课程"卡内基训练(Dale Carnegie Training)"，帮助企业发挥人力资源潜能，增强企业竞争力，打造出华文的卡内基王国，并连续多年获得全世界卡内基训练代理机构总绩第一名。

作用，朝着预期目标发展，协助你的事业取得良好成绩，获得成功。当然维护人脉的方法有很多，例如，通过多沟通交流来加深相互间的了解，找寻共同兴趣，发掘共同利益等，将普通人脉深化为对你真正有用的"关系"。

在人脉管理中，个人要主动敞开心扉，以诚待人，努力让自己变得优秀，并将优秀作为一种习惯，因为好的自己才能"碰到"好的人，才能更好地去发展和维护"人脉"。

> **小故事**
>
> ### 生命中的"那只碗"[①]
>
> 有一个年轻人到店里去买碗，到店后，他随手拿起一只碗，然后依次与其他的碗轻轻碰击，这引来了一串串沉闷、浑浊的声响，他失望地皱着眉头、摇着头，接着又去试下一只碗……最后，他几乎挑遍了店里所有的碗，竟然也没能找到一只让他感到满意的，就连店老板捧出的自认为是店里碗中的精品，也被他摇着头，沮丧失望地放了回去。
>
> 老板很是纳闷，便问他为何老是拿手中的碗去碰别的碗？这个年轻人答道，曾经有位长者告诉过他挑碗的诀窍，当一只碗与另一只碗轻轻碰撞时，如果能发出清脆、悦耳的声响，那便说明，这是一只好碗。
>
> 老板恍然大悟，于是拿起一只碗递给他，并笑着说："年轻人，你拿这只碗去试试，保管你能挑到心仪的碗。"年轻人将信将疑地拿着碗，按照老板说的去做。这次可奇怪了，他手里拿着的每一只碗都在轻轻碰撞下发出了清脆悦耳的声响，他感到很困惑，便向老板请教。老板笑着说："道理其实很简单，你刚才拿来试的那只碗本身就是次品，用它试碗，声音必定浑浊。你想得到一只好碗，首先要保证自己手里拿的那只也是好碗……"
>
> 正如一只碗与另一只碗的碰撞一样，一颗心与另一颗心的碰撞需要付出真诚才能发出清脆悦耳的响声。日常生活中，在人际交往时如果自己带着猜忌、怀疑甚至戒备之心与人相处，那么难免也会得到别人的猜忌与怀疑。生活中，其实每个人都可能成为自己生命中的"贵人"，前提是你遇到他时是否与人为善，是否以诚相待。你付出了真诚就会得到相应的信任，你献出了爱心就会得到尊重。反之，你对别人虚伪、猜忌，别人给你的也只能是一堵厚厚的墙和一颗冷漠的心。
>
> 每个人的生命里都有一只碗，盛着善良、信任、宽容、真诚，也盛着虚伪、狭隘、猜忌、自私……请剔除碗里的杂质，然后微笑着迎接另一只碗的碰撞，做最好的自己，才能碰撞出最好的别人，才能发展更多的人脉，维护好生命中的"贵人"。

有人说，成功是三分努力加七分人脉，我们暂且不去评判它的对与错，但至少可以看出人脉管理在个人事业成功中的重要地位。毕竟人注定永远都不会是孤立的个体，而是和社会密切相关的。因此，我们不论在学校学习还是走向社会做事，都要关注人脉关系，处理好人脉关系，提升自我的人脉管理能力。

[①] 王永凯，《生命里的"碗"》，时代青年·哲思，2008年1月，第39页。

◆ 情绪管理

情绪管理（Emotion Management）是指"通过研究个体和群体对自身情绪与他人情绪的认识、协调、引导、互动和控制，充分挖掘与培植个体和群体的情绪智商、培养驾驭情绪的能力，从而确保个体和群体保持良好的情绪状态，并由此产生良好的管理效果。"[1]最先由因《情绪智商》（Emotional Intelligence）一书而成名的丹尼尔·戈尔曼（Daniel Goleman）提出"情绪管理"这个词，他认为这是一种善于掌握自我，调控情绪，对生活中的矛盾和事件引起的反应能适可而止的排解，能以乐观的态度、幽默的情趣及时缓解紧张的心理状态。

生活中，每个人都有情绪和情绪的宣泄，在面对不同的对象时以恰当的方式来表达情绪的确是一件非常难以控制的事情。正如亚里士多德所说："任何人都会生气，这没什么难的，但要能适时适所，以适当方式对适当的对象恰如其分地生气，可就难上加难。"情绪能改变人的心情，改变人的生活，情绪的正确宣泄有利于个人人际关系的维护，有利于个人的成长和发展，进而有利于个人的职业和事业的发展。在成功的路上，最大的敌人或许并非缺少机会或资历浅薄，而是对自己情绪的控制。一般而言，成功的人都是具有良好情绪管理的人，他们可以很好地控制、化解不良情绪，将自己快速地从负面情绪中调整过来，并很快进入工作状态中。

 知识链接

6H4AS 情绪管理方法[1]

中国全民健心网首席专家肖汉仕教授认为情绪管理是用心理科学的方法有意识地调适、缓解、激发情绪，以保持适当的情绪体验与行为反应，避免或缓解不当情绪与行为反应的实践活动，它包括认知调适、合理宣泄、积极防御、理智控制、及时求助等方式。

肖汉仕教授创立的 6H4AS 情绪管理方法，我们在遭遇困惑时不妨试试。

（1）用智慧去打开六种快乐 6H（HAPPY）的资源，以便增加快乐，优化情绪，即奋斗求乐、化有为乐、化苦为乐、知足常乐、助人为乐、自得其乐。

（2）当陷于苦恼、出现生气等负面情绪及行为冲动时，使用 4AS 技术来自我管理情绪，以便改变情绪。A：ASK 即反问，反思。S：STEP 即步骤。

即：值得吗？自我控制！

为什么？自我澄清！

合理吗？自我修正！

该怎样？自我调适！

当然，个人具备良好的情绪管理能力是需要时间来培养的，作为青春成长期的大学生，有梦想有追求，事事想尝试、去体验，但也容易冲动，所以，特别需要学会做好自我情绪管理，甚至应该刻意地去培养自己的情绪管理能力，这样在人际交往或处理事件中你才能稳住阵脚，更胜一筹。

---

[1] 资料来源：https://baike.baidu.com/item/情绪管理/1854。

■ 发展自我

从人的价值论角度看，人的自我发展是实现个人和社会价值的前提。人是价值主体和价值客体的统一，是作为价值客体的人满足价值主体的人的需要的关系属性。作为个人的价值包括：个人的社会价值和个人价值。社会价值体现的是人对社会的贡献力和人对社会需要的满足；个人价值体现的是个人通过劳动来满足，自己生存和发展的需要，即个人的生存能力和自我发展能力。当代社会，人的价值既包括社会对个人的尊重和回报，也包括个人对社会的贡献和责任担当。人在认识自我、发展自我、实现自我价值的同时，也创造了社会价值。

人的全面发展既是推动社会进步和全面发展的基础与前提，也是自我发展的核心内容。在当代社会，人的全面发展的内容随着社会的发展呈现出新的内容，它包括：身心健康的和谐发展（它是人全面发展的前提和基础）；生存与发展能力的发展（如劳动能力、学习能力、管理能力、研究能力、创造能力、判断能力、应变能力、审美能力及人与社会、人与自然的协调发展能力等）；道德和精神的充分发展（完美人格的塑造和精神世界的丰富）；社会关系的协调发展（如人与自然、人与人、人与社会的关系）；人的个性的全面发展（如个人的素质、品格、气质、爱好、兴趣、特长、情感等）；人的需要的合理满足（物质需求和精神需求）等。

发展自我是大学期间必不可少的功课。人的全面发展是伴随着自己一生的发展过程，也是一个不断提升自我的过程，它渗透于人的每一个成长阶段。大学阶段是青年学生快速成长的阶段，当然也是发展自我的最佳时期，在这个成长的过程中，虽然会不同程度地受到家庭环境、社会文化、自然物理等多方面的综合影响，但大学的教育、老师的言传身教，对学生的发展具有重要的定向指导作用，引导学生对个人价值的追求和发展，帮助学生成长成才。

> **名人经历**
>
> **老师的指导成就诺贝尔奖人生**
>
> 托马斯·亨特·摩尔根是美国著名生物学家，他毕生从事胚胎学和遗传学的研究，在孟德尔定律的基础上，创立了现代遗传学的"基因学说"。1933年，他被授予诺贝尔生理学或医学奖。
>
> 幼年时期，摩尔根就对博物学有着浓厚的兴趣。他曾用几个夏天的时间到肯塔基州的乡间、山区和马里兰州的农村观光游览，这使他有机会搜集化石和考察自然界。1886年，他在肯塔基学院毕业，取得动物学学士学位，随后进入霍普金斯大学学习。
>
> 在霍普金斯大学就读时，摩尔根受到了几位优秀大学老师的指导，从中受益匪浅。他在H.涅维尔·马丁的指导下攻读普通生物学、解剖学和生理学；在威廉·霍华德的指导下攻读解剖学；在威廉·基斯·布鲁克斯的指导下攻读形态学和胚胎学。1890年，摩尔根完成了《论海洋蜘蛛》的博士学位论文，获得博士学位。
>
> 正是大学期间的学习和不断积累，让他后来在遗传问题上有了极大突进。他通过对果蝇的研究发展，促进了遗传理论研究，并于1915年与他人合著出版了《孟德尔遗传学机理》，创立了"基因学说"。

当然，除了大学教育中老师的指导，学习、实践也是自我发展的良好方式。俗话说：活到老，学到老。大学期间是人生的黄金时期，需要不断地学习来充实和发展自己。在大学校园里，大家体会到更多的是学校的高等教育，除了专业基础知识，还可以通过自学学到很多课外知识，以达到知识积累和奠定自身的文化素养的目的。因为坚实的理论基础和丰富的实践经历是成功的必备要素。

名人经历

天文学家爱德温·哈勃的成长之路[1]

美国天文学家、著名的现代宇宙理论家爱德温·哈勃，通过自己的不断学习与不懈努力发现了银河外星系的存在和宇宙的不断膨胀，成为银河外天文学的奠基人和提供宇宙膨胀实例证据的第一人。

哈勃在芝加哥大学学习时，就已受到天文学家海耳的启发，开始对天文学产生浓厚的兴趣，并参看大量相关书籍，这为他以后取得的成绩奠定了坚实的基础。毕业时他获得了数学和天文学的学士学位。毕业后，又在牛津大学学习法律，当过一段时间律师，但他对天文学的热情从未减退。后来，他终于有时间集中精力潜心钻研天文学，并返回芝加哥大学，在该校威斯康星州的叶凯士天文台工作，在获得天文学博士学位。在哈勃从军参战后，他便开始在威尔逊山天文台(现属海耳天文台)专心研究河外星系并有了新发现。20世纪20年代，天文学界围绕星系是不是银河系的一部分这个问题展开了一场大讨论。他在1922—1924年发现，星云并非都在银河系内。哈勃在分析一批造父变星的亮度以后断定，这些造父变星和他们所在的星云距离我们远达几十万光年，因而一定位于银河系外。这项于1924年公布的发现，使天文学家不得不改变对宇宙的看法。

1925年，根据河外星系的形状将它们分类时，哈勃又得出了第二个重要结论：星系看起来都在远离我们而去，且距离越远，远离的速度越快。这一结论意义深远，因为一直以来，天文学家都认为宇宙是静止的，而现在发现宇宙是在膨胀的。1929年，哈勃还发现宇宙膨胀的速率是一个常数，这个被称为哈勃常数的速率就是星系的速度同距离的比值。后来，其他天文学家的理论研究发现宇宙已按常数速率膨胀了100亿～200亿年。

哈勃的发现为天文学界做出了巨大的贡献。正是哈勃不断地学习和积累实践经验，才成就了他后来的成绩。

古语云：读万卷书，行万里路。学习的方式并不限于书本，除教育、培训、自学外，实践也是学习，阅历也是知识。在古代，如艺术家、能工巧匠等从事"技术性"行业的人们，在踏遍大江南北实践的同时也精进了自己的技艺，最后名垂青史。

知识，原本就是用来改变、改善我们的生活的，它源自生活的智慧结晶，而书本只能作为这一种智慧的载体。因此，"实践出真知"，只有立足于生活的知识才是最具有生命力的。

阅历能丰富我们的灵魂，成熟我们的思想，锻炼我们的意志，成就我们的判断力。若我

---

[1] 资料来源：http://www.baike.com/wiki/%E5%93%88%E5%8B%83。

们想要规划一生的学习，不妨也在阅读书本的同时，多增长见闻，拓宽自己的知识面，进一步充实自己。

 你知道吗？

遍行万里路的李时珍和三毛

李时珍出身名医世家，自小习读医书，观摩父亲坐堂问诊，对医学医经早已认识不浅。但若如此每日坐在家中看诊，他也不会成为名冠一方的名医，更不会有后来的成就——写出巨著《本草纲目》。传说他写此书时，行程万里，各处去寻访民间有效的偏方，实地求证各种药材特征，不断精进自己的医术。李时珍"行万里路"的收获确实不小。

早在出国留学热潮之前，作家三毛就已经到西班牙、德国和法国等欧洲国家游历，后来又去了很少有外人涉足的撒哈拉沙漠，成为最早领略异域风情的中国人之一。她阅历的丰富，让人们在心中形成了一个固定的形象——三毛是个携着笔漫游世界的女人。她凭借对所见所闻的描述和领悟，写出了让读者如痴如醉的文字，刮起了一股"三毛热"。

党的十九大报告在谈到"加强思想道德建设"时指出，要"强化社会责任意识、规则意识、奉献意识"。[①]学校的社团活动、校园文化活动和各类社会实践使大学生将所学知识外化为奉献社会的自觉行为，在参与的过程中对青年大学生的理想信念、创新精神、社会责任感和实践能力等进行全面的教育与培养，是发展自我的良好途径。学校、培训机构、社会大环境等都是发展自我的良好场所。

人生其实就是一个不断自我学习、自我发展、自我提升的过程。在学习和发展的过程中，不断获取知识、增长见识、积累经历、积淀生活，逐步实现人生价值。因此，在对自己有较全面和清晰的认识之后，设立人生目标，找出二者的差距，有意识、有针对性地培养这些方面的素质和能力，扬长避短，提早进入角色，以促使人生规划的顺利实施。

四、人生规划的一般方法

人生的规划包含很多内容，如学业规划、职业规划、健康规划、爱情和婚姻规划、人际关系规划、家庭规划、时间规划、理财规划等。其中，学业规划、职业规划是大学生进入大学后就应该认真思考的重要内容，也是影响人一生发展的重要规划。

正如生涯彩虹图，人在不同的生活空间，所扮演各种角色的分量有所不同，因此不同阶段人生规划的侧重点也有所不同。人年轻时，目标的设立和职业的选择非常关键，必须清楚地知道自己的人生目标是什么、未来能做什么、未来的计划等问题。假设人的寿命是85岁，现在年轻的你是20岁，从今天向后看还有65年，那你就应该给出这65年的大致规划，规划出今后每一阶段的奋斗目标，让自己生活的各个阶段都有目标感、充实感、满意感和幸福感。例如，大学阶段要努力学习，学业成绩处于中上或优秀；要主动参加社团活动、志愿者活动、担任学生干部，培养自己的组织管理协调能力；参加学校如辩论队或演讲比赛等活动，

---

① 《人民日报》，2017年10月28日，01版~05版。

以培养自己的口头表达能力、思辨能力等。大学毕业开始新的阶段，选择考研，读硕士、进而读博士，毕业后从事研究工作或高等教育工作，奋斗一二十年，成为某一学科领域里的专家学者，或在某一科研机构工作，将来发展成为研发工程师、系统工程师等；或者选择找工作，工作几年后在某个领域小有名气，再奋斗十多年在此领域颇有建树，或工作几年让自己经济收入处于工薪阶层的中等水平，衣食无忧，再奋斗若干年进入中上等收入阶层，可以带父母周游世界或一起享受优美的田园风光，或在企业(或事业单位)工作几年，积累了经验和人脉就自己出来闯天下——创业，通过十年、二十年的奋斗，把事业发展到全国乃至全世界等。当然，随着年龄的增长，在工作的同时自己也要考虑完成婚姻大事……

> **动手做一做**
>
> 　　人生的不同阶段都需要规划，而人生规划的具体方法则因人而异，每个人都有自己独特的一面，因此每个人的规划方法也各不相同。下面就简单列举几个方面，希望大家从中有所思考，回答好下列问题，对自己的人生规划将起到点石成金的作用。
> 　　(1)我是谁？把自己的长处和短处一一列出来，以做到扬长避短。
> 　　(2)我想干什么，即我的理想是什么？这个问题可以通过一系列的心理测试，并结合自己的兴趣爱好来了解：我为什么要有这样的理想？别人对我的理想的建议是什么？
> 　　(3)我能干什么？通过对自己的充分认识，明确自己具备哪些能力，对什么感兴趣，对自己的能力和兴趣有所了解。做一个针对自己的 SWOT 分析(第四章将有详细论述)。
> 　　(4)环境允许我干什么？以敏锐的洞察力关注社会现状、外部环境和家庭因素，看看环境允许自己做什么。
> 　　(5)我希望未来的我是什么样子？可能吗？我最终的职业目标到底是什么？
> 　　(6)如何实现我的理想？分解实现理想的步骤(可以采用"以终为始"的方法，这在第四章将有详细论述)。
> 　　把上述问题想清楚了，你就有了人生目标，接下来就是对每一阶段进行必要的规划。当然，在执行计划时，还要根据实际情况适时做出调整，以适应社会发展的需求和变化，要用自己睿智的眼光和独特的见解去分析与规划自己的人生道路。

对于刚步入大学校园的新生而言，大学阶段首先要摆正自己的位置，要明白"知识改变命运"的潜台词是你要"获取知识才有可能改变命运"，懂得"高考未必定终身"的事实，知道"大学应该学什么"，在大学期间养成良好的学习习惯，树立"终身学习"的理念，多读书，读好书。

> **引以为鉴**
>
> 一位大学生的大学生活
>
> 　　初入大学，切不可信马由缰，随行随意耗费时光，否则走入误区导致终生痛苦将不可挽回。下面来看看这位大学生的故事：

> 一名刚入校的大学新生，面对新环境、新老师、新同学、新的生活方式，身体、心理都很不适应。课堂老师讲课的方式他无法接受，认为老师讲得太快，自己还没有消化就又开始讲下一章节的内容了，自己课后看书又静不下心，看不懂。由于是初次远离父母，独自一人，此时面对大学充裕的空闲时间，不知所措，整日无所事事。于是开始在网络的"虚拟世界"里寻求快感，找寻作为成功者被人尊重的"快乐"，以求度过漫长无聊的大学生活，殊不知网络游戏让他成为"瘾君子"。每天除了上课就是上网，有时通宵达旦，次日蒙头大睡，这样浑浑噩噩度过了大一第一学期。最后期末考试，5门课程亮起了红灯，得了一个"黄牌"警告(该校规定：如果学生大学四年期间连续两次得黄牌或累计三次得黄牌，就自动退学)。这对于一向学业成绩良好的他，无疑是一个重重的打击，他思前想后，决定痛定思痛，改过自新，重新做人。可网络游戏的瘾并非容易戒掉，而且第一学期落下的许多课程，要一并补上并非易事。为了尽快走出学习的阴暗区，他咨询家长、老师、班上同学以及心理健康中心老师的意见，在大家的帮助下，第二学期，这位同学的成绩有所好转。一年后，在大家对他的关注度减少之后，他自律差的习惯又暴露无遗，专业课亮红灯，英语四级、计算机二级都没过……不幸的是这学期他又拿到了一张黄牌警告。父母眼里是期待和无助，老师眼里是失望与无奈，同学眼里是另类与无聊……自己心有余而力不足，到了大三又开始三天两头旷课、迟到，他的结果可想而知了……
>
> 这位同学存在的主要问题是大学期间没有给自己树立目标，在经历高考后，人放松下来，之前12年的学习目标——进入大学达成了，便认为任务完成了，无事可做。殊不知大学是个人独立生活的开始，应系统规划自己的大学生活，为今后的职业生涯打好基础，定下目标及职业志向，做出科学的规划，朝着这个目标前行，有了目标和计划，再多的诱惑，自己的心也不会迷茫。大学期间，有充足的时间可以为实现这一目标积累知识技能和经验。像这位同学，人生最好的黄金时期虚度而过，不但浪费了自己的时间、金钱和精力，也为今后的职业生涯埋下了不良的种子。

2014年5月4日，习近平总书记在北京大学师生座谈会上的讲话时强调，青年"要勤学，下得苦功夫，求得真学问。知识是树立核心价值观的重要基础。古希腊哲学家说，知识即美德。我国古人说：'非学无以广才，非志无以成学。'大学的青春时光，人生只有一次，应该好好珍惜。为学之要贵在勤奋、贵在钻研、贵在有恒。鲁迅先生说过：'哪里有天才，我是把别人喝咖啡的工夫都用在工作上的。'大学阶段，'恰同学少年，风华正茂'，有老师指点，有同学切磋，有浩瀚的书籍引路，可以心无旁骛求知问学。此时不努力，更待何时？要勤于学习、敏于求知，注重把所学知识内化于心，形成自己的见解，既要专攻博览，又要关心国家、关心人民、关心世界，学会担当社会责任。"[①]

周国平在《对自己的人生负责》一文中谈道："我们活在世上，不免要承担各种责任，小至对家庭、亲戚、朋友，对自己的职务，大至对国家和社会。这些责任多半是应该承担的。不过，我们不要忘记，除此之外，我们还有一项根本的责任，便是对自己的人生负责……在某种意义上，人世间各种其他的责任都是可以分担或转让的，惟有对自己的人生的责任，每

---

① 习近平，《习近平谈治国理政》，外文出版社，2014年，第172页。

个人都只能完全由自己来承担，一丝一毫依靠不了别人。"①

人生在世首先应该对自己的人生负责，因为这是作为社会人去完成其他责任的基础，而认真做好个人的人生规划则是对自己人生负责的第一步。作为年轻人，必须要保持清醒的头脑，知道自己究竟想要什么，想得到什么结果，以终为始，达成目标。这样，他的内心才会获得一种平静和充实，更加坚定自己的人生方向，实现自己的人生价值。

■ 以理想定目标

曾任长春工业大学校长的张德江在题为《高校的素质教育应落脚于"三成"教育》的文章中谈道，"成功追求的不是完美而是目标的实现和价值的体现。一个人虽然也考虑个人利益，也存在缺点和不足，但是能够富有爱心和责任心，与人为善，努力进取，得到人们的认可和尊敬，活得有尊严就是做人的成功；一个人虽然经历了挫折与失败，然而终于创出了一番成就，做出了自己的贡献，就是事业上的成功；一个人虽然经历了磨难与历练，然而逐步成长、成熟、成才，事业有成、生活快乐，体现了自己的价值，就是人生的成功。"②

人人都想有一个成功的人生，可成功的概念、成功的路径及结果从来就没有一个统一的标准。由于人的价值观念、个人喜好、理想追求等的不同，人成功的途径和方式也各不相同。一生中轰轰烈烈、功名显赫叫成功，一生中甘当人梯、点亮自己照亮他人也叫成功，一生中平平淡淡、工作顺利、家庭和睦、生活幸福同样叫成功……在这些成功的故事背后，共同遵循着这样的一条规律：**成功 = 理想 + 规划 + 行动**。

成功经验

以理想为目标的人生③

比尔·拉福的父亲是洛克菲勒集团的一名高级职员，在商界摔打了多年。受到父亲的影响，拉福中学毕业便立志从商。拉福的父亲认为儿子有商业天赋、机敏果断、敢于创新，但并不赞成他直接攻读商业相关专业。拉福父子进行了一次长谈，最终拉福听从了父亲的劝告，升学时没有直接去读贸易专业，而是选了工科中最基础、最普通的专业——机械制造。

这招棋很妙，因为做商贸必须具备一定的专业知识，在贸易中，工业商品占据了绝对多数，如果不了解产品的性能、生产制造情况，很难保证贸易的收益。况且，工科学习，不仅是知识技能的培养，还能帮助建立起严谨求实的思维体系，训练推理分析能力，培养一种脚踏实地的工作态度，这些素质对经商帮助极大。比尔·拉福就这样在麻省理工学院度过了4年。他没有拘泥于本专业，学习了许多化工、建筑、电子等方面的基本知识，这些知识在他后来的商业活动中发挥了不可替代的作用。

大学毕业后，比尔·拉福根据计划开始攻读经济学的硕士学位。比尔·拉福考进芝加哥大学，开始了为期3年的经济学硕士课程。这期间，比尔·拉福掌握了经济学的基本知识，搞清了影响商业活动的众多因素。他还特意认真学习了有关的经济法律。

---

① 周国平，《周国平散文精选》，长江文艺出版社，2013年，第240页。
② 张德江，《高校的素质教育应落脚于"三成"教育》，中国高等教育，2010年，第7期。
③ 苏旭升，《比尔·拉福的从商之路》，中国教育报，2009年3月18日。

> 现代商业活动中，法律充当了至关重要的角色，没有法律保障，现代商业将陷入一片混乱。他更注重学习微观经济活动的管理知识，而不把主要精力用来研究理论经济学，那是职业经济学家的工作，他志不在此。这样，几年下来，他在知识上完全具备了经商的素质。
>
> 然而，拿到硕士学位的比尔·拉福仍然没有立即投身商海，而是考了公务员，去政府部门工作。他的父亲——这位老谋深算的商人深知，经商必须有很强的交际能力，要想在商业上获得成功，必须深知处世规则，充分了解人的心理，善于与人交往，能够给人以良好的印象，使人信任你，愿意与你合作。这种开拓人际关系的能力是在任何学校都学不到的，只有在社会上，在工作中才能得到锻炼，而训练交际能力、观察人际关系的最佳去处就是政府部门。在这种环境里工作，每个人都会逐渐变得机敏、老练、处变不惊。比尔·拉福在政府部门一干就是5年。这5年中，他从稚嫩的热血青年成长为一名老成持重、不动声色的公务员。比尔在环境的压迫下学会了自我保护，胸中筑起了很深的城府。他在后来的商业生涯中，从未上当受骗，这都归功于他在政府部门的5年锻炼。此外，他通过那5年的政府部门工作，结识了大批各界人士，建立起一套关系网络。
>
> 5年的政府部门工作结束之后，比尔·拉福已完全具备了成功商人所需的各种条件，羽翼丰满了。于是，他辞职下海，去了父亲为他引荐的通用公司熟悉商业业务。用了两年，他熟练掌握了商情与商务技巧，这时候，他不再耽搁时间，婉言谢绝了通用公司的高薪挽留，跳出来开办了拉福商贸公司，开始了梦寐以求的商人生涯，正式实施多年前的计划。比尔·拉福的准备工作太充分了，他几乎考虑到每个细节，学会了商人应学的一切。因此，他的生意进展异常顺利，拉福公司的资产从最初的20万美元迅速发展为2亿美元，而比尔·拉福本人也成为一个传奇人物。
>
> 回头来看，比尔·拉福的职业生涯设计脉络清晰，步骤合理：工科学习→工学学士；经济学学习→经济学硕士；政府部门工作→锻炼处世能力，建立人际关系；大公司工作→熟悉商务环境；开公司→事业成功。每一步都充分考虑了个人兴趣、个人素质，着重突出了职业技能的培养，这种生涯设计在他坚持不懈的努力下，终于变为现实。

正如尼采所说："如果人生没有意义，我就给人生一个意义，用自己的双手去创造一个有意义的人生。"比尔·拉福成功地演绎了一个自己创造的有意义的世界，他的成功也是个人人生经历和职业经历累积到一定程度的厚积薄发的实现。正如我们经常听到的："一次幸运并不可能带给一个人一辈子好运，人生还需要你自己来规划。"

比尔·拉福的故事告诉我们：人生是可以设计的，人不仅要有理想、有信心、有毅力，还要加上科学的规划和设计，找到属于自己的人生道路，并坚定不移地走下去，那么成功就不再遥远。纵然，成功的定律有很多，但这却是最简单实用又很重要的一项基本原则：**成功 = 理想 + 规划 + 行动**。

人要有理想，没有理想的人生是没有意义的人生。理想是人生的灯塔，照亮前行的路途，点亮人的希望，是人前进的莫大的精神动力。没有理想，人就失去了前进的动力，生活也将失去激情和快乐，人生也毫无意义可言。因此，大学生一定要有自己的理想，在此之后，结合自身的兴趣、爱好、专业、特质等为自己的理想确立一个值得奋斗一生的目标，然后通过大学教育、继续教育、终身教育，通过自己一生的勤奋实践，使自己努力接近自己的人生终极目标，实现人生价值。

■ 以规划定路线

人需要为自己做出规划。规划让理想更加清晰和具体，有了实现的具体方案和步骤，将会离成功更近一步。无数事实证明，有规划的人生具有科学性、主动性、合理性和积极性，人生的成功具有必然性；没有规划的人生是随意的、被动的、片面的、消极的，即使成功了也有很大的偶然性。因此，青年学生需要为自己的大学生活乃至整个人生做出科学的规划。人需要有方向的行动。理想和规划让行动有方向有目标，行动让规划得以实施，让理想得以实现，让人生更加精彩。仅仅有理想和规划，而不付诸行动，人生的目标和希望将永远是水中月镜中花，遥不可及，无法实现。因此，在理想、规划和行动之间，我们要做的是"知行统一"。

可见，理想、规划和行动三者密不可分，规划是连接理想和行动之间的纽带，也是最重要的推进力量。当代大学生需要在理想中，绘出未来的蓝图；在规划中，寻求前进的途径和方法；在行动中，感受过程的艰辛和快乐。不断积累知识，充实自己，积淀生活，成长自己，以自己的勇气和毅力来实现目标，迈向成功。

大学生活是青年人不断认清自我、发掘自我、规划自我、超越自我的过程，一切应尽在自己掌控之中，正像大学生中间流行的一句话：我的青春我做主。应该说，美丽人生由我做主。

第二节 职业规划

> **引以为鉴**
>
> **马努杰现象**[①]
>
> 马努杰是一名传说中的亚美尼亚推销员。他曾经在 47 年的职业生涯里，为 207 家公司工作。想象一下，一个人一年换 5 次工作，平均两个月就被辞退或跳槽一次，是多么的滑稽。我们在嬉笑之余，应该有这样的认识：其实我们每个人都在"马努杰死亡回旋梯"上，不过是滑落的程度不同而已。
>
> 其实，"马努杰"及"泛马努杰们"在职业中存在的种种问题，都可以通过职业规划得到解决。突破"死亡回旋梯"的唯一出路就是发现自己内心的需求，并以此作为自己职业选择的基点，它会使我们获得许多意想不到的收获，会使我们的人生更快乐。工作的最高境界就是快乐。

前面提到，人生规划包含对整个人生的设定和规划，当我们有了人生目标和人生规划之后，想到的是该怎么实现人生目标，在人生规划大的框架下，我们将对自己的人生长河进行

---

① 雷恩·吉尔森，《突破"马努杰的死亡回旋梯"》，出版参考，2004年，3月中旬刊，第44页。

分段规划，这里面有两个重要的规划是需要我们建立相关概念和学习相关知识的，即职业规划和学业规划，以期让我们的青年学生向着人生目标走好脚下的每一步。本节介绍职业规划的相关知识，第五章我们再介绍学业规划。而职业规划则是步入职业期所实施的计划，它是人生规划中非常重要的一部分。如果一个人没有做好职业规划，那么会给他的整个人生带来巨大的影响和改变，因为科学的职业规划是人事业成功和生活幸福的源泉，是人实现自我价值和社会价值的前提。一个人的一生不能没有事业，但是，没有好的职业就无从谈事业，只有选择了适合自己的职业，把它当成自己人生的一部分，才能在工作中体会到生活的乐趣和人生的意义。因此，人生规划和职业规划具有趋同性，即在同一目标下的规划，只是人生规划先于职业规划，其时间长度长于职业规划时间长度，职业规划包含于人生规划之中，是整个人生规划中的重要且长期有效的组成部分，它的科学与可持续将直接影响到人生规划的可持续发展。

一、职业规划的基本认识

大学新生刚刚经历了高考，不少学生认为只要通过了高考，上了大学就可以完全放松了，潜意识中认为高考就是人生激烈竞争中的最后一道坎，其实事实并非如此。进入大学，人生真正的考验才刚刚开始，在这里要学会做好学习规划，掌握科学技术，学会做人做事，为未来走向社会、从事某种职业奠定基础。因此，在学习人生规划知识的同时，有必要对职业规划的基本概念和知识有所了解。

■ 职业规划的定义

职业发展是伴随个人一生的一个过程，它包含个人所选择的工作、职业以及各种相应的社会活动，并受个人家庭状况、教育背景、宗教信仰以及其他各种社会因素的影响。

先来介绍与职业发展相关的概念。

"职位：和分配给个人一系列具体任务直接相关，和参与工作的个人相对应，有多少参与工作的人，就有多少个职位。

工作：是由一系列相似的职位所组成的一个特定的专业领域。

职业：是在不同的专业领域中一系列相似的服务。

生涯：从经济学的观点来看，生涯是个人在人生中所经历的一系列职位，它们和个人的职业发展过程相联系，是个人接受培训教育以及职业发展所形成的结果；从社会学的角度来看，生涯是个人所扮演的一系列角色。"[1]

从职业发展的过程来看，生涯是"在个人一生中，由于心理、社会、经济、生理及机遇等因素相互作用所造成的工作、职业的发展变化。职业的发展是个人发展中的一个最主要的方面，它跨越人的一生并涵盖个人的自我概念、家庭生活，以及个人所处的环境、文化氛围的方方面面"。[2]

---

[1] GCDF 中国培训中心，《全球职业规划师 GCDF 资格培训教程》，中国财政经济出版社，2006年，第4页。
[2] GCDF 中国培训中心，《全球职业规划师 GCDF 资格培训教程》，中国财政经济出版社，2006年，第5页。

> **职业规划是什么？**
>
> 　　职业规划也称职业生涯规划，通常是指在对个人职业生涯的主客观条件进行测定、分析、总结的基础上，对自己的兴趣、爱好、能力、特点进行综合分析与权衡，结合时代特点，根据自己的职业倾向，确定自己最佳的职业奋斗目标，并为实现这一目标做出行之有效的安排。

　　职业生涯规划的目的既是帮助个人按照自己的资历条件找到一份合适的工作，更重要的是帮助个人真正地了解自己，为自己定下事业大计，筹划未来，根据主客观条件设计出合理且可行的职业生涯发展方向。

　　职业生涯是一个动态的发展变化的过程，有效的职业规划有利于明确人生未来的奋斗目标。一个人的事业发展方向可以通过确立人生目标、制定职业生涯规划明确起来。"目标之所以有用，仅仅是因为它能帮助我们从现在走向未来。"只有确立了明确的目标，才能激励人们去奋斗，去积极创造条件来实现目标，以免漫无目的地四处漂浮，随波逐流。职业生涯活动将伴随我们的大半生，拥有成功的职业生涯才能拥有美丽的人生。

■ **职业规划的重要意义**

　　职业生涯规划可以发掘自我潜能，增强个人实力。行之有效的职业生涯规划将会：① 引导你正确认识自身的个性特质、现有与潜在的资源优势，帮助你重新对自己的价值进行定位并使其持续增值；② 引导你对自己的综合优势与劣势进行对比分析；③ 使你树立明确的职业发展目标与职业理想；④ 引导你评估个人目标与现实之间的差距；⑤ 引导你前瞻与实际相结合的职业定位，搜索或发现新的或有潜力的职业机会；⑥ 使你学会运用科学的方法，采取可行的步骤与措施，不断增强你的职业竞争力，实现自己的职业目标与理想。

　　职业生涯规划可以增强发展的目的性与计划性，提升成功的概率。一个人的职业生涯发展要有计划、有目的，不可盲目地"撞大运"，很多时候职业生涯受到挫折就是由于职业生涯规划没有做好。好的计划是成功的开始，正如古语所言：凡事预则立，不预则废。

　　职业生涯规划可以提升应对竞争的能力。当今社会处在变革的时代，到处充满着激烈的竞争。物竞天择，适者生存。职业活动的竞争非常激烈，要想在激烈的竞争中脱颖而出并立于不败之地，就必须设计好自己的职业生涯规划。而不少应届大学毕业生不是首先静下心来做好自己的职业生涯规划，而是拿着简历与求职书到处乱跑，总想会撞到好运气，找到好工作。结果是浪费了大量的时间、精力与资金，到头来感叹招聘单位有眼无珠，不能"慧眼识英雄"，叹息自己英雄无用武之地。这部分大学毕业生没有充分认识到职业生涯规划的意义与重要性，认为找到理想的工作是依靠学识、业绩、耐心、关系、口才等条件，认为职业生涯规划纯属纸上谈兵，简直是耽误时间，有时间还不如多跑两家招聘单位。这是一种错误的观念，殊不知未雨绸缪、磨刀不误砍柴工的重要意义。在有了清晰的认识与明确的目标之后，再付诸实践，这样更经济、更科学。

二、职业规划的基础：了解职业

职业是什么？

通常我们所说的职业是指"参与社会分工，利用专门的知识和技能，创造物质财富和精神财富，获取稳定、合理报酬，满足个体物质和精神需要的工作"。[①]职业是一定社会分工的产物，是人们物质生活和精神享受的来源，也是权利与义务的具体体现。

要做好职业规划，首先要了解什么是职业。一说起职业，也许我们马上会想到，小时候曾经梦想长大了以后要当科学家、医生、警察、教师……大学期间，会听到学长学姐说找"工作"。日常生活中我们所说的"工作"（job），可以理解为"干活"（work），是指人们从事的活动或任务，是由一系列相似的职位所组成的一个特定的专业领域。职业可以理解为工作中的位置（岗位），是在不同的专业领域中一系列相似的服务。

职业的意义在于，职业是一个人谋生的手段和需要，也是个人履行社会责任、贡献社会、实现自我价值和社会价值的舞台，为人的全面发展、个性展示提供了充足的空间和人生舞台。

接下来介绍职业的分类和职业的基本要求。

■ 职业的分类

所谓职业分类，即按照一定的标准和方法，根据一定的分类原则和职业本身的特性，把职业分成若干种类，以揭示各种职业间内在的区别和联系。一般而言，职业分类是根据工作性质的同一性来划分的。一方面根据职业活动、工作特征的相异程度进行职业的划分；另一方面根据职业活动、工作特征的相同程度进行职业的归类。

◆ 国际标准职业分类

为了给不同国家的职业分类提供一个统一的基础标准，以便在国际上进行相互的交流和促进，1949年国际劳工组织召开了第七届国际劳动统计专家会议，会上通过了"国际标准职业分类（草案）"，拟订了《国际标准职业分类》。接下来的几年时间里，通过多个国家政府、国际组织的协调帮助，共同合作努力，终于在1958年完成了《国际标准职业分类》的出版发行，后经过几次修订，现已成为世界各国制定本国职业分类体系的蓝本。

《国际标准职业分类》对职业分类体系进行了详尽的描述，共分为大类、小类、细类和职业项目。1988年版《国际标准职业分类》对大类进行了一定的修订，修订后的大类有：立法者、高级官员和管理人员；专业人员；技术和辅助专业人员；职员；服务人员和商店与市场销售人员；农业和水产业技术工作者；手（工）艺人和有关行业的工人；设备与机械的操作工和装配工；简单劳动职业者；军人。《国际标准职业分类》对于职业是按照从事工作的类型来划分和归类的，并根据具体的职业范围确定从事工作类型的同一性和相异性。

《国际标准职业分类》虽然不能替代各国的职业分类，但却为各国制定适合本国国情和需要的职业分类起着基础的、重要的参考作用。不同国家在地理位置、自然环境、经济

[①] 张文勇、马树强，《大学生职业规划与就业指导》，科学出版社，2006年，第22页。

政治发展水平、科学技术水平等方面不尽相同,因此其分类的方法、标准和内容也有很大的差别。

◆ 中国的职业分类

1986年,我国首次颁布《职业分类与代码》(GB 6565—1986),并启动了编制国家统一职业分类标准的宏伟工程。1992年,在中央各部委的大力支持和协助下,劳动部组织编制了《中华人民共和国工种分类目录》,将当时我国近万个工种归属为46个大类的4700多个工种,初步建立了行业齐全、层次分明、内容较完善、结构较合理的工种分类体系,为后来的工作奠定了坚实的基础。

1995年初,由国家劳动和社会保障部、国家质量监督检验检疫总局、国家统计局联合组织编制的《中华人民共和国职业分类大典》启动,中央、国务院50多个部门以及有关研究机构、大专院校和部分企业的近千名专家学者参加了编制工作。该项工作历时4年,于1999年初通过审定,1999年5月正式颁布。2010年逐步启动了各个行业的修订工作。2015年7月29日,国家职业分类大典修订工作委员会召开全体会议审议、表决通过并颁布了新修订的2015版《中华人民共和国职业分类大典》。《中华人民共和国职业分类大典》是我国第一部对职业进行科学分类的权威性文献,由于它的编制与国家标准《职业分类与代码》(GB/T 6565—2009)的修订同步进行,相互完全兼容,因此它本身也就代表了国家标准。

2015版《中华人民共和国职业分类大典》将我国职业划分为由大到小、由粗到细几个层级:8大类、75个种类、434个小类,细分为1481类职业(新增347个职业,取消894个职业),如表2-3所示。

表2-3 职业分类表

大类(行业)	中类	小类	细类
党的机关、国家机关、群众团体和社会组织、企事业单位负责人	6	15	23
专业技术人员	11	120	451
办事人员与有关人员	3	9	25
社会生产服务和生活服务人员	15	93	278
农、林、牧、渔业生产及辅助人员	6	24	52
生产制造及有关人	32	171	650
军人	1	1	1
不便分类的其他从业人员	1	1	1
合计	75	434	1481

这里要说明的是,社会在发展,时代在进步,职业的种类和名称也在不断发展、变化。与1999版相比,2015版《中华人民共和国职业分类大典》维持8个大类不变,增加9个中类、21个小类,减少547个职业(新增347个职业,取消894个职业)。新增职业包括"网络与信息安全管理员""快递员""文化经纪人""动车组制修师""风电机组制造工"等。取消职业包括"收购员""平炉炼钢工""凸版和凹版制版工"等。该修订借鉴发达国家经验,结合我国实际,对具有"环保、低碳、循环"特征的职业活动进行研究分析,共标示127个绿色职业,并统一以"绿色职业"的汉语拼音首字母"L"标识,如"环境监测员""太阳能利用工""轮胎翻修工"等职业,旨在注重人类生产生活与生态环境的可持续发展,

推动绿色职业发展，促进绿色就业。总体来看，随着社会的不断进步和发展，我国的新职业在不断产生和繁荣，部分老职业在衰减和消退，各产业部门内部也在进行调整和变化。

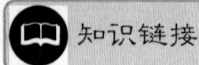 **知识链接**

行业分类①

行业是指从事相同性质经济活动的所有单位集合。行业分类则是按照单位或劳动者从事的经济活动进行的分类。

日常生活中有成千上万的职业，在处理庞大的工作世界时会将它们进行分类。目前，市面上有许多关于职业和职业兴趣量表的书籍把成千上万的职业分成了几组或几群。对青年学生而言，花时间了解各种职业和行业是必要的，尤其在进校时就应该对各种职业和行业有初步了解，观察行业里自己感兴趣的职业前景和行业里的其他哪些职业相类似，以扩展个人职业前景列表。

由中华人民共和国国家质量监督检验检疫总局、中国国家标准化管理委员会于2017年6月30日发布，2017年10月1日实施的《国民经济行业分类》(GB/T 4754—2017)部分内容如下。

行业分类目录：

A 农、林、牧、渔业
B 采矿业
C 制造业
D 电力、热力、燃气及水生产和供应业
E 建筑业
F 批发和零售业
G 交通运输、仓储和邮政业
H 住宿和餐饮业
I 信息传输、软件和信息技术服务业
J 金融业
K 房地产业
L 租赁和商务服务业
M 科学研究和技术服务业
N 水利、环境和公共设施管理业
O 居民服务、修理和其他服务业
P 教育
Q 卫生和社会工作
R 文化、体育和娱乐业
S 公共管理、社会保障和社会组织
T 国际组织

---

① 资料来源：中华人民共和国国家统计局官网首页-统计数据-统计标准，《2017年国民经济行业分类》(GB/T4754—2017)。

◆ 职业与专业的关系

在个人学业规划和升学志愿选择时，职业与专业之间的关系是必须要重视和解决好的问题。有人说，专业决定了职业；又有人说，当今社会的快速发展让不少人从事非自己所学的专业，且他们中不乏成功人士，因此认为专业与职业没有多少联系。

其实，职业与专业之间并非像上述所说的单一的关系，它既可以是一对一关系，也可以毫无关系。社会上许多成功人士，他们现在从事的职业并非与原来所学专业相关，如京东集团董事局主席兼首席执行官刘强东大学期间就读的是中国人民大学社会学专业，后来却成为商界精英；马云大学时就读杭州师范学院英语专业，后来成为阿里巴巴集团创始人。但是，个人毕业后从事的第一份正式职业是至关重要的，毕竟学以致用是最符合经济效益的个人发展原则。因此，个人毕业后的第一份正式职业若是与所学专业相关将对提高个人发展有着非常重要的意义。马云在杭州师范大学阿里巴巴商学院举行2013届毕业典礼时谈到，"对于绝大部分人来说，第一份工作不会是个人的最后一份工作。但第一份工作的坚持，比后面工作的坚持更为重要。无论你考研，出国，创业，不管什么工作，记住，短暂的时间内，向身边的每一个人好好地学。做的时候不要想离开，有一天等机会来了，再选择下一个机会。这个世界不缺机会。"

社会的高速发展，让社会分工越来越细，每个行业所需要的知识和技能也越来越专业，机会也越来越多。因此，当你进入校园面对选择的专业时，一定要勤奋学习，积累知识，丰富经历，提升技能，在进入社会后的第一份工作中勤学好问，积淀经验，丰富阅历，历练自己，为自己争取到更多的职业机会和更大的发展空间。

大学生一进校首先关心自己所学专业将来有什么用？和哪些行业相关？毕业了能够从事哪些工作？那么专业和职业到底是一个什么样的关系呢？

职业和专业之间的关系大致可概括为三种：一对多的关系、多对一的关系、一对一的关系。一对多的关系即指一个专业对应多个职业方向，这些专业的学习内容一般较为广博，发展方向较为分散，如哲学、历史、中文、经济学等；多对一的关系则指不同的专业可以发展成为同一个职业方向，这种职业一般技术含量不高，但要求个人在实践中自己领悟和学习，如业务拓展人员、新闻记者、企业管理人员等；一对一的关系则一般表现为技术性较强、专业分工明确的中职和高职类工科专业。

专业与职业之间有一对多、多对一、一对一等几种对应方式。普通高校开设的大多数专业一般都可以从事以下几种职业，但对个人的天赋及兴趣要求也比较高，这几种职业具体分析如下。

第一，高校教师。这类职业方向可以从绝大多数专业中分化出来，只要是高校所开设的专业，它都会需要相应的师资。在各种教育或培训机构里承担教学任务的工作人员或管理人员，向社会提供教书育人的劳务。这类人工作待遇稳定、休假时间长、社会地位较高。职业发展方向可向教授、教学管理人员、研究人员或教育部门领导发展。

第二，科研人员。在科研院所承担课题研究的工作人员，一般从事科学实验、社会调查、研究与写作工作。这类人员的工作稳定、薪资较高、社会地位高、自我实现的可能性大。发展方向为科学家、思想家等。

第三，公务员。由财政供养的国家工作人员。此类人员所需的专业范围涵盖也非常广泛。他们是在国家机关、党政机构里面担任公职，从事具体事务性或政务性工作的人员。这类人群待遇稳定、福利好、社会地位高。职业发展方向为政治领袖、部门领导及主管等。

第四，业务员。这类职业对从业者的个人素质要求很高，可从多个专业生发出来，一般指在单位里进行市场开拓的工作人员，如企业里的销售人员、保险公司里的保险业务员、银行里的业务拓展人员、媒体里的广告及发行业务人员等，其主要工作就是让市场肯定和接受自身的产品。职业发展方向为营销经理、营销总监或自立门户而成为企业家、创业家。

第五，记者、编辑等媒体从业人员。主要指在报社、期刊社、出版社、电台、电视台、通讯社、文化公司、网站等机构从事新闻工作的人员。这类职业需要一定的本专业知识及实践操作，特别是编辑。当然作为记者这门职业更多的是实践中的挖掘和捕捉，因此它也是可以包容许多专业的复合型职业。这类人员阅历丰富、薪资待遇高。职业发展方向为媒体单位部门主管或单位领导、高级编辑、专业作家，或开辟自己独立的新闻事业。

名人经历

"两弹元勋"邓稼先的故事

这是一个专业与职业一对一关系的典型案例："两弹元勋"邓稼先大学和研究生期间学习的都是物理专业。1950年，26岁的邓稼先在美国获得了物理学博士学位。他带着当时最前沿的物理学知识，涉洋归来准备报效祖国。回国后在中国科学院近代物理研究所从事原子核理论研究。在原子弹、氢弹研究中，邓稼先领导开展了爆轰物理、流体力学、状态方程、中子输运等基础理论研究，完成了原子弹的理论方案，并参与指导核试验的爆轰模拟试验。原子弹试验成功后，邓稼先又组织力量，探索氢弹设计原理，选定技术途径，领导并亲自参与了1967年中国第一颗氢弹的研制和试验工作。邓稼先为我国第一颗原子弹和第一颗氢弹试验成功建立了卓越的功勋。他这一生选择了物理专业，在本专业的成就让世人敬仰，也让世人记住了这位"两弹元勋"。

作为当代大学生，从入校时就应该做好准备，如今已经选择了自己的专业，那就应该在本专业有所长、有所精。除此之外，还应注重自身综合素质和学习能力的培养，一般而言，只要综合素质高，任何职业都可以适应并快速掌握。在毕业之时如果有幸能选择与自己本专业挂钩的职业固然不错，如若未能如愿也不要气馁。大学期间所接受的培训以及与此相适应的可迁移的技能，将会帮助你获得更多的工作机会，争取到更大的职业市场。这里所指的技能并非和职业相关的具体的技能，而是类似于通识教育中的可以运用于不同职业的、基础的、可迁移的能力和技巧。这些技能的数量和水平，是可以通过个人课程学习、工作积累、人际交往、志愿服务以及生活经验所获得和积累的，它将有助于个人在求职中推销和表现自己，为自己赢得更多的机会和更广阔的职业市场。当然，社会是一个全新的世界，需要从"象牙塔"走出的莘莘学子从头学习和实践，获得"敲门砖"，是走向职业成功的第一步，也是最关键的一步。

动手做一做

看看你有多少可迁移技能？

下面这张表是可迁移的技能清单[①]，请逐一对照并对自己进行评价。

技能领域	技能	高	中	低
组织管理	计划和组织 分派职责 命令 关注细节 评价同学、同事以及自己的工作绩效 利用数据库和相应的软件来组织与呈现信息 灵活性 同时管理多项任务，分出先后顺序			
沟通协调	倾听和提问的技巧 提供信息 接收信息 记录回答、报告等，并将文件做专业的分类 向大/小规模的群体展现信息 让别人接受你的观点 协调能力			
交流表达	掌握一门外语 自信和独特地表达自己 利用电子手段来交流 网络和电子邮件来呈现、交换信息			
思维创造	分析问题 处理抽象问题 对于同一个问题提出多种解决方法，并能挑选出最合适的一种 利用批判性的思考方式来看待各种因果关系 设置并达到目标 创造性的思考			
团队协作	领导一个团队 衡量和评价他人的工作 解决问题和冲突 激励别人 为别人提供鼓励和支持 了解工作环境和人们的需要并做出适当回应 和不同的人共事融洽 教导和培训他人			
学习	善于发现并记录 好奇心 勤奋并有毅力地工作 坚持不懈、足智多谋地克服障碍 利用光盘和网络数据库 利用网络来做研究			

[①] GCDF 中国培训中心，《全球职业规划师 GCDF 资格培训教程》，中国财政经济出版社，2006 年，第 80 页。

■ 职业的基本要求

不同行业对人才的能力和素质的要求也不同。一般而言，创新能力、团队精神、沟通表达能力及学习能力，是用人单位最为看重的四种素质。这四种素质代表了两个大的方面，创新能力和学习能力主要属于智力型素质(智商)，团队精神和沟通表达能力主要属于情感型素质(情商)。越来越多的用人单位着重看应聘者的综合素质，然后来决定是否录用他，用人单位需要"高智商与高情商"的复合型人才。关于智商与情商，将在第三章中详细讲述。

由于职业社会对人才的要求随着时代、科技的发展变化而不断改变，职业的基本要求有以下几点。

逐渐由单一型向复合型转化。随着社会生产的大型化、智能化和系统化发展，行业对人才的需求不再局限于一人一岗或一人一技的单一型人才，一人多岗或一人多技的复合型人才逐渐受到市场经济社会的欢迎。例如，行政、销售、管理人员还要懂得驾驶并持有驾照等。

由传统工艺型向信息化、智能型转化。随着科技进步和社会发展，以体力劳动为主、动手能力强的传统工艺逐步为高科技的脑力、智力活动所代替，随着高科技、高智能型的生产工艺流程运用到各行各业，生产过程中所需人才逐步发展为以智能型为主。

由职业型向社会型转化。随着社会化大生产的不断发展，各种职业之间开始出现相交点，许多单一岗位职员的能力已难以应对社会生产的需要，以往传统的只从事本岗位劳动的职业型人才要求开始转向既能完成本职业的要求，又能掌握与本职业相关的社会性要求的社会型人才。

由就业型向创业型转变。当代社会，越来越多的人审视市场新领域，发掘市场新机遇，积极为自己创造新的事业，如在就业中创新或创造事业为更多人提供就业的机会。这些具有创新创业意识和潜能的人在激烈的人才竞争中显示出绝对优势。

由阶段性学习向终身性学习转变。过去的科技不够发达，与国际接轨少，产品升级换代周期长，工艺流程换代缓慢，知识不需要随时更新。现代社会科技发展日新月异，产品和工艺更新换代加速，新兴的技术和力量要求从业者必须不断学习，才能适应社会的发展，否则只有被淘汰。

因此，许多职业要求个人不断提高自己的科学文化素质和专业素质，积极向高科技的、信息化的手段和工具靠近，与社会、时代共奋进，具备适应社会发展的生存能力，具有良好的身体素质和心理素质。

此外，作为职业的基本要求，还应该包括八项技能：学习技能、交往技能、管理技能、创新技能、依法办事技能、健身技能、娱乐技能、理财技能。除此之外，在工作和生活中，要学会做人，做一个积极向上、受欢迎的人：充满工作热情、善于团结合作、勤奋吃苦、敢于担当、懂规则、知进退，保持个性、勇于创新，公平正直、诚实守信等等，这些都可以说是职业的基本要求。只有不断学习和实践，具备这些基本要求，才能在自己的职业发展道路上，丰富人生色彩，增添人生快乐，实现更高的人生目标和价值。

三、职业规划的依据：认识与把握自己

做好职业规划的关键是进行自我剖析，即透视自己希望从职业中获得什么；透视自己的

性格、兴趣、气质、才能与不足；透视自己的价值观以及它们是否与自己规划的职业相匹配。通过这一环节，明确自己的职业性向、技能及职业偏好等。

职业世界纷繁多彩，每种职业都要求从业者具备一定的条件，如知识、技能、体力、品德和心理素质等。而每个人各方面的条件又都是各不相同的，因此其对职业的选择就必然会有所不同。只有认识和把握自己，才能做出正确的职业选择。在进行自我分析时，虽然有诸多因素与职业有关，但是，关键的个体因素主要应考虑一个人的价值观、兴趣、个性和能力。

■ 确立自己的职业价值观

职业价值观是指人生目标和人生态度在职业选择方面的具体表现，即个体对职业的认识和态度以及他对职业目标的追求与向往。个体的职业价值观受自身的世界观、价值观影响，反之，也常常能够从一个人的职业价值观中看到他的理想、信念和世界观。

一般来说，职业价值观分为四个部分：对职业目标的期待、对职业成就的追求、对职业发展的态度以及对职业本身的价值评判。对职业目标的期待是指希望某种职业为自己带来什么，如金钱、地位、声望等；对职业成就的追求是指对在某种职业上取得成就的期望程度，如从事销售这一职业的人，他们的成就追求就比会计要高得多；对职业发展的态度指的是对自身职业发展持有一种什么样的态度，如珍视、尊重或漠不关心，甚至消极悲观等；对职业本身的价值评判是指对某种职业从社会和自身的角度来进行评价，如有人认为教师职业虽然给个人带来的经济价值低，赚不到钱，但很高尚，具有很高的社会价值……这就是一种价值评判。

每个人的职业价值观是不同的。从事同一种职业的人可能有不同的职业价值观，他们可能在对职业目标的期待、对职业成就的追求、对职业发展的态度以及对职业本身的价值评判四个方面都不相同。以教师职业为例，有人从事这一职业是希望能够给自己带来安定的生活，而有人则是希望能够有更多的时间提升学历，把这一职业作为自己的跳板，还有一些人是本着对教育事业的追求和热爱从事教育工作的……这些不同的职业价值观会使人们在实际工作中表现出不同的工作态度，从而影响他们的实际工作表现。

 知识链接

职业锚理论[①]

职业锚理论产生于在职业生涯规划领域具有"教父"级地位的美国麻省理工学院斯隆管理学院教授、美国著名的职业指导专家埃德加·H·施恩(Edgar.H.Schein)领导的专门研究小组，是在对该学院毕业生的职业生涯研究中演绎成的。斯隆管理学院的44名MBA毕业生，自愿形成一个小组接受施恩教授长达12年的职业生涯研究，包括面谈、跟踪调查、公司调查、人才测评、问卷等多种方式，最终施恩分析总结出了职业锚(又称职业定位)理论。

所谓职业锚，又称职业系留点。锚，是使船只停泊定位用的铁制器具。职业锚，实际就是人们选择和发展自己的职业时所围绕的中心，是指当一个人不得不做出选择

---

① 资料来源：http://wiki.mbalib.com/wiki/职业锚。

的时候，他无论如何都不会放弃的职业中的那种至关重要的东西或价值观，是自我意向的一个习得部分。个人进入早期工作情境后，由习得的实际工作经验所决定，与在经验中自省的动机、价值观、才干相符合，达到自我满足和补偿的一种稳定的职业定位。职业锚强调个人能力、动机和价值观三方面的相互作用与整合。职业锚是个人同工作环境互动作用的产物，在实际工作中是不断调整的。

职业锚问卷是国外职业测评运用最广泛、最有效的工具之一。职业锚问卷是一种职业生涯规划咨询、自我了解的工具，能够协助组织或个人进行更理想的职业生涯发展规划。

施恩根据自己多年的研究，提出了以下五种职业锚。

(1) 技术或功能型职业锚。具有较强的技术或功能型职业锚的人往往不愿意选择那些带有一般管理性质的职业。相反，他们总是倾向于选择那些能够保证自己在既定的技术或功能领域中不断发展的职业。

(2) 管理型职业锚。有些人则表现出成为管理人员的强烈动机，承担较高责任的管理职位是这些人的最终目标。当追问他们为什么相信自己具备获得这些职位所必需的技能的时候，许多人回答说，他们之所以认为自己有资格获得管理职位，是因为他们认为自己具备以下三个方面的能力：① 分析能力，在信息不完全以及不确定的情况下发现问题、分析问题和解决问题的能力；② 人际沟通能力，在各种层次上影响、监督、领导、操纵及控制他人的能力；③ 情感能力，在情感和人际危机面前只会受到激励而不会受其困扰与削弱的能力，以及在较高的责任压力下不会变得无所作为的能力。

(3) 创造型职业锚。有人总有这样一种需要，即建立或创设某种完全属于自己的东西——一件署着他们名字的产品或工艺、一家他们自己的公司或一批反映他们成就的个人财富等。

(4) 自主与独立型职业锚。有人在选择职业时似乎被一种自己决定自己命运的需要所驱使着，他们希望摆脱那种因在大企业中工作而依赖别人的境况，因为当一个人在某家大企业中工作的时候，他的提升、工作调动、薪金等诸多方面都难免要受到别人的摆布。这些人还有着强烈的技术或功能导向，他们却不是到某一个企业去追求职业导向，而是决定成为一位咨询专家，或自己独立工作，或作为一个较小的企业合伙人来工作。

(5) 安全型职业锚。还有些人极为重视长期的职业稳定和工作的保障，他们似乎比较愿意去从事这样一类职业：这些职业应当能够提供有保障的工作、体面的收入及可知的未来生活。这种可知的未来生活通常是由良好的退休计划和较高的退休金来保证的。对于那些对地理安全性更感兴趣的人来说，如果追求更为优越的职业意味着将要在他们的生活中注入一种不稳定或保障较差的地域因素，那么他们会觉得在一个熟悉的环境中维持一种稳定的、有保障的职业对他们来说是更为重要的。对于另外一些追求安全型职业锚的人来说，安全则意味着所依托的组织的安全性。他们可能优先选择到政府机关工作，因为政府公务员看来仍是一种终身性的职业。这些人显然更愿意让他们的雇主来决定他们去从事何种职业。

■ 了解自己的职业兴趣

兴趣在人们的职业活动中具有重要作用。

兴趣是最好的老师，是一种强大的精神力量。 兴趣可以使人集中精力去获得知识，开发智力并创造性地开展工作。当一个人对某种事物产生兴趣时，就能调动整个身心的积极性；就能积极地感知、观察事物，积极思考，大胆探索；就能情绪高涨，想象丰富；就能增强记忆效果，增强克服困难的意志。反之，"牛不喝水强按头"是不会取得好效果的，当然也就不可能充分发挥一个人的聪明才智。

兴趣可提高人的工作效率。 一个人对某一工作有兴趣时，枯燥的工作也会变得丰富多彩、趣味无穷。兴趣使工作不再是一种负担，而是一种享受。兴趣可以调动身心的全部精力，使人以敏锐的观察力、高度集中的注意力、深刻的思维和丰富的想象投入工作，从而有助于工作效率的提高。据研究，如果一个人对某一工作有兴趣，在工作中他能发挥其全部才能的80%～90%，并且能长时间保持高效率工作而不感到疲劳。反之，对工作没有兴趣的人，在工作中只能发挥其全部才能的20%～30%，并且容易疲劳。

兴趣是促使事业成功的重要因素。 对某一职业有浓厚的兴趣，是智力开发的"孵化器"。兴趣是动力的源泉。对一个人来说，对工作感兴趣，就愿意钻研，这样就会取得成就。这就是兴趣的作用所在。多方面的兴趣可以使人善于应付多变的环境。如需变换工作，只要自己感兴趣，也能很快地熟悉、适应新的工作。

因此，在职业选择时，需要了解自己的兴趣。俗话说"人各有所好"，不同的人有不同的兴趣，有的人对研究自然科学感兴趣，如天文、地理、生物、化学等；有的人倾向于情感世界，活跃于人际关系领域；有的人则倾向于理智世界，在数学、公式领域内自由翱翔；有的人对智力操作感兴趣，对读书、写作、演算、设计乐此不疲；有的人则对技能操作感兴趣，对修理、车、钳、刨、铣、摄影、琴、棋、书、画津津有味。不同的职业也需要不同的兴趣特征，一个擅长技能操作的人，靠他灵巧的双手，可以在技能操作领域得心应手，但如果硬要他把兴趣转移到书本的理论知识上来，他就会感到无用武之地。正是这种兴趣上的差异，构成人们选择职业的重要依据。因此，兴趣在职业活动中的作用应引起人们的重视，特别是对于初选职业的人，更应引起注意。

职业兴趣的发展一般要经历这样一个过程：有趣（短暂、多变的兴趣）—乐趣（专一、深入的兴趣）—志趣（具有社会性、自觉性、方向性的兴趣）。古今中外的名人和大师所取得的成就无一不是基于志趣。英国哲学家罗素说，他的人生目标就是使"我之所爱为我天职"，这种理想确实令人神往。那么该如何了解自己的职业兴趣呢？你可以在职业指导人员或心理咨询老师的帮助下做一些测试，由此确定你属于哪种兴趣类型。需要说明的是，职业兴趣类型并无好坏之分，每种类型都有积极的一面也有消极的一面，因而在职业选择中就应尽可能地选择那些适合自己职业兴趣特点的专业或工作。

知识链接

职业兴趣类型

《加拿大职业分类词典》中提到的各种职业兴趣类型的特点与适合从事的职业如下。

（1）愿与事物打交道。这类人喜欢接触工具、器具或数字，而不喜欢与人打交道。适合从事的职业有制图员、修理工、裁缝、木匠、建筑工、出纳、记账员、会计、勘测师、工程技术人员、机器制造师等。

(2) 愿与人打交道。这类人喜欢与人交往，愿意与人接触，对销售、采访、传递信息一类的活动感兴趣。适合从事的职业有记者、推销员、营业员、服务员、教师、行政管理人员、外交联络人员等。

(3) 愿与文字符号打交道。这类人喜欢常规的、有规律的活动，习惯于在预先安排好的程序下工作，愿意做有规律的工作。适合从事的职业有邮件分类员、办公室职员、图书馆管理员、档案整理员、打字员、统计员等。

(4) 愿与大自然打交道。这类人喜欢地理地质类的活动。适合从事的职业有地质勘探人员、钻井工、矿工等。

(5) 愿从事农业、生物、化学类工作。这类人喜欢种养、化工方面的实验性活动。适合从事的职业有农业技术员、饲养员、水文员、化验员、制药工、菜农等。

(6) 愿从事社会福利类工作。这类人喜欢帮助别人解决困难。他们试图改善他人的状况，帮助他人排忧解难，喜欢从事社会福利和助人工作。适合从事的职业有律师、咨询人员、科技推广人员、教师、医生、护士等。

(7) 愿做组织和管理工作。这类人喜欢掌管一些事情，以使自己发挥重要作用，希望受到众人尊敬和获得声望，愿做领导和组织工作。适合从事的职业有各级各类组织领导管理者，如行政人员、企业管理干部、学校领导和辅导员等。

(8) 愿研究人的行为和心理。这类人喜欢谈涉及人的主题，对人的行为举止和心理状态感兴趣。适合从事的大多是研究人、管理人的工作，如心理学、政治学、人类学、人事管理、思想政治教育等研究工作，以及教育、行为管理工作、社会科学工作、写作等。

(9) 愿从事科学技术事业。这类人喜欢通过逻辑推理、理论分析、独立思考或实验发现并解决问题，对分析的、推理的、测试的活动感兴趣，擅长理论分析，喜欢独立地解决问题，也喜欢通过实验获得新发现。适合从事的职业有生物、化学、工程学、物理学、自然科学工作者及工程技术人员等。

(10) 愿从事有想象力和创造力的工作。这类人喜欢创造新的式样和概念，大多喜欢独立的工作，对自己的学识和才能颇为自信。乐于解决抽象的问题，而且急于了解周围的世界。适合从事的大多是科学研究工作和实验室工作，如社会调查、经济分析、各类科学研究工作、化验、新产品开发，以及表演、绘画、创作或设计等。

(11) 愿做操作机器的技术工作。这类人喜欢通过一定的技术来进行活动，对运用一定技术、操作各种机械、制造新产品或完成其他任务感兴趣。喜欢使用工具特别是大型的、马力强的先进机器，喜欢具体的东西。适合从事的职业有飞行员、驾驶员、机械制造师等。

(12) 愿从事具体的工作。这类人喜欢制作看得见、摸得着的产品并从中得到乐趣，希望能很快看到自己的劳动成果，并从完成的产品中得到满足。适合从事的工作有室内装饰、园林、美容、理发、手工制作、机械维修、烹饪等。

根据这种分类，一种兴趣类型可以对应许多种职业，同时绝大多数的职业也都与几种兴趣类型的特点相近，而每一个人往往同时具有其中几种类型的特点。假如你要成为一名护士，那你就应有愿与人打交道(类型2)、愿从事社会福利类工作(类型6)、愿从事具体工作(类型12)这三方面的兴趣特征；如果你对其中的某一方面缺乏兴趣，那就应努力培养和发展这方面的兴趣以适应护士职业的要求，否则，还是选择更适合自己兴趣类型的职业为好。

■ 认识自己的职业个性

近年来，有些用人单位在招聘时出现一种新观念，即认为个性比能力重要。其理由是，如果一个人能力不足，可通过学习、训练提高。但一个人的个性不好，要改变起来，可就困难多了，正所谓"山能移，性难改"。因此，在招聘新人时，将以性格测试为主的个性测试放在首位。正如印度的古语所说："播种行为，收获习惯；播种习惯，收获性格；播种性格，收获命运。"可见，个性与人们的职业生涯有密切的关系。

职业心理学的研究表明，性格是个性中具有核心意义的成分，涉及人的心理过程及个性特征的各个方面[①]。

性格的态度特征不同。有的人诚实、正直、谦逊，而有的人自私、虚伪、自傲；有的人勤奋、认真、创新，而有的人懒惰、自卑、墨守成规。

性格的意志特征不同。有的人自制、果断、勇敢，而有的人冲动、盲目、怯懦；有的人顽强、严谨、坚持，而有的人优柔寡断、虎头蛇尾、轻率马虎。

性格的情绪特征不同。有的人情绪体验深刻，易被情绪支配，控制力较弱，情绪对工作影响较大；有的人情绪体验微弱，意志控制能力强，不易被情绪所左右，情绪对工作影响较小；有的人情绪稳定持久，情绪起伏波动较小，即使是在成功和失败的重大事件面前情绪也较稳定；有的人则患"冷热病"，易激动，情绪不稳，在成功面前忘乎所以，在失败面前又可能垂头丧气；有的人经常处于精神饱满、欢乐之中，朝气蓬勃、乐观向上；有的人则经常抑郁低沉、无精打采、垂头丧气。

性格的理智特征不同。例如，在感知注意方面，有主动观察型与被动观察型，有分析型与概括型；在想象方面，有主动想象型与被动想象型，有狭窄型与广阔型，有创造型与模仿型，也有冷静的现实主义者和脱离实际的幻想家等。

性格在很大程度上影响着人们对职业的适应性，而不同的职业对从业者也有不同的性格要求。人的性格因人而异，因此，求职者可以根据一些心理测量的结果对自己的性格进行分析和判定，为择业做好准备。

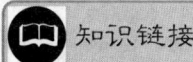知识链接

气质类型与适合从事的职业

气质是心理学家对人的高级神经活动类型的指称，是人个性形成的生理基础。气质是天生的，不同气质的个体由于在神经活动的强弱、灵敏性、感受性等方面具有不同的特点，因而在工作中的表现也大相径庭。

表2-4是对不同气质类型的人的特点及适合的工作进行一一对照，供大家参考。有兴趣的学生可以在网上找到《气质类型测验》来看看自己主要是哪一种气质类型。需要注意的是，根据心理学的研究，80%以上的人都是两种或两种以上的气质类型混合体，单一气质类型的人较少。

[①] 罗双平，《职业生涯规划》，中国人事出版社，1999年。

表 2-4 气质—职业参照表

气质类型	特点	适合的工作
胆汁质	直率，热情，外向，情绪发生快而强，易冲动，精力旺盛，有顽强的拼劲，但缺乏耐心（直、急、猛）	应急性强、冒险性大的工作，如救生员、消防员等
多血质	反应迅速，情绪丰富，外向，适应性强，活动能力强，但情感体验不深，兴趣广泛但易变，注意力容易转移（快、活、变）	社交性强的工作，如销售等
黏液质	安静，稳重，心平气和，不易冲动，内向，踏实，注意力稳定，但难于转移，自我控制力强，但易因循守旧（稳、实、专）	原则性比较强的工作，如人事、调查、保管等
抑郁质	心思细密，善于察觉他人不易察觉的细节，不急不躁，不容易发脾气，反应缓慢，情绪体验深刻，内向，不善与人交往，胆小，孤僻（细、慢、愁）	比较死板的工作，如会计等

■ 判断自己的职业能力

职业能力不同于职业兴趣，你也许对某项职业特别感兴趣，但这并不表明你具备从事这项职业的才能和特长。"金无足赤，人无完人"，无所不通的"全才"是不存在的。任何一个人都或多或少地有着自己的特长，有的善于理论分析，有的善于实际操作；有的擅长事务性工作，有的擅长创造性活动；有的口才好，有的文笔佳……而各类职业所需要的能力也各不相同，如法官就应具有很强的逻辑推理能力，却不一定需要很强的动手能力；建筑工则应有一定的空间判断能力，却不需要良好的语言表达能力。

能力是指直接影响活动效率，使活动任务得以顺利完成的个性心理特征。人的能力可以分为一般能力和特殊能力两大类。一般能力通常又称为智力，包括注意力、观察力、记忆力、思维能力和想象力等。一般能力是人们顺利完成各项任务都必须具备的一些基本能力。特殊能力是指从事某项专业活动的能力，也可称特长，如计算能力、音乐能力、动作协调能力、语言表达能力、空间判断能力等。由此可见，能力是一个人完成任务的前提条件，是决定工作效果的基本因素。因此，了解自己的能力倾向及不同职业的能力要求对合理地进行职业选择具有重要意义。那么，怎样才能发现和判断自己具有哪些职业能力呢？能力的测量可以利用能力量表进行，常用的能力量表有职业能力倾向量表、创造才能测验量表、交际能力测验量表等。

四、职业规划的要素、步骤和方法

■ 职业规划的要素

《孙子·谋攻篇》有道："知己知彼，百战不殆；不知彼而知己，一胜一负；不知彼，不知己，每战必殆。""知己知彼，百战不殆"这一规律，早已为古今中外众多军事家所推崇，作为一种智慧和谋略，同样适用于社会生活的许多方面。在竞争激烈的当代社会，唯有对自己、竞争对手和选择的职业有足够的了解与分析判断，并迅速采取行动，才能赢得一席属于自己的生存发展之地。

职业规划要素图如图2-3所示。

前面提到过，由于个人先天条件和后天生活环境、所受教育程度等的不同，每个人都有自己的独特性，进而其职业规划的要素也不尽相同，以上提供的要素仅供参考。请按照自己的实际情况列出符合自己需求的职业规划要素图。表 2-5 为成功者和失败者的成就欲特征。

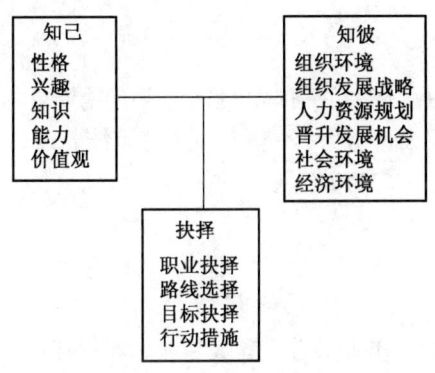

图 2-3 职业规划要素图

表 2-5 成功者和失败者的成就欲特征

	成功者	失败者
高度敬业	不满现状、追求卓越和自我完善 有很高倾向的事业心，比别人干得多并自得其乐 积极主动地接受挑战，在有困难、有压力的情况下也能尽职尽责	安于现状 无事业心，对工作敷衍 工作欠积极主动，遇到困难就停滞不前 缺乏自信心，追求安逸，没上进心
具有强烈的竞争性	完美的应对能力、感觉很好 体力充沛 自信心强 力争优胜、不甘人下 开拓进取、敢想敢干、勇往直前 彻底做好别人不做的事	畏怯退缩，凡事采取观望态度，不积极参与 凡事都抱"无所谓"的态度
忘我地投入	忍耐力 持续不断地学习 彻底地遵守基本规则	
对未来的热情	对人生抱着积极的态度 具备战略与强烈的目的意识 对于过去成功的超然感 积极性(打破安于现状的观念)	

明确人生目标与计划必须要在充分且正确地认识自身条件及相关环境的基础上，对自我及环境了解得越透彻，人生目标与计划就越清晰，职业决策也就越果断、科学、正确。同时，在实施规划的道路上不断发现人生的意义，寻找人生的乐趣和价值，保持前进的动力，这也是职业发展成功的力量和源泉。

■ 职业规划的步骤

◆ 自我评价

自我评价，即全面了解自己。一个有效的职业生涯设计必须是在充分、正确地认识自身条件及相关环境的基础上进行的。要认识自己、了解自己、审视自己，做好自我评估，包括自己的兴趣、特长、性格、学识、技能、智商、情商、思维方式等。弄清我想干什么、我能干什么、我应该干什么、在众多的职业面前我会选择什么等问题。

◆ 确立目标

确立目标是制定职业生涯规划的关键，目标通常有短期目标、中期目标、长期目标之分。长期目标需要个人经过长期艰苦努力、不懈奋斗才有可能实现，确立长期目标时要立足现实、慎重选择、全面考虑，使之既有现实性又有前瞻性。短期目标则更具体，对人的影响也更直接，是长期目标的组成部分。

◆ 环境评价

做好职业生涯规划还要充分认识与了解本专业、本行业的地位、形势、发展趋势以及相关的环境，评估环境因素对自己职业生涯发展的影响，分析环境条件的特点、发展变化等，把握环境因素的优势与限制。

◆ 职业定位

职业定位就是要为职业目标与自己的潜能及主客观条件谋求最佳匹配。良好的职业定位是以自己的最佳才能、最优性格、最大兴趣、最有利的环境等信息为依据的。职业定位过程中要考虑性格与职业的匹配、兴趣与职业的匹配、特长与职业的匹配、专业与职业的匹配等。此外，职业定位还应注意：① 依据客观现实，考虑个人与社会、单位的关系；② 比较鉴别，比较职业的条件、要求、性质与自身条件的匹配情况，选择条件更合适、更符合自己特长、更感兴趣、经过努力能很快胜任、有发展前途的职业；③ 扬长避短，看主要方面，不要追求十全十美的职业；④ 审时度势，及时调整，要根据情况的变化及时调整择业目标，不能固执己见，一成不变。

◆ 实施策略

实施策略就是要制定实现职业生涯目标的行动方案，没有行动，职业目标只能是一种梦想。要有具体的行为措施来保证目标的实现，要制定周详的行动方案，更要注意去落实这一行动方案。

■ 职业规划的方法

◆ 职业规划的一般方法

(1)职业规划的首要环节——职业方向定位。职业方向定位是最为重要的，它是人们职业生涯的"镜子和尺子"，用于看清人们的职业特质，指导其5～10年的职业积累和发展。有人会说它具有灯塔、航标等设施的照亮和引导作用，这种说法一点都不过分。事实上，职业方向为你聚拢心力和有限的资源，揭示出关键特质的程度差异。总之，对职业方向与职业特质的坚定把握，是从战略高度对职业成功的把握，是最有效的把握方式。

(2)职业规划的另一把尺子是职业核心能力测评。对于大多数受过高等教育的人来说，职业核心能力测评并不是那么必需。大学正规学历教育中核心能力的训练，完全可以支持你基本的职业发展目标。如果你认为自己的大学学习不那么顺利或成功,或者你有很高的职业发展期望,就有必要通过职业核心能力测评进行胜任力评估,用以支持你制定的职业目标并树立一个能力提升的方向与标准。它的数据是企业管理者的能力常模。

(3)环境对人职业发展过程的巨大影响,使得职业成熟度测评成为又一个非常重要的服务环节。如果你并不掌握资源、权力,就不要试图去改造组织环境,因为个人并不具备这样的力量,这个想法过于理想化。主动适应环境是聪明的选择,不假他人之手,凭借自身努力就可以把握。组织原则、职场规则、人际策略、方法视角、自我管理等都标志着职业成熟度水准,决定着回报速度。对于付出了巨大的努力仍然得不到认可、经常归罪于环境恶劣、不断忍气吞声或动辄冲冠一怒的人来说,职业成熟度测评是你的良师益友。

(4)缺乏信息支撑的决策,是可怕的决策。正所谓"心中无数点子多,头脑糊涂决心大"。职业规划注重方法论,是因为方法论与价值观一样,是"形而上"的"道",是必需的前提条件。但如果不与"形而下"的"器"相结合,"道"也会成为在半空中飘浮的空谈。因此职业规划最终必须体现为职业决策,而职业信息库恰恰是它的信息支撑。职业咨询师、分析师都会为职业决策添砖加瓦,而职业信息库的结构和内容历经了反复的设计与调整,而且这种调整还会继续。

最后,无法回避的是,在历经思考和学习之后,你仍然需要获得"确定性"支持。特别是遇到复杂情况时,取舍、策略、次序、轻重、缓急的筹划都需要专家的深度参与。

◆ 做好你的职业规划

面对严峻的就业形势,考虑到自身的职业发展,大学生有必要按照职业生涯规划理论加强对自身的认识与了解,找出自己感兴趣的领域,确定自己的职业方向,明确切入社会的起点及提供辅助支持、后续支援的方式,其中最重要的是明确自己的人生目标,即进行自我人生定位。自我定位,规划人生,就是明确"我能干什么?""社会可以提供给我什么机会?""我选择干什么?""我将怎样做?"等问题,使理想可操作化,为步入社会提供明确的方向。

第一,明确自身优势。

要明确自己的能力,给自己打分,确定自己的优势和劣势,这就需要进行自我分析。通过对自己的分析,深入了解自己,根据过去的经验来选择、推断未来可能的工作方向与机会,从而解决我能干什么的问题。只有从自身实际出发、顺应社会潮流,有的放矢,才能马到成功。要知道每个人都是不同的、有差异的,我们就是要找出自己与众不同的地方并发扬光大。定位,就是给自己亮出一个独特的招牌,让自己的才华更好地为招聘单位所认识;对自己的认识、分析一定要全面、客观、深刻,绝不回避缺点和短处。而你的优势,即你所拥有的能力与潜力主要体现在以下几个方面。

(1)我学习了什么。在大学期间,我从学习的专业中获取了哪些收益;参加过哪些社会实践活动,提高和升华了自己哪方面的知识。专业也许在未来的工作中并不起到很大作用,但在一定程度上决定了自身的职业方向,因而要尽自己最大的努力学好专业课程是生涯规划的前提条件之一。

(2)我曾经做过什么。自己已有的人生经历和体验,如在大学期间担任学生干部、曾经为某知名组织工作等社会实践活动、取得的成就及积累的经验、获得过的奖励等。经历是个人最宝贵的财富,它往往可以从侧面反映出一个人的素质、潜力状况,因而备受招聘单位的关注,同时这是自我简历的亮点所在和重要组成部分,绝对不容忽视。对于应聘者而言,经历往往比知识更为重要,因为许多事情只有经历过,才可能有深刻的体会。

(3)我最成功的是什么。我做过很多事情,但最成功的是什么?为何成功,是偶然还是必然?是否是自己的能力所为?通过对最成功事例的分析,可以发现自我优越的一面,如坚强、果断、智慧超群,以此作为个人深层次挖掘的动力之源和魅力闪光点,形成职业规划的有力支撑;寻找职业方向,往往要从自己的优势出发,以己之长立足社会。

第二,发现自己的不足。

(1)性格的弱点。人无法避免与生俱来的弱点,因此,我们必须正视它,并尽量减少其对自己的影响。例如,一个独立性强的人会很难与他人默契地合作;而一个优柔寡断的人绝对难以担当组织管理者的重任。卡耐基曾说:"人性的弱点并不可怕,关键要有正确的认识,认真对待,尽量寻找弥补、克服的方法,使自我趋于完善。"因此要注意安下心来,多与别人沟通,尤其是与自己相熟的人,如父母、同学、朋友等交谈。看看别人眼中的你是什么样子,与你的预想是否一致,找出其中的偏差,这将有助于自我的提高。

(2)经验与经历中所欠缺的方面。"金无足赤,人无完人",由于自我经历的不同,环境的局限,每个人都无法避免一些经验上的欠缺,特别是面对招聘单位纷纷要求具有数年工作经验的时候。有欠缺并不可怕,怕的是自己还没有认识到或虽然认识到却一味地不懂装懂。正确的态度是认真对待,善于发现,并努力克服和提高。

第三,进行现状分析。

(1)社会分析。社会在进步,在变革,即将进入社会的大学生应该善于把握社会的发展脉搏。这就需要对社会大环境进行分析:当前社会、政治、经济的发展趋势;社会热点职业门类分布及需求状况;所学专业在社会上的需求形势;自己所选择职业在目前与未来社会中的地位情况;社会发展对自身发展的影响;自己所选择的单位在未来行业发展中的变化情况,在本行业中的地位、市场占有及发展趋势等。对这些社会发展大趋势问题的认识,有助于自我把握职业社会需求、使自己的职业选择紧跟上时代脚步。

(2)组织分析。这应是个人着重分析的部分,组织将是你实现个人抱负的舞台,西方关于职业发展有句名言,"你选择了一个组织,就是选择了一种生活"。特别是现代组织越来越强调组织文化的建设,对员工的适应生存能力要求越来越高,因而应对你将寄身其中的组织的各个方面做详细了解:在知己知彼的基础上,只有两者拥有较多的共同点,这个组织才是个人融入其中的最佳选择。

(3)人际关系分析。个人处于社会庞杂的环境中,不可避免地要与各种人打交道,因而分析人际关系状况显得尤为必要。人际关系分析应着眼于以下几个方面:个人职业发展过程中将与哪些人交往;其中哪些人将对自身发展起重要作用;工作中会遇到什么样的上下级、同事及竞争者,他们对自己会有什么影响,如何与他们相处等。

第四,明确选择方向。

通过以上的自我分析及认识,我们要明确自己该选择的职业方向,即解决"我选择干什么"的问题,这是个人职业生涯规划的核心。职业方向直接决定着一个人的职业发展,职业方向的选择应按照职业生涯规划的四项基本原则,结合自身实际来确定:择己所爱的原则,即你必须热爱自己选择的职业,发自内心地认识到要"干一行,爱一行",只有热爱它,才可能全身心地投入，做出一番成绩；择己所长的原则，即选择自己所擅长的领域，才能发挥自我优势，注意千万别当职业的外行；择世所需的原则，即所选职业只有为社会所需要，才有自我发展的保障；择己所利的原则，即应该本着"利己、利他、利社会"的原则，选择对自己合适、有发展前景的职业。

职业生涯目标的确定，是个人理想的具体化和可操作化。它是指可预想到的、有一定实现可能的最长远目标。按照马斯洛的需求层次理论，人一般具有生理需求(基本生活资料需求，包括吃、穿、住、行、用)、安全需求(人身安全、健康保护)、社交需求(社会归属意识、友谊、爱情)、尊重需求(自尊、荣誉、地位)、自我实现需求(自我发展与实现)五种从低层次到高层次的需求。职业目标的选择并无定式可言，关键是要依据自身实际，使其适合于自身的发展。值得注意的是，伴随着现代科技与社会的进步，个人要随时注意调整职业目标，尽量使自己职业的选择与社会的需求相适应，一定要跟上时代发展的脚步，适应社会需求，才不至于被淘汰出局。

第五，规划未来。

(1)职业通路选择与自我提升发展计划。根据职业方向选择一个对自己有利的职业和得以实现自我价值的单位，是每个人的良好愿望，也是实现自我的基础。但这一步的迈出要相当慎重，理想的工作单位，如西门子公司，就特别鼓励优秀员工根据自身能力设定发展轨迹，一级一级地向前发展。他们认为最好的人才要"有很好的人生目标，不断激励自己"，并提出"员工是企业内的企业家"的口号，给员工以充分的决策、施展才华的机会，而不是让他干什么就干什么，管得太死，统得过细。随着职业、职务的变化，我们必须制定一个完善的自我发展计划以备应对不同的情况。例如，选择一个什么样的组织，预测自我在组织内的职务提升步骤，个人如何从低到高拾级而上；预测工作范围的变化情况，不同工作对自己的要求及应对措施；如果发展过程中出现偏差(工作不适应或被解聘)，如何改变自己的方向；预测可能出现的竞争，如何相处与应对，分析自我提高的可靠途径。如果你想从事销售工作并想有所作为，你的起步可能是一个公司的业务代表，你可以设定通路计划：从业务代表做起，在此基础上努力，经过数年逐步成为业务主管、销售区域经理、销售经理，最终达到公司经理的理想生涯目标。

(2)职业生涯规划的时限。面对发展迅速的信息社会，仅仅制定一个长远的规划显得不太实际，因而有必要根据自身实际及社会发展趋势，把理想目标分解成若干个可操作的小目标，灵活规划自我。一般来说，以5～10年为一个规划段落为宜，这样就会很容易跟随时代需要，灵活易变地调整自我，太长或太短的规划都不利于自身成长。具体可有两种方式：一是根据自己的年龄划分目标，如25～30岁的职业规划和30～40岁的职业规划；二是根据职业通路中的职位、职务阶段性变化为划分标准，制定不同时期的努力方向，如5年之内向部门经理职位冲刺，10年内成为主管经理。

(3)自我肯定与进步。清楚地了解自我之后，我们就要对症下药，有则改之无则加勉，重要的是对劣势的把握、弥补，做到心中有数。注意分析：① 问题产生的原因，是自身素质问题、人际关系问题，还是工作本身的问题？② 自我修正的可能性与手段，可通过什么方式、方法修正，是知识学习、专门业务培训还是改变职业方向？完善自我有这样几种具体可利用的方法：一是加强学习。大学生要在竞争中立稳脚跟，必须做到善于学习，主动学习。在大学期间，要针对自身劣势，制定出自我学习的具体内容、方式、时间安排，尽量落于实处便于操作。进入工作岗位后,要善于在实践中学习,主动利用组织开展的相应培训学习提高。二是实践锻炼。在大学期间,主动参与学生活动,接触各色人群,不耻下问,对应地锻炼自己能力欠缺的方面。如果可能,不妨多看、多听、多写,把自己的收获体会用文字表达出来,这对你的提高帮助更为直接。参加工作以后,更要主动在实践中锻炼才干,不断总结、不断提高。三是寻求他人的帮助。家庭、同学、朋友、师长和专业咨询机构都可以成为个人提高的有力支援,关键要学会求得他人帮助。对自己了解最深的莫过于你周围最亲密的人,多听听他们的经验教训及对自己的评价,尤其是注意他们对你的职业选择和通路发展的建议与评价。各类专业咨询机构在指导个人认识和选择职业方面都有一套比较完整的测评手段,可以借助他们加深对自我的认识和全面了解。

◆ **大学期间为职业规划做好准备**

青年学生从走进大学的那一刻起就应对自己的未来进行展望、规划,对自己的人生目标、职业方向等进行设计、定位。大学四年是一个既长又短的学习、体验和成长过程,要提早确立好长期、中期、短期目标,制定相应的实施规划是非常必要的。以学年为单位,为四年大学生活制定一个总目标,同时每学年给自己制定一个短期目标和实施计划,在此基础上投入足够的精力和时间,以期实现这些目标,为自己今后的职业生涯道路打下坚实的基础。下面介绍大学四年应该如何做,如何最好地利用大学每一年的时间,获得预期的收获,开启自己满意的职业生涯。

大学一年级:适应大学生活,了解自己,发展自己。

(1)适应大学生活。一是了解大学学习特点和规律,跟上学习节奏,逐渐适应大学生活;二是通过参加学生会、学生社团等学生组织以及志愿者活动、各种竞赛、社会实践等,逐渐发现自己的优、缺点以及个人的兴趣爱好,并且开始发展自己各方面的能力。

(2)多渠道学习和了解各个行业以及特定的职业要求与特点。了解每个行业所需要的技能,看看哪些行业与自己的性格特点、兴趣爱好或者能力相符合,更适合自己。

(3)做好人脉管理。开始建立属于自己的人际关系网络,扩大交际范围,向老师、同学、朋友、长辈等不同人群咨询不同的信息需求,为自己的职业生涯发展打好基础。

比如,你参加了一个学生社团,恰好在社团的外联部工作,这就需要你经常与外部的人进行沟通交流。在这期间,你会发现自己是否擅长与人打交道,或更喜欢与技术类的东西打交道。如果自己在这方面并不擅长,那毕业后就不要找销售之类的工作;但如果你发现自己喜欢但并不擅长,则可以多参加这样的活动,通过主动与人沟通交流,提高自己的沟通协调能力以及口头表达能力,提升自信心。作为大一新生,更多地还是适应大学生活,了解社会,在假期可以多参加一些社会实践活动或者做一些兼职,在与现实社会打交道的实践中,感受社会、了解自己,同时拓展自己的人际关系网络。

大学二年级:充实自己,做好相关理论知识的储备。

经过了大学一年级的生活,或许你对自己已经有了初步的了解,对自己将来想要从事的行业也有了初步构思。此时的你应该开始学习你希望从事行业的相关知识,尤其是当你大学学习的专业与想从事的行业有知识结构差异时,更应该加强相关理论知识的学习和储备。

(1)根据专业特点和未来行业要求努力学习相关理论知识与专业知识,为今后考研、择业、就业进行知识储备，奠定基础。在学习的过程中深刻理解和领悟行业特点与职业要求。

(2) 在假期参加社会实践或兼职时，不妨尽可能地参与到你的目标行业中，在与他们交往之时，向他们学习、咨询相关的信息，认识更多该行业的人，从而拓展自己的人脉，积累人脉资源。

(3) 全面搜索并了解与该行业相关的信息。了解与该行业相关的国际或国家政治、经济、文化背景、风俗习惯及相关行业的发展等，有了这些大的背景方面的知识，会让你在表达自己观点或陈述时更具理论高度和前瞻性。

如果你是计算机专业的学生，但却很喜欢金融行业，那么此时你就应该主动去学习金融行业的相关知识，包括国家政策、法律法规、行业内的新闻、专业书籍、报刊等都是学习的内容，在学习之时还应了解行业内的热门话题和重大事件，善于思考，并选择行业内的一两个相关话题进行深入学习研究，形成自己独特的见解。如果你很喜欢投资银行的世界，那么在掌握了基本的金融市场相关知识后，应该选择投资银行里的几个话题进行深入研究，比如，你可以深入研究学习企业上市的知识以及财务分析，或者你可以选择企业兼并与收购这个话题进行深入研究。当你求职面试时，即使你是非金融专业的学生，你的专业知识和独特见解不仅让你能够有效沟通，更会让你脱颖而出。

大学三年级：选择行业里的目标企业，选定目标。

经过了两年的准备，此时，你对目标行业已经有了一定的了解和个人的见解，可以开始选定行业中的目标企业。

(1) 选定目标企业，对其进行深入研究，了解企业发展历程、企业文化，清楚目标企业对于应聘者的基本要求，包括学历学位、行业有关证书、能力素质等方面的要求。

(2) 参加该行业内相关的培训，获取证书。有的资格证书是行业人员入行的必备要求，如教师资格证、银行从业人员资格证等。

(3) 利用大三暑期和大四上学期的时间，争取尽量到目标企业或与其相类似的企业实习或兼职，增加阅历，积累经验，历练自己。

例如，你选择了金融业里的外资银行——苏格兰皇家银行，那你就应该对该企业进行研究，分析它需要什么样的人才，自己具备哪些素质和能力，是否需要相关资格证等，最好能在大学期间进行实习或兼职，也可以找一个类似的银行进行实习或兼职，以获取相关经验，为自己在面试时增加筹码。

大学四年级：通过各种渠道获取求职信息，做好校园到职场的准备。

除考研、出国的学生外，其他学生大四这一年大部分的时间都是在找工作中度过的。这时，自己已经设立了职业生涯目标，选定了目标企业，应该通过各种人际关系、各种渠道来获取职场信息，同时精心准备一份简历，简历除了大学前三年的学习生活，相关企业的实习或兼职经历能为你加分不少，简历投递尽量错开高峰期，每个行业的简历应有所不同，不能千篇一律，要有侧重点。

如果你选定了三个目标行业，那么请准备三份不同的简历，要有针对性、独特性，尽量挖掘企业义化与你身上相似的特质，找寻你身上符合企业需求的地方，多思考，多总结，多凝练，并认真对待每一次简历投递、每一次面试，做好充分准备。只有知己知彼，才能百战不殆。同时要保持良好的心态，坚持下去，终会成功。

学习笔记

问题思考

1. 人生规划、职业规划对个人成长进步有什么意义？在大学期间如何做好自己的人生规划？
2. 结合目前的状况，做一个简单的职业规划，并努力地让自己的大学生活向职业规划靠近。
3. 给自己的父母写一封短信，谈谈你的人生规划(职业规划)设想。

参考文献

伯顿·克拉克, 2001. 高等教育新论：多学科的研究[M]. 王承绪, 等, 译. 杭州：浙江教育出版社.

冯刚, 2005. 大学, 梦起飞的地方[M]. 北京：清华大学出版社.

黄天中, 2015. 生涯体验：生涯发展与规划[M]. 3版. 北京：高等教育出版社.

姜林琳, 2014. 大学生的自我管理探析[J], 成都：成都信息工程学院报.

孟万金, 2004. 职业规划：自我实现的教育生涯[M]. 上海：华东师范大学出版社.

穆臣刚, 2016. 哈佛人生规划课[M]. 北京：中国法制出版社.

沈登学, 2004. 人力资源管理心理学[M], 成都：四川大学出版社.

沈登学, 2004. 人力资源管理中的心理测评[M], 成都：四川科技出版社.

沈登学, 孔勤, 2003. 职业生涯设计学[M], 成都：四川大学出版社.

王宏, 熊丙奇, 田磊, 2004. 直面就业：大学生职业发展指导[M]. 上海：上海交通大学出版社.

王凌峰, 2000. 我的大学[M]. 北京：中国时代经济出版社.

王沛, 2007. 大学生职业决策与职业生涯规划[M]. 北京：科学出版社.

王少毅, 2007. 世界上最伟大的励志故事全集[M]. 北京：中央编译出版社.

肖建中, 2006. 职业规划与就业指导[M]. 北京：北京大学出版社.

于海琴, 2008. 心理成长与生涯发展[M]. 武汉：华中科技大学出版社.

张国忠, 曲贵海, 2008. 大学生职业生涯规划与就业指导[M]. 北京：中国计量出版社.

张文勇, 马树强, 2006. 大学生职业规划与就业指导[M]. 北京：科学出版社.

赵国祥, 2007. 心理学概论[M]. 北京：光明日报出版社.

GCDF 中国培训中心, 2006. 全球职业规划师-GCDF-资格培训教程[M]. 北京：中国财政经济出版社.

第三章 素质决定成就

> ▶▶▶导入
>
> ### 大学生综合素质与就业
>
> 2008年，北京高校毕业生就业指导中心对150多家国有大中型企事业单位、民营及高新技术企业、三资企业的人力资源部门和部分高校进行了一项调查①，结果显示具有"在最短时间内认同企业文化""对企业忠诚有团队归属感""不苛求名校出身只要综合素质好""有敬业精神和职业素质""有专业技术能力""沟通能力强、有亲和力""团队精神和协作能力""带着激情去工作"八项特点的大学生最受用人单位的欢迎。其中，除"专业技术能力"外，其他七项均与综合素质有关。在这次调查中，某著名网络通信股份有限公司的人力资源人士表示："我们公司不苛求名校和专业对口，即使是比较冷僻的专业，只要学生综合素质好，学习能力和适应能力强，遇到问题能及时看到症结所在，并能及时调动自己的能力和所学的知识，迅速释放出自己的潜能，制定出可操作的方案，同样会受到欢迎。"
>
> 据此，这一调查在分析部分指出："随着企业竞争的加剧，企业更加关注人才的质量。因为人才是创造产品、为企业赢得利润的主要因素。有些企业，尤其是技术含量不高的企业，不是只看重学生的学习成绩，而更看重学生的综合素质，这是现代企业的用人特点。个人综合素质比学历更重要。"
>
> 无独有偶，麦可思(MyCOS)的中国大学毕业生求职与工作能力调查显示，本科大学毕业生离校时掌握的能力水平比企业在工作中要求达到的水平普遍低了4%～6%，这反映出一个普遍性的问题，即当前的大学生，在综合素质上与社会和企业的要求还有一定的距离。

随着新时代的到来，掌握单一技能的高精尖人才已不能很好地适应社会发展的需求，当代社会更需要基础雄厚、知识面宽、具有人格魅力、综合素质高的高精尖复合型人才，以迎接更多、更大的挑战。这种趋势在社会职业的变迁中体现较为明显，如今各行业的特征不像过去那么鲜明，职业变动的可能性越来越大，专业完全对口的岗位也越来越少，岗位所需的知识和技能复合程度提高、更新加速、周期缩短。这些特征将使用人单位对大学生的综合素质和人格魅力的要求空前提高。

在长期与用人单位、企业的沟通以及对社会成功人士的沟通中发现，最受用人单位青睐的人需要具备良好的解决问题的能力、健康的身体、丰富的知识、扎实的专业技能、团结沟通协作能力以及较高的人文修养和道德情操，心理素质和人文素质，较强的事业心、责任感

---

① 资料来源：http://www.chsi.com.cn/jyzd/qzjq/200805/20080512/6302851.html。

和竞争意识……这些都集中体现为大学生综合素质。大学生要想在毕业时能达到用人单位和企业的要求，就必须在大学阶段努力提升自身的综合素质。

第一节 成才的基石——素质

"古之立大事者，不唯有超世之才，亦必有坚忍不拔之志。"唐宋八大家之一的苏轼如是说。可见欲成为"立大事者"，有所成就，亦必有不同寻常的"才""志"。放到当今社会，苏大学士谓之"才""志"者，即我们常说的"素质"。"工欲善其事，必先利其器"[①]，素质之"器"不利，则成就之"事"不善。

苍鹰拥有搏击长空的翅膀，才得以翱翔万里；雄狮凭借强健有力的四肢，方能够称霸一方。动物如此，人亦如此，一个人若想取得一定的成就，也必须具备相应的素质。

当代大学生是祖国培养的高素质人才，是国之栋梁，是社会建设的主力军。面对激烈的市场竞争环境，大学生如何才能在社会主义建设事业中扮演好自己的角色，实现最大的人生价值呢？

答案很简单：具备过硬的素质，素质决定成就。大学生只有努力提高自身素质，才能奠定成才的基础。那么何谓素质？素质有什么价值？要成才需要哪些素质呢？下面我们一起来探讨。

一、素质的内涵及类型

何谓素质？素质之于人，恰如根、茎、叶于一株植物，有了它们，植物才能吸取阳光雨露，开出鲜花，结出果实；又恰如翅膀之于雄鹰，桨橹之于船舸，凭之跨越千山，遨游万里。素质既是一种品质，也是一种能力；既是一种素养，也是一种表现；既是一种特点，也是一种修为。虽素质无定论，但人人论素质，针对大学生，素质又是指什么呢？

■ 素质的定义

从语义学的角度来看，"素质"一词在中国古代汉语中是两个字，而非一个词。"素"指事物的本性，如《说文解字》注曰："凡物之质曰素。"《康熙字典》中也说："又《博雅》素，本也。""质"指本质、禀性，如《列子》中说"太素者，质之始也。"《康熙字典》中则说"质，犹本也。"可见，"素""质"二字在古代汉语中的意思相近，都是指事物的本性、本质、禀性等。

"素质"一词在英文中的对应单词是"quality"。近代随着心理科学的发展，"quality"成为心理学的一个基本概念，主要指能力的先天基础，强调个体身上的遗传和生物学因素。除心理学以外，人类学、种族学、社会学、生物学、遗传学、优生学、教育学和医学等多学科也关注过素质的概念，基于此，目前尚未有各学科普遍接受的关于素质的统一定义。在中国的学术界，正如学者马文驹所说，"素质"这一概念最早也是在普通心理学中出现的，原指能力的先天基础——生理条件而言，后于20世纪80年代由学者和群众将其内涵扩展成主

[①] 杨伯峻，《论语译注》，中华书局，1980年，第163页。

体的生理、心理条件(先天与后天的总和)[1]。在我国最早提出"素质教育"概念的学者燕国材指出,素质是"人们一系列先天具有的特点(生理的和心理的)与后天获得的品质的有机结合"。[2]显然,"素质"这一概念在中国的学术语境里已经有了不同于西方心理学的内涵,不仅仅指个体的生理条件,还包括个体所受教育和后天环境的影响,个体通过参与社会实践和自身的认识所养成的身心发展的比较稳定的基本品质。

综合以上观点,结合大学生的基本情况,本书将"素质"定义为:从事社会实践活动所具备的条件与能力,为一个人所具有的身体、天赋、素养、才智和能力等的综合表征,包括思想道德素质、心理素质、身体素质、人文素养、智力水平及独立生活的能力等各方面。本书谈到的大学生成功所需要的素质,不妨简单地称为综合素质。

素质的类型与特征

燕国材认为,"素质"分为基本的三类八种,即身体素质、心理素质和社会素质,其中社会素质可派生出政治素质、思想素质、道德素质、业务素质、审美素质和劳技素质6种。他还特别指出,还有一类创新素质是三类素质得到很好发展的集中体现,不是与三类素质平列的另一类素质。

借鉴这一分类,同时结合在长期的大学生素质教育工作中的实践经验,以及当代社会对大学生的整体要求,本书认为大学生的综合素质主要包括以下六种:思想道德素质、人文素养、专业素质、创新素质、心理素质和身体素质。其中,思想道德素质涵盖了前述分类中的政治素质、思想素质与道德素质,专业素质涵盖了业务素质与劳技素质;审美素质纳入人文素养,因为人文素养除审美素质外,还包括对人类共同文化、文明的传承和创造能力,而"素养"更强调此类素质的养成性和发展性;为了强调心理素质和创新素质的重要性,将其单列出来。

总的来看,这六种素质具有以下特征:
(1)素质的培养,与人的内在和外在环境紧密相关,也和人的自身修养紧密相关;
(2)素质的养成不是一蹴而就的,需要长时间的培养;
(3)不同的内、外在环境对素质有不同的要求;
(4)素质影响人的行为。

综合素质的含义

"综合素质"也称综合表现力,是指人具有的学识、才气、能力及专业技术特长等综合条件。在学术文献中,对"综合素质"的解释主要有以下几种:[3]

"(1)综合素质是指人的适应能力、生存能力、社交能力、创新能力、实践能力及在体育、文艺、美术、音乐、舞蹈、语言等方面的特长。

(2)综合素质是指一个人的知识水平、道德修养及各种能力等方面的综合素养。

---

[1] 马文驹,《非智力因素与素质教育:兼评燕国材与马兆掌之争》,华东师范大学学报(教育科学版),1992年,第4期,第73-76页。
[2] 燕国材,《论素质教育与人本教育》,探索与争鸣,2009年,第8期,第4-6页。
[3] 周子云,《员工素质提高的路径》,现代企业文化(上旬),2012年,第21期,第20-21页。

(3)综合素质是指人们自身所具有的各种生理的、心理的和外部形态方面及内部涵养方面比较稳定的特点的总称。它大体包括思想道德素质、人文素养、专业素质、创新素质、心理素质和身体素质。

(4)综合素质是指人所具有的认识、分析、处理事物的潜能，通常包括思想素质、文化素质、身体素质等。"

■ **素质≠能力**

同时，需指出的是："素质"和"能力"不能画等号，不能相互替代，即素质不等于能力，能力也不等于素质。能力，是指顺利完成某一活动所必需的主观条件，"能力总是和人完成一定的活动联系在一起的，离开了具体活动，既不能表现人的能力，也不能发展人的能力。"[1]只有那些完成活动所必需的，直接影响活动效率的，并能使活动能顺利进行的心理特征，才是能力。素质，则是知识与能力发展到一定程度所表现出来的一种特质，素质具有不可视性，它通过行为，通过能力外化出来，是知识与能力的一种综合表现。

二、素质：成才之路的保障

■ **人人皆可成才**

有的学生认为，只有马云、马化腾这样的人才是人才，因为他们改变了社会发展的历史，为社会做出了巨大的贡献。这样的人，每个社会每个历史时代里仅有很少的一部分，不到人口总数的千万分之一。而看看自己，以后最多不过就是一个小小的技术员、程序员、办事员、小老板……能够挣钱养家就不错了，就算穷尽一生也不可能成为"二马"那样的人，当然也不可能成为人才。

这样的观点是有问题的。毋庸讳言，现实生活中还有些人对"何为人才"这种基本问题存在认识误区。比如，有的以学历划分，认为高学历的才是人才，而学历低的算不得人才；有的以职位高低划分，认为各行各业的高层和中层管理人员是人才，而没有一官半职的专业技术人员算不得人才；有的以劳动性质划分，认为只有运筹帷幄、决胜千里之外的脑力劳动者才是人才，那些奋斗在一线、从事具体生产活动的体力劳动者算不得人才；有的甚至以出身划分，认为只有985、211高校毕业的大学生才是人才，其他大学的毕业生算不上是人才……这些认识非常片面，如果我们长期持有此类观念，将无法创造出有利于人才成长和发展的环境和土壤。

那么，什么是人才呢？《国家中长期人才发展规划纲要（2010—2020年）》指出，人才是指具有一定专业知识或专门技能，进行创造性劳动并对社会做出贡献的人，是人力资源中能力和素质较高的劳动者。这就告诉我们，要知道一个人是不是人才，不应只看他/她的学历，或者职位，或者劳动性质、毕业院校，而是要看他/她是不是可以干一行、爱一行、专一行、精一行，是不是对社会有贡献，是不是党和国家事业发展所需要的劳动者。我们这个时代是一个稳定发展、机会如潮的伟大时代，为"人人皆可成才"的实现创造了难得的机遇和条件。

---

[1] 李广彬，《初中生物教学尝试培养学生的基本能力》，神州旬刊，2012年，第4期，第47页。

对于身处时代潮流中的大学生来说,只要你充满成才的渴望,有坚定的决心,有正确的人生追求,能够不断激励自己在人生的路上成长、发展,不断激发自身潜能,敢于创新、专注投入、持之以恒,那你必然有机会能成为人才。

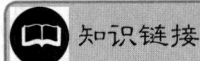 知识链接

成才的内涵[①]

成都信息工程大学成才素质教育研究课题组对"什么是成才"进行了长达十多年的深入研究。他们认为,一般来讲,"成才"应该包括以下三个方面的内容。

一是符合社会的需求。符合社会需求意即满足社会发展的某种需要,包括经济、政治、道德及文化的所有内容。在当今高速发展的时代,大学生成才与社会需要有着密不可分的关系。社会之所以发展快,是因为有许多符合社会发展方向的人才向前推动着,所以,社会发展需要人才。而才能的展现也需要社会为我们的发展提供平台。在21世纪,我国全面建设小康社会和构建社会主义和谐社会的建设需要不断前进,这是历史赋予我们青年一代的使命。身为大学生,我们应当勇于承担和完成历史使命,为此必须努力学习,使自己成才。

二是满足个体发展的心理需要。按照美国心理学家马斯洛的个体需要层次理论,人类的心理需要从基本的生理需要、安全需要向中级的归属与爱的需要、自尊需要发展,最高级的心理需要是自我实现的需要。这些心理需要是客观存在,同时又由低级向高级不断发展的。任何个体想要生存、发展,这些心理需要必须首先得到满足的。

三是符合个体素质发展特点。个体的素质包括先天基础和后天培养两个方面。其中后天培养是最重要的。个体现有素质发展情况是大学素质教育的起点。因为大学生的素质培养并不是从零开始,在进入大学之前,他们在人生的历程中已经走过了一段时间,有着长期的身心发展过程,从而也形成了各具特色的个性和不同的素质。

■ 素质:成才的保障

素质是成才的保障。如果说成才之路就像打游戏,要一关关地过,要一个坎一个坎地翻,那么,素质就是成才之路上的通关神器,是成才的保障。只有播下好的素质,我们才能收获大的成就,良好的素质会影响人的一生。人们常说:"细节决定成败。"实际上,这句话后面还应当紧跟着另一句话:"素质决定细节。"人的素质虽然是隐而不现,肉眼无法看见的,但却时常会通过一些行为、语言透露出来。人们从小事情上判断一个人,并不是在判断他把这件事做得好不好,而是判断这个人的基本素质是什么样的。有了对一个人基本素质的判断之后,人们才可能预料这个人以后做事会是什么样的状态,然后才会决定是否将一些机会给予他,或者决定以后与他如何交往才比较妥当。在成才之路上,他人的助力不可缺,因为机会总是由信任你的人给予的。可以说,素质是作为个体的人为人处世、行动实践的根源,从源头上决定了一个人是否能够成才,是否能够成功地走完成才之路。

---

① 敬枫蓉、袁世斌,《论大学素质教育的核心任务》,西南民族大学学报(人文社科版),2012年,第7期,第212-216页。

> **名人经历**
>
> **成龙：良好素质给予的成才机会**
>
> 著名影星成龙在中央电视台《开讲了》节目中曾对自己当年跑龙套的演艺生活进行了回顾。他说，当年自己刚进影视圈，真的只是一个小武行，没有读过书，就是嘻嘻哈哈做小偷，给别人打一巴掌，到十五六岁的那时候，开始做几十个武行中一员的时候，就是拿个刀在后面，"啊"就这样子叫，五块钱一天。不过，即使是在这样的情况下，成龙也是什么事都非常认真地做，哪怕是下雨天要泡在水里面扮死人，他说："我死得是最好的，永远导演一叫死，那个谁谁谁谁，死这边，慢慢就知道我名字了。"
>
> 后来有一天，成龙在片场时，有一位武术指导看到他，让他坐上自己的车到另一个地方去拍戏。成龙打开车门，屁股先上，坐好，然后双脚互相拍拍，把鞋子上的泥拍掉，再放进车里。成龙说，时至今日，他无论坐谁的车，都是这样坐上去的。当时，这位开着跑车的武术指导把成龙这个小动作看在了眼里，以后每天都接上他，让他坐自己的车，在车上跟他聊天，一路聊到片场。这样，慢慢地这位武术指导越来越了解成龙，成龙也就从四十个小武行升到了助理，然后他一直跟随这位武术指导，成长为副武术指导，再后来成了闻名世界的武打影星。对此，成龙感慨地告诫在场的青年人："反正记住最重要的，细节定义成败。"
>
> 成龙的真实经历告诉我们，决定细节的并不是别的，而是人自身的素质。成龙虽然读书不多，没有拿到过什么学位，也没有多少文化知识，但他身上有良好的心理素质，对事业、对别人有尊重，能够照顾到对方的感受，这才是他做出了一些"细节"的根本原因。

当今世界，是全球化、信息化的世界；当今中国，是综合国力提升、人民追求幸福、民族实现伟大复兴的中国。21世纪是知识经济和信息化迅猛发展的时代，它标志着人类正在步入一种全新的、基于最新科技的经济形态。这个时代发展的核心是科技创新，关键是高素质人才。青年一代要担当起历史的重任，在激烈的竞争中站得住脚跟，不断地跃上人生一个又一个台阶，就需要不断学习，积极修为，成长为具有合理的专业知识结构、较高的思想素质、较强的事业心和社会责任感、良好的人文修养、高尚的道德情操、科学的思维能力、敏锐的创造力、较强的适应能力，以及身心健康的、全面发展的人。

三、大学：素质培养的关键期

随着中国高等教育的发展和社会进步程度的显著提高，大学校园已成为许多青年人生道路上的重要驿站，它是青年学生迈向社会的出口，是大学生实现梦想的加工厂。

大学是实施全面素质教育的教育阶段。大学素质教育的目的是什么？答案只有一个，即全面提高学生的综合素质。此处的"全面"有两个含义：一是所有学生的素质都必须有所提高；二是各种素质都必须得到培养与提高。大学生大多是18~24岁，正处于身心发展的阶段，具有极强的可塑性。而大学，则是大学生由高中生转化为社会人的一个缓冲期，是一个转折点。正是大学的特殊地位，才使其为大学生提供了一个广阔的平台和丰富的资源，青年大学生应该通过大学这个素质教育平台来提升自己的综合素质和能力。

大学的教育是坚持以人为本,全面关心人、塑造人、发展人的教育,它关注人的知识与智慧、能力与品德、心理与生理的健康发展,它在青年个体从自然人向社会人本质变化的过程中培育着他们的心智,塑造着他们的人格,影响着他们的成长。大学的教育坚持育人为本,德育为先,教育和引导学生树立中国特色社会主义的理想信念,培养高尚的道德情操。大学是大学生人生观、世界观、价值观教育的主阵地,是传播先进文化、弘扬民族精神、缔造时代精神的热土与家园。

大学是科学、文化知识的创造基地,也是科学、文化、知识的学习场所。她拥有良好的硬件基础、优秀的师资队伍、科学严格的管理制度和完善的奖励助困激励机制,拓展了大学生与社会各界的广泛联系;学校建有各级学生会组织、各类学生社团组织和志愿者组织,设有丰富的科技、文化、社会实践项目,形成了综合素质教育实践锻炼平台,为大学生的德智体美全面发展,综合素质的提高提供了丰富的教育实践资源,为大学生的成长成才提供了充分的条件。当代大学生应该发挥主观能动性,充分利用这些资源和条件,充实自己,迅速成长。

此外,在大学教育阶段,学校还将按照专业人才培养体系,通过课堂教学、专业实验和实践及社会实践培养学生的科学思维方式、学习能力、专业能力、实践动手能力与创新能力;通过制定培养方案、细化培养过程、搭建锻炼平台、实施效果考核等为大学生综合素质培养提供条件,培养学生的社会适应能力、人际交往能力及抗挫折能力等,帮助大学生树立与市场经济体制、与大众化高等教育相适应的就业创业择业观;通过大学精神和校园文化建设,培养学生的理想信念、道德人格、社会伦理,把"热爱祖国、服务人民、崇尚科学、辛勤劳动、团结互助、诚实守信、遵纪守法、艰苦奋斗"社会主义荣辱观作为培养大学生的道德指针,帮助学生树立崇高的精神追求,引导大学生主动把社会主义核心价值观作为道德实践,把"爱国、敬业、诚信、友善"作为自己学习、生活的准绳。

综上所述,大学阶段是大学生素质培养的关键时期。在短短四年的时间里,我们要如何利用学校给予的各种机会培养、提升自己的素质,才能让自己在成才之路上走得更远呢?现在,请大家带着这个问题,同时带着谦虚、自强的人生态度,对思想道德素质、人文素养、专业素质、创新素质、心理素质、身体素质逐个学习,了解每种素质的含义和训练、养成方法,即刻出发,利用大学四年,好好培养自己的6种素质,使自己在成才之路上走得稳妥,走得顺利!

 你知道吗?

在实践中国梦的生动实践中放飞青春梦想(节选)[①]

习近平

生活从不眷顾因循守旧、满足现状者,从不等待不思进取、坐享其成者,而是将更多机遇留给善于和勇于创新的人们。青年是社会上最富活力、最具创造性的群体,理应走在创新创造前列……

---

① 习近平,《习近平谈治国理政》,外文出版社,2014年,第51-52页。

> "宝剑锋从磨砺出,梅花香自苦寒来。"人类的美好理想,都不可能唾手可得,都离不开筚路蓝缕、手胼足胝的艰苦奋斗。我们的国家,我们的民族,从积贫积弱一步一步走到今天的发展繁荣,靠的就是一代又一代人的顽强拼搏,靠的就是中华民族自强不息的奋斗精神。当前,我们既面临着重要发展机遇,也面临着前所未有的困难和挑战。梦在前方,路在脚下。自胜者强,自强者胜。实现我们的发展目标,需要广大青年锲而不舍、驰而不息的奋斗。

第二节 思想道德素质

"花逞春光,一番雨、一番风,催归尘土;竹坚雅操,几朝霜、几朝雪,傲就琅玕。"[①]纵览古今,不学无术者难成大事,欺世盗名者终归名裂,成功者如星璀璨,庸碌者渺如云烟,真正成就一番事业者,无不有"雅操""洁质"。

一、思想道德素质的内容

名人金句

有德之士,如夏日之阴、冬日之炉,不求亲人而人自亲之。
——庄无臣

思想道德素质主要包括政治观、世界观、人生观、价值观、道德观等内容。

■ 政治观

在社会主义社会,思想道德素质最根本的核心就是爱国主义、集体主义和社会主义思想。对祖国的热爱会变成大学生一种渴望祖国繁荣昌盛的动机,继而产生巨大的热情,为追求真理而不辞辛劳地攀登,从而形成无畏的创业精神。集体主义使大学生将自己的成才目标与社会发展、时代需要紧密相连,继而形成一种促进自己不断创新和实践的动力。

■ 世界观

世界观也称为宇宙观,是指人对整个世界(自然界、社会和人的思维)的根本看法。人们在实践中逐渐形成了关于世界的本质、人和客观世界的关系等总的看法和根本观点,这就是世界观。一般说来,人人都有自己的世界观,并以此来观察问题和处理问题。

"世界观建立于一个人对自然、人生、社会和精神的、科学的、系统的、丰富的认识基础上,由于人们的社会地位不同,观察问题的角度不同,所以会形成不同的世界观。"[②]大学生要树立正确的世界观,即辩证唯物主义世界观,也称马克思主义的世界观。

---

① 李伟,《菜根谭全编》,岳麓书社,2006年,第125页。《菜根谭》是明朝还初道人洪应明收集编著的一部论述人生、修养、处世、出世的语录集,于人正心、修身、养性、育德,有不可思议的潜移默化的力量。
② 单迪,《论职业高中学生世界观的培养》,中国科教创新导刊,2010年,第18期,第193页。

人生观

人生观是世界观的重要组成部分，是人们关于人生目的、态度、价值和理想的根本态度和看法。人生观主要回答人为什么活着，人生的意义、价值、目的、理想、信念、追求等问题。"生死观、道德观、荣辱观、幸福观、苦乐观、友谊观、恋爱观、审美观、公私观等是人生观的基本内容。"[①]

人生观是人们在实际生活的过程中逐步产生和发展起来的，不同社会或阶级的人们有着不同的人生观。人们所处的生活环境、社会地位和文化素养不同，会形成不同的人生观。我们用《谈谈做人的八项修炼》一文中的一句话来表达对同学们树立正确的人生观的期望："我们提倡同学们树立全心全意为人民服务的人生观，以国家的利益、人民的利益高于一切的原则以消除极端个人主义，把自己锻炼成为一个高尚的人，纯粹的人，脱离低级趣味的人，一个有益于人民的人。"[②]

价值观

"价值观是指一个人对周围的客观事物(包括人、事、物)的意义、重要性的总评价和总看法。"[③]价值观取决于人生观和世界观。一个人的价值观从出生开始，在家庭、学校、社会的影响下逐渐形成。一个人所处的社会生产方式及经济地位，对其价值观的形成有决定性的影响。在特定的时间、地点、条件下，人们的价值观总是相对稳定和持久的。所以价值观具有相对的稳定性和持久性。当然，互联网、报刊、广播和电视等各种媒体宣传的观点及老师、朋友、父母和公众名人的观点与行为，对一个人的价值观也有不可忽视的影响。

价值观不仅对个人的行为的定向和调节有着重要作用，还影响着群体和整个组织的行为。在同一客观条件下，人们的价值观不同，对于同一个事物，就会产生不同的行为。在同一个企业中，我们会发现有人看重金钱报酬，有人注重工作成就，也有人重视地位权力，就是因为他们的价值观不同。当代大学生应该自觉培养理性价值观和社会性价值观，即以知识和真理、群体和他人为中心的价值观，把为群体、他人服务看得高于一切。

道德观

习近平总书记在《青年要自觉践行社会主义核心价值观——2014年5月4日在北京大学师生座谈会上的讲话》中指出："'德者，本也。'蔡元培先生说过：'若无德，则虽体魄智力发达，适足助其为恶。'道德之于个人、之于社会，都具有基础性意义，做人做事第一位的是崇德修身。这就是我们的用人标准为什么是德才兼备、以德为先，因为德是首要、是方向，一个人只有明大德、守公德、严私德，其才方能用得其所。"[④]

道德是人类社会生活特有的，是"以意识形态为基础的人们在共同生活中的行为准则

[①] 綦晓斐，《马克思主义视域下的人生目的和人生价值：马克思主义人生观思想研究》。
[②] 吴德贵，《谈谈做人的八项修炼》，人事天地，2017年，第10期，第9-11页。
[③] 裴银伟，《当代青年学生主流价值观的路径选择》，2011年，第9期，第36-37页。
[④] 习近平，《习近平谈治国理政》，外文出版社，2014年，第172-173页。

和规范。"①它一般是通过社会舆论或者某种阶级性的意识形态宣传来对人们的生活构成某种秩序,并起到约束的作用。简单地说,道德就是社会群体的不成文的规则。道德观就是一个人对这种意识形态规则的认识和立场。

总的来说,在一定范围和时期内道德观是相对稳定的,它是社会群体达成的共识,一个社会的"主流道德观"是维持社会秩序的基础。

个人道德观是指用来指导个人行为的原则或规则。

社会道德观是一种社会意识形态,也是一种无形的巨大的社会力量。道德增值,则人人自爱,社会和睦;道德贬值,则良知泯灭,必生祸乱。当代大学生要成为"有理想、有道德、有文化、有纪律"的社会主义新人。这是我国精神文明建设的总体要求,而"有理想、有道德"则是我国精神文明建设的性质和方向。当代大学生不能离开崇高的思想道德,因为"无德不能怀远",无德便不能真正具有良好的文化修养,无德便不可能有高度的纪律观念。

二、诚信——大学生思想道德素质的根本

人始终是社会的人,道德是社会公认的行为准则,是社会关系的重要规范和调节机制。具有良好的思想道德素质,才有可能得道多助,甚至"天气顺之",否则只会失道寡助,甚至"众叛亲离"。在大学阶段,随着人的社会化进程的逐步深入,大学生和社会大环境的接触远胜于中学时期,因此大学时期是人的思想道德素质成形的重要时期。大学生思想道德素质的培养,需要抓住的根本点是诚信教育。

"诚信"是优秀思想品德的重要体现之一,诚信是为人之本,成事之基,是中华民族几千年来推崇的传统美德,被誉为"进德修业之本""立人之道",是国人"修身、齐家、治国、平天下"的前提。成语"一诺千金"来自秦末汉初季布的故事,说他一向说话算数,信誉非常高,当时甚至流传着"得黄金百斤,不如得季布一诺"②这样的话。后来,季布得罪了汉高祖刘邦,被悬赏捉拿。结果他的旧日好友不仅不被重金所惑,而且冒着被灭九族的危险来保护他,使他免遭祸殃。这个典故告诉我们,一个人诚实有信,自然能得道多助,获得大家的尊重和友谊。反过来,若失信于朋友,贪图一时的小便宜或一时的安逸,表面上看似得到了"实惠",但为了这点"实惠"却毁了自己的信誉。因此,失去诚信,无异于失去了西瓜捡芝麻,不仅得不偿失,甚至终将一事无成。

可是,近年来,受各种环境因素的影响,部分学生潜意识中的诚信意识变得匮乏,曾经被视为一方净土的大学校园也出现了诚信缺失的现象。据《中国青年报》的一次调查统计表明,"在校学生中未说过假话的平均只有6.2%,其中幼儿园小朋友84%,小学生51.3%,中学生20.1%,大学生0.48%。"③虽然这一调查已过去十几年了,但有两点应该引起我们的注意:一是为什么学历层次越高诚信度却越低;二是就目前的情况看,大学生的诚信问题仍然没有得到很好的解决。大学生应该是社会主义核心价值观、荣辱观的积极践行者,从我做起,从身边做起,从小事做起,诚实做人,诚信做事。

---

① 马利军,《无意识与人类道德》,医学与社会,2007年,第20期,第48-50页。
② 成语"一诺千金"的由来,见(西汉)司马迁,《史记》,中华书局,1959年,第273页。
③ 王志义、张连瑞,《诚信——大学应有的品德》,中国职业技术教育,2006年,第4期,第60页。

> **小故事**
>
> ### 不速之客[①]
>
> 一位顾客走进一家汽车维修店,自称是某运输公司的汽车司机。"在我的账单上多写点零件,我回公司报销后,有你一份好处。"他对店主说,但店主拒绝了这样的要求。顾客纠缠说:"我的生意不算小,会常来的,你肯定能赚很多钱!"店主告诉他,这事无论如何也不会做。顾客气急败坏地嚷道:"谁都会这么干的,我看你是太傻了。"店主火了,他要那个顾客马上离开,到别处谈这种生意去。这时顾客露出微笑并满怀敬佩地握住店主的手:"我就是那家运输公司的老板,我一直在寻找一个固定的、信得过的维修店,你还让我到哪里去谈这笔生意呢?"

三、知行合一,提升思想道德素质

近代意义的大学从洪堡改革开始,那时提倡对真理的追求。然而实际上诚如法国社会学家爱弥尔·涂尔干所言,一切教育的实质都是道德教育,是以增强社会团结为目的的。因此,纯粹地追求真理,不顾及社会发展现状及要求的教育是不存在的。高等教育的最终目的是培养能够促进社会发展的人才,这可以从两个方面来加以理解,一是知识或真理的,这针对人类与自然的关系而言;二是道德要求的,这从人与人之间、人与社会的关系角度而言。进入大学以后,我们会接受更多的思想道德方面的教育,这种包括政治观、世界观、人生观、价值观和道德观在内的教育统称为德育,其目的就是培养青年大学生成为社会主义事业的建设者和可靠的接班人。严格地说,大学德育不完全等同于思想政治教育,因为除了意识形态的内容,德育中还有很大一部分是关于如何做人、做什么样的人的问题。这与社会的要求有关,更离不开文化传统的影响。因此,从根本上看,大学德育从目标、内容到方式、途径都与社会要求相应。正是基于这个原因,在大学里接受完整的德育教育,进一步培养和提升思想道德素质是非常重要的,因为它能够帮助我们真正成为社会人,成为能够融入社会、被社会接纳的人。

一般认为,完整的德育过程包括"知、情、意、行",即先有道德认知,在此基础上产生道德情感,并在道德意志的作用下最终落实到道德行为,也就是实践。实际上,按照马克思主义认识论的观点,一切认知都是来源于实践的,脱离实践不可能产生认知。由是观之,将"知"作为德育过程的起点并不正确,真正的起点应该是实践,即社会事实或社会现象。另外,无论德育的最终目标是什么,促进社会团结或帮助个人实现自我价值,始终要落实到实践上来,德育要促使人们有所行动,将内有的思想、观念转化为行动。人不可能脱离外部世界,他们总是在与外界的作用中成长,在外界作用于自身的同时,也通过实践反作用于外界。从这个角度说,德育的最终目标是通过实践来完成的,因此,德育最直接的目的就是塑造或培养"行",即实践。

那么,作为当代大学生,我们应当如何在大学德育的帮助下,通过知行合一,进一步提升自身的思想道德素质呢?

[①] 蒋骁飞,《不塞不流,不止不行》,意林:原创版,2014年,第11期,第17页。

首先，多参与道德实践活动。道德实践活动是指将德育的内容贯穿到实践中的活动，如青年志愿者活动、爱党爱国活动、主题班会、团组织活动等。大学中的道德实践活动不仅内容丰富，数量也很多，学生可以通过参与这些活动，真切地体验到思想意识的转变或提升。

其次，常常对自己的思想观念进行反思。大学阶段，随着知识的增长和阅历的增加，人的思维能力也提高了一个层次，大学生开始独立思考人生中的重大问题。对自己的思想进行反思，就是每天对经过自己脑海的观念细细地加以甄别，看到哪些是有问题的，哪些是应该继续坚持的。这种反思的功夫，其目的之一是要澄清我们是不是真的在认知层面对某些社会现象的看法是清晰无误的，同时能够帮助我们认清自己的欲望、私心等，明白哪些是阻碍我们提高自身思想道德素质的因素。

最后，在日常生活的一言一行中不断磨炼自己。《礼记·中庸》中有一段这样的话："道也者，不可须臾离也；可离，非道也。是故君子戒慎乎其所不睹，恐惧乎其所不闻。莫见乎隐，莫显乎微，故君子慎其独也。"这段话的意思是说："道"是不可以从日常生活中分离出来的，如果是可以分离出来的，那就不是"道"了。所以，认为自己已经得"道"的君子应该在没人看见、没人听见的时候也时刻谨慎自己的言行。这段话告诉我们，思想道德素质的提升是一个实实在在的过程，我们应该做到在日常生活中与"道"不离左右，谨慎自己的言行，不断地磨炼自己，这样才能成为真正的有德行、有操守的君子。

案例示范

蒙祖海：抗震救灾 践行使命

蒙祖海是成都信息工程大学2005级电子工程专业的一位普普通通的国防生，贵州省都匀市阳和水族乡水族人。他的家乡偏远落后，家庭经济困难。他靠国防奖学金和勤工助学坚持学习。

上大学后，他积极进取，主动申请入党，时刻以优秀党员标准要求自己，2006年光荣入党。他在申请入党时庄严承诺：要做一个思想政治过硬、业务水平最棒、懂得感恩与负责任的新时代优秀国防生。他虽家庭贫困，但自强自立，信念坚定，对生活充满希望和信心。他积极担任学生干部、参与社团活动，以此锻炼自己；他努力做好每一个社会兼职，以此来补充生活开支。他当过班长、学生党支部副书记，当过保安、送货员、推销员、家庭教师和饭馆服务员……这些经历，使他比同龄人更显成熟坚强、乐观自信。

蒙祖海是特困生，却积极参与公益活动。2008年"5·12"汶川大地震后，他和5位同学立即赶到成都火车东站搬运救灾物资，忍饥受累五天五夜，搬运物资上千吨，平均每天休息不到3小时。5月22日返校后，他又组织成立电子工程学院国防生"抗震救灾突击队"，多次完成转运伤员和搬运物资等紧急任务，仅23～24日两天就成功转运伤员100多人，搬运物资数吨。此后，他又主动申请到江油灾区当志愿者，进行心理安抚工作。这期间，他和队友组建了当地最早的"流动学堂"，让70多个孩子在他们帮助下慢慢恢复了生活信心，逐步摆脱了灾难阴影。当年暑假，他又和队友来到都江堰临时板房学校义务宣传灾后防雷工作。国庆期间，当别人休假时，他只身一人前往北川了解情况，与当地村民和领导交流，为下一步志愿者服务做好准备。

蒙祖海因为表现突出，被选为四川省抗震救灾青年英模事迹报告团成员，被团省委授予"四川省抗震救灾青年模范"称号，被团中央授予"全国抗震救灾优秀志愿者"称号，被党中央、国务院、中央军委联合授予"全国抗震救灾模范"奖，并当选"2008年中国大学生年度人物"。

"我不是什么英雄，我只是做了一名普通的中国大学生应该做的事。""我要穷尽一生之力，去帮助那些灾区的孩子。"这是他在一次次抗震救灾英模报告会上表达的心声。

大学毕业后，蒙祖海履约成了二炮某部军人。虽然身为军官，但他没有止步，而是踏着自己的心声不断进取。2009年，他参加气象防灾减灾宣传志愿者中国行活动和全军国防生演讲比赛并获奖；2011年，他返校作成长报告，帮助学弟学妹……

知行合一，行动成就人生。当代大学生受到了很多思想政治方面的教育，知道应该如何做一位新时代的大学生。然而，很多学生却在人生的选择面前，忘记了之前学到的东西，不能付诸实践。再高妙的道德理论，再激昂的道德宣言，如果没有实际的行动也是死的。对于思想道德素质而言，最有力的论证就是行动。如果把思想理论比作"天"，把行动实践比作"地"，优秀大学生应着力增强行动力，做一个"顶天立地"的人。

第三节 人文素养

一、人文素养的内涵

名人金句

在缺乏教养的人身上，勇敢就会成为粗暴，学识就会成为迂腐，机智就会成为逗趣，质朴就会成为粗鲁，温厚就会成为谄媚。

——洛克

科学技术作为第一生产力，在经济、社会、国防建设等发展中的地位越来越重要。但这并不意味着社会发展不需要人文科学，恰恰相反，当今时代推动社会进步、观念更新、技术创新等需要的是科技与人文的融合与碰撞，因此，社会主义现代化建设更需要全面发展的高素质人才。一个同时具备较高的科学素养和较深厚的人文素养的人，才能更好地适应社会，立足于社会，成为有利于社会发展的人才。所以，大学生要着力提高自己的人文素养。

概念辨析

"'人文'一词早在《易经》中就已出现：'刚柔交错，天文也；文明以止，人文也。观乎天文，以察时变；观乎人文，以化成天下。'在这里，'人文'与'天文'遥相呼应，

'人文'大约指人所创造的一切文化。"[①]"上善若水，厚德载物"是《易经》人文精神核心思想，指的是最高的善意志，如水一样柔顺，滋润万物；如大地一样宽容，滋养苍生[②]。在西方，因为深受基督教文化的影响，"humanity"是指与人有关的一切，核心是指使人之所以成为人，成为万物之中最像上帝的生命的东西，如善、仁慈、爱等。可见，"人文"一词在中国古代和西方都有着类似的内涵，指与人类、与人的生命独特性有关的善、仁慈、爱等。

学界目前对"人文素养"没有一致的定义，有的观点认为"人文素养是经过学习人文社会科学知识而形成的内在素养和品质，其高低体现于文化品位、审美情趣、理想追求、价值取向、思维方式、行为习惯等方面"；还有的观点认为"人文素养是关于人之为人应该具备的基本文化素养，它是由知识、观念、情感、意志、信仰等诸多因素综合而成的一个人的内在品质和潜能，表现为一个人的人格、气质、修养及综合能力。"[③]结合"人文"这一概念在中国古代和西方语境中的内涵，我们认为，人文素养是一种以"以人为本"为精神内核，对人的主体性和独特性给予完全尊重的内在品质，其外化表现为人的修养、行为等。在现代社会，尤其是在全球经济发展一体化加速的今天，人文素养更多地表现为与人相处的方式和态度，以及在公共空间中的作为。

■ 理解人文素养

著名教育学者肖川教授曾对"人文素养"的内涵进行过界定。他认为"人文素养"这一术语可能包括以下几个方面的含义。[④]

① 对古典文化有相当的积累，理解传统并了解历史意义，能够'守经答变，返本开新'。② 对人的命运，人存在的意义、价值和尊严，人的自由与解放，人的发展与幸福有着深切的关注。③ 珍视人的完整性，反对对人的生命和心灵的肢解与割裂；承认并自觉守护人的精神的神秘性和不可言说性，拒斥对人的物化与兽化，摒弃将人简单化、机械化。④ 尊重个人的价值，追求自我实现，重视人的超越性向度；崇尚"自由意志和独立人格"，并对个体与人类之间的关联有相当的体认，从而形成人类意识。⑤ 对人的心灵、需要、渴望与梦想，直觉与灵性给予深切的关注；内心感受敏明、丰富、细腻与独特，并能以个性化的方式表达出来。⑥ 重视德性修养，具有叩问心灵、反身而诚的自我反思的意识和能力。⑦ 具有超功利的价值取向，乐于用审美的眼光看待事物。⑧ 具有理想主义的倾向，追求完美。⑨ 具有终极关切和宗教情怀，能对'我是谁，我们从哪里来，又要到哪里去'一类问题作严肃追问。⑩ 承认并尊重文化的多样性，对差异、不同、另类，甚至异端，能够抱以宽容的态度。⑪ 能够自觉地守护和践履社会的核心价值，如公平与正义。

"人文"，在这里当确定为"人文科学"，如政治学、经济学、文学、历史、哲学、法学等；而"素养"可以理解为由"能力"和"精神"两大要素组合而成，即"人文科学"是知识水平、研究能力和人文科学体现出来的以人为对象、中心的精神——人的内在品质。

[①] 黄光云，《高校思想政治教育中的人文关怀探析》，教书育人，2010年，第6期，第88-89页。
[②] 资料来源：https://zh.wikipedia.org/wiki/人文主义。
[③] 资料来源：http://wenku.baidu.com/view/f3a149c46f1aff00bed51ed7.html/当前大学生的人文素养及其问题分析。
[④] 肖川，《教育的理想与信念》，岳麓书社，2002年，第247-248页。

"人文素养的灵魂,不是'能力',而是'以人为本',其核心内容是对人类生存意义和价值的关怀,这就是'人文精神'。"①个人健康发展的结果决定个人人文素养的质量,一个社会汲取历史经验教训、积累文明成果的结果决定社会的人文素养质量,它是"文明成果"的最重要部分,也是衡量"社会文明"的尺度和标志。

二、发展人文素养的核心

有人对理工科大学人文素养的教育现状进行了调研,该研究认为"人文素养是指一个人成其为人和发展为人才的内在素质和修养",并把"人文素养"分为三个层次:②

"一是基本层,主要表现为珍惜生命,有同情心、羞耻感、责任感,己所不欲、勿施于人,愿意助人,有一定的自制力,做事比较认真,能顺利运用母语,思维顺畅、清楚,有逻辑性和个人见解,言行基本得体,懂得一些文艺基本知识等。

二是发展层,表现为积极乐观、崇尚仁善、热情助人、热爱生活,有较强的责任感,有明确的奋斗目标和较强的自制力,做事认真,能准确、流畅地运用母语,思维清晰、灵活,逻辑严密,有独到的见解,言行得体,有一定的文艺特长,会品评高雅艺术等。

三是高境界层,表现为高度关爱所有的生命和自然,有高度的使命感,百折不挠,奋斗不息,能优雅、生动自如地运用母语和熟练应用一门外语,思维敏捷、深刻,善于创新,言行得体且优雅,有魅力,对艺术有较高的悟性等。"

概而言之,"学会做人"是发展人文素养的核心——做一个有智慧的人、一个有良知的人、一个有修养的人。

> **小故事**
>
> ### 捕虾的故事③
>
> 一位中国留学生跟随在澳大利亚生活多年的同胞去悉尼近海捞捕鱼虾,每次网拉上来后,那位同胞总要一番挑拣,然后将剩下的大部分鱼虾扔回大海,中国留学生不解。那位同胞答道:"在澳大利亚,只有符合国家法规规定尺寸的鱼虾才可以捕捞。"中国留学生说:"远在公海,谁管你啊?"同胞淡淡一笑道:"在这里,不是什么都非得要别人来提醒,来督促的。"

人文素养,是一种内在文化美德的自然体现,自然是不需要他人来提醒的。因此,现代化社会的快速发展要求学生不仅学好专业知识和技能,同时要学会学习、吸收我们的优秀文化成果,加强理想信念、人格修养、价值观念和文明礼仪等方面的综合素质的培养。大学生还应具有正确鉴别社会事物的知识结构,良好的文明行为习惯,团结合作的意识,对环境变化的适应性和社会生活的协调能力,审美鉴赏的语言文字、人际交往的能力,并能正确处理人与人、人与自然、人与社会之间的关系,以及人的情感、意志

---

① 毛明香,《教师的人文素养与学生的人文素质教育》,现代教育,2014 年,第 3 期,第 118 页。
② 何翔,《理工科大学人文素质教育的现状》,内容及对策研究,2006 年。
③ 尹虹、沉石,《以文明照亮人性》,时代人物,2014 年,第 9 期,第 128 页。

等方面的问题,这些都是适应现代化社会生活所必需的基本素质和能力,当代大学生必须将人文素养的培养摆在重要位置。

 你知道吗?

人文素养是大学生的优势竞争力[①]

2013年,诺贝尔物理学奖得主李政道之子、香港科技大学人文社会科学学院院长李中清作客华中农业大学"生涯发展大讲堂"。在与大学生就高等教育与学生成长进行交流时李中清表示,大学生认为人文学科"无用"是一种短视,现在很多美国学生毕业后拥有了不错的职位,由于人文素养的欠缺,职业发展的"天花板"很快降临,而人文素养高的学生,在职场上"可持续发展"的动力强。

三、如何提升人文素养

■ 主动学习

大学生首先要主动接受文化教育特别是民族文化,即本民族认可的世界观、价值观和行为模式;其次应自觉接受语言、文学、文化、历史、哲学、艺术、思想、道德、政治、法律等方面人文知识的熏陶;再次要接受人类意识教育,即让自己学会与他人、与其他民族、同自然环境和谐相处;最后要接受精神修养的教育。据《当代大学生人文素养的缺失与重建》一文的介绍,"通过2013年中央电视台进行的一次在校大学生人文素养抽样调查显示:有85%的大学生人文素养欠缺。其中65%是因为应付高考而无法涉猎人文知识,10%左右的学生认为有无人文知识关系不大,而余下的学生则认为人文知识根本没有用。"[②]尽管这一调查的时间已比较久远,但它发现的问题至今仍未解决。这必须要引起我们大学生的重视,要有意识地通过大学时期的人文素质教育来拓宽自己的视野,形成正确的世界观、人生观和价值观。

■ 用好朋友圈

一个人的人文素养无法在很短的时间内形成,但却潜藏在他/她的举止投足、品性、修养、气质之中,使别人对这个人产生立体而深刻的感受。古话有云:"近朱者赤,近墨者黑",要想好好地涵育自己的人文素养,你需要有一个好的朋友圈,会让你的人文素养在潜移默化中悄悄地发生变化,常与文学修养高的人交流,你会变得温文尔雅;常与性格开朗的人在一起,你会变得更加阳光;常与志趣高雅的人在一起,你会变得有品位;常与执着守信的人交朋友,你会变得更加讲良心、讲道义、讲诚信;常与关心人的人在一起,你也会变得更有爱心,关爱身边人、关爱社会。因此,要学会用好朋友圈。

■ 在人文环境中陶冶情操

校园人文环境对于学生磨炼意志、砥砺德行、陶冶情操、塑造自我具有重要的作用。因

---

① 华羽,《人文素养是大学生的优势竞争力》,光明日报,2013年12月31日,2版。
② 沈小红,《当代大学生人文素养的缺失与重建》,高教论坛,2008年,第9期,第46-47页。

此，高校一般会营造高品质的人文环境，发挥校园文化的力量，组织引导学生参加一系列格调高雅的积极向上的文化艺术活动，聆听人文讲座、心理访谈，参加艺术欣赏活动等。大学生应该充分利用这种人文环境优势，主动参与其中，接受感染与熏陶，提升自我人文素养。

■ 积极实践

人文知识要转变为人文素养一定要经过内化，把它变为自己的思想、意识、情感以致行动。即知识进入人的认知本体，渗透到自己的生活、行为的方方面面，才能称为素养。因此通过社会实践活动，大学生可以将所学知识与善行结合起来，在服务社会的实践过程中，慢慢了解社会、认知社会、感悟人生，不断提升自身的人文素养。

一个没有现代科学技术的国家会落后，落后就要挨打；一个没有人文文化的民族，精神会走向迷失，民族就会异化；一个没有人文精神的人，自然就是一个残缺不完整的人。作为新时代的大学生，既要具备科学素养，又应有人文精神；既要具备专业知识，又应有健全人格。大学生要高度重视对自身人文素养的培养，利用一切能利用的资源提升自我，提高人文素养。

第四节　专业素质

> **名人金句**
>
> 圣人之智如日，贤人之智如月，士人之智如烛……如日者，无所不照，无所不彻也；如月者，无所不照，有所不彻也；如烛者，思至则见，不思不见也。
>
> ——庄无臣

一、专业素质的内容

■ 智力水平

智力是人们在认识客观事物的过程中所形成的认识方面的稳定的心理特点的综合，它包括注意力、观察力、想象力、记忆力和思维能力，智力的核心是思维能力。人们普遍认为，智力水平是一个人的学业、事业成功的基本前提，也是专业素质的基础。

智商的概念由美国斯坦福大学心理学家特曼教授提出。根据百度百科的定义，"智商（IQ，Intelligence Quotient）是个人智力测验成绩和同年龄被试成绩相比的指数，是衡量个人智力高低的标准。特曼教授把心理年龄与生理年龄之比作为评定儿童智力水平的指数，这个比即被称为智商，用公式表示即是：IQ=MA（心理年龄）/CA（生理年龄）×100。人们称这种智商为比率智商。目前认为智力由三种能力组成：短期记忆力、推理能力和语言能力。"[①]

我们自在校学习以来，除了学习知识，同时也做了大量的智商训练。例如，用英语、语文、地理、历史等锻炼词汇能力、记忆能力；学数学来锻炼数字计算、逻辑推理和空

---

① 资料来源：https://baike.baidu.com/item/智商。

间想象能力。高考可以说就是对人们这些能力的大检阅。由于考试是限时进行的，其对人们短时间记忆、处理复杂信息的能力要求比较高，所以高智商的人在考试时特别有优势。

在我们的实际生活中，高智商的用途是比较有限的，只有极少数的领域在实践中需要高智商，例如，棋类运动虽需要较高智商，可它们对智商的需要也不是不着边际的。据百度百科的数据显示：“通过华东师范大学心理学系的测试，国内最好的棋手之一常昊的智商是138，有世界围棋第一人之称的李昌镐的智商是139，他们的智商都属于优秀水平，一般认为，智商大于140的人属于天才。"[1]所以，即使是最需要耗费脑力、开动脑筋的棋类运动，对于智商的要求也就是够用即可，并非高到离谱。

除此之外，科学研究这一领域也特别需要高智商，但是，我们相信科学研究对智商的要求也不会高得离谱。比如达尔文曾这样说过："我之所以能在科学上成功，最重要的就是我对科学的热爱，对长期探索的坚持，对观察的搜索，加上对事业的勤奋。"又如我国著名的数学家张广厚在中小学时智力水平并不出众，他说："搞数学无需太聪明，中等天分就可以，主要是毅力和钻劲。"再如大数学家维纳，近代"控制论"奠基人，在自传中说："和他幼年同时被称为神童的三四个人，由于自恃智商过人，平时不勤奋上进，以及其他条件等多种关系，长大后都无所作为。"[2]相反，有些人虽幼年时表现平凡，但由于环境的熏陶和后天的勤奋，最终成为科技史上的伟人。

名人经历

巴菲特看智商[3]

2000年，美国《福布斯》杂志公布的世界富豪榜上，沃伦·巴菲特以280亿美元的资产名列第五。当记者问他："你是如何走到现在这一步，成为比上帝还富有的人的？"巴菲特答道："我怎样走到这一步说起来也很简单，我的成功并非源于高智商，我相信你们听到这一点一定很高兴。我认为最重要的是理性，我总是把智慧和才能看作发动机的马力，但是输出功率，也就是发动机的工作效率则取决于理性。那么，为什么一些聪明人在做事情的时候却不能获得他们应该得到的结果呢？这涉及习惯、性格和气质等因素，涉及行为是否合乎理性，是不是自己在妨碍自己。就如我说过的，这里每一个人都完全有能力做我所做的任何事情，甚至能做比我多得多的事情。"

从巴菲特的话中，我们不难发现，一定时间内的智商不能决定一个人的成功与否。我们没有必要将成功的获得寄托于提高智商上，除了所谓的天才，普通人的智力水平都相差无几，只有脚踏实地的拼搏和勤奋的努力，才能提高成功的可能性。

■ 专业知识与能力

专业知识与能力是专业素质的基石。一个人如果没有专业知识与能力，就意味着他缺乏专业素质。在社会分工复杂化、精确化的今天，专业知识与能力能够通过学习和实践的方式

---

[1] 资料来源：https://baike.baidu.com/item/智商。
[2] 以上三个例子摘引自 http://www.docin.com/p-296443733.html："IQ"。
[3] 竹间，《解读"股神"巴菲特》，改革月报，2001年，第2期，第40-41页。

获取。进入大学以后，我们主要学习的就是专业知识。不过，获取了专业知识，还必须在实践中去深化知识、运用知识，才能让知识成为自己的专业能力。

在大学的学习中，不少学生对专业知识的掌握仅限于背诵或者知道、了解，认为只要通过考试就可以了，实际上这样的观点是非常错误的。对知识掌握的第一步是理解，没有理解的知识即使完全背诵下来，那些知识仍然不归你所有，因为理解是运用的基础。在大学的学习中，大部分专业知识的学习与大学生将来所要从事的工作的关联度更强、更直接，因此大学老师常常会要求学生能够做到举一反三，在实践中运用这些知识。

在理解的基础上，对知识进行运用，是知识学习的第二步，也是形成专业能力的关键步骤。实际运用知识能够深化我们的理解，同时提高我们解决实际问题的能力，在此基础上我们才能发展出专业能力。一切知识的终点都是解决问题，无论是解决某个机械故障，还是解决人的心理问题或解答人生的各种困惑，人们追求知识，就是因为它对人的生活有用。屠龙技虽然听起来很厉害，但是因为现实世界并没有龙，所以屠龙技就成了摆设，成了无用的知识。实用主义哲学家、教育学家杜威之所以最推崇"做中学"，就是因为实践中的学习是针对解决问题进行学习，能够使知识发挥最大的效用，并且培养出能力。能力是内化的，是主体自身具备的东西。知识可以传递，但能力却只能通过自己的努力，才能在自己的身上长出来。

■ 专业态度

从古至今，从事一切专业都需要一种态度。这种态度包括对所从事的工作的认识、需要坚持的价值观等，如医生的专业态度是救死扶伤，教师的专业态度是育人为本，科学家的专业态度是求知求真……，到现代化社会职业分工体系建立起来并日渐发展完备以后，这种态度就成为对某一职业的认知及与之相应的价值观、行为模式等的合称，称为专业态度(又称职业态度)。

专业态度的基础是专业知识与能力。没有专业知识与能力，仅有专业态度无济于事。而专业知识与能力需要在专业态度的牵引下逐步规范和发展。专业态度的核心是专业精神，指的是在专业知识与能力的基础上发展起来的一种对工作积极投入、精益求精的品质。

 你知道吗？

匠心：一种必不可少的专业精神

汉语中的"匠心"二字就很好地体现了专业态度。历史上中国的手工艺品曾一度远销海外，成为世界各国的达官显贵追捧的对象，备受赞誉。这些手工艺品由匠心凝成，每一件都精妙绝伦，让世人叹为观止。美国历史学家史景迁(Jonathan Spence)所著《大汗之国：西方眼中的中国》(*The Chan's Great Continent: China in Western Minds*)一书爬梳了多个西方思想家、哲学家或旅行家对中国的记录和印象，这些记录虽然有褒有贬，但有一个共同点就是他们对中国的手工艺品都青睐有加，认为中国人"聪明、灵巧、勤劳"。其实，正是中国工匠世代传承的专业精神才使这些艺术品跨越文化、地域的障碍，超越各种偏见，受到全世界的认同。

> 日本非常推崇匠人精神，匠人精神的核心是对待工作永不懈怠，对细节要求几近完美的严谨和认真，以及极度负责任的态度。被称为"寿司之神"的小野二郎，做了一辈子寿司；村嶋孟开的米饭店成了大阪的"旅游景点"，很多人慕名而来，就想吃一碗白米饭，而为了煮出一碗好米饭，村嶋孟用了50年的时间……像这样全心付出，不计代价做出让自己满意的产品的工匠在日本还有很多。正是由于这个缘故，日本的长寿企业数量是世界之最；同样地，日本的产品也因其质量好而享誉全球。
>
> 匠心，这一必不可少的专业精神带来的不仅是经济收入的富足和稳定，也使人从工作的细节中，体会工作的价值和人生的意义。

专业态度中同样蕴含着深刻的人生观和价值观。有的人得过且过，将工作当成一时的应付，打着"生活高于一切"的幌子，对待工作漫不经心；有的人专注投入，将工作当成使命和责任，认为"对工作负责就是对自己负责"，对待工作执着认真。在这样的两种情况下，人们表现出的专业态度自然不一样，因此带来的工作成就也不一样。同时，虽然专业知识与能力是专业态度的基础，但专业知识与能力强并不等于专业态度就好。相反，如果一个人具备很好的专业知识与能力，但专业态度却很差，那么这个人在本专业上的发展肯定会有局限。在历史上和今天的现实生活中，专业能力虽然强却因为专业态度差而导致的人生失败的事例比比皆是。人力资源专家坦言，员工的能力可以慢慢培养，但是专业态度却不是一朝一夕就能改变的，要改变人的专业态度非常困难。

小故事

刷瓶子的男孩[①]

有一个非常自卑的男孩，他的家里很穷，又没有其他孩子聪明，没有值得在同学面前炫耀的显赫的父母，他甚至连多讲一句话都不敢。正因如此，其他孩子就经常取笑他，欺负他。这个男孩的眼里经常储满委屈的泪水，他的心情坏到了极点，他也自卑到了极点。但是，在他心中，又总有一个声音在不屈地发问："我什么时候才能体会成功的滋味，让别的同学不再小看我呢？"

校外劳动的日子来到了，男孩跟着老师来到了一家食品厂，就是现在生产"露露"杏仁饮料的那个食品厂，这些男孩的任务是手工清洗那些回收来的脏兮兮的罐头瓶子。这些瓶子由于放的时间长了，上面的污垢太多太厚，在洗刷的过程中要格外小心，不然就会弄伤手指。为了激发大家的劳动热情，在清洗之前，老师宣布要进行比赛，看谁刷的瓶子最多。

听到老师的话，男孩很兴奋，他想，自己从没有得过第一，这一次一定要好好努力，争取得第一。洗了几个瓶子以后，男孩就掌握了刷瓶子的要领，干得特别用心。他一个人低着头，不停地刷。别的同学刷累了休息时，他在刷；别的同学借口上厕所偷懒时，他在刷；别的同学消极应付聊天时，他在刷。刷到后来，他的手被水泡得又白又胀，腰累得又酸又痛，但他的内心充满了难以言说的快乐。因为，那个劳动日，

---

① 雨丝，《108个瓶子》，意林(少年版)，2007年，第3期，第27页。

他一共刷了108个瓶子,是参加劳动的所有同学中刷得最多的,得到了他生命中的第一个"第一"。他得到了老师的夸奖,也第一次徜徉在同学惊奇而钦佩的目光里。

男孩从自己辛勤的劳动中获得了成功,并找到了自信。自此以后,他的一切仿佛都改变了,一直自卑的他挺起了胸膛,向着美好的未来尽情奔跑。三十多年过去了,他终于成为计算机领域中最出色的科学家之一,他就是微软亚洲研究院的主任研究员周明。

一直到今天,周明还珍藏着他小时候在校外劳动中洗刷的108个瓶子。他说:"我原来一直是没有自信的,但是这件事给了我自信。就是从那天起,我知道无论什么事情,只要我肯干,就一定可以干好。我发现天才的全部秘密只有6个字:'不要小看自己',那一瞬值得我一辈子记忆,我知道我的生活完全不同了。"

这个故事告诉我们,只要你有正确的态度,肯为你的目标付出艰辛的劳动,配合正确的方法,就一定会获得成功。许多在事业上有成就的人,在其童年时代、少年时代,并不一定具有锋芒毕露的优势,相反,他们却很平凡,甚至显出迟钝、愚笨的样子,常常被周围的人嘲笑、讥讽,但是他们却最终凭借着锲而不舍的态度一路跑到了终点。可见,好的态度能够提升知识和能力,让你的人生有更多的可能!

二、培养专业素质

加强思维训练

我们可以从以下几个方面加强思维训练。

(1)多思考,多用脑。在平时的学习中,要防止死记硬背、不求甚解的倾向,注意培养自己独立思考的能力。学习中遇到问题可以从几个不同的方面去思考,要多问几个"为什么",尽量做到举一反三,融会贯通。

(2)多总结,多归纳。经过一段时间的学习思考,就要学会总结,归纳。这样可以训练自己的思维,获得适合自己的学习方法。知者行之始,行者知之成,既要善于在实践中学习,边实践、边学习、边积累;又要躬行实践,即把学习得来的知识,用在实际工作中,解决实际问题。

(3)循序渐进,持之以恒。任何积极训练思维、提高智力水平的方法,都是要在长期坚持的基础上取得效果的。掌握方法,逐步积累,终会成功!

培养良好的思维习惯

习惯一旦养成就会成为支配人生的一种力量。叶圣陶先生说过:"好习惯养成了,一辈子受用;坏习惯养成了,一辈子吃它的亏,想改也不容易。"那么,在生活中该如何培养良好的思考习惯、提高学习效率呢?

(1)大学生一定要掌握反思的学习方法。《学记》中说:"学然后知不足,教然后知困。知不足,然后能自反也;知困,然后能自强也。"就是说在反思中教学相长的过程。

(2)树立终身学习意识,培养积极健康情绪。学无止境,一心向学,终身学习,才能不断掌握新知识。

（3）要集中注意力，全神贯注地思考，全身心地投入学习。学会管制自己的意志，不让任何杂念干扰自己的学习，认真进行思考，全神贯注。聚精会神地做一件事比漫不经心地做的效率至少要高出十倍。

（4）要积极学习，端正心态，学会劳逸结合。学习效率的提高需要清醒的头脑，需要健康的身体。列宁说过：不会休息的人就不会工作。所以做任何事情，都要做适当的休息，可以通过体育运动或者文化娱乐活动去适当放松，反而会提高学习效率。

（5）学会换位思考、多角度思考、逆向思维等思维习惯。换位思考可以增进与他人的进一步沟通；多角度思考可以对问题把握得更全面；逆向思维往往可以找出问题的解决办法。总之，不能墨守成规，顽固僵化，要善于发散思维，引发头脑风暴，灵活地思考、处理问题。

增强信息识别和判断能力

自媒体（We Media）时代的到来，其平民化、私人化、个性化、自主化、普泛化的特征，给新闻传播的便捷、自由注入了活力，同时促进了传统媒体格局的重大变革。自媒体自身的强大吸引力，使乐于接受新生事物的大学生成为其主要使用群体，资料显示，84.44%的大学生曾注册并使用自媒体账户。[①]例如，2011年腾讯公司推出的微信（We Chat）现已成为大学生最受欢迎的自媒体应用程序之一，几乎每一个大学生都已下载、安装该程序，进行消息的传递和发布，此外，较受大学生欢迎的自媒体还有知乎、微博、QQ空间等。

大学生善于接受和学习新事物、新技能，思维方式活跃、知识水平较高、富有探索精神，在自媒体使用中如鱼得水。转发、评论、发布等简单常规操作已不能满足其在自媒体领域的运用需求，剪辑音频、视频和图片，配以文字进行组合，形成风格各异、内容丰富多彩的媒介信息，通过公众平台、个人账户发布。从信息的筛选、加工、制作至最终发布，实现自媒体的信息传播，传达给受众，整个过程由传统的专业媒体人操作转向普通自媒体使用者普遍参与，体现了自媒体平民化、私人化、自主化、普泛化的特征，这是大学生与自媒体时代的一种契合。

借助自媒体的传播媒介功能，大学生在信息传播的基础上进行交友、消费、代购、娱乐等活动，增强了其对自媒体服务的依赖程度，自媒体的使用已成为学习交友中的重要组成部分。大学生作为自媒体的主流用户群体，勇于表达、思维活跃，乐于对社会经济、文化现象等问题随时发表看法，但因其世界观、人生观、价值观正处于初级完善阶段，人生阅历有限，相应法律法规不够健全，加上媒体网络道德缺失、网络信息良莠不齐，均导致了大学生在自媒体时代极易受到信息传播的消极影响，不能正确运用"话语权"。

因此，自媒体时代的大学生，必须增强自身的信息识别和判断能力。

第一，凡事有两面性，要辩证地看问题。任何一件事物都如同有正反两面的硬币，问题至少要从两个不同的角度去看。

第二，切实、深入理解"客观"的含义，并始终要求自己，分析问题时保证一个客观、公正、理性的态度。

---

① 乔景坡、尹天琦、唐晟明、王翠荣，《自媒体时代大学生应具备的综合素质研究——基于哈尔滨市各大高校的走访调查》，福建质量管理，2016年，第12期，第128页。

第三，站得高才能看得远、看得全，因此要懂得跳离纷繁复杂的事物中，站到更高的地方去看待问题的本质。如何才能站得高？只能通过提升自我的修养、阅历、学识、胸怀、气魄等。

第五节 创 新 素 质

一、创新素质的内涵及重要性

创新素质是人完成创新活动、做出新的创造而必须具备的基本素质。在心理学中，与创新素质有关的概念有"创新意识""创造性思维""创造性""创造力""创造性人格""顿悟"等。人的创新素质不仅表现为物化的产品，如发明创造、各种专利产品等，更多地表现在人的创新意识、创造性思维、人格等方面。

美国心理学家斯腾伯格（Robert J. Sternberg）在20世纪80年代末提出了创造力三维模型理论（Triarchic Mind Theory），认为创造力由三个既相互独立又相互联系的维度组成：①智力维度，包括元成分、获得知识成分和执行成分；②智力方式维度，即个体习惯化的自我控制，使智力维度带有一定倾向或思维风格；③人格维度，包括克服困难的意志力、动机、求知欲、冒险精神及对认可的期望等人格特质。[1]这一理论概括了创造性所需要的三个重要维度，也可以将其视为创新素质应当包含的三个维度，即与创新有关的智力、认知方式和人格特质。

少年强则国家强，我们青年一代是有理想的一代，是必须要担负起民族希望的一代。在我们这一代人手中，要实现中华民族的伟大复兴，需要我们每一个青年人的努力。中国梦是历史的、现实的，也是未来的；是我们这一代的，更是青年一代的。大学生是未来我国人口中最富有创新活力的群体，更是掌握知识、具备较好的创新素质的年轻一代。中华民族伟大复兴的中国梦终将在一代代青年的接力奋斗中变为现实，而中国梦的实现有赖于创新。"大众创业、万众创新"是时代的召唤，大学生更有责任和义务去主动提高自己创新创业的能力，担当未来创新创业的主力军。因此，努力提升自己的创新素质是当代大学生面临的一个重要任务。

二、如何培养创新素质

■ 培养创新意识

创新意识是创新素质培养的基础，指的是人们根据社会和个体生活发展的需要，引起创造前所未有的事物或观念的动机，并在创造活动中表现出的意向、愿望和设想。创新意识是人类意识活动中的一种积极的、富有成果性的表现形式，是人们进行创造活动的出发点和内在动力[2]。没有创新意识，创造性思维和创造力无从谈起，因此，从根本上看，创新意识是创新素质的基础。

---

[1] 邓小平、张向葵，《自尊与创造力相关的元分析》，心理科学进展，2011年，第5期，第645-651页。
[2] 资料来源：http://wiki.mbalib.com/wiki/创新意识。

培养创新意识，主要是要牢记并相信三个突破：旧有思维都能够突破、创新来自于突破、规则需要被突破。这三个突破告诉我们，要想进行创新，首先要相信创新是可能的。创新就是一个先"破"后"立"的过程，其本质是一种相信可以突破、积极寻找突破的信念。这种信念无法伪装，不是光靠喊口号就能建立起来的。日常生活中，我们常常听到那些不愿意创新、只愿意墨守成规的人说："我们要学习别人的成功经验，因为成功是可以复制的。"但实际上，在商业社会中，同样的成功未必可以复制。正如美国硅谷创业投资教父、PayPal公司创始人彼得·蒂尔(Peter Thiel)在《从0到1：开启商业与未来的秘密》一书序言中所说："商业世界的每一刻都不会重演……美国的公司，如果不在艰难的创新上进行投资，不管现在有多挣钱，将来都会以失败而告终。"①因此，创新意识要求人们首先要树立一个这样的意识，即"规则是用来打破的"。

 你知道吗？

以色列：创新源自"敢于做梦"

公元前722年，亚述人(Assyrians)攻占了以色列，公元前586年巴比伦人占领了犹大，他们焚毁耶路撒冷的所罗门圣殿，驱逐了大批犹太人。从此之后，耶路撒冷曾被多次易手，还被无数次地摧毁和重建。犹太人从此流离失所，散落到各个地方。直到第二次世界大战结束后，1948年5月15日犹太临时政府单方面宣布成立以色列国。

以色列建国以后，不仅面临自然资源匮乏的困难，还面临着与其他中东地区国家的领土纠纷问题。不过，让人惊奇的是，自以色列建国以来，这个国家虽然国土面积很小，人口数量也不多，但却创造了多个科技和经济发展的奇迹，被公认为世界上最具创新性的国家。

下面这段文字来自以色列前总理、诺贝尔和平奖得主西蒙·佩雷斯与中国企业家的座谈，原文章标题为《佩雷斯：以色列创新的秘密》②。这一座谈中，佩雷斯讲述了以色列人创新的不易，以及创新过程中"敢于做梦"的重要性。以下是部分摘录：

我们的土地太少，以色列占整个中东面积的千分之一。而且我们在北方有带疟疾的蚊子，在南方有沙漠，各种风沙，这片土地是荒芜的。我们也没有水，两个湖，一个已经死了，一个快要死了。

我们有一个特别有名的河(约旦河)，但他的名气比它的水量大多了。我们没有金子也没有石油。我们在集体农庄里的生活很高兴，但没什么吃的，我们周边的邻居对我们不太友好。世界上也没人给我们鼓励，没有武器，也没有食物，也没有任何人的帮助。美国没有给我们任何的美金，我们什么都没有。

我们发现我们有一个特别棒的资源，这个唯一的资源就是你的梦和你的大脑。我们如何把水利用起来，怎么样去把水量提高。我想到可以重复利用，然后想到海水淡化，我们想去怎么节水，我们发明了滴灌技术，我们培育的蔬菜和植物是不需要水的，我们没有特别能喝水的树，我们每用一滴水的时候都特别小心谨慎。我们发明了一种

---

① 彼得·蒂尔、布莱克·马斯特斯，等，《从0到1：开启商业与未来的秘密》，中信出版社，2015年，前言第11页。
② 资料来源：http://memo.cfisnet.com/2015/1204/1303312.html。

树，这种树不需要水。我们从两个方面夹击，一方面创造水，一方面节水。当我们什么都没有的时候，我们就要创造想法。

另外，我们得有武器，没有任何一个国家会把武器卖给我们。在部队里面最重要的是通信，但我们没有任何通信工具，我们决定自己发明通信系统。然后我们发现，我们创新的系统，是我们自己发明的，而不是抄袭的，却成为世界一流的系统。

所以，在农业领域，我们学会了怎么去节水、造水，在武器领域，我们学会了造武器。

很多人说我在做梦，但我是唯一敢做梦的人。只有当大家看到这个结果的时候，大家会说我这个梦是有可能实现的。所以，我总结，每个人身上有无限的潜力，待你去激发，我正在写一本书，叫《别做小梦》。当时觉得是伟大的梦想，现在觉得都是小梦。

■ 积极投身实践

实践对于创新有着非常重要的作用。古往今来，有数不清的创新是从实践中产生的，可以说，若没有实践，创新就成了无源之水，无本之木。离开实践的创新是不可想象的。在大学生活中，最主要的实践来自于课堂学习之外的第二课堂。这个课堂有丰富的资源、志同道合的伙伴，以及帮助我们不断成长进步的师长。在课余时间里，我们可以在第二课堂的实践中深入思考，努力将创新意识付诸实践，积极投身到创新实践中。

在大学中，大学生还应该积极参加各种创新实践活动，为自己创新积累经验材料。大学阶段有效的实践活动主要有3种。

(1)科研工作： 在大学导师的指导下，进行科研工作可以充分利用大学的实验室和科研资源，引导大学生综合应用学习的知识与技能，接触前沿的应用需求，可以提升自己的知识与技能，提高实践动手能力。

(2)学科竞赛： 大学生可以积极报名参加各种类别、各种级别的学科相关竞赛(如"挑战杯"全国大学生课外学术科技作品竞赛、"互联网+"大赛、"因为有你"全国大学生创新创业大赛和"创青春"大学生创业大赛等)，它能极大地提高学生的综合应用知识能力，全面检验分析问题、解决问题、所学应用到社会的能力。

(3)创新团队活动： 大学中有各种社团组织开展多种活动，学生可以主动参与或者自己组建创新团队，积极构建创新的服务与产品，积极接触社会，在大学中充分应用自己的知识，锻炼自己的能力，学习团队管理、时间管理，理解商业模式等。

■ 选择创业实践方向

有了创新创业意识，在广泛参与实践活动之后，大学生会对自身的优势和劣势、兴趣和短板有更充分的认识。在此基础上，可以结合自身兴趣和能力优势，选择合适的创新创业实践方向。创新创业方向的选择，通常应该具有一定的基础。一种较好的选择就是结合自己所学专业，根据生产生活中的需要与发现去寻找创新创业的方向。例如，学习计算机与软件的学生，可以多参加计算机与软件类的学科竞赛，可以多了解计算机与软件、互联网相关的创业项目，从竞赛中、从别人成功的案例中，结合自己的特长与兴趣，寻找并发现适合自己的创新创业的方向；学习电子商务的学生，可以多研究互联网+商业新模型，研究如何应用互联网来解决生活中的各种问题，多研究当今互联网的商业创业项目的商业模式，当然，首先去学习与理解成功的项目是如何运行的，然后结合自己发现的问题，寻找最佳的创新创业的方向。

组建创新创业团队

现代社会已经不再适合单打独斗，团队合作对于创新创业来说是必要的前提。团队初期组建的方式主要有两种。

(1)共同兴趣： 在大学的学习过程中，在大学中的社团、竞赛等各种活动中，由于共同的兴趣爱好，可以构建出一个基于共同兴趣的创新创业团队。由于团队的构建完全基于共同的爱好与兴趣，也基于长期的合作，这样的团队有长期合作的基础，相对稳定可靠，也是创新创业成功的一种重要的团队构成形式。

(2)组件构成： 这需要团队负责人对整个项目有初步的规划，按照项目的规划来寻找每一个方面最合适的人。例如，一个创业团队需要技术负责人、营销负责人，那么在项目团队成立的时候，创始人就需要按照每一个方面人员的需求情况，寻找最合适的人，并且通过一定时间的磨合，构建出来一个具有战斗力的团队。

在创新创业团队中，团队的负责人其责任是最重大的。他必须具有责任心、耐心与毅力，可以统领整个团队，与大家一道克服各种困难，协调处理各种关系。

第六节 心理素质

"心理素质"是由我国心理学家张大均教授提出的心理学概念，他认为"心理素质"是指："以生理条件为基础的,将外在获得的刺激内化成稳定的、基本的、内隐的，具有基础、衍生和发展功能的，并与人的适应行为和创造行为密切联系的心理品质"[1]，包括认知、情绪、态度等影响人的发展的各种心理成分。"心理素质"这一概念自21世纪初提出以来，得到了国内外心理学界的认同，在军人、警察、公务员、教师、护士等职业人口中均有大量研究，取得了较成熟、系统的研究成果。研究者就心理素质概念的内涵、外延已有共识，认为"心理素质是人最基本的心理品质，具有稳定性和内隐性，它居于社会文化素质和生理素质之间，既能反映这两种素质的发展水平，又是制约这两种素质形成和发展的中介变量。有研究者甚至提出，心理素质是人一切素质的基础、核心和归宿"。[2]

"心理是人的生理结构特别是大脑结构的特殊机能，是对客观现实的反映。"[3]心理素质既有人类素质的一般特点，又有自己的特殊性。21世纪，人的心理素质和心理健康显得越来越重要。心理健康、乐观、豁达、百折不挠已逐渐成为优秀心理素质的主旋律。

---

[1] 张大均，《论人的心理素质》，心理与行为研究，2003年，第2期，第143-146页。
[2] 张存库，《论大学生心理素质教育》，教育理论与实践，2004年，第8期。
[3] 刘强，《浅析思品课与学生心理素质培养》，世界华商经济年鉴·科学教育家，2008年，第13期，217页。

一、心理素质的主旋律——心理健康

> **名人金句**
>
> 成功是产生于那些有了成功意识的人身上，失败根源于那些不自觉地让自己产生失败意识的人身上。
>
> ——拿破仑·希尔

九方皋识千里马，不辨公母，不分毛色，只看马的风骨与精神。人的一切行为都是自内而外的，一个成功的人，一个成功的团体，都离不开个体和团体心理的健康。一个人能否成大器，是否能够有所作为，不在于他现在的能力、地位，而取决于他是否有集大成者的意志与精神，这说的就是心理素质。

心理素质反映心理健康的程度，心理素质好的人心理就健康，心理素质较差的人在心理健康方面就存在一定的问题。

■ 心理健康的定义

◆ WHO 的心理健康标准

关于心理健康的标准见诸文字的有各种说法，众多学者对于"什么是心理健康"也有着不同的看法。在众多的看法中，美国心理学家马斯洛和米特尔曼提出的心理健康的十条标准被公认为是"最经典的标准"。这一标准主要包括以下 10 个方面[①]：

(1) 充分的安全感。"安全感是人的基本需要之一，若惶惶不可终日，人便会很快衰老。马斯洛认为，整个有机体是一个追求安全的机制，人的感受器官、效应器官、智能和其他能量主要是寻求安全的工具，甚至可以把科学和人生观都看成是满足安全需要的一部分。"[②] 抑郁、焦虑、恐慌等心理，会引起消化系统功能的失调，甚至会导致病变。

(2) 能充分了解自己，并能对自己的能力作适度的估价。超负荷的工作，可能会给身心健康带来麻烦。如果勉强自己去做超越能力范围的事情，会显得力不从心，对身心大为不利。

(3) 生活的目标切合实际。如果生活目标定得太高，超越社会生产发展水平与物质生活条件的现有水平，会产生挫折感，不利于身心健康。

(4) 与现实的环境保持接触。人的精神需要是多层次的，与现实环境保持接触，一方面可以及时地调整自己的行为，以便更好地适应环境，另一方面也可以丰富精神生活。

(5) 能保持人格的完整与和谐。一个人个性中的能力、性格与气质、兴趣等各种心理特征和谐而统一，方能得到最大的施展。

(6) 具有从经验中学习的能力。现代社会知识更新速度快，为了适应社会发展需求，我们必须不断学习新的东西，使生活和工作得心应手，少走弯路，以取得更多的成功。

(7) 能保持良好的人际关系。人际关系中，既有正向积极的关系，也有负向消极的关系。人际关系协调与否，对人的心理健康有很大的影响。

---

① 资料来源：https://baike.baidu.com/item/心理健康标准。
② 资料来源：https://baike.baidu.com/item/马斯洛需求层次理论。

(8) 适度地表达与情绪控制。人有喜怒哀乐不同的情绪体验，不愉快的情绪必须释放，以保持心理上的平衡。但不能发泄过分，否则，既影响自己的生活，又加剧了人际矛盾，对身心健康无益。

(9) 在集体要求的前提下，较好地发挥自己的个性。人的才能和兴趣爱好应在不妨碍他人利益、不损害集体利益的条件下充分发挥，避免引起人际纠纷，徒增烦恼，给身心健康带来不利影响。

(10) 在不违背社会规范的前提下，对个人的基本需要作恰当的满足。个人需求的满足，必须合法，否则将受到良心的谴责、舆论的压力乃至法律的制裁，自然毫无心理健康可言。

需要注意的是，世界卫生组织（WHO）认为："健康乃是一种在身体上、精神上的完满状态，以及良好的适应力，而不仅仅是没有疾病和衰弱的状态。"[1]心理健康也是一种不断趋向完满的状态，在这个过程中我们有可能会遭遇心理问题，连续好几天心情低落，但这并不妨碍我们仍然走在心理健康的大道上。心理健康是一个有起点，但没有终点的旅程，也完全可以说，心理健康之路其实就是我们的人生之路。我们不知道我们能够达到什么样的终点，但可以确信的是，当有一天我们抵达终点的时候，回望这一路，我们会发现，昔日的自我已经变成了一个更坚强、更乐观、更能承受困难和打击的自我。

◆ 日常生活中如何判断心理健康

要科学地判断一个人的心理健康水平，需要使用专门的心理健康量表，如《症状自评量表》(SCL-90)、《中国心理健康量表》（中科院心理所编制）、《中国大学生心理健康量表》（北京师范大学编制）等，这些量表需要专业机构施测、评定。目前也有一些心理健康量表有网络测评问卷，如果对自己的心理健康状态有疑问，可以先借助专业网站进行测评。但需要说明的是，这些网络测评的结果只能作为参考，如果要进一步确认自己的心理健康状态，应该寻求大学生心理健康教育中心等专门机构的帮助。

除了使用量表进行测验，在日常生活中也可以根据"三良好"的标准来对心理健康水平做一个粗略的评估。因为人的心理始终是要通过行为外现的，对一个人行为的观察可以帮助我们推断一些他内心的状态。"三良好"的标准主要是以下三点。

(1) 良好的个性，指情绪稳定，性格温和，意志坚强，感情丰富，胸怀坦荡，豁达乐观。
(2) 良好的处世能力，指观察问题客观现实，具有较好的自控能力，能适应复杂的社会环境。
(3) 良好的人际关系，指助人为乐，与人为善，与他人的关系良好。

■ 心理健康与人生幸福

幸福是人的一种主观感受。孔子的弟子颜回居于陋巷，吃不饱穿不暖，别人对于这种状态很忧愁，但颜回却依然开心面对："人不堪其忧，回也不改其乐。"[2]相反，有的人一生富贵，享尽了人生繁华，最后却因为没有找到人生的意义，反而遭遇了他认为人生不可接受的失败，而选择了自杀。可见，幸福并没有一个适用于所有人的标准，幸福是一个主观的、个体化的感受。

---

[1] 资料来源：https://baike.baidu.com/item/健康标准。
[2] 杨伯峻，《论语译注》，中华书局，1980年，第59页。

心理学将人们对幸福的感受定义为"主观幸福感"。国内外有多个研究表明,心理健康的人主观幸福感水平更高,也就是说,心理健康的人更能感受到幸福,更觉得幸福。针对大学生群体的研究也发现,大学生的心理健康状况与主观幸福感存在正相关关系[1]。这告诉我们,要让自己更加幸福,就需要先提高自己的心理健康水平。心理越健康,我们越幸福。

> **人生故事**
>
> **被苍蝇打败的世界冠军**
>
> 1965年9月7日,世界台球冠军争夺赛在纽约举行。路易斯·福克斯的得分遥遥领先,只要再得几分就能稳拿冠军。就在这时,他发现一只苍蝇落在主球上,他挥挥手把它赶走了。可是伏身击球时苍蝇又飞回来了,他起身驱赶,但苍蝇好像在跟他作对,他一回身,苍蝇又落在主球上,周围的观众发现了这个现象,开始哈哈大笑。他的情绪恶劣到了极点,终于失去了理智,愤怒地用球杆去击打苍蝇,结果碰到了主球,裁判判他击到了球,于是他失去了一轮机会。他因此方寸大乱,连连失利,而对手约翰迪瑞越战越勇,最后获得了冠军。第二天人们发现了路易斯的尸体,他投河自杀了。一只小小的苍蝇,竟然打垮了大名鼎鼎的世界冠军。

二、心理素质的综合表现——情商

情商(Emotional Quotient,EQ)又称情绪商数,或情感商数,是用商数概念对人在情绪、情感、意志、耐受挫折等方面水平的一种标记。"情商"这一概念的出现与"智商"密切相关,与智商相对,主要是指个体除智力因素之外,在个人发展过程中起着重要作用的,包括人格、情感、动机等各种因素在内的综合表现。美国心理学家指出:情商包括以下几个方面的内容:一是认识自身的情绪,因为只有认识自己,才能成为自己生活的主宰。二是妥善管理自己的情绪,即能调控自己。三是自我激励,它能够使人走出生命中的低潮,重新出发。四是认知他人的情绪,这是与他人正常交往,实现顺利沟通的基础。五是人际关系的管理,即领导和管理能力"。[2]

■ 情商的作用及评测标准

个人的综合表现是判断情商水平的依据。心理学家认为,"情商水平高的人具有如下的特点:社交能力强,外向而愉快,不易陷入恐惧或伤感,对事业较投入,为人正直,富于同情心,情感生活较丰富但不逾矩,无论是独处还是与许多人在一起时都能怡然自得"。[3]

情商的作用是不可估量的,现在西方职场流行一句名言:"智商决定录用,情商决定提升。"美国哈佛大学心理学博士丹尼尔·戈尔曼(Daniel Goleman)在他的《情商:它为什么比智商更重要》(*Emotional intelligence:Why it can matter more than IQ？*)一书中指出,情商才是决定一个人事业成功和生活幸福的关键,一个人事业能否成功,20%取决于他的智商,80%取决于他的情商。关键的是,情商会伴随着人的一生,可以通过后天培养与修炼提高。

---

[1] 陈小异、李明蔚,《大学生主观幸福感与心理健康研究》,重庆大学学报(社会科学版),2014年,第3期,第178-183页。
[2] 田鹏,《如何培养自己的情商》,地震出版社,2010年。
[3] 王志雄,《情商教育研究与实施方案》,广东教育(综合版),2013年,第4期,第25-26页。

研究发现，大脑边缘系统(控制情绪的部分)受损的人，所做出的决定都非常低级。但是可以很清晰、符合逻辑地推理与思维。科学家因此断定，"当大脑的思维部分与情感部分相分离时，大脑不能正常工作。人类做出正常举动，是综合运用大脑的两个部分，即情感部分和逻辑部分，一个高情商的人是会综合利用大脑中的各个部位的"。一言蔽之，情商能使人能更充分地发挥智商的作用和效果，情商越高，智商的作用效果就越好。那么，情商是如何区分的呢？请参考以下评测标准。[①]

高情商：尊重所有人的人权和人格尊严；不将自己的价值观强加于他人；对自己有清醒的认识，能承受压力；自信而不自满；人际关系良好，和朋友或同事能友好相处；能处理生活中遇到的各方面的问题；认真对待每一件事情。

较高情商：是负责任的"好"公民；自尊；有独立人格，但在一些情况下易受别人焦虑情绪的感染；比较自信而不自满；有较好的人际关系；能应对大多数的问题，不会有太大的心理压力。

较低情商：易受他人影响，自己的目标不明确；比低情商者善于原谅，能控制大脑；能应付较轻的焦虑情绪；把自尊建立在他人认同的基础上；缺乏坚定的自我意识；人际关系较差。

低情商：自我意识差；无确定的目标，也不打算付诸实践；严重依赖他人；处理人际关系能力差；应对焦虑能力差；生活无序；无责任感，爱抱怨。

■ *情商的形成与价值*

婴幼儿时期是情商的形成期，儿童和青少年阶段基本成型，它主要在后天的人际互动中培养起来。《试论青少年情商素质与主观幸福感的关系》一文指出，"青春期是一个人的黄金时代，因为这是一个人走向成人的一个过渡时期，这个时期的学习和发展任务是非常重要的。但是，青少年由于面临着生理上、心理上的急剧变化，加上学业上的巨大压力，基本都会出现一些心理失衡和复杂的心理矛盾问题，甚至产生种种不良的后果。"[②]据一份22个城市的调查报告显示："实际上我国中学生中有各种心理问题者达15%～20%，其心理问题多表现为亲子矛盾、伙伴关系紧张、厌学和学习困难、考试焦虑等。这些问题的发生大多与学生的自我控制能力有关，多是源于其心中时常涌出的各种非理性情绪。"[①]

情商既是一种能力、一种创造，同时也是一种技巧。技巧是有规律可循的，能为人掌握，并且可以熟能生巧。只要我们多一些机智，多一些勇气，多一些磨炼，多一些感情投资，我们也可以营造一个有利于自己生存的宽松环境，建立一个自己的朋友圈，创造一个易于更好发挥自己才能的空间，成为情商高手。

三、心理素质的基底——逆商

"不经一番寒彻骨，怎得梅花扑鼻香""吃得苦中苦，方为人上人"，这些都说明逆境和困难如果不能摧毁人的意志，那就能够成就人的伟绩。经历痛苦和挫折仍然能够不放弃，能够坚持到底的人有着坚强的意志，有面对挫折、摆脱困境和超越困难的能力，这种能力称

---

① 资料来源：https://baike.baidu.com/item/情商。
② 郝宗英、吴锡改，《试论青少年情商素质与主观幸福感的关系》，基础教育研究，2011年，第1期，第55-57页。

为逆商（Adversity Quotient，AQ），即逆境商数。逆商是心理素质的基底，它不仅集中展现出个体心理素质的水平，更重要的是，它决定着心理素质发展的方向。人的一生总的来看，称心如意的时候少，而郁郁不得志的时候多；开心快乐的时候少，而烦闷忧愁的时候多……逆境多于顺境。个体如何应对这些逆境，取决于他的心理素质，而人一旦顺利度过逆境，就能够使自身的心理素质得到提升。

■ *逆商的表现形式*

美国著名学者、白宫知名商业顾问保罗·史托兹教授将逆商划分为以下四个部分。[①]

控制感是指人们对周围环境的信念控制能力。面对逆境或挫折时，控制感弱的人只会逆来顺受，信天由命，他们常说：我无能为力、我能力不及；而控制感强的人则会凭借一己之力能动地改变所处环境，他们会说：虽然很难，但这算什么，一定有办法。

起因和责任归属，拥有起因和责任归属是指高逆商者往往能够清楚地认识到使自己陷入逆境的起因，并甘愿承担一切责任，能够及时地采取有效行动，痛定思痛，在跌倒处再次爬起。

影响范围，控制影响范围是指高逆商者往往能够将在某一范围内陷入逆境所带来的负面影响限制于这一范围内，并能够将其负面影响程度降至最低。越能够把握逆境的影响范围，就越可以把挫折视为特定事件，越觉得自己有能力处理，不致惊惶失措。

持续时间是指逆境所带来的负面影响既有影响范围问题，又有影响时间问题。逆境将持续多久？逆境的起因将持续多久？对于这些问题，逆商低的人往往会认为逆境将长时间持续，而这种想法也会导致事实正如他们所想的一样。

■ *逆商的作用*

在智力、资本、机遇相同的条件下，为什么有的人能步步高升，有的人却一败涂地呢？归根到底在于他们的逆商高低的不同，即他们迎接挑战、克服困难的能力不同。当一个人遇到难以逾越的困难时，他所能释放的不是他所拥有的全部能力，而是逆境智商所能刺激的那部分能力。《逆商——青年通向成功的大智慧》指出，"逆商可以帮助人们更好地超越烙在人类大脑中原始、不稳定、不开化的反应，逆商决定一个人能否走出逆境，获得成功"。[②]

凡成功者必有大智慧，而这大智慧，是他们历经挫折与磨难、超越常人无法想象的逆境才获得的。

名人经历

松下幸之助的逆境之旅[③]

享誉日本的"经营之神"松下电器总裁松下幸之助幼年坎坷，9岁时便辍学当学徒工，13岁丧父。他年轻时到一家电器工厂谋职，这家工厂人事主管看着面前的小伙子衣着肮脏，身体又瘦又小，觉得不理想，便随便打个理由说："我们现在暂时不缺

---

① 梁阳，《人生必修课：逆商》，人人健康，2012年，第6期，第8-11页。
② 罗媛媛，《逆商——青年通向成功的大智慧》，当代青年研究，2009年，第2期，第14页。
③ 丁亮，《松下幸之助求职》，合作经济与科技，2002年，第4期，第17页。

> 人，你一个月以后再来看看吧。"这本来是个推辞，没想到一个月后松下幸之助真的来了，那位负责人又推托说："有事，过几天再说吧。"隔了几天松下幸之助又来了，如此反复了多次，主管有点不耐烦地直接说出自己的态度："你这样脏兮兮的是进不了我们工厂的。"于是他立即回去，借钱买了一身整齐的衣服穿上再来面试。负责人看他如此实在，只好说："关于电器方面的知识，你知道得太少了，我们不能要你。"不料两个月后，他再次出现在人事主管面前："我已经学会了不少有关电器方面的知识，您看我哪方面还有差距，我一项项来弥补。"这位人事主管紧盯着态度诚恳的松下幸之助看了半天才说："我干这一行几十年了，还是第一次遇到像你这样来找工作的，我真佩服你的耐心和韧性。"于是松下幸之助这种面对逆境和冷遇不轻言放弃的精神打动了主管，他得到了这份工作，最终成为享誉日本的"经营之神"。松下幸之助的成功告诉我们：失败不仅是一次挫折、一次逆境，也是一次机会，它使人找到自身的欠缺，不轻言放弃，补上这一课，就成功了。

坚韧的意志既是事业成功者必备的个性心理品质，又是保证和维持创新活动的内在力量。个体在遭遇重大挫折和艰难险阻时，意志品质往往表现出重大差异。实践证明："成就一番事业不可能一帆风顺，往往会遇到来自旧的传统观念和习惯势力的种种阻挠，也会遇到各种客观条件的限制等困难。另外，新生事物具有探索性，在创新过程中，难免会遇到挫折和失败，此时，特别需要创新者具有顽强的意志、坚强的毅力、不畏艰难、百折不挠。"[1]高逆商者是不会被失败、挫折或逆境中的困难打败的，反而会认为："冬天来了，春天还会远吗？"而缺乏坚强意志品质的人则很可能惧怕困难、半途而废、悲观失望，导致最终功亏一篑。

21世纪是一个快速发展的时代，社会需要的是全面发展的人才，要学会控制调节自己，有较强的心理承受能力，在逆境中要勇于想出办法来，培养自己的责任感、意志力和自信心，使自己成为一个高逆商的人，只有这样才能更好地适应当今社会。

研究认为，培养坚强的意志品质需要增强四个方面的能力："(一)自觉性，即能够坚持原则，受正确信念和世界观的支配，能够深刻认识行动和动机；(二)果断性，即善于抓住时机、善于辨明是非和真伪、能够应付复杂情境，具备迅速处理挫折的能力；(三)自制力，即能够控制和协调自己的思想感情和行为举止，能够抵御内外因的诱惑和干扰；(四)坚韧性，即坚韧的毅力、顽强的精神，百折不挠地把决定贯彻始终的品质。"[2]

要有坚强的意志品质，首先要培养坚定的自信心，因为自信是坚强的前提。所谓自信，形象地说，就是不论前方的道路是满地鲜花，还是荆棘密布，都深信不疑目标就在前方，坚定地向前迈进。全面地认识和分析自我，实事求是地对自己进行一个客观的评价是我们培养坚定的自信心的前提，要避免自我贬低和自我挫败。

正如马克思所说："只有在那崎岖山路上不畏劳苦和艰险奋勇攀登的人，才有希望达到光辉的顶点。"逆商是打开绚丽生活的钥匙，是人生的大智慧；而逆境是造就人才的特殊学校，是锻炼坚强意志的熔炉。我们只有直面逆境，迎难而上，在逆境中培养高逆商，才能使理想之树的根基扎实粗壮，才能使自己的人生结出累累硕果。

---

[1] 章剑和，《AQ：走向成功的意志力商数》，好家长，2004年，第6期，第6-7页。
[2] 陈川，《体育教学与学生的意志品质培养》，海南矿冶，2001年，第2期，第18页。

四、大学生如何培养良好的心理素质

■ 培养良好的品性

"具有良好行为的人必有良好的品性,具有伟大人格的人必有伟大的心性。"[1]美国心理学家亚伯拉罕·马斯洛(Abraham H. Maslow)考察了近代历史上包括富兰克林、林肯、爱因斯坦、贝多芬等名人的人生历程,发现在这些人身上存在着一些共同的心理特征和品质:

(1) 了解并认识现实,人生观比较实际;
(2) 悦纳自己、别人以及周围的世界;
(3) 能享受自己的私人生活;
(4) 有独立自主的性格;
(5) 就事论事,较少考虑个人利害;
(6) 在情绪与思想表达上较为自然;
(7) 有较广的视野;
(8) 对平凡事物不觉厌烦,对日常生活永感新鲜;
(9) 能区别手段与目的,有伦理观念,绝不为达到目的而不择手段;
(10) 爱人类并认同自己为全人类的一员;
(11) 具有民主作风,尊重别人的意见;
(12) 有至深的知己,有亲密的家人;
(13) 在生命中曾有过引起心灵震动的高峰体验;
(14) 有哲学家气质,有幽默感。

当代大学生可以把以上特征作为自己的目标,制定计划,不断学习并在生活中磨炼自己,有意识地培养自己的品性。当然,更好的学习方法是为自己树立一个榜样,这个榜样在品性上具备你想成为的样子,你可以从阅读他们的传记开始,走入他们的人生,看他们如何在各种经历中成长起来,成为你想学习的样子的。跟着榜样学习,能够从情感上激发和调动积极性,对于品性的学习来说,是一种很有效的学习方式。

■ 拥有合理信念

◆ 信念与情绪、行为的关系

认知能力是人理性思考的能力,是人类认识、了解世界必不可少的能力。人们通过认知能力的使用,会形成不同的认识或观点,而其中最执着、最不容易改变的部分就是信念。信念是人的一种认知世界的方式,一旦形成,不仅很难改变,而且会成为人们难以意识到的部分。心理学家的研究发现,在各种影响我们对事物做出反应的因素中,最重要的就是信念。

---

[1] 成牧,《心理素质决定成败》,海潮出版社,2006年,第2页。

美国心理学家阿尔伯特·艾利斯(Albert Ellis)认为,日常生活中带给人们困扰的并不是某个事件本身,而是我们对这一事件的认识和看法。比如,考试都得到"59"这个分数的两位学生面对同一事件会做出不同的认识。愿意继续努力的学生会想:"我就差一分就及格,再努把力,我一定能行!"而心灰意冷的学生则会想:"算了吧,再努力也还是这个样子,我还是放弃算了!"在这样不同的信念下,两位学生会选择不同的行为方式,如前者会继续努力学习,而后者则有可能就完全放弃了这门课的学习。可见,影响人们做出行为反应的,并不是某个事件本身,而是人们对这一事件的看法。

在此基础上,艾利斯提出了情绪的 ABC 理论(ABC Theory of Emotion),认为激发事件 A(Activating event 的第一个英文字母)只是引发情绪和行为后果 C(Consequence 的第一个英文字母)的间接原因,而引起 C 的直接原因则是个体对激发事件 A 的认知和评价而产生的信念 B(Belief 的第一个英文字母),即人的消极情绪和行为障碍结果(C),不是由某一激发事件(A)直接引发的,而是由经受这一事件的个体对它不正确的认知和评价所产生的错误信念(B)直接引起的。错误信念也称为非理性信念,每个人都有非理性信念。

情绪的 ABC 理论也启发了心理学家贝克,他在此基础上提出的认知行为疗法(Cognitive Behavioral Therapy, CBT)治愈了不少抑郁症、焦虑症患者。它的主要着眼点放在患者不合理的认知上,通过改变患者对自己、对他人或对事件的看法和观点来改变患者的态度,从而实现对心理问题和心理疾病的治疗。贝克发现,人们有很多的不合理信念,这些不合理信念有可能来自于过去生活的经验,也有可能来自于他人的经历。但无论来源如何,这些信念往往是自发产生的,并且常与有问题的行为或情感困扰有联系。比如,有一种自动想法"老师今天批评了我,所以他肯定很讨厌我"。这种想法不仅会影响师生之间的进一步互动,更会使有这个想法的个体自尊心受到伤害。如果长期产生这类不合理的信念却又无法认知,那么人可能会出现心理问题。

> **人生故事**
>
> 不同的信念,不同的人生[①]
>
> 一位心理学家在研究过程中,为了实地了解人们对于同一件事情在心理上所反映出来的个体差异,他来到一所正在建设中的办公大楼,对现场忙碌的敲石工人进行访问。
>
> 心理学家问他遇到的第一位工人:"请问你在做什么?"
>
> 这个工人很烦躁:"在做什么?你没看到吗?我正在用这个重得要命的铁锤,来敲碎这些该死的石头。而这些石头又特别硬,害得我的手酸麻不已,这真不是人干的活。"
>
> 心理学家又找到第二位工人:"请问你在做什么?"
>
> 第二位工人无奈地说:"为了每周 500 元的工资,我才会做这件工作,若不是为了一家人的温饱,谁愿意干这份敲石头的粗活。"
>
> 心理学家问第三位工人:"请问你在做什么?"

---

① 吕承龙,《用心工作才能走向卓越》,中国商业出版社,2014 年,序言。

> 第三位工人眼中闪着喜悦的神采:"我正在参与建造这座雄伟华丽的大楼。落成之后,这里可以容纳很多人来工作。虽然敲石头的工作并不轻松,但当我想到,将来会有无数的人来到这里,快乐工作,心中就感到特别有意义。"
>
> 几年后,这位心理学家又去找那三位工人。第一位仍在工地上敲石头,第二位正坐在工棚里画图——他成了一名现场技术员,而第三位则成了他们的老板。
>
> 故事中的3位工人对自己所从事的工作有不同的信念,正是这些信念使他们的人生有了天壤之别。在日常生活中,我们也常常看到,即使是遇到相同的事情,不同人的认知和评价也会因为情绪的反应而各不相同,如有的人会不知所措,痛苦难受,甚至会引起身体的严重不适;有的人却能处事不惊,临危不乱,并且很快找到解决之道。可见,信念对我们的人生有多么重要。

情绪的 ABC 理论和认知行为疗法告诉我们,拥有合理信念对于个体来说非常重要。要拥有合理信念,有以下几个方法可以帮助我们。

■ 认知不合理信念

日常生活中,我们常常不会意识到自己的一些信念是不合逻辑、不合理的。认知行为疗法的实践者在实践中发现在不合理信念之后都存在着一些共同的歪曲认知。比如[①],

灾难化:相信已经发生的或者即将发生的事情是如此的糟糕,以至于你不能够承受它。例如,"如果我失败了,那就太可怕了!"或者"如果她不爱我了,这个世界就太糟糕了!"

低估正性信息:认为自己或他人所取得的正性的成绩是微不足道的。例如,"他是个老师,他就应该这样做!"或者"那些成功是很容易得到的,并不能说明什么问题。"

两极化思维:以全或无的方式来看待事件或人。例如,"这个人是个坏人,他所做的一切都是不可信的!"或者"我这次考试失败了,我的人生完蛋了!"

过度概括化:在只有少量信息的情况下就对整体做出消极判断或预测。例如,"他刚才白了我一眼,他一定非常讨厌我。"或者"老师批评了我,说明他并不喜欢我。"

选择性负性关注:几乎只关注于负性信息而很少注意到正性信息。例如,"我连一支笔都削不好,我做其他事也不可能做好。"或者"我今天脸上长了个痘痘,我真是难看死了!"

可以看到,上述歪曲的认知中,有不少正是我们常常会在脑海中自动出现的。本书仅列举了部分不合理信念,而实际上不合理信念还有很多。愿意对这方面进行关注的学生,可以阅读一些认知行为疗法方面的书籍。

■ 一日三省乎己

不合理信念多数是由自动化、下意识的思维组成的,如果养成反思的习惯,辨识出不合理的信念并与之辩论,就能防止不合理信念给自己带来不良影响。认知行为疗法提供了很多表格给初学者使用,如"A-B-C 技术"自助表(表 3-1)、"想法如何引起情绪"自助表(表 3-2)等,学生可以使用这些表格帮助自己对不合理信念进行反思。

[①] 莱希著,张黎黎等译,《认知治疗技术:从业者指南》,中国轻工业出版社,2005 年,第 32 页。

表 3-1 自助表：A-B-C 技术

A 诱发事件	B 信念(想法)	C 结果：情绪	C 结果：行为

表 3-2 自助表：想法如何引起情绪

想法：我认为……	情绪：因此，我感到……

■ 建立积极乐观的认知图式

"图式"（Scheme）是心理学家皮亚杰提出的认知发展理论的一个核心概念，他认为图式是人们为了应付某一特定情境而产生的认知结构。后来，贝克沿用了"图式"这个概念，用来指称他在治疗实践中发现的影响患者的某种习惯性的思维模式和认知倾向，国内也有学者将其译为"认知模型"[①]。图式的本质是个体化、核心性的，其中内容涉及个体如何看待自己以及如何看待他人。贝克在抑郁症患者、强迫症患者、焦虑者患者身上均发现了他们有固定的大量存在的核心图式，如无能、不可爱、无价值等。

心理学家对认知图式的发现告诉我们，建立积极的、正性的图式会让我们的人生发生改变，因为积极图式会指引我们走一条乐观的人生之路。比如，将"我没有价值，我是个废物"这样的负性图式转换为"我有价值，我对社会有用"的正性图式，会使一位大学生从沉迷网络、逃避现实中转变过来，选择更有挑战性的工作，勇敢地面对生活。既然负性的认知图式是我们从后天的人生经验中习得的，那么我们也能够通过重新习得正性的认知图式来取代它们。那么，如何建立正性、积极的认知图式呢？

第一，**学会自我肯定**。通过不断地否定和肯定自己才能不断进步，否定自己的最终目的是为了向肯定的方向发展，自我肯定，往往是事业成功的关键。

第二，**与自卑说"bye bye"**。缺乏成功的体验、客观公正的评估及自我评估偏颇。要

[①] J. S. Beck 著，陶璇等译，《认知疗法：进阶与挑战》，中国轻工业出版社，2014 年。

战胜自我，抛弃自卑，就要为自己树立一个目标，坚强自己的信念，相信自己的能力，对自己要有一个科学的评估。

第三，增强自信。自信是一个在某方面具有优越感的人的天然流露，自信是不容易短期速成的，好好学习、好好工作、好好生活，短期的方法可以用心理暗示法，就是每天早上对着镜子跟自己说几遍：我是最好的，我不比任何人差，而且在内心要说服自己。

第四，学会情绪调节。对负面情绪，一定要调节和控制，保持身心健康。深呼吸是最快、最简单的情绪调节方法，想要平复情绪，使自己感到心平气和、气定神闲、心旷神怡，最方便、最见效的做法就是做几个深呼吸，以此调气调息，摆脱情绪的纷扰。当然，调节情绪还可以采取音乐疗法、运动疗法、旅游疗法、艺术疗法、洗浴疗法等。

汪国真：我微笑着走向生活①

我们一起来欣赏汪国真②的诗歌《我微笑着走向生活》，看看他是怎样以积极乐观的态度面对生活的：

我微笑着走向生活，无论生活以什么方式回敬我。

报我以平坦吗？我是一条欢乐奔流的小河。

报我以崎岖吗？我是一座大山庄严地思索！

报我以幸福吗？我是一只凌空飞翔的燕子。

报我以不幸吗？我是一根劲竹经得起千击万磨！

生活里不能没有笑声，没有笑声的世界该是多么寂寞。

什么也改变不了我对生活的热爱，我微笑着走向火热的生活！

生活中无论顺境、逆境，幸福与否，我们都应该用汪国真的《我微笑着走向生活》的心态去面对，正如诗中所言："我微笑着走向生活，无论生活以什么方式回敬我。"大学生应该重视心理健康，塑造阳光心态，始终乐观积极，昂扬奋进，不断调节自我，健康成长，励志成才。

心理素质小测验

测验一

请你做以下八道心理素质测试题，每题只能选择一个选项，然后将得分累加，看看总分，就能大致了解你的心理素质和应付能力。

(1) 你骑车闯红灯，被警察叫住；后者知道你急着要赶路，却故意拖延时间，这时你：

---

① 资料来源：https://baike.baidu.com/item/我微笑着走向生活/4638345。

② 汪国真(1956—2015年)，1982年毕业于暨南大学中文系。1985年起将业余时间集中于诗歌创作，期间一首打油诗《学校一天》刊登在《中国青年报》上。1990年开始，汪国真担任《辽宁青年》《中国青年》《女友》的专栏撰稿人，掀起一股"汪国真热"，代表作品有《年轻的潮》《年轻的思绪》《热爱生命》《雨的随想》。2005年始，他的书法作品作为中央领导同志出访的礼品，赠送外国政党和国家领导人。

a. 急得满头大汗，不知怎么办才好

b. 十分友好地、平静地向警察道歉

c. 听之任之，不作任何解释

(2) 在朋友的婚礼上，你未料到会被邀请发言，在毫无准备的情况下，你：

a. 双手发抖，结结巴巴说不出话来

b. 感到很荣幸，简短地讲几句

c. 很平淡地谢绝了

(3) 你在餐馆刚用过餐，服务员来结账，你忽然发现身上带的钱不够，此刻，你会：

a. 感到很窘迫，脸发红

b. 自嘲一下，马上对服务员实话实说

c. 在身上东摸西摸，拖延时间

(4) 假如你乘坐公共汽车时忘了买票，被人查到，你的反应是：

a. 尴尬，出冷汗

b. 冷静，不慌不忙，接受处理

c. 强作微笑

(5) 你独自一人被关在电梯内出不来，你会：

a. 脸色发白，恐慌不安

b. 想方设法自己出去

c. 耐心地等待救援

(6) 有人像老朋友似的向你打招呼，但你一点也记不起他(她)是谁，此时你：

a. 装作没听见似的不搭理

b. 直率地承认自己记不起来了

c. 朝他(她)瞪瞪眼，一言不发

(7) 你从超市里走出来，忽然意识到你拿着忘记付款的商品，此时一个很像保安人员的人朝你走过来，你会：

a. 心怦怦跳，惊慌失措

b. 诚实、友好地主动向他解释

c. 迅速回转身去补付款

(8) 假设你从国外回来，行李中携带了超过规定数量的烟酒，海关官员要求你打开提箱检查，这时你会：

a. 感到害怕，两手发抖

b. 泰然自若，听凭检查

c. 与海关官员争辩，拒绝检查

测试题答案：选 a 得 0 分，选 b 得 5 分，选 c 得 2 分。①(0～25 分)你承受压力的心理素质比较差，很容易失去心理平衡，变得窘促不安，甚至惊慌失措。②(25～32 分)你的心理素质比较强，性情比较稳定，遇事一般不会十分惊慌，但有时往往采取消极应付的态度。③(32～40 分)你的心理素质很好，几乎没有令你感到尴尬的事，尽管偶尔会失去控制，但总体来说，你的应变能力很强，是一个能经常保持镇静、从容不迫的人。

测验二

焦虑症是一种持久的并伴有植物神经活动紊乱的情绪障碍，患者常有焦虑不安、恐惧等感受。焦虑是正常的，焦虑症是病态的，那么如何知道自己的焦虑情绪是否正常呢？不妨试试下面的焦虑症测试题吧。[①]

仔细阅读每一题，然后根据你平时的实际情况，用第一感觉选择答案。A. 没有或几乎没有，1分；B. 有时，2分；C. 常常，3分；D. 绝大部分或全部时间，4分。注意记录得分。

(1) 觉得比平常容易紧张和着急。
(2) 无缘无故感到害怕。
(3) 容易心里烦乱或觉得惊慌。
(4) 觉得可能将要发疯。
(5) 觉得一切都很好，也不会发生什么不幸。
(6) 手脚发抖打战。
(7) 因为头痛、头颈痛和背痛而苦恼。
(8) 感觉容易衰弱和疲乏。
(9) 觉得心平气和，并且容易安静地坐着。
(10) 觉得心跳得很快。
(11) 因为一阵阵头晕而苦恼。
(12) 有晕倒发作，或觉得要晕倒似的。
(13) 吸气呼气都感到很容易。
(14) 手脚麻木和刺痛。
(15) 因为胃痛和消化不良而苦恼。
(16) 常常要小便。
(17) 手常常是干燥温暖的。
(18) 脸红发热。
(19) 容易入睡并且一夜睡得很好。
(20) 做噩梦。

该量表按最新中国常模结果设计，总得分的正常上限为40分，标准分为50分，焦虑评定的分界值是50分，标准分低于50分说明你心理状况正常，超过50分说明你有焦虑症状，分值越高，说明焦虑症状越严重(测验结果仅供参考，切勿对号入座)。

第七节 身 体 素 质

一、身体素质的含义及身体健康标准

身体素质，简称体质，是生命质量的基础。从体育锻炼的角度讲，具体包括力量、速度、耐力、柔韧、灵敏五个方面。[①] 力量，是人体做功的一种外在表现，是肌肉紧张或收缩时

[①] 资料来源：https://baike.baidu.com/item/焦虑自评量表。

所表现出来的能力。它是人体进行正常生活、工作和维持生命的最首要的机能素质。② 速度，表现一个人的动作快慢，是人体进行快速运动的能力。它可使心率达到生理极限，对人体神经系统的刺激强度最大。③ 耐力，是人体体力和心肺功能在尽可能长的时间内的承受能力，也可看作人体抵抗疲劳的能力。耐力应是全身耐力、肌肉耐力和心肺耐力的综合。④ 柔韧，由关节的骨结构、关节周围组织的体积、胯关节的韧带、肌腱、肌肉与皮肤的伸展性来决定，柔韧性可直接影响人体的协调性、动作幅度和肢体的灵活性。⑤ 灵敏，是各项技能和素质的综合表现，可在突发状况下迅速改变身体位置时表现出来。

世界卫生组织对身体健康制定了新的标准，它包括躯体和心理的健康状态。

"躯体健康"可用"五快"来衡量。

吃得快：进食时有良好的胃口，不挑剔食物，能快速吃完一餐。说明内脏功能正常。

走得快：行走自如，活动灵敏。说明精力充沛，身体状态良好。

说得快：语言表达正确，说话流利。表示头脑敏捷，心肺功能正常。

睡得快：有睡意，上床后能很快入睡，且睡得好，醒后精神饱满，头脑清醒。说明中枢神经系统兴奋、抑制功能协调，且内脏无病理信息干扰。

便得快：一旦有便意，能很快排泄完大小便，且感觉良好。说明胃肠肾功能良好。

二、身体素质的培养

在大学里，学生要自我培养体育锻炼意识，按照个人爱好主动选择体育运动项目，要积极组建和参加体育协会，通过各种形式进行比赛和实践。这不仅可以达到体育锻炼的效果，激发自己的兴趣，促进体育锻炼习惯的形成，也能全面提高学生的综合素质，丰富校园的体育文化，使校园体育运动向多元化发展。大学生不仅要锻炼身体，愉悦心情，还要培养团结协作的能力，激发积极向上的学习热情；具备强烈的参与意识，发挥主观能动性，明确体育锻炼的意义，学习有关的体育知识，并养成良好的锻炼习惯；要爱体育，爱生活，培养自我保健意识和促进体育锻炼习惯的形成，实现自主运动、终身体育的目标。

大学期间，正是人生大有可为的时机，但各类学习和实践都需要有健康的身体。大学毕业后发展事业(以及其他任何事情)更需要强健的体魄来支持。如果注意观察你就会发现，成功人士基本上都有一个强健的体魄。有了好身体，才有充足的精力去开拓事业，好的身体状况也会使人有好的精神状态和好的性格，使人做事情充满干劲，到哪里都容易受到赏识。自己做老板就更需要好身体了，因为当老板比打工要累得多。

在目前的状况下，要想锻炼出一个强健的体魄是不难的，有很多途径，如跑步、踢球、游泳……跑步是最简单有效的方式，最好是长跑；经常踢球也会让你有一个非常强壮的身体。

因此，大学生要养成锻炼身体的好习惯，参加一两个体育运动协会，经常去徒步踏青，打羽毛球、骑单车、练武术……这些都是年轻人不错的选择。选一两项运动作为自己的业余爱好，可以锻炼身体，愉悦身心，收获健康，结交朋友。如果"每天锻炼一小时"，就可以达到"快乐工作五十年，幸福生活一辈子"的效果，何乐而不为呢？

下面是针对身体素质各项指标的锻炼方法。

力量锻炼可分为上肢锻炼和下肢锻炼。锻炼上肢力量可选择引体向上、俯卧撑等运动，也可借助哑铃、拉力器等器械；锻炼下肢可选择蹲起、跳台阶、快速跑等。

"速度素质的表现形式有反应速度、动作速度和周期性运动中的位移速度"。[1]有的项目是以速度来衡量成绩的,如游泳、跑、滑冰、自行车等。其他一些运动项目,如足球、篮球、排球等也要求具有很高的速度素质。

耐力锻炼可分为有氧耐力和无氧耐力。有氧耐力运动包括长跑、游泳、登山、健美操等;无氧耐力运动包括爆发运动,如短跑、跳高、跳远等,爆发力较差的人应注意缩短运动距离。以长跑为例,可以从每天 500m 开始,逐渐过渡到 1000m、2000m 等。

柔韧锻炼可使全身舒展,但须持之以恒才能见到效果。柔韧性较差的人应注意运动时要减小动作幅度。最好的柔韧锻炼是户外慢跑,它能使全身各器官都舒展开来,使人心情舒畅,体会到运动的乐趣。

灵敏素质主要由大脑皮质神经过程的灵活性决定。灵敏素质主要是在高难度、多组合、技术性强的运动中得到发展,如武术、击剑等。

另外,还要避免有损身体健康的坏习惯。

现代人有很多损伤身体的生活方式,其中普遍存在且损耗人体血气能量、损伤元气的三大主要方式为:① 最直接的方式——过度放纵(胡吃海塞、纵欲、不间断地打游戏等);② 最快速的方式——熬夜;③ 最剧烈的方式——真动怒。这三条只要具备一条,而且经常发生,元气就会大幅度降低,就会或多或少地出现各种身体不适的表现,这些表现是身体对你说:"老兄,元气省着点用,我快撑不住了。"如果你不在意,身体素质就会迅速下降,百病丛生,到时候悔之晚矣,可别怪身体没有提醒你哦!

 你知道吗?

世界卫生组织十大健康标准[2]

(1) 精力充沛,能从容不迫地应付日常生活和工作的压力而不感到过分紧张与疲劳。

(2) 处事乐观,态度积极,乐于承担责任,事无巨细不挑剔,工作有效率。

(3) 善于休息,睡眠良好。

(4) 应变能力强,能适应环境的各种变化。

(5) 具有抗病能力,能够抵抗一般性感冒和传染病。

(6) 体重得当,身材均匀,站立时头、肩、臂位置协调。

(7) 眼睛明亮,反应敏锐,眼睑不发炎。

(8) 牙齿清洁,无空洞,无龋齿,无痛感;齿龈颜色正常,不出血。

(9) 头发有光泽,无头屑。

(10) 肌肉、皮肤富有弹性,走路轻松有力。

健康标准对不同年龄、不同性别的人则有不同的要求。根据世界卫生组织的年龄分期是:44 岁以前的人为青年;45~59 岁的人为中年;60~74 岁的人为较老年(渐近老年);75~89 岁的人为老年;90 岁以上为长寿者。

---

[1] 资料来源:https://baike.baidu.com/item/身体素质。

[2] 资料来源:https://baike.baidu.com/item/健康标准。

正所谓"身体是革命的本钱",当代大学生应该选择合适的锻炼项目,注重体质的内外修养,"早睡早起、避免邪淫、控制情绪",树立"健康第一"和"终身体育"的思想观念,把合理膳食、体育锻炼作为自身全面发展的一部分。

第八节　培养综合素质

我们所处的时代是一个社会迅猛变化、发展的时代,经济发展势头强劲,科学技术日新月异。随着社会、经济、科技的发展,社会对人才的需求进一步增加,对大学毕业生的素质要求也不断提高。大学生素质水平关系到中华民族的整体素质,关系到党和国家的命运,关系到社会主义事业的顺利进行。而大学时期是大学生由学校人过渡到社会人的重要阶段,这一阶段综合素质的培养对于大学生的职业规划,乃至整个人生都有极其重要的意义。

另外,我们应该看到,随着时代的发展,社会发展不再仅仅需要掌握单一技能的高精尖人才。目前社会职业千变万化,新职业不断产生,大学毕业后想要找到专业完全对口的岗位越来越难,行业特征也不像过去那么鲜明,职业变动的可能性越来越大,岗位所需的知识和技能更新速度加快,复合程度越来越高,社会更需要综合素质高、知识面宽、基础雄厚、具有人格魅力的复合型人才,以迎接新的挑战。

一、大学生综合素质的主要问题

我国大学生从年龄来讲,基本处在18～24岁这一年龄段内,正值一生中的黄金时期,是人生观形成的重要时期,也是素质提升潜力最大的时期。近年来的调查结果表明,目前大学生的素质状况总体良好。大学生热爱祖国,有民族情怀,关心国际时事,积极要求进步,崇尚科学,敢于担当,善于实践,都在通过各种渠道不断完善自己。特别指出的是,大学生智商较高,接受新鲜事物能力强,具有很强的创新意识,所以,大多数学生在专业方面表现出较好的素质,他们也十分重视对综合素质的培养和提高。然而,为了全面促进大学生综合素质的提高,还须对其中存在的一些问题加以分析研究。

有学者对用人单位进行了调研,发现大部分毕业生的思想素质、心理素质和人文社科素质较高,同时有合理的专业知识结构,事业心、责任感和竞争意识较强。但同时也有少数毕业生综合素质还不尽如人意,与社会、企业要求的人才素质存在一定差距,这些差距主要表现在以下几个方面[①]。

(1)认知能力不足。大部分毕业生对于自己适合什么样的工作和将来在哪些领域中发展还没有认真地思考过,不能冷静地分析自身所到之处的环境是否与自身的条件相适应,不能用发展的眼光看问题,不能把自身的发展和社会的发展有机地联系在一起,只顾眼前利益,不求将来发展。

(2)实践能力不强。用人单位普遍反映,很多毕业生都具有英语、计算机等级证和各种各样的荣誉证书,有的还是优秀毕业生,学业成绩也都很好,但在实际工作中,动手能力太差,高分低能现象十分明显。

(3)合作沟通能力不够。当今大学生个性更加鲜明,我行我素,做事、说话都不太注意

---

① 张炳武、张毅,《注重素质培养 提高大学生就业综合竞争力》,中国大学生就业,2009年,第14期,第65-66页。

别人的感受，他们往往不懂得社会是一个有机联系的整体，不知道团队合作精神的重要性，自以为是。

(4)交际能力较差。传统的应试教育束缚了大学生交际能力的发展，在实际工作中，这些毕业生往往难以应付日常生活中的各种交际，更不可能灵活处理。

(5)表达能力欠缺。部分毕业生缺乏基本的文字表达能力和口头表达能力，有的甚至不能用语言或文字表达出一件事情的来龙去脉。

(6)控制能力较弱。很多大学生在工作中不能很好地控制自己的各种心理情绪，遇事不沉着，处事不稳重。

二、大学中的四个"学会"

当代大学生生活在经济社会高度发展、物质文化需求不断增加、科学技术水平不断进步的21世纪，机遇与挑战并存。提高大学生的综合素质已成为未来社会发展的必然趋势与要求。大学，乃学之大者；人才，乃人之杰也。作为高素质人才的当代大学生，如何在大学阶段，抓住宝贵机遇，利用各类条件，扎实提高自身综合素质，学其"大"者，成为"人杰"，是全社会共同关注的问题。

国际21世纪教育委员会在向联合国教科文组织提交的《教育——财富蕴藏其中》的报告中，提出了大学生要"学会做人""学会求知""学会做事""学会共处"引起全世界的高度重视，对于大学生如何理解全面发展、提升自身综合素质有着深刻的指导意义。

■ 学会做人

子曰："弟子，入则孝，出则悌，谨而信，泛爱众，而亲仁，行有余力，则以学文。"[①]这这句话表达的是儒家传统对人的道德从家庭伦理到社会伦理的转变过程，告诉我们该怎么做人。其大致的意思是学生在家要孝敬父母；出门要尊敬兄长，敬爱长辈；做事要谨慎认真，守信誉讲信任；为人要广施爱心，爱天下人；要亲近有仁义道德的人。做好这些之后，把其余的精力用在做学问上。主题意思还是做事先做人，人品第一，做事从做人开始。

今天，我们依然强调的是先做人后做事，做事如做人，做人要地道(厚道)、要正直、要守信、要谨慎、要有礼貌……

学会做人要求大学生做好以下几方面。

(1)做一个身心健康的人。"身体是革命的本钱"，良好的身体素质、健康的体魄已成为人才竞争的基础。德、才、学、识、体被人们普遍认为是人才的内在因素，而"体"是最基本的，是成长、成才的物质基础。《易经》上讲"自强不息"，即自尊、自立、自强，可以理解为对民族文化或民族心理的概括，可见我们的民族历来重视心理素质。在社会急剧变革的今天，多元价值观念的冲突，多种思想文化的激荡，物质生活的悬殊，激烈的竞争，不协调的社会生活和经济生活等，都冲击着青年学生，引起了部分学生心理失衡、认知失调、行为失范。这些既不利于青年学生的学习、工作和生活，也不利于其未来求职就业。所以，大学生需要提高心理素质，正确评价自我，积极乐观、豁达大度、胸襟开阔；要正确对待挫折，树立正确的目标，切忌不切实际，培养坚韧不拔的毅力；要增强自信心，克服自卑感，培养、

[①] 杨伯峻，《论语译注》，中华书局，1980年，第4-5页。

(2) 做一个有思想、有道德的人。大学生接受了多年的教育，从整体上来讲他们的道德品质素质是比较高的。但是，近年来西方的消极思想对大学生树立正确的人生观、价值观造成了巨大的冲击，拜金主义、享乐主义、个人主义、利己主义侵蚀着青年人的思想，这导致有些大学生在这些思想的冲击下迷失了自我，陷入了泥沼，有的甚至走上了犯罪的道路。进入新世纪，对人才的要求首先应该是一个有思想、有道德的人，是一个品质高尚、人格健全的人，是一个和社会融洽相处并且受社会欢迎的人，是一个对国家、社会、家庭、朋友负责任的人，是一个对社会有所贡献的人。有思想、有道德包括事业心和责任感、政治素质及艰苦奋斗、百折不挠和务实作风等方面：① 事业心和责任感。爱岗敬业、乐于奉献，高度负责，孜孜追求，全身心投入，视工作为事业，能与同事（单位、部门）共患难，同甘苦，荣辱与共。② 较高的政治素质。有鲜明的政治立场、具备政治远见和敏锐洞察力，对社会发展趋势具有前瞻性，对国家宏观政策的有把握能力及具备一定的政治理论修养。③ 艰苦奋斗、百折不挠和务实作风。这是事业有成之人应有的作风和秉性，在我们的成长过程中，总会遇到很多无法预知的困难，难免有这样那样的坎坷、曲折，这就需要我们始终保持昂扬的斗志，坚定信念，意志顽强，迎难而上，坚定不移地朝着既定的奋斗目标努力前行。

(3) 做一个有知识、有能力的人。知识是形成素质的必备基础，高素质人才必然有扎实全面的专业基础。融人文学科和自然学科于一体的广博的学科基础知识才是全面的专业基础。一个人只有具备了通古博今、融贯东西的综合知识结构，才能有透彻研究高深学问的能力，这本身就是一种素质。从一定意义上讲，能力是衡量素质的一项重要指标，素质高必能力强，能力是综合素质的表现。一个人从事的活动与其具备的才能的关系表现为，若其从事某种活动游刃有余、得心应手、事半功倍，说明人的才能与活动要求相符，并具有较高水平；反之，若一个人做事时感到力不从心，事倍功半，说明他是一个才疏学浅、能力较差的人。提高能力，必然要吸收知识，但绝不是知识的堆砌，关键在于对知识的运用。

(4) 做一个有人文素养的人。《大学生人文素质教育的现状与对策》一文对"人文素质"进行了界定，认为"人文素质是知识、能力、观念、情感意志等多种因素综合而成的一个人的内在品质和潜能，表现为一个人的人格、气质、修养及综合能力。"[①] 人文素养不单纯是人文学科相关知识积累，更重要的是我们要通过对人类历史、文化、艺术等的深度理解，建立起理解人类世界的独特性，理解人生的不易和珍贵的正确态度，使我们从内心深处能够懂得人文世界的美好意蕴，更深刻地体会到人生的独特价值，从而将个人命运与社会联系起来，真正地体会到生而为人的幸福，更加珍惜人生的每一个时光。

在初中、高中等中等教育阶段，我们的学习生活目标都非常单纯，我们接触的环境也非常单纯，而这种单纯，在某种意义上来说，限制了我们的发展，在这样的环境下，希冀大的改变、创造和成长，其实是不现实的。我们只能说，学校的生活可以在某种程度上确保我们的心理年龄与我们的生理年龄并行。但是，其对于我们世界观、人生观及个人性格的培养所起到的积极作用并不明显。

大学阶段，是一个人塑造性格、认识世界和改造自己的最佳阶段，我们真正能有一个平

---

① 李艳萍，《大学生人文素质教育的现状与对策》，职业技术，2005年，第1期，第53页。

台和空间去了解我们想知道和不想知道的事情。只要你有一个开放的思想，这个世界的信息就会源源不断地来到你的面前，这个时候，我们才真正迎来极速的成长时期。

■ 学会求知

"吾生也有涯，而知也无涯"，[①]超然庄子，尚有此叹，面对知识的海洋，我们更要学会求知。学会求知指既要学习，还要学会学习；不仅要不断学习，增加知识，还要思考如何学习，迅速接受知识，并加以运用。更为重要的是要学会思考，该学习什么，除了课本知识，还有技术技能、实践经验等。大千世界，学海无涯，我们要学会甄别，取其精华，弃其糟粕，去伪存真，真正把自己锻造成懂学习、肯学习、会学习的人。学会求知要求大学生要做好以下几方面。

(1) 厚积薄发，学会自主学习。我们要培养自主学习的能力及实践的眼光与思维，把自己转变为学习的主人，学会化知识为能力，要乐于探究求新、善于发现自己的不足，拥有创造的愿望，为获得理想的职业积极做好准备。同时，结合社会与职业发展的要求，树立正确的职业理想，找准职业方向，注重培养和提高自己的综合素质，优化自身知识结构，择己所爱。

(2) 术业有专攻，加强专业知识的学习。只有具备了较高的文化层次，才可称得上是"真材实料"。壳牌石油公司企划主任德格说："唯一持久的竞争优势，或许是具备比你的竞争对手学习得更快的能力。"[②]大学生必须时刻关注本学科的前沿领域和最新成果及其转换情况，充分利用学校图书馆、资料室、信息网络等手段及时充电学习，跟踪科技动向，把握学术前沿，这样才能跟上科学技术发展的步伐，紧贴现实的需要。

(3) 远溯博索，重视非专业知识的学习。作为大学生，我们不仅要学会本专业的知识，对其他相关学科也要有所涉猎，要努力拓展自己的知识面。如果忽视专业外的知识，只注重专业知识，就会使自己成为"井底之蛙"。所以，在平时就要注重培养自己学习公共知识的习惯，多读书、多看报，善于利用网络资源进行学习，把公共基础课提高到专业课的高度，积极参加社会实践，主动学习多种知识，多读、多说、多练，有意识地培养被社会认可、需要的技能。

(4) 择善而从，学会鉴别学习。子曰"三人行，必有我师焉。择其善者而从之，其不善者而改之。"面对众多的知识，面对太多的疑惑，大学生往往会迷失方向，甚至踏上不归路。择善而从，就是要有鉴别地学习。用正确的人生观、世界观、价值观去判断、去甄别，发现真善美，杜绝假恶丑。

(5) 勤奋求知，树立终身学习的意识。"泰山不让土壤，故能成其大，河海不择细流，故能就其深。"[③]只有不断学习，不断求知，才能不断增加自己的知识积累，充实自己，成就一番事业。我们处于终身学习的时代，学习已成为社会的必要要求，是人们谋求生存的重要能力。学无止境，我们要树立终身学习、不断学习的思想意识，现在的学习要为将来的学习做准备。作为大学生，要不断丰富自己，使自己不被时代所抛弃。

习近平总书记在 2013 年 5 月 4 日同各界优秀青年代表座谈的讲话中指出："古人说：'学

---

① 杨柳桥，《庄子译注》，上海古籍出版社，2007 年，第 34 页。
② 黄纯灿，《知识经济与学习型组织》，企业研究，2005 年，第 1 期，第 67-68 页。
③ (清)吴楚材、吴调侯选，《古文观止·卷之四·李斯谏逐客书》，中华书局，1959 年，第 170 页。

如弓弩，才如箭镞。'说的是学问的根基好比弓弩，才能好比箭头，只要依靠厚实的见识来引导，就可以让才能很好发挥作用。青年人正处于学习的黄金时期，应该把学习作为首要任务，作为一种责任、一种精神追求、一种生活方式，树立梦想从学习开始、事业靠本领成就的观念，让勤奋学习成为青春远航的动力，让增长本领成为青春搏击的能量"。①

由于社会环境、家庭环境、组织环境、个人成长曲线等变化及各种不可预测因素的影响，一个人的职业生涯发展往往不可能一帆风顺。未雨绸缪、善于把握方向才能更好地把握人生，主动适应各种变化。当然，也就需要我们自己做定期评估、反馈、调整、优化自己的个人发展规划。当自己的知识结构不能满足现实需要时，就应该知道从哪里获得相关知识，主动汲取学习新知识，使自己保持稳定的职业上升状态，让个人核心竞争能力优于他人。

■ 学会做事

> **名人金句**
>
> 现实是此岸，理想是彼岸，中间隔着湍急的河流，行动则是架在川上的桥梁。
>
> ——克雷洛夫

学会做事才是实现理想的正确途径。当代大学生应该树立职业规划意识，知道自己想做什么，要做什么，该怎么做，这是一切成功的前提，也是提高综合素质的必备条件。

我们要加强自身职业能力的培养，掌握基础知识，提高实际运用能力，使自己具备从事该行业岗位的实际工作能力，提升职业素质，才能积极投入到社会工作中。

学会做事要求大学生做好以下几方面。

(1)明确自己要做什么。对自己进行正确的职业分析和自我评估，改进不足，发挥优势；要充分了解自己想从事职业的特性、现状及发展空间和该职业对求职者的自身素质和能力的要求，以便在进行职业生涯规划时，能够选择适合自己的职业，做好职业定位，为今后学习确立目标，形成稳定的学习动机。

(2)锻炼基础知识的应用能力。应用能力素质培养是本科院校学生能力培养过程中重要的内容。为了更好地掌握和正确运用专业知识，学生必须努力学习英语和计算机基础知识；掌握本专业所要求学会的知识，并融会贯通；要学会利用网络获取各类有用的知识信息；主动参加各种实验实践教学，认真做好专业大实习和顶岗实习工作等，只有这样才能使自己的应用能力得到提高。

(3)增强科研能力素质培养。在校期间，必须培养自己发现问题、提出问题和解决问题的能力。大学的重要任务之一是科学研究，这不但表现在教师需要进行科学研究，也表现为要培养学生进行科学研究的能力，使其具备开展科技攻关、解决实际问题的能力。学生通过参加大学生科研项目、科技竞赛，或参与教师科研课题研究，锻炼自己的科研能力，进行科研能力素质的培养，为今后在工作中解决实际问题奠定基础。

(4)提高创新意识与开拓精神。创新是21世纪时代精神最主要的特征之一，可以说，21世纪是一个创新的世纪。创新要求人才不仅具有一般继承性的知识和能力，更要求人才拥有

---

① 习近平，《习近平谈治国理政》，外文出版社，2014年，第51-52页。

能适应社会高速发展的创新知识和能力。所以,在校学习的大学生,首先,在学习过程中要坚持多问几个为什么,要学会运用逆向思维来思考同一问题,要学会找寻多种解决问题的办法,不能人云亦云,凡事步人后尘。其次,要培养自己的创新能力,更重要的是实践创新,要把理论学习与实践活动结合起来,并在实践中有新的发现。最后,要注重培养思维创新,多安排一些时间来思考,激发自己的创造力。要加强创新意识的培养,在学习中有意识地寻找专业领域中的新发现、新方法、新思维、新技术和新创造,培养学习兴趣、思维能力、个性品质和创新情感,参与丰富的创新活动,为将来成为创新型专业人才奠定基础。

(5)培养敬业精神。有敬业精神的人就是有一定责任心、有成就感的人,不用升迁和报酬来衡量自己,而是以圆满完成工作来衡量自己。敬业精神是用人单位最看重的品质之一。一个人要全面发挥自己能力,敬业精神是重要条件。如果没有敬业精神,一个人即使有很强的能力,也很难在工作岗位上尽心尽力地发挥自己的能力。许多用人单位指出,刚从学校毕业的大学生最令人满意的特质之一就是有一种奋发向上的精神,有一种想马上投入工作的精神、想努力实现自己的理想的干劲,这些特点给事业注入了活力。

(6)培养业务素质。业务素质是大学生为社会服务,为国家做出贡献的必备本领,是大学生的必要素质。随着社会竞争的加剧,我们必须有真才实学取胜。业务素质主要包含以下几个方面:"① 精辟的专业造诣和雄厚扎实的学科基础知识;② 不断进行专业研究、专业应用、专业开拓的兴趣和能力;③敬业精神;④ 融合能力;⑤ 管理能力。"[1]

学会共处

名人金句

唯有具备强烈的合作精神的人,才能生存,创造文明。

——泰戈尔

人生存的状态,就是以群体的方式实现的,个人的体力、智力有限,而且必须在群体的活动和交往中得到发展。歌德曾说:"不管努力的目标是什么,不管他干什么,他单枪匹马总是没有力量的。合群永远是一切善良思想的人的最高需要。"[2]不仅如此,个人在生活中所遇到的困难、危机,也不可能完全靠自己的力量解决,必须得到他人或集体的协助、支持。只有学会与人交流沟通、学会融入团队、学会合作才能够创造成功。

学会共处要求大学生做好以下几方面。

(1)讲求诚信,树立团队合作意识。21世纪是经济高速发展、信息全球化的时代,大学生必须具备与人沟通交流、团结合作的能力,才能适应这个时代。大学生要通过参加社团活动、素质拓展训练、文艺科技体育等竞赛来消除猜疑、嫉妒,排斥不良心态,以包容、接纳、善待的心态去积极应对,在与人合作的过程中注重诚实守信,注重培养责任心和承担责任的能力,提高自己的合作系数。

(2)培养有效的沟通交流能力,实现双赢。沟通是解决问题的必经之路,找对沟通的

---

[1] 资料来源:http://www.doc88.com/p-1896812593559.html:大学生学习生涯规划。
[2] 王媛媛,《让学生在集体中成长》,基础教育论坛,2016年,第33期,第55-56页。

时机和切入点将会事半功倍。懂得倾听的人,才会赢得对方的尊敬。沟通时,信心非常重要,只有充满信心,说话才会有理有力。沟通交流,是成功者必备的一项素质。语言表达是沟通的开始,如果没有出色的表达能力,就不可能进行有效的沟通,也就不可能与人进行真正意义上的合作。因此,成功沟通取决于你的宽容态度、理性思考和艺术的语言表达。

(3)增强人际交往能力。人际交往能力是一名社会成员的基本能力,是否具备善于与他人交往的能力是衡量一个人能否适应现代社会需求的标准之一。一个公共关系人员能否正确处理、协调好职业生活中人与人之间的关系,不仅影响其对环境的适应情况,还影响其心理健康和工作效能。人际交往是一门综合学问,它涉及一个人的性格特征、人格气质、受教育程度、应变能力、理解能力、表达能力、礼仪水平等,这些需要我们在日常的学习工作生活中去经历、体会。

(4)学会适应社会。人们经常会说大学是小社会,但是学校与社会还是有差距的。因工作经历、生活经验的缺乏,刚走出校园的大学生对社会看法比较简单、片面和理想。可能因为适应过程长、角色转换慢,而难以适应社会各行各业的要求。所以在大学里我们要注重培养自己对社会的适应能力,把理论学习与社会实践相结合,积极参加社会实践,培养自我认识和自我约束能力,提高运用自身所学知识解决复杂问题的能力,学会换位思考、自我解压、善于倾听和表达,友善互助、团结协作。

社会的发展越来越需要人们具备善于与人合作的品质。美国学者朱克曼曾做过一项研究,他发现自1901年诺贝尔奖颁发以来,75年间的286位获奖者中,2/3的科学家是与人合作而获奖的。他以25年为单位,将这75年分为三段进行了比较研究,发现与人合作而获奖者在第一个25年为41%,第二个25年上升为65%,第三个25年竟达到79%。[①]这就有力地说明,科技越发达,一个人要取得事业上的成功就越需要学会与人合作共处。因此,大学生应该学会与人共处,提高成功系数。

三、在体验中提升综合素质

"想成为什么样的人,就去做什么样的事。大学里,考察一个人的成就绝不只是一纸试卷。所以,学习或许不是最重要的,但是,不学习你会成为最不重要的!"一位即将毕业的大学生如此总结自己对大学的感悟,"大学生不能左右自己的一切,我们不能随遇而安,但是,要随遇而努力,干自己该干的事,做自己想做的人!"

为了训练自身的综合素质,大学给了你体验的舞台,你可能不能多次体验,但希望你至少用一次体验来证明自己。每完成一次体验在对应的方框里作上一个标记。

□参加一次专业竞赛或科技竞赛。当你从什么知识都不懂,却一跃在科技大赛中获奖,你会是什么感受?参加一次科技竞赛使我们获得的知识储备难以估量,也让我们的心理素质在潜移默化中得到提升。参加竞赛,你要了解这个大赛的规程以及历史,当你开始着手做比赛项目的时候,你要了解、搜集各个方面的知识,如电路与仪器方面、市场调查方面、团队建设与管理方面、论文写作方面等,这些都要通过自己上网,去图书馆、书城完成,这些过程的体验和知识的丰富是自己无法估计的。通过这次竞赛你学会的是如何管理一个小团队,

---

① 哈里特・朱克曼著,周叶谦、冯世则译,《科学界的精英:美国诺贝尔奖金获得者》,商务印书馆,1979年,第243-244页。

如何与团队成员团结互助，如何与不同性格的人沟通，如何组织语言，如何调节团队成员之间的矛盾。在这个过程中，还培养了你的耐心，让你以后无论做多么琐碎的事情都能够踏踏实实地完成。参加一次科技竞赛更是你能力和素质的展现，也为你以后的事业打下坚实的基础。因此，希望你大一刚进大学，就要全面关注大学生科技竞赛，了解与你专业相关的科技竞赛项目，时刻准备，即便自认为什么都不懂，也不要害怕，要勇敢地把握住机会，利用平台锻炼自己的才能。

□参加一次社团活动。大学生社团是大学校园中一道亮丽的风景。据统计，"60%以上的在校学生属于一个或几个社团，而90%以上的大学生参加过由社团举办的某种活动。"[1]大学生门刚从中学时代繁重的学习任务和固定班级中解脱出来，可以跨越班级、专业、年级、学院的界限，按照自己的兴趣、爱好、特长，自由组合，建立各种各样的社团。这些社团可以分为理论探究、学术科技、文学艺术、体育健身、志愿服务、社会政治等种类。在社团里的日子往往是大学期间最难忘的经历，在社团里会学到课堂上学不到的东西，结识到志同道合的好朋友。加入社团，可以结识不同年级、不同专业的新朋友，可以与他们一起读书或打球，可以与社团成员交流、探讨问题，可以走出校园，参加社会实践，也可以举办讲座，分享认识和体会。

□参加一次"志愿者"行动。"志愿服务"包括环境保护、扶弱助残、赈济贫困、救灾抢险、社区建设、公益活动等在内，志愿者身上体现出的"奉献、友爱、互助、进步"的精神，能够反映出社会文明的进步水平。作为新时代的青年，当代大学生应该多参加志愿服务，奉献出自己的时间和劳动，给予那些需要帮助的人力所能及的帮助。而在帮助他人的同时，我们会在其中深切体会到"我参与、我奉献、我快乐"的精神境界，给我们的大学时光留下一段刻骨铭心、难以忘却的美好记忆，在将来的日子里供我们细细品味。另外，在志愿者的活动中，同学之间相互帮助，相互鼓励，不仅增强了同学间的凝聚力和同学间的和谐元素，还增强了同学之间的相互了解和相互信任，收获了一份快乐和友谊。

□参加一次暑期"三下乡"社会实践活动。暑期"三下乡"社会实践活动是大学里难得的一次生活和实践体验，为广大学生提供了一个认识社会、深入实践的平台。现在它的实践内容已拓展到社区服务、志愿者行动、社会考察、环境保护宣传、文化教育服务、素质拓展等多个方面。目的是让学生把自己学到的科技、文化、卫生知识普及到农村，造福社会，了解国情民意，用社会的阅历丰富自己。社会实践客观上给了学生一次接受现实教育的机会，使其对社会有了一次全新的深度接触，少一份幻想，多一份成熟。同学们在向社会提供服务的过程中，使自己所学的理论知识得以运用于实际，既锻炼了自己独立工作的能力，又培养了吃苦耐劳的精神和克服困难的勇气。

□做一次学生干部。在大学里，学生干部是一个特殊的群体。首先，他们是一群学生，他们来自学生，他们首要的任务当然是学习。然而，他们又不是普通的学生，因为他们身上承载了责任与信任。学生干部是自愿为同学服务的积极分子，也是学生群体中的先进分子。要起到带领引导作用、组织管理和助手作用，学生干部是联系老师和同学、社会和同学的桥梁与纽带，目的是为老师解忧，为同学服务。进入大学，你不妨当一次学生干部，无论你是班级干部，还是学生会的主席、团支部书记，在学生干部这个岗位上，你都能体验到管理班

---

[1] 许达志、高妍，《浅析我校大学生社团发展中存在的问题及对策》，教育纵横，2010年，第6期，第171-172页。

级、服务同学、自我约束、自我管理、自我服务的精髓。在服务同学的同时，不断提升自我，促使自己站得更高，看得更远，想得更多，使自己充满责任感与使命感。在发挥作用的同时，锻炼自己组织协调、沟通交流等能力及团队合作意识和大局意识，这对你的综合素质将有很大的提升。

□谈一次恋爱。在大学里，如果有可能，谈一场恋爱也是很不错的体验。大学里的爱情是美好的、纯洁的、神圣的。在拥挤的楼梯，在静谧的图书馆，在清幽的林间小路……不知会在何时，或许就有一份美丽的邂逅，让你们走到一起。相信每位大学生都在期待大学期间有一段纯洁的爱情。当一个人，有了自己感情依托的另一半，那是走向成熟的开始。从此，你会开始学习爱的表达方式，学习异性的心理特点，学习对异性优点的欣赏，学会在对方的眼中看自己，学会真诚的付出，学会承担责任……你将体会到真正在乎一个人的心理感受。谈一次恋爱，献出你的真情，体验一次真诚的付出，体验一次爱与被爱的感觉，多一层人生的思考与责任。走进恋爱，你开始注重个人仪表和形象，注重礼仪和礼貌，你的情商将得到很好的释放和丰富。有学生说，在大学恋爱，要的不是结果，而是恋爱的过程，在校园中留下你美好的足迹，有一份青春的美好回忆，这才是最重要的。这话不一定完全对，但也不无道理，无论这场恋爱有没有结果，随着时间的推移，爱情带给你的或是美好回忆或是终生幸福。请相信，缘分一定会在某一时间和空间点上走到你身边，轻轻叩响你的心门，悄悄地对你说：hi，我来啦！一定会有一个和你终身相守的人与你牵手走向生命的未来。因此，当爱情到了，你一定要真心把握，好好珍惜，无论结果如何，她都将使你的人生更加厚重！

□交一个知心朋友(当然越多越好)。难忘"高山流水"的传说，难忘"管鲍之交"的佳话，"山中石多真玉少，世上人稠知音稀"。大千世界，茫茫人海，知心朋友实难寻觅，难怪古人也有"黄金万两容易得，知己一个也难求"的悲叹！除了读书，在大学里最重要的是要交朋友，在大学里或许能交上你一辈子的朋友。因为在这四年里，同学之间没有任何利益冲突，并且彼此知根知底，某位同学个性、胸怀、人品、才能怎么样，众所周知。大家步入社会工作以后，通常是心灵相通、志趣相投的大学、高中同学，成为事业上互相帮助、互相扶持的战友。你自己是一个真诚、大方、阳光的人以及追随比你更加优秀的人是交到好朋友有两个最重要的前提条件。人与人的交往犹如一面镜子，你若以诚待人，则人必以诚待之；"近朱者赤，近墨者黑"，张良追随了刘邦，他才能成功，所以，要追随在某个领域比你更加优秀，志向比你更高远，胸怀比你更开阔的人。去结交智慧的朋友、脚踏实地的朋友、乐观的朋友、幽默风趣的朋友、对你说实话的朋友、帮你了解自己的朋友、提升你能力的朋友、激励你上进的朋友等，这样你就能学到很多东西，提升你的修养和人格魅力，其间也会体验心灵的交流，思想的碰撞。而且，朋友将是以后事业发展的一笔宝贵财富，让友谊之花盛开，事业之树枝繁叶茂！

□参加一场演讲。"演讲又叫讲演或演说，是指在公众场所，以有声语言为主要手段，以体态语言为辅助手段，针对某个具体问题，鲜明、完整地发表自己的见解和主张，阐明事理或抒发情感，进行宣传鼓动的一种语言交际活动。"[①]演讲是一个人学识修养、语言表达能力和心理素质的体现。当你站在一个偌大的舞台，面对着数不胜数的观众，你是否还能思如泉涌，还能慷慨陈词？当然，演讲对我们每一个人都是一个极大的挑战，很多人无法做好。

---

① 资料来源：https://baike.baidu.com/item/演讲。

可是你能想象当你完成一次完美演讲时的那份激动吗？那可能是任何荣誉都无法比拟的。通过这样一次历练，你的文笔修辞、你的口才、你的心理承受力、你的现场表现力都会得到一次训练和提升。通过演讲，可以训练语气、语调、语速、停顿，训练发音吐字，训练态势语言。它使你说话时情动于衷，感情饱满，恰当地运用眼神、面部表情、姿态和手势，达到口头表达和表情动作的完美和谐统一，能提高语言的表达技巧，让你的语言生动、形象、风趣、幽默。一次好的演讲，必须做充分的准备，要通过报刊、图书、电视、电影、网络等途径搜集信息和资料。除此之外，还要利用一切空闲的时间进行广泛的阅读，从文学作品中充分感受到语言之美，从科技读物中逐渐培养起追求真知的兴趣，从哲学书籍中不断提高思辨能力，从新闻报道中了解时事政治……只有拥有了大量的知识储备和相应的思辨能力，我们才能够在演讲时侃侃而谈，丝毫不怯场。总之，演讲有利于锻炼一个人的胆量，有利于一个人语言表达能力的提高，有利于一个人观察问题、分析问题能力的提高，有利于锻炼一个人的交际能力……如果是即兴演讲的话，更可以锻炼一个人的思维反应速度，所以通过演讲你们得到的不仅仅是在学识上的进步，还是心理上的一次升华。

　　□出一次远门。古语云"读万卷书，行万里路"，这是先人在社会实践的基础上总结出来的经验，至今还有现实意义。"两耳不闻窗外事，一心只读圣贤书"的做法再也不能适应现代社会。人生除了课堂知识，还有更多非课本的东西值得学习、感悟和体验。大学里，没有繁重的课业压力，没有沉闷的自习气氛，不妨利用寒暑假，背上行囊，出一次远门，与大自然做一次亲密的接触，给祖国的大好河山一个亲切的问候，见识不同的风土人情，了解更多的人间趣事，这都会给你带来全新的体验和丰富的收获。在过程中去体验路途的奔波，欣赏异地的风景，品味不同的文化，收获一份轻松的心情、一个开阔的视野、一个更丰富的自己！

　　□与领导聊一次天。大学生，处在由学生向社会人转变的关键点上，在这四年里形成的思想价值观、处事方法、行为习惯等将会决定你一生的高度。正是如此，在这个时期，大学生是最容易陷入迷茫和误区的。调查数据显示，我国大学生普遍存在心理问题，人生规划、职业目标、自我定位不清晰者大有人在。在这个时候，我们应该做什么呢？如果你有了上述困惑，或者想进一步提升自己，你不妨真诚地和你的领导、老师、学长聊一次天，深谈一次，他们会以过来人的经验，以更深刻的思想和敏锐的眼光，来帮助你、启发你、影响你。或许一次谈话，便能提升你的视野和境界，提高你的认知高度，让你于"望尽天涯路"后，茅塞顿开，走出困境，迈向成功。

　　□做一次勤工俭学（打一次工）。勤工俭学（也称打工、做兼职）一般是指家庭经济困难的大学生利用业余时间做工赚取报酬，以补贴学业生活之用。当然，有的学生外出打工或做兼职也不一定是为了挣钱，而是想多积累点社会实践经验和人生体验。不管是想弥补自己的"财政赤字"或是由于家庭经济困难而想减轻家庭负担，或是想增加人生阅历，勤工俭学都有利于学生较早接触社会、认识社会、增长知识、开阔视野、培养能力，增加自己的人生阅历，锻炼学生的自我挑战意识和意志水平。通过勤工俭学（外出打工或做兼职）接触社会，能较早地认清自己的价值和在社会中的位置，学会忍让、包容，接受社会现实。随着经济的发展，市场竞争将日趋激烈，毕业后找份好工作的唯一通行证不再是高学历、高文凭，提高能力、提高素质才是制胜的法宝。参加一次勤工俭学，以积极的态度去了解、认识社会，锻炼生存能力，为以后建功立业做准备。勤工俭学（外出打工、做兼职）还可以让自己认识到赚钱的艰辛，积累自信和经验，增强自立能力，强化自立意识，了解和认识社会，初步了解用人单位的文化和管理，人际交往和社会适应能力也会得到提升，为以后走进社会奠定基础。勤工俭学(外出打工、做兼职)是大学生寻找自己人生价值坐标的一次尝试,不管是否能确定自我的价值方向,寻找本身就是一种价值的外现。在劳动中你可以真实地体验生活,感受生活的艰辛和乐趣,在真正的打工中会加深对父母的理解,对于家庭观念的感受也会更加深刻!在打工的那些日子中,你的内心会变得更加成熟,你的阅历会更加丰富。当你拿着那一份通过自己劳动而获得的薪水时,你会为自己所取得的成绩感到欣慰和自豪!

☐**参加一场辩论**。在大学里,辩论会绝对是一道亮丽的风景。古有诸葛舌战群儒;今有学子雄辩滔滔。参加一场辩论,你的发散思维能力、应变能力、口头表达能力、文字整理编辑能力、资料搜索分析能力都会得到很好的锻炼;也能够使你更好地剖析问题,学会从多个方面思考,而不只是简单的对与错,可以使你更全面、更透彻地考虑问题。在大家的合作中,还可以增强自身的团队合作意识和集体荣誉感。在掌声与鼓励中,你得到的是肯定和成就感。在与对手的辩论中,你学会的是辩证思维,懂得的是礼貌与尊重,增加的是同学间、师生间的感情。总之,认真参加一次辩论,体验那种面红耳赤的争辩、唇枪舌剑的交锋,在一场没有硝烟的战争中,你获得的将是别样的生活感悟。

☐**当一次宿舍长**。大学里很多的时间,你们都是在宿舍中度过的。宿舍在大学的日常生活中是一个极其重要的场所。因此,当一次宿舍长看似微不足道,实际上很有意义。宿舍学习、团结、文明氛围的营造和舒适、整洁居住环境的打造,是一个极其考验人的文化素养和组织活动能力的事情。一个寝室是否形成了"自律、俭约、文明、尚学、和谐"的氛围,是对宿舍长能力的最佳评判。因此,做一次宿舍长对于一个大学生来说是一个不可或缺的经历。在当宿舍长的过程中,你会体会到"一家之长"的不易,你会收获一份无法分割的友谊,你会感受到同学的真诚关心和帮助。同宿四年,交往一生!

☐**参加一次运动会**。大学校园一年一度的运动会是大学生的体育盛宴。全校的运动健儿本着"友谊第一、比赛第二"的体育比赛精神,在赛场上顽强拼搏,他们用热血与汗水,书写着壮丽的篇章,实现"更高,更快,更强"的目标,这是耐力与意志的检验,是自我价值与个人特长的展现,更是为集体荣誉的拼搏!看台上的激情呐喊、赛场上的飒爽英姿,鲜花和掌声,泪水与欢笑,构成了一幅绝美的画面。在大学里,无论你是激情澎湃的观众,还是众人瞩目的运动员,你都要去体验一下运动会带给你的青春激情与活力。你可以组织大家训练,你可以带领大家加油,你可以参加仪仗队,你也可以去当裁判员。即便你没有体育天分,也可以当一个后勤总管或拉拉队员,总之,要为集体荣誉去呐喊、去助威!你参与,你快乐!相信这样的体验,在你年老时,仍是一段甜美的回忆!

☐**参加一次文艺演出**。当你站在舞台上让大家听到你动听的歌声时,当你站在舞台上让大家欣赏到你优美的舞姿时,你是否会激动不已?参加一次演出,获得的东西要比平时训练时多。首先,这是一次在大家面前展现自己的机会,所以当你站在台上时肯定会小心翼翼地表演,技术的娴熟不是一朝一夕可以成就的,因此你必须要在赛前积极地训练,这是一次提升自己才能的绝好时机。其次,当你站在台上时,不会紧张吗?这正好是一次磨炼自己的机会,通过这一次的历练你遇事不会再那么紧张,可以勇敢地表现自己。最后,当你以完美的结局结束表演时,收到大家热烈的掌声,你会有一种成就感,这是你以后做其他事情的动力和信心,这一次经历可能会改变你的一生。演出的节目还有很多,如朗诵、对白、小品、话剧、双簧、乐器……当你有某方面的才能时,不要把它隐藏,一定要勇于表现出来,让每一个人都看到你闪光的一面。

☐**培养一项爱好**。在大学中除了学习大量专业知识,还应该有自己的爱好。爱好不仅仅是一种陶冶情操的方式,更多的是表现你对生活热爱的程度!很多成功人士或者科学家,他们都有着自己的爱好!因此,大学生也应该有自己的爱好。大学是一个多元文化交融的殿堂,她不仅仅孕育着未来的工程师、文学家、艺术家、科学家……更多的是孕育着懂得感受和享受生活的有为青年。因此,在大学中每一个学生都应该有一项属于自己的爱好,如果你还没有那就赶紧培养一项你的爱好吧。加入俱乐部活动中,那样,你的朋友圈子会越来越大,你会变得更加热爱学习和生活。加入培养一项爱好的活动中,你将多一种提升生活品质的方式,你的生活会变得更加充实和有趣。同学,培养一项爱好吧,它也许会成为你终身的伴侣!

□ **拿一次奖学金**。大学里,曾流传"没有挂过科的大学是不完整的",也曾流传"必修课选逃,选修课必逃",这些言论无论多么受推崇,可如果在大学四年中没有获得过奖学金或其他荣誉,不能不说是一种遗憾!大学里学习或许不是最重要的,但是不学习,会使你成为最不重要的。无论如何,大学里的奖学金是一种荣誉,也是对自己努力的肯定。在学校的各类优秀个人评奖中,获得过奖学金是必备条件之一,也就是说,不管你其他方面如何出众,如果学习不好,至少你不是全面发展的。将来走出校门,走向社会,学习成绩也是对你的智力、学习能力的一种考量。因此,大学里不要留下遗憾,先不要去无意义地讨论大学里的学习有用没用。至少,你学习了,你就会总结出自己的学习方法和思路,这将是你受用不尽的财富!

□ **玩一次通宵**。玩一通宵不管从生理上还是心理上,对人的健康都是有害的。然而,一些大学生始终对其钟爱有加,大概这其中的苦乐只有自己知道吧。大学就是这么一个让人体验各种经历的地方。你不妨抽个时间,去通宵一次。你可以选择通宵自习、通宵网游、通宵聊天、通宵K歌、通宵电影……通宵一次,为平淡的生活增添一点另类感受,或许是释放压力的一个不错的选择。习惯了正统的早起早睡,一次别样的体验,会给你增加很多认知和乐趣!或许你会发现夜晚会是那么静、那么美,蟋蟀的叫声那么洪亮、那么清脆,或许你会觉得别人钟情的通宵对你是那么累,或许你再也不会玩通宵。这样的体验是生活的一种调剂,在各种各样的体验中,一个人的人格才会健全,一个人的素质才能综合发展。通宵不是一种长期的状态,只能是生活中的快餐体验,希望你在其中找到自己的乐趣和积极的体验感受!

总之,综合素质的培养与提升是一个学习与实践相结合的过程,需要我们在理性中强化,在实践中运用。时代变革在不断加速,大学生要想跟上社会的发展步伐,必须全面提高自身的综合素质和能力,使自己适应社会发展的需要。不仅要具备丰富的科学文化知识和专业技能,还要将态度、能力、情感、价值观和行为方式的教育培养放在重要的地位,使自己"八会",即会生存、会做人、会健体、会求知、会创造、会选择、会合作、会适应。全面提高自身的综合素质和核心竞争能力,志存高远,真正肩负起新时代赋予我们青年人把我国建设成为富强民主文明和谐美丽的社会主义现代化强国的历史责任。

学习笔记

问题思考

1. 分析自己情商、逆商的优势和不足,并制定自己的提高练习计划。

2. 结合自己的职业目标，分析自己还缺乏什么素质？思考如何锻炼培养这些素质。
3. 查找"TRIZ 创新理论"的相关资料，写出自己的学习体会。

参考文献

彼得·蒂尔，布莱克·马斯特斯，2015. 从 0 到 1：开启商业与未来的秘密[M]. 北京：中信出版社.

陈庆良，丁昭福，1995. 大学生心理学[M]. 贵阳：贵州教育出版社.

成牧，2006. 心理素质决定成败[M]. 北京：海潮出版社.

程小军，2006. 名人名言[M]. 呼和浩特：内蒙古人民出版社.

丹·塞诺，索尔·辛格，塞诺，等，2010. 创业的国度：以色列经济奇迹的启示[M]. 王跃红，韩君宜，译. 北京：中信出版社.

敬枫蓉，袁世斌，2012. 论大学素质教育的核心任务[J]. 西南民族大学学报（人文社科版）33(7)：212-216.

刘昫，1975. 旧唐书(全十六册)[M]. 北京：中华书局出版社.

麦可思——中国大学生毕业生求职与就业研究课题组，2009. 决战大学生就业[M]. 北京：清华大学出版社.

潘益文，1981. 人生就是奋斗[M]. 上海：上海人民出版社.

施议对，2008. 人间词话译注[M]. 长沙：岳麓书社.

斯滕伯格，2000. 超越 IQ：人类智力的三元理论[M]. 俞晓琳，吴国宏，译. 上海：华东师范大学出版社.

宋剑涛，2008. 大学生职业规划与就业指导[M]. 成都：西南财经大学出版社.

夏征农，陈至立，2009. 辞海[M]. 6 版. 上海：上海辞书出版社.

张强，刘知贵，翟瑞，2008. 大学生全程就业指导[M]. 成都：电子科技大学出版社.

第四章 "以终为始"与大学生活

> ▶▶▶导入
>
> 孙正义：规划与行动是实现伟大目标的基石[①]
>
> 《信仰：孙正义传》这样记录孙正义：身高不足一米六，却被称为"电子时代大帝"；或许他的名气比不上比尔·盖茨，甚或雅虎的杨致远，但他自称，在互联网经济中拿下的份额，自己却超过了上述二人。
>
> 小时候的孙正义对日本当地的商人 Den Fujita 把麦当劳成功变成为一个老少都爱的连锁餐厅的事迹非常崇拜。1973 年，孙正义 16 岁时，他到了美国加州大学伯克利分校学习英文。他对美国的一切都非常好奇、感兴趣。19 岁那年，他发明了一款袖珍翻译器，于是他雇了一个教授制造出翻译器样机，然后申请了专利，以 100 万美元的价格，把翻译器卖给了夏普（Sharp）公司。至今夏普公司仍把翻译器的技术应用在其产品中。
>
> 孙正义这样规划他的 50 年人生蓝图：
>
> 30 岁以前，要成就自己的事业。
>
> 40 岁以前，要拥有至少 1000 亿日元的资产。
>
> 50 岁之前，要做出一番惊天动地的伟业。
>
> 60 岁之前，事业成功。
>
> 70 岁之前，把事业交给下一任接班人。
>
> 1980 年，孙正义从加州大学伯克利分校毕业后，就回到了日本，继续他的人生计划。不久，他就决定从事软件批发行业。23 岁，他创立了软件银行公司。公司的软件推销业绩，全日本第一。1994 年，他的软件银行公司上市，筹集到 1.4 亿美元。1995 年，孙正义看准了网络产业，决定在此方面做出巨大的投资。他选中了雅虎公司，前后投入 3.55 亿美元，成为雅虎的最大股东。孙正义投下的资金换来巨大收获，至 1999 年，软件银行公司所拥有的雅虎公司股份市值已达 84 亿美元。之后，软件银行公司投入阿里巴巴 2000 万美元，为阿里巴巴的发展注入了决定性的资金。
>
> 2000 年，孙正义 43 岁，软件银行公司已拥有遍及美国、欧洲重要的合资或独资企业：美国企业 300 多家，日本企业 300 多家，共 400 亿美元。

《庄子》说："人生天地之间，若白驹之过隙，忽然而已。"每一个人的生命都是有限的，如何规划自己的人生，是我们都需要思考的问题。可以打个比喻，人生就像一场电影，而我们自己就是这场电影的导演，也是这场电影的主角。为了给自己一个精彩的人生，我们必须给自己一个最好的人生规划。

[①] 李恕权，《挑战你的信仰》，杨智文化，2000 年，内容有改动。

大学阶段是一个人成长最快的阶段之一。一个人的世界观得到不断完善，而且趋于定型和成熟；一个人的心智不仅得到更好的开发，而且得以整合和锤炼；一个人的理想不仅得到铸造，而且得以充实和升华；一个人的生活方式不仅得到进步，而且得以改善其气质性情。当我们意识到这些变化以后，如果能够尽早更好地设计自己的人生规划或者职业规划，那将会对自己以后的人生有着很大的积极作用，也许会减少许多人生遗憾！

当然不是每一个人的大学都精彩。有很多学生的大学生活总有一段或长或短、不知所措的迷茫。一位名叫"秦凯莉66"的网友这样总结她的大学二年级："我现在每天三点一线的生活，教室—食堂—寝室，而干得最多的事情是吃饭—上网—睡觉"。①刚进入大学时，每一个学子都怀揣着美丽的梦想。4年后，有的人梦想一一实现，有的人梦想依然还是梦想。究其原因，人生就如寻梦。寻梦，就像登山，从山脚到山顶，只有一步一步踏实走过每一个台阶，才能最终到达山顶，实现最初的梦想。这一步步台阶就如同人生，好的开端是成功的一半，那么如何攀登人生之山？如何才能缩短"登山时间"，到达美丽的人生顶峰呢？

第一节 规划转变为行动的秘诀——以终为始

在生活中，你会发现几乎每个人都有自己的或大或小的人生梦想，但是，跟随梦想奋力笃行的人，会随着时间的流逝不断减少。很多人在规划和行动之间过久徘徊，眼看着时光从自己的手里溜走，最终未能将梦想照进现实。迷茫的你不妨尝试一种名为"**Begin with the end in mind(以终为始)**"的方法——即"明确的目标 + 将目标倒算到今天"，你会发现，它能够有效衔接行动与规划。

踏进大学校门的莘莘学子开始追逐自己理想的时候，他们脑海中有一幅对生活的美好蓝图，仿佛看见了自己未来的模样，梦想着美好的一切，憧憬着绚丽的未来生活。当新奇、激动、兴奋之后，如何度过四年的大学生活，如何在将来的工作中脱颖而出，成为许多大学新生刚踏入大学校门就开始考虑和探讨的话题。

每一个人都渴望成功，然而成功并不是唾手可得的。《论语·卫灵公》中说道："工欲善其事，必先利其器。"如果希望获得学业、事业和人生的成功，就必须有明确的目标、科学的规划和不懈的努力。

如果说"万事俱备，只欠东风"，那么这个"东风"就是去做出实际行动！在这期间，唯一还没有做到的就是将一切规划、计划、筹划，用之于事，付之于实践。只有将一切转变为行动，那么梦想才有可能变为现实。

然而，一个好的规划，如何顺利转变为每日、每周、每月、每学期、每年的行动呢？如何将一个远大的理想转变为科学可行的规划，并落实到具体的行动中呢？解决这个问题的最好的方法就是本章所介绍的"以终为始，从现在开始！"

一、什么是"以终为始"

Begin with the end in mind(以终为始)，意为任何一个人在做任何一件事情的时候都应该先认真思考，为什么要做？然后倒推，为了完成目标自己应该做哪些工作或任务？这样，

---

① 资料来源：http://blog.sina.com.cn/s/blog_a6babb1201015gs3.html。

做任何一件事情都围绕着自己的目标来进行,才能有目标、有效率地安排自己的学习和生活,为实现自己的人生目标奠定坚实的基础。

"以终为始"是一种实现人生规划的方法,这种方法简单有效,能够帮助我们实现自己的人生目标,应当成为每一个大学生掌握的基本人生规划方法,用来指导自己不留遗憾地度过大学生活。

那么,什么是"以终为始"呢?简单地说:

以终为始 = 明确的目标 + 将目标倒算到今天。

其中,明确的目标 = 明确可行的目标。

将目标倒算到今天 = 假设到某个时段目标得以实现,那么请先认真规划一下,从现在到实现自己人生目标的每年、每月、每周、每日的工作。

"以终为始"就这么简单!

案例示范

Visualize 的人生故事[①]

Visualize 是一个美国小伙子,梦想成为一个成功的音乐人。下面是 Visualize 的故事:

1976年的冬天,当时我十九岁,在休斯敦太空总署的太空梭实验室里工作,同时在总署旁边的休斯敦大学主修计算机专业。纵然忙于学校、睡眠与工作之间,这几乎占据了我一天24小时的全部时间,但只要有多余的一分钟,我总是会把所有的精力放在我的音乐创作上。

我知道写歌不是我的专长,所以在这段日子里,我四处寻找一位善于写歌的搭档,与我一起合作创作。我认识了一位朋友,她的名字叫凡内芮(Valerie Johnson)。

在一个星期六,凡内芮和我的一次谈话,彻底改变了我的生活和人生。

那个星期六,凡内芮热情地邀请我到她家的牧场烤肉。她的家族是得克萨斯州有名的石油大亨,拥有庞大的牧场。她的家庭虽然极为富有,但她的穿着、所开的车与她虔诚待人的态度,更让我加倍地打从心底佩服她。

凡内芮知道我对音乐的执着。然而,面对那遥远的音乐界及整个美国陌生的唱片市场,我一点具体的方法都没有。此时,我们两个人坐在得克萨斯州的乡下,我们不知道下一步该如何走。突然间,她冒出了一句话:

"Visualize, What you are doing in 5 years?"(想象你五年后在做什么?)

我愣了一下。

她转过身来,手指着我说:"嘿!告诉我,你心目中最希望五年后的你在做什么?你那个时候的生活是一个什么样子?"我还来不及回答,她又抢着说:"别急,你先仔细想想,完全想好,确定后再说出来。"

我沉思了几分钟,开始告诉她:"第一,五年后,我希望能有一张唱片在市场上,而这张唱片很受欢迎,可以得到许多人的肯定。第二,我住在一个有很多音乐的地方,能每天与一些世界一流的乐师一起工作。"

[①] 陈荣斌、刘军,《成长大于成功,选择重于努力全集》,新世界出版社,2011。

凡内芮说："你确定了吗？"

我慢慢稳稳地回答，而且拉了一个很长的Yesssssss！

凡内芮接着说："好，既然你确定了，我们就把这个目标倒算回来。如果第五年，你有一张唱片在市场上，那么你的第四年一定是要跟一家唱片公司签上合约。"

"那么你的第三年一定是要有一个完整的作品，可以拿给很多的唱片公司听，对不对？"

"那么你的第二年，一定要有很棒的作品开始录音了。"

"那么你的第一年，就一定要把你所有要准备录音的作品全部编曲，排练就位准备好。"

"那么你的第六个月，就是要把那些没有完成的作品修饰好，然后让你自己可以逐一筛选。"

"那么你的第一个月就是要把目前这几首曲子完工。"

"那么你的第一个礼拜就是要先列出一整个清单，排出哪些曲子需要修改，哪些需要完工。"

"好了，我们现在不就已经知道你下个星期一要做什么了吗？"凡内芮笑笑说。

"喔，对了。你还说你五年后，要生活在一个有很多音乐的地方，然后与许多一流的乐师一起忙着工作，对吗？"她急忙地补充说，"如果，你的第五年已经在与这些人一起工作，那么你的第四年照道理应该有你自己的一个工作室或录音室。那么你的第三年，可能是先跟这个圈子里的人在一起工作。那么你的第二年，应该不是住在得克萨斯州，而是已经住在纽约或是洛杉矶了。"

次年（1977年），我辞掉了令许多人美慕的太空总署的工作，离开了休斯敦，搬到洛杉矶。

说也奇怪：不敢说是恰好五年，但大约可说是第六年。1983年，我的唱片在亚洲开始销售，我一天24小时几乎全都忙着与一些顶尖的音乐高手日出日落地一起工作。

就是这样，在一个星期六，凡内芮和我的那一次谈话，帮助我实现了自己的人生理想。

Visualize的人生故事带给我们的启示是：

首先，一个人必须要有一个明确的可行的目标。我们看到，Visualize的目标是："第一，五年后，希望能有一张唱片在市场上，而这张唱片很受欢迎，可以得到许多人的肯定。第二，要住在一个有很多音乐的地方，能每天与一些世界一流的乐师一起工作。"

然后，也是最关键的是，"好，既然你确定了，我们就把这个目标倒算回来"。Visualize有一个五年后的目标，然后凡内芮帮助Visualize将这个目标进行了倒算：

第五年，有一张唱片在市场上。

第四年，跟一家唱片公司签合约。

第三年，有一个完整的作品，拿给很多的唱片公司听。

第二年，有很棒的作品开始录音。

第一年，把所有要准备录音的作品全部编曲，排练就位准备好。

第六个月，把没有完成的作品修饰好，然后逐一筛选。

第一个月,把目前这几首曲子完工。

第一周,列出一个清单,排出哪些曲子需要修改,哪些需要完工。

下个星期一,要做什么?

从上面的列表可以看到。如果 Visualize 下个星期一做的事情和五年后的目标是一致的,那就是向着那个宏伟目标走出了坚实的一小步。

需要注意的是,虽然是一小步,那也是实现五年后目标的坚实的一小步。

二、明确有效目标

"以终为始",实际上是给我们提供了一种根据目标来制定行动计划的方法。做任何事情都首先要制定目标,比如,上台演讲要先准备好主题,外出旅行要先决定目的地……甚至去食堂吃饭总也要先确定去哪个食堂。我们总是根据目标来制定行动路线和计划,比如,确定了"互联网发展历史"的演讲主题就要去网上找所需要的相关资料;确定了旅行目的地就要订机票、酒店,学习旅行攻略;确定了去哪个食堂就要考虑去哪条路去食堂最近……。由此可见,目标既是我们做事、行动的终点,也是我们做事、行动的起点。制定目标是制定行动计划之前就应当确立的最重要的事。

很多人都知道制定目标很重要,也有各种各样的目标,如"我要成为邓稼先那样的人""我要身体健康""我要实现环球旅行"……。有的人甚至从三岁开始就不停地在树立各种目标。但问题就出在他们制定的目标上,这些目标都存在各种问题,无法成为制定行动计划的前提,更不能催生出有效的行动。比如,有学生为自己制定了大学毕业后的目标,并把它写在了日记本中,他这样写道:"我以后要成为一个非常富有的人。"这看起来似乎是一个目标,但其实并不是一个有效目标。因为它没有具体的数量,又没有非常明确的时间期限,不能够激励人马上投入行动。如前所列举的"我要成为邓稼先那样的人""我要身体健康""我要实现环球旅行"这样的目标也都有这样的问题,因此,它们都不是有效目标,充其量算一个美好的想象而已。

错误的目标也不是有效目标。《庄子·列御寇》中就讲了这样一个故事:"朱泙漫学屠龙于支离益,单千金之家,三年技成而无所用其巧。"这个故事是说一个叫朱泙漫的人,拜支离益为老师,学习屠龙之技。三年后,他花光了家里所有的钱,学成了屠龙之技,却不知道这门技艺可以在哪里使用,因为世上并没有龙。像朱泙漫这样的人有很多,他们花费了大量的时间非常努力地去想实现一个目标,但是这个目标本身要么是没有价值的,要么就是完全不可能成功的,最极端的是这个目标是法律不允许的,即使实现了也会让人付出惨重的代价。因此,错误的目标绝不是有效目标,一个人的目标如果是错误的,那么不管他付出多少努力,他都会毫无收获。

因此,"以终为始"首要的是确定一个正确的"终",防止自己走弯路,防止自己投入大量的时间却白白浪费。这就要求我们要学会制定有效目标。有效的目标是清晰可见、通过努力能够达到、对我们的人生有价值有意义的目标。我们可以通过学习并掌握 SMART 原则和荡秋千原理来制定自己的有效目标。

■ SMART 原则

SMART 原则在管理学中被认为是制定有效目标的方法。它由被誉为"现代管理学之父"的管理学家彼得·费迪南德·德鲁克(Peter Ferdinand Drucker)在 1954 年首次提出,帮助很多企业有效地实现了目标管理。SMART 原则中的"S""M""A""R""T"五个字母分别对应了五个英文单词：Specific（明确性）、Measurable（可量度）、Achievable（可达成）、Relevant（相关性）和 Time-bound（有时限）。这五个单词表明了有效目标所需要的五个标准，分别介绍如下。

■ Specific（明确性）

用具体的语言清楚地描述出想要达成的目标。如果无法描述清楚自己想要去的地方，那么谁都无法指出应该通过什么样的路到达目的地。举例来说，假如你为自己制定的目标是"我要成为一个学问很高的人"，这就不是明确的目标，因为"学问很高"指的是什么样的状态或什么样的水平并没有清晰地描述出来，这样的目标就不如"我要考上研究生"具体清晰。

■ Measurable（可量度）

用数量来对目标进行评估。制定无法量化的目标是目标制定过程中绝大多数人会犯的错误，不能量化的目标等于没有目标，因为你永远不能知道自己进行到哪一步，离目标达成还有多远的距离。这就像你在沙漠中遇到了海市蜃楼，你看着它出现在你眼前，那么近，仿佛触手可及，但你怎么追赶都得不到它。没有量化的目标就是这样，似乎它已在咫尺，但实际上你怎么努力也无法达成，因为你没有对它进行数量化的估算。举例来说，"提高自学能力"就是一个不可衡量的目标，这种大方向性质的目标对于促成人的行动没有帮助。因此，要制定"每天上 3 节自习课""这个学期完成 3000 行 Java 代码的项目实践"这样的目标才能将"提高自学能力"这样的想法落实到行动上，促其变成现实。

■ Achievable（可达成）

目标必须是可以达到的，可以实现的。不切实际的目标无法激发人的力量，只有人在感觉到自己经过努力能够实现的时候，目标才能发挥出最大的效用。举例来说，有学生在大学三年级时定下自己在大四毕业离开学校时的目标是"走遍世界上每一个著名景点"，这个目标看起来似乎比较具体，但实际上除非他在大三时退学全力去旅行，并有一大笔资金供他使用，否则这个目标根本是无法实现的。

■ Relevant（相关性）

某个目标的实现与其他目标有关联度。如果实现了一个目标，但这个目标却与自己人生中需要实现的其他目标没有相关，或者相关性很低，那么这个目标对你来说意义不大，也不能算有效目标。现实生活中，有的人制定的目标不仅没有关联度，反而与他人生的主要目标有相当大的矛盾冲突，这就很难达成了。举例来说，有学生定下一个目标是"大学毕业后参军，到军队待十年，磨炼自己"，同时他定下一个目标是"在五年内考取国外大学的研究生"。因为目前的规定现役军人是不能在服役期间出国深造的，所以这位学生定下的目标是完全矛盾的。这样一来，考取国外大学研究生的目标就没有可能性了。如果这位学生已经因此付出了大量努力，那就是很可惜的事情了。

■ Time-bound（有时限）

目标的实现必须有时间限制。 没有时间限制的目标没有办法衡量，更不能让人有积极的作为。"在 2020 年 10 月 1 日前完成"这就是时间限制，而大多数人制定的目标中没有这一点。例如，有的学生的目标是"通过雅思考试"，这个没有时间限制的目标并没有给他带来动力，因为他没有感受到时间紧迫，似乎或早或晚考上都可以。这样的目标肯定很难让人产生相应的行动。

需要注意的是，以上虽然对 SMART 原则的五个要素进行了分别描述，但这一原则是一个整体，其中的五个要素缺一不可，有效目标一定同时具备以上五个要素。学生可以在每一个阶段或者每一个需要的时刻，通过使用 SMART 原则来制定有效的目标，从而为"以终为始"树立一个正确、有效的终点。

■ 荡秋千原理

在制定有效目标时，除需要满足 SMART 原则的要求，具备以上五个要素外，还需要注意荡秋千原理。因为人生目标的实现，在很多时候就像荡秋千，具备荡秋千的几个特征。

荡秋千原理之一：秋千所能荡到的高度取决于每一次的加力，所以每一次的加力虽然简单，但是也要一丝不苟地完成。 对大学生的启迪就是，大学是人生的一个重要阶段，每一个学生都要认真地度过这个重要的人生阶段，认真地度过每一个学期、每一个月、每一周、每一天。大学学习和生活的结果，将会影响到学生未来的工作和生活，甚至会改变学生的一生。

荡秋千原理之二：后一次所达到的高度与前一次的高度是分不开的，是环环相扣的，一丝不苟地完成每一次动作可以达到分散几次完成时望尘莫及的效果。 这个原理告诉我们，当我们羡慕许多成功人士获得辉煌成就的时候，也要看到其实他们在大学阶段，就已经开始了对人生的深入思考、科学规划和分步实施。因此，认真地度过大学这宝贵的四年，是帮助我们以后获得人生成就的一个重要的阶段工作。

荡秋千原理之三：秋千荡得越高所得到的空间就越大，所拥有的机会就越多。 大学是一个宝贵的提高阶段，在这个阶段，拥有的知识越多，拓展的视野越开阔，积累的经验越丰富，获得的积累越深厚，对于以后的工作和事业就越有帮助。

荡秋千原理之四：秋千会荡到高处，也会随重力滑到低谷，每一次你都需要鼓起勇气和力量，再从最低处勇敢地荡到更高处。 人的一辈子，一定会经历很多的挫折。能够面对挫折，并且战胜挫折，从而再次获得成功，对一个人而言是非常重要的。这种能力不是与生俱来的，而是锻炼出来的。因此，每一个学生在大学期间，如果能够经历一两次有意义的挫折，并且学会从挫折中吸取经验和教训，经历挫折而不气馁，那么就能锻炼自己战胜挫折的勇气和信心，提高自己抗挫折的能力。这种锻炼对于在未来战胜可能经历的更大挫折，具有深远的意义。

荡秋千原理之五：秋千每一次荡起来你都会在心中定下下一个高度目标，只有持续加力，才能达到你心中的期望目标。 大学是人生起飞的一个平台。在这个平台上，如果我们能够充分地舒展自己的理想，确定自己的人生目标，并且开始实施，那么大学就将成为我们起飞的平台，托起我们未来的辉煌。

可见，要获得成功，首先要确定目标。有了目标，还要测量自己和目标之间的距离。不能把目标定得太远大。太远大的目标，可能会沦落到不切实际的陷阱中，从而导致没有实现的可能性。

一旦有了一个切实可行的目标，那么最重要的就是从目标开始分解倒推到现在的状态，看自己为达到目标需要补充什么，需要改进什么。一步一步地落实，一步一步地前进。

"以终为始"，亦如黑夜里大海航舟。它需要航海灯在远处照耀，为它指引方向，这样它才能一点一点地靠近目标，到达人生的每一个目的地。除了航海灯，航海员还要有充分的辨别能力，因为他要确定那是不是正确的灯塔。具备了灯塔和辨别力，航海员还要有汪国真的勇气："我不去想能否成功，既然选择了远方，便只顾风雨兼程；我不去想能否赢得爱情，既然钟情于玫瑰，就勇敢地吐露真诚；我不去想身后会不会袭来寒风冷雨，既然目标是地平线，留给世界的只能是背影；我不去想未来是平坦还是泥泞，只要热爱生命，一切，都在预料之中。"[①]

正如前面所言，"以终为始"的基本意思就是：任何一个人在做任何一件事情的时候都应该先认真思考做这件事情的目的。然后根据这个目标倒推为了完成这个目标，自己应该做的工作或任务。这样，做任何一件事情都是围绕着自己的目标来进行的，才能有目标、有效率地安排自己的学习和生活，为实现自己的人生目标奠定坚实的基础。

"以终为始"的方法可用于指导人生的努力方向和步骤，可以给人以实现人生目标的勇气和方法。使用"以终为始"的方法，可以让一个人的一举一动和一切价值标准，都以人生的最终目标为愿景，每一天都要朝此迈进，不敢丝毫懈怠，人生也因此变得更有意义。不过，"终"应该理解为人生的阶段目标，而不能理解为人生的终点。人生可能分成很多个阶段，大学阶段就是人生的一种重要的阶段。其他重要的阶段还有工作阶段、婚姻和家庭阶段、为人父母的阶段、人生的辉煌阶段、退休阶段等。每一个阶段，人生都应有一个阶段目标，这个阶段目标就是一个"终"。因为人生有很多的阶段，阶段目标也自然有很多个。人生所有的阶段目标汇总起来，也就是一个人的人生轨迹。

大学生在确定自己的"终"的时候，需要注意目标的阶段性，目标不能太大。对于学生而言，大学只有四年的时间，在这个宝贵的四年时间中，如果可以科学地规划、合理地使用时间，那么一定可以完成很多目标。但是，毕竟只有四年，所以自己的目标——"终"，要符合SMART原则的要求，同时与荡秋千原理相结合，这样才能绘制出清晰的"终"。

对于人生的阶段目标的制定，要防止走弯路。防止自己非常努力地去做一件事情，但是这件事情本身却没有价值，或者成功的可能性很小，甚至是不可能成功的，最极端的甚至是这件事情是不能做的事情。当一个人的目标错误的时候，无论错误的原因是这个目标不现实、不清晰、还是其他，所有努力都将终无收获。

因此，对于"以终为始"而言，最重要的就是确定一个正确的"终"，防止自己走弯路。对于大学生而言，确定正确的"终"，就是做好人生规划、职业规划和学业规划。只要科学地做好这三点规划，就可以获得一个科学的人生、职业、学业的目标。

---

① 汪国真，《热爱生命》，追求，1988年，第2期。

三、"以终为始"的原则与步骤

■ "以终为始"三原则

人生规划、职业规划、学业规划的首要问题就是确定自己的"终",需要注意目标的阶段性,目标既不能太大,不能"使足力气"跳起来还摸不到、够不着,又不能太小,不能毫不费力、唾手可得。对于学生而言,大学只有四年的时间,在这个宝贵的四年时间中,如果可以有序地规划、合理地安排时间,那么一定可以完成很多既定目标。实施"以终为始"需要遵循三个原则。

"以终为始"的第一个原则是定一个合理的"终",这个至关重要。如果把人生当成修建一座高楼,那么在拿起工具建造之前,必须要先有详尽的设计图;而绘出设计图之前,须先在脑海中构思每一个细节。有了设计图,然后要有施工计划,这样按部就班,才能完成建筑。如果设计稍有缺失,弥补起来,可能就事倍功半。设计蓝图代表愿景,整个建筑过程都要以它为准绳,因此要事先追求尽善尽美,以免亡羊补牢。

"以终为始",就是在一件事情开始之前要有一个我们想要达到的目标,任何事物都是两次创造而成的,一次是在脑袋里面构思,这是智力上的第一次创造;然后付诸实践,这是体力上的第二次创造。磨刀不误砍柴工,我们的目标是什么,我们希望他人怎样来评价自己,希望他人能回忆起自己的哪些贡献和成就,一开始就想清楚,然后出发也不迟。这是"以终为始"的第一个原则。

"以终为始"的第二个原则是自我领导。现代管理学之父彼得·德鲁克说:"管理是正确地做事,领导则是做正确的事"。对于二者的区别,引用更多的文章中的原话,因为它们简单而耐人寻味,如"管理是有效地顺着成功的梯子往上爬,领导则判断这个梯子是否搭在正确的墙上""领导是第一次的创造,必须先于管理,管理是第二次的创造"。这其实就是在不停地告诉我们:自我领导,就是一定要对自己的人生进行清晰的规划,并在自己的努力下去执行规划。人生就犹如旅途,我们一定要在旅行开始之前确立最终的目标。说走就走的旅行,或许是人生的一次插曲,但绝对不能成为人生的主旋律。

"以终为始"的第三个原则是有坚强的自我约束能力和良好的习惯。再好的规划,或者再科学的计划,最终都离不开自己去实施。如果一切都停留在纸面或者心里,而没有坚强的毅力和不懈的努力去实施,那么任何科学的方法都是得不到贯彻的,也就无法对学生的人生产生积极的作用。

小故事

小张买车

小张觉得上班走路有点累,想去买辆自行车。结果去了自行车店一看,好一点的自行车要2500元。旁边有人说:"2500元都掏了,还不如加点钱买辆电动车,电动车骑着多轻松啊,速度快又不费劲。"小张觉得这话有道理,就打听了一下电动车的价格,发现只要3500元就能买到一辆,于是他决定买一辆电动车。这时有朋友告诉他说:"买电动车不如加点钱买摩托车了,一个用电一个烧油,烧油的肯定更方便更便宜呢!反正又贵不了多少钱。"小张一听心动了,转身来到摩托车店,准备买一辆摩托车。摩托车店的销售极力推销大摩托车，跟小张说小踏板摩托车虽然划算，比电动车贵不了多少，但是不安全，不如大摩托车。小张想想，对啊，不能骑个不安全的玩意儿上下班啊，还是安全第一，于是着重看大摩托车。他在店里挑来挑去，结果看得上眼的大摩托车差不多要 1 万元才能买到。这时旁边的朋友又说话了："1 万元都可以买个二手车了，你干脆别买啥摩托车了，买个二手车吧，这个毕竟是铁包肉，更安全！"于是小张改作买车。

挑来挑去，挑中一辆二手汽车，售价 2.98 万元。小张正准备掏出卡来付钱时，朋友去门外的洗手间上了个厕所，回来告诉小张："旁边的店在卖新车，我刚才看到他们的广告牌上写着新车价 3.5 万起。你要不要去看看啊？买个旧车，毛病很多，修起来也很麻烦的。"小张于是打算改买一部便宜的新车，结果到售价 3.5 万元的车里一坐，感觉有点挤，坐起来不舒服。这时汽车销售说："先生要不要看看我们这种新出来的车型，这个坐起来很宽敞。"小张坐进去一看，果然宽敞。再问价格，销售说这款新车要卖 12.5 万。"12.5 万？那我不如买合资车了，合资车质量要更好啊！"小张这么一想，二话没说就去了大众汽车的专卖店，要买辆 Polo。销售说这车太受欢迎，要订的话要加价。小张一算，加价真是不划算，觉得这样不如买个时下流行的 SUV。上网搜了一圈后，感觉科帕奇不错，挺合心意，想去 4S 店买，却不料刚出门就看到一辆 JEEP 指南者。小张觉得这车也不错，上前一问，价格跟科帕奇差不多。改！去 JEEP 店……一番折腾下来，最终买了辆路虎极光。付完钱小张才想起来，我这驾照还没学呢，怎么就买车了？小张一拍脑袋："我不是来买自行车的吗？！！"①

小张买车的故事看似荒唐，但这样的荒唐事在我们的人生中却是经常发生的。小张的目标明确，但却因为不断地更改目标，导致他原来设定的目标并没有达成。当然，人生中的目标并不是绝不能修改，但我们不应该常常修改目标。目标是必需的，因为它的意义在于促成行动，而在实现目标的路途上，我们一定要不断提醒自己，不断约束自己和管理自己，督促自己以行动实现目标。

■ "以终为始"五步法

实践"以终为始"，需经过以下五个步骤，也称五步法。

(1) 明确可行的目标，即"终"（S_D）。

(2) 明确自己的现状，即"现"（S_0）。

(3) 在"现"和"终"之间画一条直线 L。

(4) 在 L 上，从 S_D 到 S_0，分解出来多个阶段目标 S_n。越靠近 S_0，S_n 应该越密集；越靠近 S_D，S_n 可以越稀疏。但是，每一个 S_n 都应该是明确和可行的。

(5) 直到分解到明天的 S_n，如图 4-1 所示。

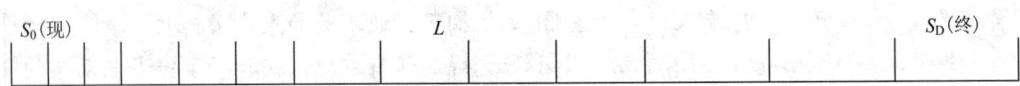

图 4-1 "以终为始"阶段目标分解方法示意图

---

① 资料来源：http://blog.sina.com.cn/s/blog_c48f50210101o2dz.html，内容有改动。

解析如下。

(1) 明确可行的目标，即"终"(S_D)。

使用前面所说的 SMART 原则和荡秋千原理来制定目标。用 Specific(明确性)、Measurable(可量度)、Achievable(可达成)、Relevant(相关性)和 Time-bound(有时限)为标准，帮助自己制定出有效目标；用荡秋千原理来衡量这一有效目标的难度是否是自己"跳一跳，摸得着"的，也就是难度适中，能够通过努力实现，也能够较好地激发自身潜能。

(2) 明确自己的现状，即"现"(S_0)。

在学习这本书的同时，大家能够学到一个很有用的 SWOT 分析法。虽然对于 SWOT 的说明安排在本章第二节，但在此先给大家介绍一些它的概念。SWOT 是四个英文单词的第一个字母的组合，即优势(Strength)、劣势(Weakness)、机会(Opportunity)、威胁(Threat)。[①]SWOT 分析就是把人的现状用四个要素(优势、劣势、机会、威胁)来描述，逐一加以分析，弄清楚自己的现状 S_0。在做完自己现状的 SWOT 分析以后，最好能给周围的老师、同学、朋友或者专业的人士看看，听取他们的意见，SWOT 的现状和最终目标做好了，离成功就近了一大步。

(3) 在"现"和"终"之间画一条直线 L。

假如不去找一条"绳索"把 S_D 和 S_0 联系起来，则一切都变得毫无意义。任何人都不可能跨越时光，一下子就从今天直接跳到若干年后，马上就实现今天定下的目标。直线 L 指出了一条从"始"到"终"的路径，告诉我们，人要朝着既定的目标，一步一个脚印地走下去，才能走出自己的精彩。而在每段长的时期都要确定自己的短期目标，能更加接近自己的长期目标，工程虽然很巨大，但是只要愿意去做，只要愿意去分解，大工程变成了小计划，然后各个击破，成就感是许多东西都不能比拟的。

(4) 在 L 上，从 S_D 到 S_0，分解出来多个阶段目标 S_n。越靠近 S_0，S_n 应该越密集；越靠近 S_D，S_n 可以越稀疏。但是，每一个 S_n 都应该是明确和可行的。

又回到老问题，每一个 S_n 的明确和可行。这个问题可以参考步骤(1)。而 L 的疏密程度使人很自然地想到那句话"万事开头难"。的确，开始的时候异常辛苦。因此，每一步怎样走都应该提早做好计划，在既定的轨道上行走一段时间，跟上自己的脚步之后，三思而后行，想想自己接下来的路该怎样走，那才是聪明人应有的处事方式。开始 S_n 的密集是有一定道理的，那为什么后来越来越稀疏？

这也是一个不得不考虑的问题，有人在想，如果后面能和前面计划得一样密集，那么是不是可以更早成功呢？答案当然是否定的。在不同的时间里，在不同的环境下，许多事情都在改变，人不能按着很早前就计划好的步骤来实行，那样会跟不上时代的节拍。社会随时都在变化，许多东西都在不断地更新或者淘汰。越来越稀疏的计划是一个大范围的长期目标，随着时间的推进，当稀疏的部分变得密集时，一个及时更新、一个与时俱进的计划才是最好的计划。

(5) 直到分解到明天的 S_n。

"千里之行，始于足下"，一切都应该从今天做起。那么今天，在计划的时候，首先就

---

① 资料来源：https://baike.baidu.com/item/SWOT%E5%88%86%E6%9E%90%E6%B3%95/150223?fromtitle=SWOT&fromid=1050&fr=aladdin。

应该想到第一步要干什么，不能拖拖拉拉地等到后天，或者再过一段时间才实施。大家好好想想，"明日复明日，明日何其多"，还有多少个明天经得起挥霍。

所以，把 L 分解到明天的 S_n，这是十分必要的。

对于大学生而言，在大学这个 L 期间，可以采取的实现每一个阶段性目标的方法如下。

(1) 自主学习。大学的学习特点是非常强调自己对学习的安排。在大学中，可以选择自学、选修、第二专业、进一步深造等方式来拓展自己的知识。

(2) 实践锻炼。大学的学习生活，不仅仅是学习，还包括各种学习、工作和社会实践，这些实践，对提高自己的实际工作能力也非常重要。因此，要善于利用实践来提高自己的实际工作能力。

对于前面介绍的"以终为始"五步法，学生在实践的时候可能存在以下问题。

问题1：无法分解得到 S_n，怎么办？

解决方法：检视 S_D，看其是否明确具体。

在这里要说的是，S_D 的稀疏并不是真正的稀疏，随着 S_0 的逐步靠近，S_D 就会变成下一个明天。那从现在 S_0 来看，应该怎样来明确自己的立足点？这是现阶段最重要的问题，这不仅仅关系到近期目标的实现，也会使长远目标变得更加渺茫。以下面一个对时间要求的例子来类比目标规划。这不但对目标规划有好处，而且是明确目标规划的第一步。

(1) 步骤可执行化。这就是要从中得到的是每个阶段的经历及经验。因此，最好每天都能记录并总结自己当天的收获，一段时间再总结。这将是人生一笔不可忽视的财富，将会使大家在以后的人生旅途中受益匪浅。

(2) 有一个明确的计划表。这就是要将任务详细地分配到每天。其实，大家都明白，胖子不是一口就吃成的，而蜗牛要爬上金字塔，也不是一朝一夕的事情，像雄鹰那样一下子飞上金字塔的，毕竟是少数。

问题2：计划执行过程中遇到阻碍，怎么办？

解决方法：重新调整计划。

俗话说"计划赶不上变化"，就算计划得再仔细、再完美，外界环境的各种因素或多或少都会影响到计划的实行。此外，有些影响是不可修复的，可以用两个英语单词来形容将会遇到的状况：destroy 和 damage，前者造成的影响是不可修复的，后者则是在一定努力下能够修复的，这样就扰乱了全盘的计划。那该怎样应对这样的突变？只有一个方法，即重新调整计划，也许是要回到原点重新开始，但不能灰心放弃。没有经过失败的人不算成功的人，要有勇气经受过程中的一切考验，为了梦想继续努力！

问题3：遇到非议，或者自己并不熟悉的状况，怎么办？

解决方法：不要怕，勇敢尝试。

作为一个有大志的人，不能乱了自己的阵脚。非议是在所难免的，在进行规划之时就应该想到之后要面临的绝大部分难题，要有"兵来将挡，水来土掩"的气势，"见招拆招"才会迎来自己的曙光。同时，不管实施什么样的计划，我们都有可能遇到自己不熟悉的状况。这个问题需要聪明地对待，自己不会的并不代表别人也不会，要不耻下问或者知人善用，无论作为执行者，还是管理者，这都是很重要的。路漫漫其修远兮，还有更多的问题要去解决，要怀着一颗积极乐观的心去拥抱那些问题、那些值得人生去冒一次险的问题。就算是错误，人生总要有些东西，值得去尝试一回，况且这是我们的追求。

> **动手做一做**
>
> 　　小王希望自己在 2 年内实现"成为羽毛球校队队员"的目标，他应该如何应用"以终为始"的方法来实现这个目标？请在下面的横线上写出相应的目标。
>
> 　　第二年，目标：_____。
> 　　第一年，目标：_____。
> 　　第六个月，目标：_____。
> 　　第三个月，目标：_____。
> 　　第一个月，目标：_____。
> 　　第二周，目标：_____。
> 　　第一周，目标：_____。
> 　　明天，目标：_____。

四、"以终为始"对大学生活的指导

"以终为始"是一个很好的工具，它非常适合用来帮助你为自己制定大学期间的规划。通过使用"以终为始"的方法，你在大学期间的一分一秒、一举一动，都将帮助你朝向自己确定的目标一步步迈进，你的大学生活也因此变得目标明确、步骤清晰。这样一来，你的人生就像在茫茫大海上你这艘奋勇前进的小船有了一个又一个的指路灯塔，有了目标的指引，你不会再感到迷茫、害怕，你的大学生活也因此变得有意义。

因此，在大学生活和学习中，每一个学生都应该给自己实施一次"以终为始"的规划。确切地讲，大学的整个过程，应该是这样的：

(1) 深刻地认识自己，包括自己的性格、能力等方面。
(2) 认识大学、认识专业、认识社会。
(3) 确定自己的目标，也就是确定自己的"终"。
(4) 根据目标，科学地开展规划：学业规划、职业规划、人生规划。
(5) 使用"以终为始"的方法，将自己的目标倒算为每天、每周、每月、每学期、每年的行动计划。
(6) 立刻开始行动，鼓励自己、督促自己，按照自己的计划，向着心中的目标和理想，认真度过大学生活的每一天。
(7) 评估自己"以终为始"计划的实施效果，必要的时候，重新修订自己的规划，重新按照"以终为始"的方法，制定自己的行动计划。

大学是青年人走向社会的一段最重要的过渡阶段。在上述"以终为始"的描述中，大学时光就是一个最好的 L。很好地应用这一段 L，可以使自己的人生获得很大的提高。

第一，对于每一个大学生而言，在进入大学期间，最重要的是需要一个明确的大学 S_D，即阶段目标。

第二，要善于分析和认识自己，每一个学生要知道自己的 S_0，了解自己的现状(如何了解自己的 S_0，这一点可以使用本章第二节介绍的 SWOT 分析方法)。

第三，分析 S_D 和 S_0 之间的差距，确定自己的阶段工作目标。从 S_0 开始，瞄准整个大学阶段(L)，使自己能够达到 S_D。

关于确定目标这个话题，我们来做一个简单分析。在高中阶段，大家学习非常艰苦，但是，你还是愿意坚持不懈地努力学习，不舍得浪费一丁点儿时间，把语数外学得如此精通，为什么？那是因为你有一个雷打不动的目标——考上一所好的大学。而考上大学进入新的学习环境以后，各方面条件比高中要优越得多，学习时间也比高中充裕得多，学校的管理也宽松得多，为什么你却会把基础课、专业课挂得那么轻松？如果仔细分析，就会发现大学里学业优秀与否，和智力没有太大关系。请不要再抱怨：学不会。那是为什么？究其原因，就在于大学可以有很多个学习和生活的目标供你选择，但高中只有唯一的一个。打一个不那么合适的比方，大学就像满汉全席，菜品丰富，什么都有；而高中就像一碗米饭，你只能吃这个，也必须吃这个。人生的矛盾就在于：有时候，有太多的选择让你眼花缭乱，不知道如何选择，也就等于没有选择。只有一个选择的人生反而更能激发人的斗志和潜力。因此，要想让自己在大学阶段能够发挥出更大的潜力，你就必须要学会制定目标并付诸行动。

现实版的从高三到大学常存在这样一种状态：高三时，很多老师会这样对辛苦备考的学生说，高中是地狱般的生活，所有老师对你们的苛刻要求，都是为了你们能通过那个狭窄的高考独木桥，顺利地到达对岸。只要你们努力学习，迎接你们的就是天堂般的大学生活。信念有着不可估量的巨大力量，它让你坚持了下来。最终，你的坚持使你脱颖而出，你的努力得到了等价的回报——大学录取通知书。被大学录取的那一时刻，你的智力得到肯定的同时，你的努力得到了回报，幸运并安全地通过了高考这座独木桥。"我是胜利者，我的人生这样就够了！"殊不知当你沾沾自喜地以为到达终点的时候，你却仅仅是站在了另一段人生的起点上。

进入大学后，很多学生却发现，这里好像并不是那个在梦中苦苦追求的理想乐园。要知道，大学是青年人走向社会的最重要的过渡阶段。与中学相比，大学在生活环境、学习方式、教学方式、人际关系等方面都发生了显著的变化。从中学到大学的转变，就如同初到海边，大海是那么的诗情画意，却又那么的波澜壮阔。可是当你第一次扑向向往已久的浩瀚大海时，感受到的却是又咸又涩的海浪拍打。因此，当兴奋、好奇和壮志的心情平静以后，困惑、孤独和迷茫的情绪或许已笼罩在你们的心头。有些学生能够很快地调理好心态，经过四年大学生涯的历练，思想道德素质、业务能力、文化素养、心理健康状态等都得到了普遍提升，成长为同龄人中的优秀青年；还有些学生在这个过程中却没能调节好心态，不能适应自己人生中经历的这种变化与起伏，对自己的学习和生活带来了严重的影响。要知道，每所大学里，每年都会有一些学生或因不能适应大学的生活而选择主动退学，或因学习成绩没能达到基本要求或违反校纪校规被学校退学。当然，还有一部分学生是白白荒废了四年时间，直到大四毕业离开学校那天才发现自己一无所获。为什么拥有优秀的才智，身处同样的环境，接受同样的教育，从入学到毕业，学生间会有如此大的差距呢？虽然个体原因差异很大，但有一个根本的原因不能忽视，就是这一类学生对自己的大学生活缺乏正确的规划。

我们要提醒学生,当你走进大学,开启新的学习里程时,如果你还是一厢情愿地回味着自己过去的辉煌,而没有及时地看清现状,如果你还没有为自己确立新信念和新使命的觉悟,为自己确立一个目标、一个信念,那么你也许将被淘汰,就像在高考中你淘汰别人一样残酷。而你得到的将是,把四年最好的学习时光荒废殆尽,最终一无所获。

大学一年级的学生必须尽快地完成自己从中学到大学的角色转变,尽快确立新的人生短期目标与长期目标,以便在宝贵的大学阶段,扬起人生的风帆,去实现人生的理想。如同有些人所说的那样,人生活在信念之中,之前的信念实现或泯灭了,就应该树立新的信念和使命。一个人,如果没有信念和使命,那他就是在碌碌无为地虚度时间。

第二节 SWOT 分析法

"以终为始"的人生规划方法中涉及一个很重要的问题是"如何认识你自己",只有把自己想要的目标结果想清楚,同时认清自己的优势、能力、潜在能力与不足,了解自己所处的外部机会和挑战等因素,你才有可能为自己做一个正确的、恰如其分的、符合你条件能力的"以终为始"的人生规划,才能在实现理想的道路上畅通无阻。正所谓,只有"知己知彼",才能"百战不殆"。本节学习一种"认识你自己"的方法——SWOT分析法。

一、SWOT 分析法概述

古希腊哲学家苏格拉底一直在思索"我是谁"这个问题,我国古代思想家老子也说过"知人者智,自知者明"。由此可见,对每个人来说,清晰地认识自己是一个重大的人生课题。大学阶段,正是形成自我价值观念的关键时期,是我们认识自我、了解自我和发展自我的黄金时代。

SWOT 分析法是 20 世纪 80 年代由美国旧金山大学的管理学教授海因茨·韦里克(Heinz Weihrich)提出的。SWOT 分析法原来应用在企业优势、劣势及核心竞争力分析中。现在,SWOT 分析法也常应用于个人的竞争力的分析中。

SWOT 分析法可以检查个人的技能、能力、职业、喜好和职业机会,找到自己的优势与劣势,发现自己面临的机会与威胁。人生的规划如同企业的发展战略,是"能够做的"(自己的优势发挥和劣势改进)和"可能做的"(外界的机会争取与威胁规避)之间的有机组合。

上述阐述的 SWOT 分析,同样可以应用于学生的个人认识和自我分析。对于每一位学生而言,也会存在着人生道路的优势、劣势、机会、威胁。

下面是一位大学生的个人 SWOT 分析的例子[①],图4-2为某学生的个人信息。

当然分析也分很多种,表 4-1~表 4-3 将对该学生大学生活中所一直遵循的主线进行分析。

通过对该学生在整个大学期间的案例分析,可以做一个比较,作为一个新生,应该怎样来分析自己,朝着既定的目标前进呢?我们可以依葫芦画瓢,按部就班地依次剖析自己。

---

① 资料来源:http://www.docin.com/p-707292.html。

```
姓名：×××    工作意向：到企业从事技术工作
毕业学校：某大学本科生    专业：计算机科学与技术
生日：1996/06    性别：男    出生地：成都市
背景概述：成绩优秀，外语出众，有工程实践经验
学习成绩：90
外语成绩：通过 CET-4 与 CET-6
学生工作：1 年级：班级男篮主力
         2 年级：班级体育委员
         3 年级：课程科代表
实习实践：
         2 年级：校内实验室 Java 编程
         3 年级：某企业 Linux 平台维护工作
         3 年级：某企业 Web 系统开发
         4 年级：某企业软件项目小组长
重大奖励：
         1 年级文体积极分子奖，校运会田径金牌
         2 年级校三等奖学金，文体积极分子奖，校运会田径金牌
         3 年级获得"挑战杯"全国大学生课外学术科技作品竞赛省级二等奖
         4 年级申请一项软件著作权
```

图 4-2 某学生的个人信息

表 4-1 某学生 SWOT 分析表

S 优势	W 劣势	O 机会	T 威胁
S1：专业对口 S2：英语能力突出 S3：社会活动丰富，团队能力强，有一定管理能力 S4：身体好，精力旺盛 S5：实习实践经历突出 S6：学科竞赛成绩突出	W1：基础课和专业课考试成绩一般 W2：性格过于活泼，缺乏深入研究的作风	O1：信息技术产业发展迅速，对人才需求量大 O2：学科竞赛、实习实践证明了自己的工作能力 O3：项目实践经验丰富，与企业人才需求对口	T1：信息技术企业人才多，竞争大 T2：自己的实习实践经验如果与企业业务不一致，如何证明自己有良好的学习能力，可以快速学习企业的开发技术 T3：同时做好几件事，时间安排有些冲突

表 4-2 某学生机遇-优势/机遇-劣势分析表

机会-优势：OS	机会-劣势：OW
O1/S1：提高自己的软硬件能力，提升工程实践能力，把自己培养成为能够满足企业需要的复合型人才 O2/S6：增强自己的实习实践，在简历中着重描述自己的工程经验，突出自己的工作能力 O3/S5：突出自己的学科竞赛获奖成绩	O2/W1：努力提高自己的课程成绩，并在简历中突出自己的工程经验，弥补考试成绩较低的劣势 O2、O3/W2：培养刻苦钻研的精神，争取较大项目，训练自己深入研究的态度与精神

表 4-3 某学生威胁-优势/威胁-劣势分析表

威胁-优势：TS	威胁-劣势：TW
T1/S1、S2、S3、S4：突出自己的专业优势和沟通特长 T2/S2、S4、S5：梳理自己的实践经验，在技术框架上分析是否还有明显漏项，补足漏项，并扩大视野，多了解新技术 T3/S4：高效管理时间，付出更多努力	T1/W1：合理解释，突出自己的自学能力与工程项目经验、学科竞赛成绩 T3/W2：争取完成更深入的工程项目，培养自己深入研究习惯

通过上面的分析，我们可以看到：

这个学生首先列出了自己的优势、劣势、机会、威胁，每一个部分都给出了最关键的几点，这个学生的优势如表4-4所示，劣势如表4-5所示。

表 4-4 优势表

S
S1：专业对口
S2：英语能力突出
S3：社会活动丰富，团队能力强，有一定管理能力
S4：身体好，精力旺盛
S5：实习实践经历突出
S6：学科竞赛成绩突出

表 4-5 劣势表

W
W1：基础课和专业课考试成绩一般
W2：性格过于活泼，缺乏深入研究的作风

分析完自身内部因素的优势和劣势后，接下来就需要分析个人的外部因素，即机会和威胁，这个学生个人的机会如表4-6所示，这个学生实现自己理想的威胁如表4-7所示。

表 4-6 机会表

O
O1：信息技术产业发展迅速，对人才需求量大
O2：学科竞赛、实习实践证明了自己的工作能力
O3：项目实践经验丰富，与企业人才需求对口

表 4-7 威胁表

T
T1：信息技术企业人才多，竞争大
T2：自己的实习实践经验如果与企业业务不一致，如何证明自己有良好的学习能力，可以快速学习企业的开发技术
T3：同时做好几件事，时间安排有些冲突

当完成内部因素优势和劣势，以及外部因素机会和威胁的分析后，根据SWOT分析的方法，这个学生应该明白自己未来的学习和生活的重点，也就是自己的大学生活战略，应该是"能够做的"（自己的优势发挥和劣势改进）和"可能做的"（外界的机会争取和威胁规避）二者的有机组合。

例如，上述学生的学习战略应该规划如下。

(1) 机会+优势：OS。

这是学生最应该强化的个体优势，同时要抓住外界的优势，利用机遇将自己的优势转化为成功。

(2) 机会+劣势：OW。

这一点对学生而言，是外界有机遇，但是因为个人的原因，在这个方面还存在劣势，也就是和其他个体相比，本身没有优势可言。对于这种情况，必须正确地认识这个机遇，如果希望抓住这个机遇，就必须正视自己的劣势，并且采取切实可行的方法来弥补劣势，把劣势转化为优势，提高自己的竞争力，更好地把握住外界的机遇。例如，这个学生在自己的SWOT分析中看到，自己的劣势是基础课与专业课考试成绩不好，另外缺乏深入研究的习惯。因此，这个学生给自己确定的战略如下。

O2/W1：努力提高自己的课程成绩，并在简历中突出自己的工程经验，弥补考试成绩较低的劣势。

O2、O3/W2：培养刻苦钻研的精神，争取较大项目，训练自己深入研究的态度与精神。

上述做法，就是典型的修正劣势的方法。

(3) 威胁+优势：TS。

这位学生在 SWOT 分析中，看到外界的威胁如下。

T1：信息技术企业人才多，竞争激烈。

T2：自己的实习实践经验如果与企业业务不一致，如何证明自己有良好的学习能力，可以快速学习企业的开发技术。

T3：同时做好几件事，时间安排有些冲突。

针对这些威胁，这位学生结合自己的优势，确定的战略如下。

T1/S1、S2、S3、S4：发挥自己的专业优势和沟通能力，突出自己的工程实践能力、学科竞赛成绩。

T2/S2、S4、S5：梳理自己的实践经验，在技术框架上分析是否还有明显漏项，补足漏项，并扩大视野，多了解新技术。

T3/S4：高效管理时间，付出更多努力。

可以看到，上述战略，都是利用自己的优势，针对外界的威胁给出的针对性的解决方案，而且具有很强的针对性。

(4) 威胁+劣势：TW。

威胁+劣势是一个人最大的困难。针对这个部分，需要冷静思考，找出问题的关键点，然后重点改进，才能避免在关键问题上出现错误。

根据上面的SWOT分析可以看到，任何一个学生在大学里面的战略，都应该是根据自身的情况和外界的情况来共同分析并制定的，这个制定的方法就是SWOT分析。

对上面的SWOT分析，还需要重点说明的是，这个学生分析的自己的劣势如下。

W1：基础课和专业课考试成绩一般。

W2：性格过于活泼，缺乏深入研究的作风。

在SWOT分析中，重点是针对机会+劣势和威胁+劣势来进行分析的。如果一个学生自身有劣势，那么要重点分析机会+劣势和威胁+劣势这两点。在一定程度上可以这么认为，机会+劣势是在自己的成功道路上遇到的困难，必须加以克服，才能让自己有更大的获得成功的可能性。而威胁+劣势可以理解为是自己的最大不足和威胁。因为威胁+劣势代表外界有挑战，但是自身条件不足，这是对一个人成功的最大威胁，需要给予高度重视，这样才能化解自己的最大困难，防止自己在人生道路上遇到严重的阻碍。

每一个学生是不同的，因此每个人的SWOT分析的结果也是不同的。当我们对自己的优势和劣势，以及对外界的机会和威胁有一个清楚的认识后，就可以科学地使用SWOT分析方法，去安排好我们的学习和生活重点，从而使自己的大学学习与生活有的放矢，充分发挥自己的优势与特长，积极发现争取各种外部机遇，发挥自己的价值；可以充分利用自己的优势，去迎接外界的威胁，增强自己战胜困难的信心。也可以根据外界的机会，分析自己的劣势，寻找差距，改进不足，从而帮助自己可以更好地抓住机会；还可以看到自己的劣势，以及外界的威胁，从而从根本上弥补自己的劣势，以提高自己的竞争力。

二、SWOT 分析的五个步骤

在对自身进行SWOT分析时，应该怎么去做呢？归纳起来有以下五个步骤。

■ 评价自己的优点

我们每一个人都是独一无二的，每个人都有自己独特的天赋、能力与技能。每一个人都不可能具备所有的能力，也不可能一无是处。

请同学们做一个列表，列出你了解的自己的特长与喜欢做的事情。同样，也可以做另外一张表，列出你现在发现的自己的短处与不喜欢做的事情。在对自己的了解过程中，发现短处与发现长处是同等重要的。因为，发现自己的短处，其实也是在更好地为提高自己、修正自己做必要的准备。有一些短处，是可以通过训练去改进的。有一些短处，是可以通过规避去弱化的。

上述发现的优点、缺点就是你自己的优势与劣势。对于自己的优势与劣势，给他们排个序，把最重要的、最严重的标记出来。

■ 找出机会和威胁

生活在这个世界上的每一天，我们都面临着不同的机会与威胁。找到这些机会与威胁，可以帮助我们正确地认识自己所处的外界环境，帮助我们确定正确的目标。在大学中，结合自己的专业，基于对社会、对行业的认识与理解，发现自己面临的机会与威胁是非常重要的。

例如，如果自己学习的专业处于一个竞争激烈、需求减弱的不利环境中，那么，这个专业能够提供给同学们的职业机会就可能比较少，并且很有可能缺少上升空间和未来长远发展机会。相反，如果一个专业是新兴专业，投资多、发展快、日新月异，那么这样的专业对大学生提供的发展前景就可能是非常广阔的。

所以，请同学们认真思考一下自己的专业，认真地了解自己专业的社会背景、发展前景，然后认真地评估自己专业所面临的机会与威胁。

■ 列出6个月内的学习目标

仔细地对自己做一个SWOT分析评估，列出你6个月内最想实现的4~5个学习目标。这些目标可以包括你想获得多少知识、你想了解哪一种专业方向、你英语要达到什么水平、你希望自己拿哪个级别的奖学金、你希望掌握哪种开发技术。此外请注意，你必须将自身的优势发挥到最大，以便与自己专业具有的有利条件完美匹配。

■ 制定一份学习计划

用表格方式列出未来1年的学习行动计划表格，说明你计划实现的目标、完成目标的时间以及为达成目标应该完成的工作。在实现行动计划中需要哪些帮助，以及如何获得这些帮助。

例如，如果SWOT分析表明自己需要提高自己的软件开发工程实践能力，那么为了能实现这个目标，你可能需要学习哪些课程、可能需要参加哪些实验室实习、可能需要参加哪些学科竞赛、需要如何安排自己的学习与实习实践时间。这些都需要详细的计划，越详细的计划，才能越有可能成功地实施。

■ **寻求专业帮助**

通过 SWOT 分析，找到自己的不足与缺点并不难，但是通过持久的努力去弥补不足、改正缺点却不是一件容易的事情。在改正缺点、弥补不足的过程中，一个人的奋斗有时候是孤单与无助的。在这个时候需要积极地寻求同学、朋友、老师、前辈与家长的帮助，他们的帮助一方面可以带来信心与勇气，甚至可能会找到一个志同道合的同路人一起前进；另一方面他们也会带来具体的指导意见和解决问题的方法，帮助我们事半功倍。所以，当我们在努力奋斗的时候，请不要孤独前行，约上同路人你会更加轻松愉快获得帮助，享受过程。

小结：

SWOT 分析法是一种常用的自我分析与自我诊断的方法，它可以较为客观地从优势、劣势、机会、威胁四个方面分析我们面临的自身与外部的现实情况。利用 SWOT 方法，可以找到在未来学习与工作中积极有利的因素，也可以发现消极不利的因素。利用 SWOT 方法，我们可以发现问题，找到解决问题的方法，明确以后的学习与工作改进的方向与重点。

SWOT 分析法还可以帮助我们确定问题的轻重缓急，弄清楚自己最大的优势是什么、最大的劣势是什么、哪些问题是最急需解决的，那些问题是可以稍缓一下的。通过这些分析，可以让同学们在未来的学习与生活中找到最重要的事情，把自己的时间与精力放到最应该投入的地方去。

每个人都有自己独特的优点、缺点，也面临着不同的机遇与挑战。因此，SWOT 分析对每个人来说，都会带来不一样的结果。我们每一个同学应该及早地对自己进行一次深入的分析，及早地认识自己。如果在 SWOT 分析中，还不能明确地找到自己的优势、劣势、机会、威胁，那么有可能是对自己、对外部的认识还不充分。这个时候，我们可以多与家长、老师、同学们聊聊，听听别人对自己的意见与建议。带着虚心好学的态度，多请教、多咨询，就能逐渐地树立对自己、对世界的正确地看法。

一个人对自己、对世界的看法，是需要通过实践去获得的。如果真的不明白自己有什么样的特长、有什么样的不足，那么可以在实际的学习、生活实践中去考察自己，通过实践去发现自己。或许你会发现，自己很擅长做一个沟通者，证明自己的沟通能力很强。或者你会发现，自己具有坚强的毅力，在完成困难工作的时候，能百折不挠。或者你会发现自己具有严密的逻辑能力，对于复杂问题能快速化繁为简，能在纷乱中快速找到问题的症结。

每一个人都是一个独特的自己。我们需要去不断地发现自己、了解自己，同时也需要根据对自己的认识去不断地改进自己、增强自己。只有这样，我们才能成为生活的主人，充分把握自己的命运，去实现自己成功的人生。

因此为自己做一个 SWOT 分析是十分必要的，表 4-1～表 4-7 会有一定的帮助。

案例示范

一位"90 后"计算机专业大学生的 SWOT 分析[①]

我的竞争优势(Strength)

根据 MBTI 性格分类法，我是属于 ISTJ(内向、感觉、思考、判断)这一类型的人。

---

① 成都信息工程大学计算机专业 2010 级某学生个人 SWOT 分析，有修改。

我的竞争优势有：身体好、精力足，具有良好的学习作息习惯，曾获得"十佳学生"的称号；心态平和，积极进取，善于与人沟通；学习刻苦，多次获得校级奖学金；有团队意识、创新能力，曾多次参加学科竞赛并获得好成绩；专业知识扎实、动手能力强，熟悉计算机软件开发，具有一定的硬件动手经验；责任意识强，时间利用效率高，对工作善始善终；积极热忱，富有爱心，经常参与志愿者活动。

作为90后，环境和时代赋予我们独特的优势。在我们生活的时代，计算机行业快速发展，我们从小就接触了计算机教育，具有良好的基础。快速发展的计算机产业，需要大量高端人才，亟需我们这代年轻人的积极加入。

我的竞争劣势(Weakness)

性格内向，不善于人际交往；英语特别是口语还有待提高；过于追求完美，对不感兴趣的事情难以积极投入；不善于平衡时间与精力，对自己喜欢的事情投入精力太多；决策力与判断力还有待提高；社会阅历有限，会因为近期目标而忽略长远目标；感情不够细腻，与人交往时容易对他人带来伤害；不太愿意尝试新事物、新东西；有少许固执，考虑问题会比较死板。

外部环境也造成一些劣势。首先，计算机行业发展迅速，对从业人员的要求也越来越高，需要具有终身学习的能力。并且由于计算机行业是一个变化非常快的行业，对从业人员的工作时间要求较长。虽然计算机行业人才需求旺盛，但是大学培养的人才也很多，竞争日益激烈。

面对自身的优势与劣势，应该准确定位自己，精准分析自己，做到扬长避短，充分发挥自身优势，尽量避免自己的劣势。

我的竞争机会(Opportunity)

就计算机行业这个大环境来说，提供给我的机会还是很多的。计算机行业投资迅猛，公司企业众多，就业机会很多；我校的计算机专业人才在行业中得到了较好的口碑，企业比较认可我校毕业的计算机人才；校企合作培养模式让我有了更多的动手实践机会，自己的项目开发经验较为丰富；自己的就业面较广，可以从事：程序开发、软件测试等工作；自己精力旺盛，学习能力强，可以快速学习新的知识，能很快适应新工作。

我的竞争威胁(Threat)

首先，计算机行业作为近些年的热门专业，毕业生人数逐年增加，竞争压力大；我校属于普通本科大学，在就业竞争中，将面临高层次大学毕业生的强有力竞争。

优秀的计算机企业门槛很高，对应届生会设置众多的笔试、面试考核，还要面临社招人员的竞争，脱颖而出的竞争压力巨大。

许多计算机企业已经开展全球业务，要求员工具有良好的外语能力，特别是口语能力，这对我压力也很大。

我的发展战略(Strategy)

从以上的分析可以看出，即将毕业的我有一定的优势与机会，但是还是有很多的劣势与威胁。因此，我必须打有准备之仗，优化自己发展战略，发挥优势，正视劣势，抓住机遇，规避风险，才能在竞争中取得成功。

> 第一，打优势特色牌。我的优势是项目经验丰富、动手能力强。因此，在专业上我把自己培养为一名较为全面的软件开发人员，突出自己的软件开发、软件测试能力，将自己培养为一名全面的软件开发人员。
>
> 第二，打项目经验牌。虽然自己的性格上有一些劣势，也面临着高层次计算机专业学生的强烈竞争，但是自己坚定不移地走培养自己丰富的项目经验的道路，在大学中广泛参加校企合作，培养自己的工程实践经验，多做项目，做中学。在大学毕业的时候，力争自己已经具有实际的企业工作能力、丰富的项目开发能力。
>
> 第三，克服自己性格缺点，积极融入企业，熟悉职业特征。在大学中认识到自己的性格上的不足后，积极地训练自己，特别是培养自己的企业工作能力，培养自己在企业中与领导、与同事进行交流沟通的能力，适应企业工作环境，促使自己尽早完成从学生到工程师的转变。
>
> 第四，进行人身规划，寻找自身最佳定位，在职业规划上找到自己在专业技术和专业管理上的平衡点，不断充实自己，持续学习，在职业发展上找到最能发挥自己优点、克服自身不足的岗位，将自身的能力最大地发挥出来。

第三节 人生导航——人才黄金定律

在英国伦敦古老的威斯敏斯特大教堂墓碑林中，矗立着一块墓碑，上面刻着一段非常著名的话："当我年轻的时候，我梦想改变这个世界；当我成熟以后，我发现我不能改变这个世界，我将目光缩短了些，决定只改变我的国家；当我进入暮年以后，我发现我不能够改变我们的国家，我的最后愿望仅仅是改变一下自己的家庭。但是，这也不可能。当我现在躺在床上，行将就木时，我突然意识到：如果一开始我仅仅去改变自己，然后，我可能改变我的家庭；在家人的帮助和鼓励下，我可能为国家做些事情；然后，谁知道呢？我甚至可能改变这个世界。"[①]

《大学》告诉我们："古之欲明明德于天下者，先治其国；欲治其国者，先齐其家；欲齐其家者，先修其身；欲修其身者，先正其心；欲正其心者，先诚其意；欲诚其意者，先致其知。致知在格物。物格而后知至，知至而后意诚，意诚而后心正，心正而后身修，身修而后家齐，家齐而后国治，国治而后天下平。自天子以至于庶人，一是皆以修身为本。其本乱而末治者，否矣。其所厚者薄，而其所薄者厚，未之有也。此谓知本，此谓知之至也。"

从《大学》的这段话与这段碑文，我们不难悟出一个道理："改变世界的步伐，必须从改变自己开始。远大的理想，容易让人觉得路途遥远而艰辛。但是，如果从小事做起、从自身做起、从今天做起，任何事情都是可以成功的。"这不就是中国人追求的人生道路，即"身修而后家齐，家齐而后国治，国治而后天下平"。

诚然，成功可以借鉴，但是不能复制。每个人的成功都与自身因素有关，靠近自己的梦想不仅与自己的性格、爱好、成长经历、后天教育、努力程度等有关，偶尔还是需要机会的垂青。因此，年轻人对自己的人生进行规划的时候，不要一味地照搬别人的成功模式，而是要从自己的客观条件出发，分析自己的性格特点，加强自身锻炼，制定出切合自己实际的人生规划。

---

① 王锟，《〈大学〉与威斯敏斯特大教堂的无名墓碑》，光明日报，2014年07月01日，16版。

"以终为始"的人生规划使一个人的选择有的放矢,而人才黄金定律帮助你知道在起点驶往终点的路上,你要如何去做才能到达目的地。可以说,人才黄金定律能够帮助我们明确自己与人才的差距,并鼓励我们去克服这些差距。如果说人就像是行驶在大海上的一条帆船,那么人才黄金定律,就是那船上的风帆。帆船能在海上行驶多远多久以及能否到达目的地,帆的方向和航海者对帆的把握在其中起着决定性的作用。因此,在学习"以终为始"的人生规划方法以后,接下来,我们有必要了解"什么是人才";在人生的道路上,实现人生目标、成长为国家需要的栋梁之材的我们需要遵循哪些人才定律。

一、什么是人才

《辞海》对人才的解释是"有才识学问的人,德才兼备的人"。

通用电气董事长兼首席执行官(CEO)杰克·韦尔奇筛选人才的定律是 4E+1P,即 Energy(能量)、Energize(活力)、Edge(决断力)、Executive(执行力)、Passion(激情)。

古往今来,对人才的定义,从来没有像"一加一等于二"这样绝对的答案。仁者见仁,智者见智。

本书认为成为人才至少需要具备如下四种素质:
(1)技术知识、技能与经验;
(2)个人能力与职业能力;
(3)国际化视野、人际交往与团队协作;
(4)在企业和社会环境下构思、设计、实现、运行系统的能力。

为培养这样的能力,我们就需要人才的五大黄金定律。人才之于中国,犹如粮食之于民济。而人才的五大黄金定律则支配着人才的走向,决定了培养出来的是什么类型的人才。其存在的意义就不言而喻了。

二、人才的五大黄金定律

每个人都有其闪亮的才能,如果你回答没有,那么不是真的没有,只是暂时没发现而已。因此,现在就丢下所有的自卑来思考。你会发现,你将成为一个有用的人才。

人才的五大黄金定律:
(1)能力皆可训练(不要认为成功高不可攀);
(2)行胜于言;
(3)时间可以证明一切(用行动和刻苦来取得成功);
(4)做正确的事,正确地做事(确定最合适的努力方向);
(5)努力是一种品格,优秀是一种习惯。

■ 能力皆可训练

古话说得好:"功夫不负有心人!"这话没骗你,确实如此,一切能力都是可以训练出来的。现实生活中,有些人确实具备某方面天生的才能,有所谓"天才"的一面,但是,这些天赋如果没有勤奋地练习、专注地精进,就会慢慢地被磨灭掉,最终消失不见。相反,有些人小时候看起来不是那么聪明,也不是太出众,但是经过后天的努力,照样能成为某一领域的大家，正所谓"小时不了，大时了了"……这两种情况都告诉我们，能力是可以训练的，能力也必须训练。

> **名人经历**
>
> ### 爱因斯坦：从笨小孩到科学巨匠[①]
>
> 　　1879年3月14日，爱因斯坦降生在德国的一个叫乌尔姆的小城。父母对他寄托了全部的期冀。可没过多久，父母就开始失望了：人家的孩子都开始学说话了，已经三岁的爱因斯坦才"咿呀"学语。后来，比爱因斯坦小两岁的妹妹已经能和邻居交谈了，爱因斯坦说起话来却还是支支吾吾，前言不搭后语……
> 　　看着举止迟钝的爱因斯坦，父母开始忧虑。直到10岁时，父母才把他送去上学。可是，在学校里，爱因斯坦受到了老师和同学的嘲笑，大家都称他为"笨家伙"。学校要求学生上下课都按军事口令进行，由于爱因斯坦的反应迟钝，经常被老师呵斥、罚站。有的老师甚至指着他的鼻子骂："这鬼东西真笨，什么课程也跟不上！"
> 　　一次工艺课上，老师从学生的作品中挑出一张做得很不像样的木凳对大家说："我想，世界上也许不会有比这更糟糕的凳子了！"在哄堂大笑中，爱因斯坦红着脸站起来说："我想，这种凳子是有的！"说着，他从课桌里拿出两个更不像样的凳子，说："这是我前两次做的，交给您的是第三次做的，虽然还不行，却比这两个强得多！"一口气讲了这么多话，爱因斯坦自己也感到吃惊。老师更是目瞪口呆，坐在那里不知说什么好。
> 　　自此开始，他便一发不可收拾！
> 　　1905年5月，爱因斯坦完成论文《论动体的电动力学》，独立而完整地提出狭义相对性原理，开创物理学的新纪元。
> 　　1912年，提出"光化当量"定律。
> 　　1915年11月，提出广义相对论引力方程的完整形式，并且成功地解释了水星近日点运动。
> 　　1916年3月，完成总结性论文《广义相对论的基础》；5月提出宇宙空间有限无界的假说；8月完成《关于辐射的量子理论》，总结量子论的发展，提出受激辐射理论。
> 　　在短短的时间里，爱因斯坦做出了如此巨大的成就。当年被人们称为"笨蛋""笨东西"，认为无法成才的爱因斯坦，终于成了全世界公认的、当代最杰出的聪明人物。
> 　　爱因斯坦成名之后，许多年轻人想要向他获得成功的秘诀时，他信笔写下了一个公式：$A = X + Y + Z$，并解释道："A表示成功，X表示勤奋，Y表示正确的方法，那么Z呢，则表示务必少说空话。"可以说，爱因斯坦本人的经历正是这个等式最好的证明。

　　人是自己未来的建筑师。虽然出生时每个人的起点不一样，有的人很聪明，有的人愚笨低能，但通过能力的训练完全有可能使这些差距变小或者变大。美国电影《阿甘正传》里就

[①] 资料来源：https://wenku.baidu.com/view/51f67581c850ad02df804127.html。

讲了一位智力低下的孩子阿甘如何通过自己的努力成为对社会有用的人的故事。阿甘的智商只有 75，与大多数人相比，他的智力水平实在堪忧。然后，他后来通过自己的不断努力，创造了一个又一个的奇迹，最终改变了自己的命运。

生活中有不少人羡慕别人的成就，却不曾想到，看起来辉煌的成就背后往往是艰辛的努力，巨大的付出。正如网上有一句流传很广的话："你必须十分努力，才能看上去毫不费力。"天上不会掉馅饼，如果真的掉了馅饼，那一定是别人吃剩下随手扔掉的。成功有方法，那就是不断地进行能力训练，正所谓"曲不离口，拳不离手"。我国游泳世界冠军孙杨的游泳教练张亚东曾告诉记者，孙杨每天的训练量很大，每天要游 15～20 公里，除此以外，还有 4 个小时的力量训练。正是因为有这样大强度的能力训练，孙杨才能在比赛中一举夺冠，为国争光。

活到老，学到老。人通过后天不断地学习，不断地积累，不断地反思，就会不断地进步，不断地提高，不断地完善。这也告诉我们，后天的努力与否十分重要，它决定了你能否取得成功。

当年为了高考，把这段文章背得很流畅，可是又有几人认认真真把这段话联系到自己的人生，仔细思考？总而言之，不管先天条件如何、不管是顺境还是逆境，只要你肯努力，就有理由相信，一切能力都是可以训练出来的。也许你就是下一个爱因斯坦。

因此，暂时的落后，并不意味着你永远落后。人的一生是漫长的，由很多阶段组成，可能你在某一阶段比较差，但经过你坚持不懈的努力，下一阶段你就有可能会变成优秀的人。这些完全取决于你自己！

名人金句

盖文王拘而演周易；仲尼厄而作春秋；屈原放逐，乃赋离骚；左丘失明，厥有国语；孙子膑脚，兵法修列；不韦迁蜀，世传吕览；韩非囚秦，说难孤愤；诗三百篇，大抵圣人发愤之所作也。

——司马迁《报任安书》

请不要妄自菲薄，要相信自己。要坚信一切能力都是可以训练出来的！

■ 行胜于言

人生故事

特里：行胜于言(Action Speaks Louder)[①]

一位名叫特里·福克斯(Terry Fox)的加拿大年轻人在 22 岁时去世，但他却被加拿大人称为"我们的英雄"，时至今日他仍然在影响着北美地区的人们。这位年轻人并没有做什么惊天动地、解放人类的大事，他只是用他的整个生命来实践"Action Speaks Louder"（行胜于言）的座右铭，从他一个人开始，带动了一个国家。

---

① 资料来源：http://www.cclycs.com/s659134.html。

> 特里在18岁那年被诊断出患上骨癌，在截肢手术的前夜，他做了一个决定，要通过横穿加拿大的长跑为全国的癌症患者筹款。手术成功后，他的右腿戴上了义肢，在这种情况下，特里开始进行认真的训练。开始跌倒、爬起来再跑，再跌倒、再爬起来跑，他每天都在练习，不断地增加路程。三年后，他正式开始了他的横穿加拿大的跑步计划。这个名为"希望加拿大"的义跑在开始之初，根本没有太多人关注，大部分时间特里只是一个人默默地、孤独地跑步。由于他的右腿不能提供正常的缓冲和蹬力，只能由左腿额外地多垫一步，假肢常常把他的右腿磨得鲜血滴淌。他的左腿膝关节因为负担过度而肿痛难忍，每次开跑右腿都要熬过二十多分钟大痛，然后才缓和下来。整个路途中，特里还需要经常在山路上跑，几百几千米的上坡路，他要一拐一拐地跑，要知道百米的斜坡比400米的平地还吃力，难以想象他为此承受了多大的痛苦，而第二天凌晨四点半他又要出发了。由于癌细胞蔓延太快，特里不得不在跑步143天以后停下了脚步。期间他跑了5373公里，只休息了一天，鞋子换了八次，假腿也跑坏了九条。他一共募集了2000多万加元的捐款。不久以后，年仅22岁的特里去世了，人们利用他所募集的善款成立了"特里·福克斯基金会"，尽力帮助所有癌症患者，致力于癌症研究。为了纪念他，从1981年9月开始，加拿大人每年都会在多个地方参与"希望马拉松"，这一活动也逐渐成为全世界最大的癌症研究募捐活动。

帮助已经截肢的特里成就辉煌人生的，正是他的座右铭"行胜于言"。很多人为自己制定了有效目标，他们的计划表详细且清晰，每一天的日程都安排得满满当当，但却迟迟不见他们做出行动。这样的计划除了安慰自己说："看，我有这样好的计划"，还有什么意义呢？

没有行动的计划是路线图，只有在执行中的计划才会变成真正的路线。在从自身现状到达有效目标之间，肯定有一条路是你必须要走的。只有当你勇敢、坚实地迈出自己的步子，一天一点、一步步地向着有效目标前进时，才有可能到达终点，完成目标。现实生活中，很多学生自称是"拖延症患者"，对于老师要求交的作业总是拖到最后一刻才完成，这样的行为其实一点也不值得夸耀。所谓"拖延症"，会将我们拖入一个不受外力督促，就不会产生任何行动的境地，会极大地降低我们的自觉性和能动性，从长期来看，绝对是百害而无一益。

不要为拖延找借口，要积极行动起来，这才是一个大学生应当在大学四年里牢牢建立起来的习惯。要知道，再宏伟的目标，没有脚踏实地的行动，也只能是海市蜃楼，看得到却永远不能到达。因此，同学们，请不要拖延时间，浪费生命，做一个既有目标又有行动、精神焕发的时代青年。

■ 时间可以证明一切

时间可以证明一切，这句话的意思是说，只要我们花费了足够多的时间，付出了足够多的努力，那么我们一定能取得成功。魏征在《谏太宗十思疏》中说："善始者实繁，克终者盖寡。"讲的就是这个道理。在一件事开始的时候，很多人都会全身心地去做，并且憧憬着美好的结果。但是很多事都不可能立刻取得成效，也许要等到一个星期后、一个月后，甚至十几年后才会看到效果。当一件事做了很长时间都没有成功的迹象,很多人就会想:唉,放弃算了,反正也不会有好结果。

在我们的人生中,也常常遇到这样的情况。我们开始一个新课程的学习,当过了一开始的新奇感,而且失败屡屡袭来的时候,我们常常会想要放弃。成功者与失败者的区别绝大多数时候并不在于起点如何,而在于谁坚持到了最后,像越王勾践十年卧薪尝胆,终于灭掉吴国这样的例子在历史上太多了,举不胜举。没有人一生下来就什么都会,那些成功者中,没有一个不是经过坚持不懈的努力,没有一个不是经过长久的自律自制,才取得了旁人羡慕的成功。他们并非每一个都拥有超于常人的能力,但他们常常做的却是同样一件事,那就是实在坚持不住时,总是给自己打气,默默告诉自己:"千万不能放弃,坚持一下,再坚持一下!"

成功经验

石油大王成功的秘密[①]

美国石油大王哈默有一个怪癖,专爱收购别人认为找不到石油的废井。

有一家叫德士古的石油公司,曾在旧金山以东的河谷里寻找过天然气,钻头一直钻到了5600英尺(1英尺=0.3048米),仍然见不到天然气的踪影。德士古石油公司认为耗资太多,如果再深钻下去也可能徒劳无功、难以自拔。便匆匆鸣锣收兵,并宣判了此井的"死刑"。

哈默得知这一消息后,不禁欣喜若狂。立即组织有关专家进行实地考察,经过大量的数据分析,哈默在这口被判"死刑"的废井上又架起了钻机。

结果,在原有的基础上再钻井3000英尺,天然气终于喷了出来。

后来,哈默又听说举世闻名的埃索石油公司和壳牌石油公司,在非洲的利比亚由于探油未成功而扔下不少废井。他便带领大队人马开往非洲,租借了这些被别人抛弃的土地。

很快,他在那些废井中找出了9口自喷油井。

就这样,哈默领导的西方石油公司经过多年的努力,发展成一个业务遍及世界各大洲、进行多种经营的跨国公司,哈默本人也成为享誉全球的石油大王。

哈默的成功告诉人们,寻找成功,就像挖掘石油。有时,成功就深埋在你的脚下,既看你想不想挖掘它,更看你挖掘得深不深。寻找成功,需要有一份坚持下去、不达目的誓不罢休的决心和耐心。

老子曾说:"民之从事,常于几成而败之。慎终如始,则无败事。"意思就是:通常人们做一件事情,往往是在通向成功的道路上没有坚持而半途而废,导致在快要成功的时候却失败了。如果我们做一件事情,能够不忘初心,始终坚持在事情开始的时候所做到的认真与努力,那么世上就没有难事。

生命的成功,通常远在旅途终点,而非在起点就能获得。在人生的道路上,我们始终要慎终如始、不忘初心,一定要相信,再坚持一下、再努力一下,成功就在不远处等你。

---

① 资料来源:http://news.sina.com.cn/o/2004-08-23/10303468875s.shtml。

就像水滴石穿、就像聚沙成塔、就像积跬步以致千里，只要坚持、只要不放弃，什么事情都是可以做到的。

> **小故事**
>
> **顶尖教练的秘诀**[①]
>
> 　　在美国有一个大学篮球教练，听说是全世界最顶尖的篮球教练。任何的球队输球，只要他去那里一季到两季就可以反败为胜，甚至可以打入全美大学的总冠军赛或夺得大学的总冠军。
>
> 　　有一个学校的篮球队很烂，每年都会输球，所以那里的学生一到冬季的时候看到篮球场就想要躲掉(美国冬季是打篮球的季节)，因为他们球队实在是太差劲了。于是这个学校的董事会一致决定，要把全世界最棒的篮球教练请过来。
>
> 　　教练到的时候，此大学篮球队已经连续输了十场比赛。这个教练跟他们讲，过去不等于未来，没有失败，只有暂时停止成功。
>
> 　　他讲了很多道理和故事激励球员。这些学生说："你讲得有道理。"于是这个教练开始凝聚这个团队的向心力，第十一场比赛之前，教练就说："各位，你们有没有信心？"他们说："有！""我们这次会不会成功？""会！""这次会不会赢球？""会！"
>
> 　　第十一场比赛中场时间回到休息室，那个球队落后30分。天呐，球员都快哭出来了。这个教练就开始问了："在座各位，请问你们觉得自己会输球吗？"他们嘴巴讲"不会"，但心里头已经说："铁定会，一定会死的，教练。"
>
> 　　结果这个教练果然懂得激励学。他说："在座各位，假如今天篮球之神迈克·乔丹连续输了十场比赛，第十一场比赛中场落后30分，你们觉得迈克·乔丹会不会放弃？"球员一致回答："不会。""你们觉得拳王阿里当钟声还没有响起来，虽然处于落后的状态，拳王阿里会不会放弃？""不会！"
>
> 　　"发明电灯的爱迪生当他还没有发明出灯之前，请问各位，爱迪生会不会放弃？""不会！"他们的回答全部都是：不会不会不会⋯⋯
>
> 　　"请问，米勒会不会放弃？"
>
> 　　全场傻眼，有人就举手："报告教练，谁是米勒，怎么连听都没有听过？"
>
> 　　教练说："这个问题问得非常好，"他说，"米勒在比赛之前就放弃了，所以，你就没有听过他的名字。"
>
> 　　下半场开始，球员在教练的鼓舞下，士气大增。虽然最终还是没有赢得比赛，但是比分差距很小。此后球队在这个教练的带领下，开始走入强者行列，不再输球。

■ 做正确的事，正确地做事

　　关于生活，有句话说得很深刻："人生最痛苦的，不是你得不到，所以你痛苦，而是你付出了无穷的代价得到了，却不过如此，所以你痛苦；人生最痛苦的，不是你付出了多少代

[①] 资料来源：http://blog.163.com/mz_zywxs/blog/static/74662421200853115557778/。

价得到了，却不过如此，所以你痛苦，而是你轻易地放弃了，原来它在你的生命中是那么重要，所以你痛苦！"然而，为什么会有这样的遗憾呢？

这里，先回答一个问题。你是否经常会有这种感觉：自己每天就像一个上满发条的时钟——只知道机械地转动，却不知为何而转？一个月、一个学期过去了，你根本不知道自己干了什么，又从大学得到了什么。如果是，那么，你就该考虑一下，你到底该做些什么？"做正确的事"就是让我们找到每一个生命阶段中对自己来说最有价值、最重要的事情，然后完成它。

> **小故事**
>
> ### 应该把谁扔下去？[①]
>
> 英国某报曾经举办过一项有奖征答活动，题目是：在一个充气不足的热气球上，载着三位关系世界命运的科学家。第一位是环保专家，他可以拯救人类因环境污染而面临的厄运；第二位是核子专家，他有能力防止全球核战争使地球免于遭受灭亡绝境；第三位是粮食专家，能在不毛之地种植农作物使数千万人脱离饥荒。此时热气球即将坠毁，必须丢一个人以减轻载重，使其余的两个人得以存活，请问该丢下哪一位科学家？问题刊出之后，因为奖金数额庞大，信件如雪片飞来。大家都极尽所能地阐述他们的见解。
>
> 最后结果揭晓，巨额奖金的得主是一个小男孩。他的答案是丢出去最胖的那个。当人们在讨论应该丢掉哪位科学家时，大家都有自己的理由，而且都认为自己是正确的。然而气球即将坠毁，最急需解决的是如何减轻气球的重量，因此我们最该做的事是扔下去最胖的，只有在确保气球不会坠落的情况下，讨论其他才有意义。小男孩的答案正是遵循了正确的解决方向，我们说，他"做了正确的事"。

对于大学生来说，"做正确的事"就是要确定好自身定位、短期计划目标和长期计划目标。简单地说，就是要明确正确的前进方向。

> **轻松片刻**
>
> ### 袋鼠与笼子
>
> 管理员发现袋鼠从笼子里跑出来了，于是开会讨论决定将笼子由10m加高到20m。第二天他们发现袋鼠还是跑到外面来，又将高度加到30m。没想到隔天居然又看到袋鼠全部跑到外面，于是管理员一不做二不休将笼子的高度加到100m。
>
> 一天，一只长颈鹿和袋鼠闲聊，"你们看，这些人会不会再继续加高你们的笼子？"长颈鹿问。"很难说啊，"一只袋鼠说："如果他们再继续忘记关门的话！"

这个动物园里发生的袋鼠与笼子的笑话[②]告诉我们，管理员的确在根据所发生的状况进行对策处理，而且做得很及时。但他们解决了问题了吗？然而并没有！从这个故事中我们看出，如果你在"正确地做事"之前，没有"做正确的事"，那么你的努力都将是空谈。也许你觉得努力就应该有回报，可是如果你的目标、方法都不正确，那么即使你的计划多么周密、

[①] 常晓玲，《世界上最神奇的38个定律》，西苑出版社，2011年。
[②] 资料来源：http://finance.sina.com.cn/leadership/mglgs/20070402/02013461963.shtml。

正确，却都是在浪费时间。对于大学生来说，做正确的事首先要基于对自身和外界相互影响的正确评估，即 SWOT 分析，来确定一个真正适合自己的目标。

在确定了何为"做正确的事"，还必须制定计划，提高效率，"正确地做事"。"正确地做事"是指要在正确的方向和目标的前提下，通过各种有效的方法和自我管理来提高效率。以开车为例，上班高峰拥堵时，你选择哪条路能够避开拥堵，保证你准时上班，就是"做正确的事"。当选好行驶的道路后，如何做到安全、快捷地开车，就是"正确地做事"。正确地开车要求我们掌握加油的技巧、刹车要踩得柔和、正确地握住方向盘……把车开好，才能够保证我们平安地顺着选定的路径抵达目的地。也就是说，"正确地做事"能够使我们将"正确的事"顺利完成。

由此引出，在大学里"做正确的事"就是大学生活一开始，你就要确定大学生活的最终目标以及未来的人生目标。诚然，正确的目标来自正确的世界观和人生观，来自个人价值取向和社会需求及家庭要求，来自个人的性格爱好、外部环境及外界社会的不断变化，这些都是你确定目标的因素，需要认真把握。所谓"正确地做事"则是说在实现具体目标时要有缜密的计划，要有正确的、可行的方法和路径，同时要付出个人坚持不懈的努力。

■ 努力是一种品格，优秀是一种习惯

"努力是一种品格，优秀是一种习惯。"这两句话实际上说的是一种结果，或者说是一个人做人做事的一种状态，即要让努力成为你所具备的一种品格，让优秀成为你做人做事的习惯。

常言道，树雄心壮志易，为理想努力难，人生自古就如此。只要我们没有灰心、失望，就一定能够用意志品格支撑着我们走过坎坷的岁月。比如，当人生遇到困难，当自己感觉自己难以坚持的时候，我们需要告诉自己：坚持、坚持，成功总是会出现在再坚持一下的努力之中。面对困难，最有效的武器就是努力坚持。在坚持中可以发现问题，在坚持中可以找到答案。如果过早地放弃，那么本来可以获得的成功，也会从指缝中溜走。

努力是人生的一种不断向上的精神状态，与其规定自己一定要成为一个什么样的人物，获得什么东西，不如磨炼自己做一个努力的人。当我们坚持与努力后，是否能一定拥有成功呢？其实这个问题本来就无需答案。天道酬勤，任何成功都是通过持续不断的努力获得的。如果没有努力，而去期盼获得成功，这就像追逐无本之木、渴求无源之水，是不可能的事情。而不断的努力后，即便是现在没有获得成功，但是请你相信，努力不会白费，或许成功就在不远处等着你。

在我们前进的道路上，成功是一步步获得的。对于成功的目标，我们不需要定得太高。当获得了一个个小小的成功后，我们的眼界就会更加深远，我们的心胸就会更加广阔，我们也可以为自己制定更高的目标。

生活的真谛，就是做一个最好的自己。每一个人都不一样，拥有不同的优点，也会有自己的不足。因此，一个成功的人，不是在任何地方都做得最好，而是发挥自己的长处，克服自己的短处，做一个最好的自己。当把自己能做好的每一件事情都做好的时候，当把自己可以克服的每一个困难都克服的时候，自己就在一步步地走向成功。

> **名人经历**
>
> ### 卡耐基：做最好的自己[①]
>
> 　　美国赫赫有名的钢铁大王安德鲁·卡耐基就是一个能充分发挥自己创造机会的楷模。他12岁时由苏格兰移居美国，先在一家纺织厂当工人。当时，他的目标是决心"做全工厂最出色的工人"。因为他经常这样想，也是这样做的，经过坚持不懈的努力，他终于成为整个工厂最优秀的工人。后来命运又安排他当邮递员，他想的是怎样"做全美最杰出的邮递员"。结果他的这一目标也实现了。他的一生总是根据自己所处的环境和地位塑造最佳的自己，他的座右铭就是"做一个最好的自己"。

　　每个人的成功都是不一样的，我们不需要用"名"或者"利"来衡量成功。每一个人，在自己平凡的人生岗位上，只要完成了自己应该做的事情，发挥了自己的潜能，克服了自己遇到的困难，做了对自己、对别人有益的事情，让自己每天都有进步，那么都是做了最好的自己。

　　做一个最好的自己，做一个成功的自己，需要良好的习惯。任何一个人，如果坚持良好的习惯，那么他必将获得成功。持之以恒地去坚持，一周、一月、一年、十年，再难的事情也会成功。

　　良好的习惯是成功的基础。一个成功的人，一定有很多很多良好的习惯。在人生中，培养和保持良好的习惯是非常重要的，有时候也会是非常痛苦的磨炼，甚至是脱胎换骨的改造。

> **名人经历**
>
> ### 布芬如何培养习惯[②]
>
> 　　美国的布芬年轻的时候，生性懒惰，整天只知道吃喝玩乐。人们认为这个人因为生活在富裕之家，养成了浪荡公子的习性，一辈子只能碌碌无为了。面对人们的指责，布芬决心痛改前非，立志在科学研究领域做出一番事业。人们对他的志向只是付之一笑。
>
> 　　为了实现自己的人生目标，布芬决心首先改掉爱睡懒觉的毛病。为了使自己早起，他要求佣人在每天早上六点以前叫醒他，并必须保证让他准时起床。只要任务完成得好，佣人就可以额外地获得一笔小费。
>
> 　　但是，当佣人叫醒他的时候，他却装病不起来，还生气地骂佣人打搅了他的睡觉。当他起床后发现已经上午十一点了，他又大发雷霆，训斥佣人没有及时把他弄起来。这样一来，佣人决意拉下脸来，强迫他起床。
>
> 　　一次，布芬赖在床上，无论如何也不肯起来。佣人立即端来一盆凉水泼进了他的被窝，这一办法立刻见效，并且屡试不爽。在佣人的督促下，布芬终于养成了早起的好习惯。从此，他每天从早上九点工作到午后两点，又从下午五点工作到晚上九点，日复一日，年复一年，四十年来从未间断过。后来，他完成了巨著《自然史的变迁》，成为一名享誉国内外的作家。

[①] 张文捷，《我自信我成功：自信心的培养与提高》，海潮出版社，2004年。
[②] 刘祥和，《最好的我：再见了，坏习惯》，同心出版社，2013年。

一个良好的习惯会使人受益终生。在良好习惯的润泽中，你会发现为人处事变得轻松，受人欢迎，做事顺利；良好习惯可以让你在遇到困难时不畏惧、不颓废，而是变得坚强勇敢，始终对前途充满信心和希望。可以这样说，好习惯会带给你无穷无尽的力量，是你走向成功的助推器。

　　在养成良好习惯的同时不良习惯会随之消失。原本"好"与"坏"就是对立的，那么"勤奋"与"懒惰"，"自立"与"依赖"，"谨慎"与"马虎"，"大度"与"小气"也都是相对的。当你在选择养成良好习惯之时，势必将另一类的不良习惯摒弃。良好习惯如朋友般需要你的陪伴与呵护，如果你始终如一地待之，不离不弃，那么不良习惯便无一丝侵入的机会，在你身上随之消失。

　　改掉不良习惯需要经历痛苦的过程。众所周知，当一个人习惯以某种方式生活后，要打破这种惯性平衡，会让人浑身不自在，这是人固有的一种惰性。但是要养成良好的习惯，就必须要戒除不好的坏习惯，譬如爱睡懒觉、不好运动、做事不认真、得过且过，不尊重他人、动辄吐脏字，生活邋遢、不讲究卫生等。虽然我们知道要改掉自己的不良习惯是一件很痛苦的事情，但是，不改掉恶果将不断缠身，所以，你必须时时刻刻让自己与恶习作斗争。在前面的例子中，布芬赖在床上不起来，这多么像许许多多的同学在假期中懒散的样子啊。可是，当许多次的一盆凉水泼进被窝后，布芬终于改掉了睡懒觉的坏习惯。在我们的生活中，要改掉自己的坏习惯，就应该多给自己来点"热被窝泼凉水"，这样自己的坏习惯就可以尽快地从身体中被"洗涤"出去。

　　养成好习惯其实并不难。据科学家研究，一个习惯的养成通常需要二十一天。二十一天，只有三周，其实不长。二十一天，只有三周，其实也不短。只要我们坚持，将一个良好的事情坚持三周，我们就会养成一个好习惯。

　　当然，养成良好的习惯，除了贵在坚持还需要远大目标的引导。如果一个人没有远大的理想，对自己也就不会提出更高的要求，那么生活中的一些坏习惯，也就会被当成不伤大雅的小事。如果要实现远大的目标，我们就必须"勿以恶小而为之，勿以善小而不为"。我们必须清醒地认识到，任何小小的坏习惯都是我们成功道路上的绊脚石，必须改掉它。当每一块绊脚石都从人生道路上搬走以后，一个人就必然会走上成功之路。

　　加油吧，青年人，趁自己还很年轻，用一个个二十一天，去养成让自己终身受益的好习惯。这些好习惯，会让自己的人生充满意义，并且让自己一步一个脚印地走向人生的成功。

　　天行健，君子以自强不息！其实每个人都有一种与生俱来的禀性，那就是优秀。我们可能不知道自己拥有哪一种最原始的天赋，但是我们无法否认它的存在，只有不断地去发掘，才能让优秀再次成为我们的习惯。

　　《道德经》上说过："人之初，性本善。"其实这里的善就是一种优秀，而这种优秀自然就是人最初的一种习惯，只是在后来的生存过程中逐渐变得不明显，而庸人就不断地在不再优秀的际遇中平凡地活着。只有不断地去发掘人的本性——善，直到让其成为一种习惯，才能不断地创造出优秀的结果。

　　道德本身也是一种对优秀的要求。道德要求人们在日常生活中做到优秀，可是我们并不是每时每刻都能做到，这是因为我们已经在生活的迫使下迷失了本性。而要做到每时每刻都自然而然的优秀，就需要我们不断地修炼自己，使这种优秀再次回到我们身边。只有这样在我们每时每刻的行为中才会流露出一种优秀的气质。这就如，一个人的人生成功，靠的是他

(她)优秀的人格魅力；一个人的事业成功，靠的是他(她)对事业执着的追求和精益求精的工作习惯。

然而优秀并不是说说就可以的，而是需要不断的努力才可以达到。亚里士多德曾经说过："我们每一个人都是由自己一再重复的行为所铸造成的。因而优秀不是一种行为，而是一种习惯。"这句话的意思是说，"优秀"不是用来描述人们行为的词，而是用来描述人们习惯的词。只有在不断地要求中，我们才会将优秀不自觉地养成一种习惯。

我们必须先要明确自己存在的价值和意义，而不可以整天浑浑噩噩地茫然而不知所以然。每个人都是一定的社会关系的总和，我们不可以总是生活在以自己为中心的圈子中，我们必须要知道，自己不应该只是为了自己而生存，总该有一点可以留给别人的东西。

所有这些如果只是在某种外界的要求下才会成为我们的举动，那还不是一种习惯，而只是我们被迫地接受了他人制定的规范。如果所做的事情与自己的利益无碍，大概还可以坦然地接受，可是当其与自己的利益发生了冲突呢？这就是习惯中的优秀和一般的优秀或者根本就不是优秀的假象的差别，因为毕竟道德的要求是外加的强制力量，而不管外加强制力量有多大，总会有被突破的时候。而当我们把这种优秀养成内在的习惯时，那就不需要在遇到问题时还要反复地思考，因为那时候我们的选择会简化成为一种习惯，这大概才可以算作严格意义上的优秀。但是我们在一开始的时候不会有多么高的修养，还是需要有外界的限制，在这些规范的指引下培养自己的习惯。

其实如前面说的优秀看似不可捉摸、不好把握。但判断一个人是否优秀，其实也有规律可循，这种规律就是：优秀的习惯。习惯是一种非常神奇的力量，它决定着一个人每天80%的行为、思想甚至情绪。因此，任何一个优秀的人，在他们的身上，优秀已经转变为一种固化的习惯。所以，任何一个希望自己优秀的人，都必须从每一件小事、从每一时刻开始，对自己严格的要求，将追求卓越的行为渐渐地转变为自己身体中的一种习惯。

另外，我们最容易把优秀只是放在大事业上，或许会有部分人对日常生活的举动毫不在意，其实不然。每个人的习惯只是在平时的举动中才会更清晰地表露出来，是丝毫不容隐藏的，所以我们要提高自己的修养，要使自己变得优秀也最好从平时的一点一滴入手，做一个彻头彻尾的改变。

优秀是一种习惯，在今天不妨这样解读：把优秀作为习惯来培养，只要是优秀的，我们就要持续地长期地去坚持；只要是优秀的，我们就要不间断地重复地去坚持；只要是优秀的，我们就要从无到有地累积性地坚持；使优秀不自觉地无意识地成为习惯，积久成性，成为我们的后天之性。在潜移默化之中，我们就成为优秀的人了。

优秀不仅是对能力的要求，更是对毅力的考验。因为优秀并不是某一次的行为或举动，而是一个长期的过程。不管是要修炼出的优秀还是在平常的生活中挥洒出一种优秀的气质，都不是一朝一夕的成果，需要我们长久地坚持下去，使每一次的行动和语言做到言由心生，并且用自己最直接的感觉去指导自己的行动，然后可以在其中获知优秀的本原。这样我们就可以在不知不觉间获得优秀这种习惯，并且在不知不觉间挥洒出一种优秀的气质。让优秀成为一种习惯就是说让自己在每时每刻都是优秀的，不会在任何的情况下由于某些外部因素而丧失优秀，而那些也都是很自然地表露在每个人的面前，且不需要任何的伪饰。既然这样，那么让我们每时每刻都要保持一颗向上之心，让优秀作为一种习惯重回我们每个人的身边！

第四节 以终为始,实现人生规划与理想

在夜晚的星空中,璀璨的繁星聚在一起,但事实上这些星星之间的距离非常远,远得遥不可及。就像我们在此岸遥望彼岸的梦想,也觉得无法触及。但是只要我们方法得当,只要我们足够努力,那么总有鹊桥高挂的一天。下面,我们介绍一个"以终为始"的方法,为你实现梦想架起桥梁。

一、以终为始,让梦想成真

坚持"以终为始"的方法,让梦想成真的步骤是:
(1)要有远大的理想和目标;
(2)制定科学的规划;
(3)运用"以终为始"的方法,制定行动计划;
(4)刻苦努力,执行计划。

大学是人生的一个重要的阶段。在这个阶段,每一个学生都需要认真地对自己的人生进行科学规划,并充分考虑个人、教育、社会三方面的因素,应用自身的 SWOT 分析和人生规划、职业规划工具,设定自己的人生目标和职业目标,并应用"以终为始"的方法,将达成目标的过程分解到每一天、每一周、每一月、每一学期、每一年的行动中去。

图 4-3 是人生规划的模式图,从图中可以看到,职业目标和人生目标的设定,与个人、社会、教育三方面的因素都是相关的。在设定职业目标和人生目标的时候,还需要充分考虑自身的 SWOT 分析,做到根据自身的特点来选择适合自身发展的道路。

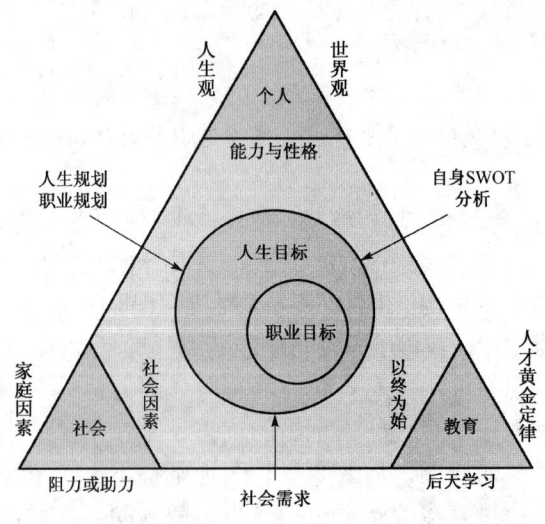

图 4-3 人生规划模式图

二、以终为始,规划大学生活

大学的光阴是宝贵的。许多学生,在毕业的时候,心中无限地感慨:四年前跨进大学校

门，心中充满了理想。四年后走出学校，才发现留下了许多遗憾。大学里要做的事很多，如何度过大学时光才是最有意义的呢？

对于这个问题，可以参考如下的方法。

■ 订立目标

大学是人生最重要的一个阶段。进入大学后，一个重要的变化就是：每一个学生的学习和生活，都是由自己来决定的，包括每一个学生的未来。虽然都进入了大学，但是在未来中，每一个学生的道路都是各不相同的。在未来走什么样的道路，是每一个学生应该认真思考的问题。

如何决定自己未来的道路呢？这个决定不能是轻率的，也不能是人云亦云的。未来道路的决定过程，就是自己人生规划和职业规划的过程。在这个过程中，要充分地利用"以终为始"的方法，在对自己进行深刻分析的基础上，根据个人、教育、社会三方面的因素，对自己的未来进行一个良好的规划。

目标有大有小，有远有近。对于学生而言，至少应该思考自己整个大学的学习目标和未来的职业目标，并在此基础上慎重地去思考自己的人生目标。

■ 持续努力

当确定了自己的学习目标和职业目标后，需要的就是利用"以终为始"的方法，来科学地计划自己的大学生活，将达成目标的努力过程，分解到每一天、每一周、每一月、每一学期、每一年。通过自己每天、每周、每月、每学期、每年的持续努力，经过一个个感觉不到的微小的进步，度过每一个普通，但却是坚定地迈向目标的一天，成功就终会到来。

以终为始，持续努力是获得成功的有效方法，也是成功的保证。在以终为始，持续努力中，最困难的是持续努力。

其实，成功并不困难，成功来自于平常点点滴滴的努力。一年365天的持续努力，就是成功的法宝。如果生命中伟大的奇迹没有到来，就请我们去思考一下，是否每一天平凡的努力还不够。如果坚持努力了，请相信自己吧，奇迹终究会到来的。

■ 培养能力

在深刻剖析自己，确定了人生目标，特别是职业目标后，应该充分地理解职业情况，了解职业对能力和素质的要求，从而在大学中有针对性地去学习，充分地发挥自己的特长，针对自己的不足进行提高，将自己培养成为一个合格人才。

■ 多学多体验

大学是一个广阔的空间。对于每一个学生而言，上大学，并不仅仅意味着"精通一艺"。大学精神，并非仅仅是将一个学生培养为一个技术工人。大学应该是一个人开阔眼界、提高素质、提升能力的重要阶段。通过大学的学习，学生应该为自己的人生腾飞打下坚实的基础，而不仅仅是掌握一门技术。

进入大学后，学生需要多方面地丰富自己的知识。我们鼓励理工科的学生，丰富历史、文学、社会、企业、经济方面的知识；当然，非理工科的学生，也需要补充一些理工科的知识。每一个学生都要把自己培养成为一个"全人"，一个理解了人生、大学和学习的意义，掌握了对自己人生、职业、学业进行规划的方法，有清晰的目标，获得内在的、持续的前进动力，去践行自己的理想的人。

此外，每一个学生，还不能仅仅将自己的思想和生活停留在大学中。我们要将大学视为"没有围墙"的大学。大学生要通过各种渠道走入社会、了解社会、了解生活，这样才能将自己所学的知识与社会结合起来，找准自己人生和职业的方向，为自己的未来确定一个适应社会发展的远大目标。

■ 坚持不懈

大学有四年的时间，许多度过了大学时光的人，充满怀念地说：那是一段多么宝贵、充满回忆而又短暂的时光啊。

其实，大学四年真的是非常宝贵。如果充分利用这四年的时间，可以学习到许多知识，打下坚实的基础，为未来的事业腾飞创造良好的基础。但是，如果大学四年荒废了，那大学时间或许也就眨眼而过，空留遗憾了。

因此，在大学的时间中，必须坚持不懈地去努力，提高自己的素质和能力。大学是人生的一个转型期。在这个转型期，每一个学生都从父母的身边离开，开始独立的生活，开始独立地思考和决定自己的学习与未来。在这期间，或许将遇到很多困难，或许将发现自己很多不足，但是我们需要坚信的是：一切能力都是可以训练出来的。相信自己，相信时间，坚信时间可以证明一切。只要每一个学生持续不断地努力，那么梦想终究是可以实现的。

失败和挫折是暂时的，只要你勇于微笑；误解和仇恨是暂时的，只要你达观待之；赞扬和激励是暂时的，只要你不耽于梦想；烦恼和忧愁是暂时的，只要你不被它左右，前方就是成功的彼岸。

小结：

1. "以终为始"，立刻行动

利用"以终为始"，就要立刻行动。
如果缺乏理想，就要思考自己的人生理想是什么；
如果缺乏规划，就要去认真地思考近期、中期、长期的规划；
如果缺乏信心，就要反思，自己认可人才黄金定律吗？
如果缺乏重点，就要认真进行 SWOT 分析。
好了，如果都具备了，请使用"以终为始"的方法，将规划转变为行动。

2. 做成最好的自己

每一个学生都要坚定一个信念：充分地利用大学的时间，做最好的自己。
其实，每个学生都是一个独立的个体，每个人有自己的特点，有不同的长处，也有不同的短处。
因此，每个学生在大学中的学习和生活都是不同的。即便是一个专业、一个班级的学生，也可能经历不同的大学生活。但是，每一个学生都应该相信自己的未来是光明的，相信通过自己的努力，一定可以通过大学的学习，获得美好的未来。

只要我们在大学中努力过，那么我们就会进步！

只要我们在大学中坚持过，那么我们离成功就会更近一步！

只要我们不断地去努力，那么成功的时刻就一定会到来！

"天生我材必有用"。每一个学生都是社会需要的人才。为了可以在未来的工作中，展现自己的能力，施展自己的才华，在各种各样的岗位上做出成绩，一定要充分利用好大学的时光，认清现在的自我，憧憬美好的未来，规划自己的学业，计划自己的将来，朝着那个灿烂的目标，从今天开始，从现在起步，前进！

学习笔记

问题思考

1. 用 SWOT 分析法找出自己的劣势，尝试进行纠正。
2. 如何践行"人才的五大黄金定律"？
3. 请查阅清华"学霸"采访记《清华"学霸"：有强迫症的人更容易成功》（京华时报）。
（1）"学霸"姐妹为人生规划提供了哪些启示？
（2）如何构建适合自己的大学计划？

参考文献

阿尔伯特·哈伯德, 2016. 致加西亚的信[M]. 林楠, 译. 北京: 北京理工大学出版社.

白琳, 黄冬梅, 陈庆海, 等, 2010. 运用 SMART 原则设计"计算机应用基础"教学目标[J]. 计算机教育, (20): 133-135.

彼得·F·德鲁克, 1989. 管理实践[M]. 北京: 工人出版社.

段风华, 2003. 清华大学: 行胜于言[J]. 神州学人, (9): 10.

冯伟, 方元, 2011. 21 天习惯养成法[M]. 香港: 中国文化出版社.

刘辉, 蒋水冰, 1999. 行胜于言: 法约尔的一般管理理论[J]. IT 经理世界, (5): 50-51.

罗宾·布尔著, 云舒译, 2004. 养成一生好习惯[M]. 南昌: 百花洲文艺出版社.

罗宾·夏玛, 2012. 生命尽头, 谁将为你哭泣[M]. 杭州: 浙江人民出版社.

史蒂芬·柯维, 2010. 高效能人士的七个习惯[M]. 9 版. 北京: 中国青年出版社.

孙宗虎, 2005. 做正确的事与正确地做事[M]. 北京: 华艺出版社.

姚双, 2010. "优秀是一种习惯"在教育中的渗透[J]. 中国教育学刊, (s1): 95-96.

尹忠红, 郝振河, 郝欣, 2010. 浅析大学生创业实践能力培养的途径和方法[J]. 教育探索, (12): 153-154.

Hill T, Westbrook R, 1997. SWOT analysis: time for a product recall[J]. Long Range Planning, 30(1): 46-52.

Weihrich H, 1982. The TOWS matrix—A tool for situational analysis[J]. Long Range Planning, 15(2): 54-66.

第五章　学业规划与学习方法

> ▶▶▶导入

大学学习为人生奠基：两位张先生的人生故事[①②③]

我国著名数学家张广厚 1937 年出生在一个普通的农民家庭。在中华人民共和国成立前，7 岁的他曾跟随父兄到矿上当童工，生活十分艰苦。中华人民共和国成立后，张广厚考入北京大学数学系，但在入学后的第一次数学分析测验时，他仅得了"2 分"，但他毫不气馁，下决心要改变学习上的被动局面。他每天坚持学习和演算 12 个小时，有时一道难题要憋一两个星期才能做出来。在一年里，仅数学分析题就做了 3000 多道。经过刻苦努力，坚持自主学习，在校期间他终于成为一名出类拔萃的高才生。六年后，他成为大学同届毕业生中唯一保持六年全优成绩的学生。他的毕业论文，也被刊发在一家知名的数学杂志上。

1962 年，张广厚考入中国科学院数学研究所，师从著名的数学前辈熊庆来教授做研究生。后来，他与杨乐合作，首次发现函数值分布论中的两个主要概念"亏值"和"奇异方向"之间的具体联系，被数学界定名为张杨定理。紧接着，张广厚又开始研究"亏值"、"渐近值"和"茹利雅方向"三个概念，这是函数理论中三个重要概念。1929 年，芬兰著名数学家奈望利纳也曾做过相同的猜测，但他的猜测被否定了。40 年后，在张广厚千万次的论证中，终于找到了合理的解决方法，一举做出这项研究的科学论证。

搜狐董事局主席兼首席执行官张朝阳 1981 年进入清华大学物理系学习。在全是精英的中国最好的大学里，一向独占鳌头的张朝阳开始感到自己和别人的差距。特别是考试以后，每当没拿到第一名，张朝阳的心情都非常糟糕，甚至感到绝望。他回忆说："那时，似乎生活的一切就是和同学比赛，比谁学习的时间长，比谁的成绩好。要是拿不到第一名就自己虐待自己，冬天在寒冷的水里游泳，或者每天绕着圆明园跑上几公里。"

后来，大四的张朝阳获得李政道奖学金，进入美国麻省理工学院，拿到博士学位。1996 年他依靠风险投资创建了爱特信公司，1998 年爱特信推出"搜狐"产品，并更名为搜狐公司。搜狐公司于 2000 年 7 月 12 日在美国纳斯达克成功挂牌上市，成为第四个在美国上市的中国互联网公司。有学者认为，正是因为大学期间的经历，使张朝阳养成了一种不畏压力和竞争的心理状态，这使他在后来事业发展过程中能够挺过来，走出了一条成功的道路。

---

① 资料来源：https://baike.baidu.com/item/%E5%BC%A0%E5%B9%BF%E5%8E%9A/2425948?fr=aladdin。
② 资料来源：http://news.sohu.com/20070214/n248238499.shtml。
③ 张岳，《从大学第一天开始成功——名人在大学怎样获得成功资源》，中国时代经济出版社，2007 年，第 9—12 页。

在这个不断变化、需要终身学习的时代，学习能力也许是我们一生唯一可以持续的竞争优势。大学不仅在知识方面为人生打下坚实基础，更重要的是从学习态度、学习方法和学习能力上都对我们将来的成就有着不可磨灭的影响。因此，培养起良好的学习能力是大学必须要完成的任务。

第一节　大学学习特点

从受教育者的角度来看，大学教育是他们的学业生涯的最后一站，是一生中最后一次接受系统性、建制化的教育的机会，也是他们在走向社会前最后一个能够全身心投入学习的人生阶段。这一阶段的学习与中学有着非常明显的区别，主要表现如下。

第一，大学的学习内容比中学的学习内容更深、更广。大学主要是学习高深学问，包括基础知识和专业知识，知识的深度和广度是中学阶段的学习望尘莫及的。打一个不那么恰当的比方，中学的学习像是修习武功的必备功课，如学会站桩等；大学的学习则像是进入你喜欢的某个门派，开始学习这个门派的功夫了。

第二，大学课堂的教学形式与中学的教学形式不同。大学的教学通常是提纲挈领式的启发性教学，课堂上教师更多的是讲授课程的重点、难点和疑点，提出思考和研究方向，大部分知识要由学生自己去学习、理解、掌握，很大部分时间留给学生自学。因此，自学能力是大学生必须掌握的基本能力。尤其是大一新生，从入校开始，就必须清醒地认识到这一点，更应该注重培养自己这方面的能力。

以上两点决定了大学学习的特点主要是高任务性、高自由度和高目的性。具体来说，高任务性是指不同专业学生的四年功课总任务量是非常大的，大学课程包括公共课、基础课、专业基础课、专业课等，除了理论学习，还要求学生学以致用，注重实践应用，因此还有很多实操课程。高自由度是指很多人认为大学终于自由了，因为对大多数学生来说，大学是监护人"放手"的阶段，是自我管理、独立生活的开始。高目的性是指自由的大学生活如果没有目的，就很容易随波逐流，因此必须清楚地"知道自己要什么"，学会牢牢把握住自己的学习目标，实现大学生活的"有效聚焦"。

总的来看，大学的学习对学生学习的主动性要求很高，强调自主学习，学生对老师的依赖性减小，意在培养学生独立思考和创新思维的能力。因此，大学的学习必须充分发挥自己的主观能动性，自主制定学习目标，自主安排学习计划和学习内容，自主选择学习方法，充分发掘自己在学习中的潜力。不能再像中学那样完全被动地学习，只单纯地接受课堂上的教学内容，接受老师的学习计划和安排。这种充分体现学生自主性的学习方式，反映在大学生活的各个方面，贯穿于大学学习的全过程，并影响大学生的一生。

一、自主学习

■ 自主学习的定义

所谓自主学习，"就是大学生作为学习活动的主体，自觉地做学习的主人，在一定的学习目标的支配下，充分挖掘自己的学习潜力，发挥主观能动性，积极主动地学习，有主见地创造性的学习，是一种与教师的知识传授和学习方法指导相结合的自觉性的学习形式"。[①]

我们所处的时代已经进入信息化时代，在这样一个信息爆炸的时代，新知识、新技术不断涌现，快速更新，这就要求我们每个人都需要不断地学习、学习、再学习，同时必须有效地学习，在吸取前人优秀的学习方法、关注以知识积累为主的传统学习模式的同时，培养学习者学习的独立自主性。自主学习正是这样一种能满足时代要求的学习形式。

大学给予了学生更多的学习自主权，学生们也有了更多的自由可支配时间。但是学生必须要清醒地认识到，这种"自由"不是用来打游戏的，而是让你利用充分的时间和空间在知识的海洋中遨游，不断地充实自己、完善自己、实现自我。实际的大学生活中，有的学生对这种"自由"理解错误，滥用这种"自由"，整天忙于看小说、沉迷于网络游戏，学习上缺乏动力，缺乏自觉性，表现出一种"厌学"情绪；有的学生以为上大学就是进了"保险箱"，糊里糊涂过日子，浑浑噩噩混文凭；有的学生因为专业不如意而郁闷，情绪低落，对学习打不起精神。这些都可视为对大学学习的不良干扰，如能有效地排除这些干扰，学会自主学习，掌握学习的主动性，就能学有所成。

■ 自主学习的内容

对大学生来说，自主学习的内容主要包括制定自主学习目标、自主钻研学习内容、自主选择学习方法、自主掌控学习过程和自主评价学习结果这几方面。

◆ 制定自主学习目标

没有目标的航程就意味着没有方向的乱冲乱撞。自主学习中，学习目标是第一位的，处于核心地位，因此我们应当根据目标来明确学习方向、选择学习策略与方法、研判学习进展、选择学习策略和调整学习过程。

大学的专业培养要求已为大学生确立了一个基本的学习目标，这个培养要求是学习该专业的学生所应该达到的基本要求，换句话说，这是大学生的合格线。在达到基本专业学习目标的这一前提下，每一个大学生都应该根据自己的生涯规划、爱好特长和能力确立自己的其他方面的学习目标。举例来说，擅长于抽象思维、逻辑思维的学生，可以选择偏理论研究的学习目标；擅长于实践动手能力的学生，可以选择偏应用研究的学习目标；性格开朗外向、擅长于外交和宣传的学生，可以选择偏管理类或社会服务类的学习目标；性格内向、不擅长与别人交流的学生，可以选择偏文字类或技术类的学习目标……。在确立这些学习目标的过程中，我们可以向老师请教，也可以向学姐学长请教，也可以与自己的父母商量。另外，大家需要注意的是，在整个大学学习过程中，我们还要随时关注内外因素条件的变化，根据这些变化来及时调整阶段性学习目标和总的学习目标。

◆ 自主钻研学习内容

大学的学习内容专业性很强，其深度和难度也非常大，而且大学的学习内容可以囊括各学科的知识，非常丰富，如果只是依靠教师课堂讲授和课堂学习，对于知识的掌握显然是不够的。大学教师的课堂讲授只着重于本门课程的基本理论和方法，只讲解知识的重点、难点

[①] 资料来源：http://www.360doc.com/content/1010507/20/142606-26546910.shtml。

和学术前沿问题。因此，大学生要想深入地掌握学习内容，必须进行自主钻研。在大学里，有很多的资源可以被学生充分利用，如主动借助教师的指导，充分利用图书馆丰富的图书资料，多使用先进的实验设备进行科学实验，多和学长、同学进行交流等，充分利用各种资源在课余时间对课堂所学内容加以补充、深化和提高。

◆ 自主选择学习方法

大学生必须要寻找到一个适合自己的学习方法，学习方法对了，才会达成自己制定的学习目标。科学的适合自己的学习方法能提高学习效率，起到事半功倍的效果。反之，不当的学习方法往往影响学习效率，结果是事倍功半，甚至毫无收获。因此，选择一个适合自己的学习方法是提高学习效率的保证。因此，大学生必须尽快适应大学学习和生活，针对专业学习的特点，结合自身实际，制定学习计划，科学合理地安排课余时间，学会利用图书馆的资料获取更多的知识信息，先加强专业知识的基础性学习宽度，再有重点、有针对性地纵向学习一些知识，并以此作为自己的主攻领域方向。养成良好的学习习惯，善于总结自己的学习经验，选择合适的学习方法，有效地提高学习质量。

◆ 自主掌控学习过程

自主掌控学习过程是指学习者对自己的整个学习过程要了如指掌，不仅能够不断根据学习的情况修正自己的学习目标、调整自己的学习计划，还能够通过对学习效果的评估，及时调整或完善自己的学习策略和方法，重新制定时间规划或改变环境等。我们知道，没有对过程的掌控，事情难以呈现出我们希望的结果。因此，常常对学习过程、效果、方法等进行反思，根据效果反馈来调整自主学习过程，这是我们在自主学习中必须牢牢掌握的一个技巧。

◆ 自主评价学习结果

自主评价学习效果是指学习者对学习的结果，进行系统的比较后做出的反应或评估。评价的过程意味着对学习过程的反馈，这对自主学习很重要，它既可促进学习目标的实现，又可获取有关监控情况的信息，为更好地监控学习过程提供依据，同时能影响学习者的自我效能感。

■ 自主学习需把握的环节

◆ 正确认识自我

正确认识自我是指要有一个正确的对自我的全面、综合的认知，包括自身的知识水平、智力水平、能力水平、兴趣爱好、气质、性格特征等内容。只有对自己有一个全面的、综合的正确认识，才能更好、更准确地确立自主学习的目标，选择自主学习的内容、制定自主学习的进程。很多学生都觉得自己的自我认知很全面、很准确，但其实不然，这并不是一件容易的事情，因为我们大多数人对自己的判断往往受到别人的影响，尤其是在目标制定的问题上。

◆ 自我培养

自我培养是建立在自我认知的基础上的。自我培养是指学生在确立自主学习目标以后，选择一套适合自己的学习方法，有目的地、积极地培养与锻炼自己各方面的能力，不断提高自主学习的学习质量和效果。自我培养过程中还要注意自我控制即自制力的培养，自制力是指个人支配和节制行动的能力，在自主学习过程中，制定的学习计划要严格执行，学习时间和各种具体的学习安排要科学地规划和合理地调节。当然，这些规划和调节应该具有方向性，应与既定的自主学习的目标一致，使自己的主动性、积极性和创造性指向既定的方向，这样，自我培养的效果就会更好一些。

◆ **自我评价**

自我评价是指及时而有效地对自我培养的效果进行检查，并做出正确的评价。在评价中，最好有第三方的介入如请教某一老师提意见，以使自我评价结果更准确、更客观。评价最好分阶段进行，如果发现自我培养效果不理想，有达不到自主学习的目标的征兆，就要及时进行评价反馈，自我反思，调整学习方法。否则，等到大学毕业时才进行一次总的自我评价，一旦发现问题都为时已晚，也无法补救。由此可见，分阶段进行自我评价，可以及时发现问题，加以修正，对自我培养是大有好处的。况且分阶段进行自我评价时，如果发现自我培养的效果好，反而能起到激励自己的作用，增强自信心，进一步增强自主学习目标意识。

总之，这三个环节构成了自主学习的有机整体，每一个环节都是不可或缺的。我们必须在各个环节上下功夫，踏踏实实、一步一个脚印地坚持，才能最终完成自主学习的目标。

案例示范

自主学习实例

这里给同学们举个例子，说明自主学习在大学学习中的重要性，这是学生必须有意识、下决心培养的基本学习能力。

卢同学在本科学习阶段主修的是电子工程专业，1996年毕业于电子科技大学，获得电子工程学士学位。在校期间，因为对计算机应用技术的浓厚兴趣，他自主设计并实施了对计算机应用技术的学习计划，参加了第二辅修专业的学习，并获得计算机应用专业毕业证书。1999～2002年，他分别就读于电子科技大学计算机学院，攻读硕士、博士学位，并于2003年获得计算机科学博士学位。

这就是自主学习，倘若一到大学没遇到自己喜欢的专业，卢同学就放弃了，那么大学真是埋没了这样一个人才。但值得庆幸的是他在刚入大学就意识到了，在大学所有的东西都必须靠自己。只有自己努力了，自己认真了，才会有如今的成就，不仅仅是跨专业考研的艰辛，还有某些不为人知的辛酸。从一开始，他就知道自己需要什么，有选择、有目的地学习，而不是一只迷途的羔羊。在大学的起始阶段，这些东西都是新生该好好去分析的，就算要自主学习，也要目的明确地自主学习。

二、目标学习

目标学习即明白"我想要学什么？"这里的目标包含两重意思：一是和自己所学专业相关的学习目标，二是特长目标。如果不喜欢自己学所的专业，毕业后也不想从事专业相关的工作，可以选择一个你喜欢的特长目标。目标选定以后，便开始制定自己的人生规划、职业规划和学业规划。目标学习可以让我们的大学生活找到方向。

■ 树立求学目标

理想是一个人一生要追求的东西,而目标是理想具体化的表现。大学生正处于富于理想、憧憬未来的时期,只有有了理想,才会有目标,才会有努力的方向,没有求学目标的大学生一定是意志消沉、迷失自我的状态。现如今的大学里,总一些学生认为考上大学,目标已经完成,缺乏对自己下一个目标的设计和思考。有的学生认为,考上大学就是大功告成,上了大学就可以轻松了;有的学生认为,大学不需要太努力,考试能及格,"60 分万岁",便不再有进取的动力。但凡有这种想法的学生都会感到空虚、迷茫、枯燥、乏味,没有任何动力和兴趣。因此,进入大学一定要重新建立对知识的求知欲,寻找新的学习动力、树立新的学习目标。大学,归根结底是获取知识的殿堂,我们来到这里的根本目的就是求知。如果要想在学习中感受到快乐,就必须建立一种强烈的求知欲望。

■ 寻找有效的学习方法

什么是有效的学习方法?对于不同的学生,学习方法不尽相同,简单地说,适合你的,就是有效的学习方法。大学的学习以学生自主学习为主,老师指导为辅。不少学生习惯了"中学"式的由老师主导、家长督促的学习方式,习惯了被动接受知识的学习方法,进入大学以后突然发现身边没了家长,老师也只在上课时出现,大量的课余时间需要自主安排,一时感到无所适从。加上可以自由地和外界接触、交往,参加各种社团活动(当然,学校还是非常支持学生参加健康有益的社会活动的),导致对学习的兴趣降低,学习效果明显下降。因此,在大学里尽快地寻找适合自己的有效的学习方法显得尤为重要。首先要尽快地了解大学的学习特点,尽快地适应大学的学习方式,多主动向老师请教,多与高年级学生交流。通常比较好的学习方法有研究型学习法、目标学习法、预习式学习法、案例学习法、打包学习法等。谁能较快地找到适合自己的学习方法,谁就能较快地适应大学学习。

■ 融入新的学习环境

现在的大学早已不是不问尘世的象牙塔,而是一个充满烟火气的"小社会"了。当作为大一新生的我们刚刚走进校园时,会觉得一切都是陌生而新鲜的。在一起上课的同学经过了一个月还没办法全部认识,食堂里或许有不少菜式是我们从前没吃过的,专业课老师感觉平时除了上课以外很少见到……更重要的是,由于缺少了高中学习阶段明确的目标,不少学生都会觉得有点茫然,有些学生在偌大的校园里甚至有了寂寞和孤独的感觉。不要怕,更不要担心,这是大学新生非常正常的心理反应。但是,我们一定不要让这种心理反应持续太久。要学会调整心态,主动去适应新环境、融入新环境。去认识新朋友,找到新目标,安排好新的学习生活,广泛接触老师、同学,积极参加集体活动,扩大自己的交往范围,为自己创建一个和谐友好的学习氛围。

■ 合理规划,全面提升

在大学里,专业知识的学习和综合素质的提升都十分重要。专业学习会占用你大部分的学习时间,公共基础课程、专业课程、实验课程和实践课程,会让你感觉到学习任务十分繁重。这时，有一个合理的学习规划就会事半功倍。同时，大学生还要培养各种能力，如学习能力、人际交往能力、创新能力、社会实践能力、团队合作能力、组织协调能力等。这些能力都需要在各类讲座、学术报告、工程实践、科技竞赛、社会实践、文体活动、社团活动中得到锻炼。这时，有一个合理的综合素质提升计划也会事半功倍。大学的学习是快乐的，也是紧张繁忙的、丰富多彩的。必须合理地规划好四年的大学学习和生活，才能有所收获，全面提升。

> **成功经验**
>
> **策巴子：我的大学四年**[①]
>
> 不知不觉，大学毕业已经两年多了。我从当初刚进校门的一个愣头愣脑的小女孩成长为如今咱们荆州老百姓家喻户晓的《有么子说么子》的主持人策巴子，回想起来，感慨万千。一直没有好好总结过自己这四年来走的是怎样的一条路，现在也好好回想总结一下，当是给自己留一个纪念，也可以给有机会看到这篇文章的师弟、师妹一些指引吧。
>
> 我们千辛万苦想要挤进来的大学，真的不似来前想象得那样，那样自由和充满鸟语花香。一星期依然被挤得满满的。以前除了满满的课业，我们可以什么都不想，什么都置之度外，因为有"学习第一"的借口。进了大学，借口没有了，除了学习，还有一样事情必须去做（并且在某种意义上比学习更重要）——练习成长！跨入大学之门，成长的节奏变得急促起来。面临很多新的东西，未知的恐惧，都要自己去试探，没有人告诉我们危险潜伏在什么地方，每一步要自己去走，踩空了，只能咬咬牙，在经验值上又添一分。
>
> 独立是一种非凡的能力。独立并不只意味着离开父母、离开集体、自由自在。独立是如何在"没有帮助的情况下自己想办法""没有资源的情况下寻找资源""没有信息的情况下打听询问信息"。独立更多的是耐得住寂寞。在我们习惯了被安排好的生活后，被迫的独立更像是一种撕心裂肺的飞跃。但是成长是必需的，在这里，成长把我们扔下悬崖，逼着我们学会飞翔。
>
> 大学期间，有许多学生放任自己、虚度光阴，还有许多学生始终也找不到正确的学习方向。但是我的大学生活却丰富多彩，与众不同。用一句话来概括，那就是——忙碌，并快乐着。
>
> 从踏进大学校门的那一天起，我的大学生活就开始忙碌起来。
>
> 2002年，我从三中毕业后来到了长江大学（当时的荆州师范学院），就在身旁的人还在感慨理想与现实的差距时，在经历了短暂的迷茫与彷徨后，我仿佛是一只涅槃后的凤凰，不再怨天尤人，而是现实地面对生活，不断充实自己，努力拓展自己生命的宽度，努力挥好手中的画笔在自己人生的这张宣纸上着好每处色。
>
> 大一刚开学，我和所有人一样都满怀激情地想在大学里施展拳脚，全方位地锻炼自己。于是在军训结束后，我参加了班干竞选。承蒙同学与辅导员的厚爱和不弃，我有幸担任班上的团支书，帮助辅导员处理班级上的工作、了解同学的思想和丰富班级生活。

[①] 资料来源：荆州电视台《有么子说么子》主持人策巴子，《忙碌，并快乐着——我的大学四年》，http://blog.jztv.com.cn/html/94/5894-5532.html。

很幸运的是，我在学校学生会招新时，顺利通过考核，成为学生会文艺部的一员。接下来的一个学期我快速地适应大学生活，不仅顺利通过了期末考试，而且加入了学校里的几个社团，极大地丰富了自己的课余文化生活，也结交到了很多兴趣相投的好朋友，共同进步。那时其他的同学都还仍然怀着一颗好奇心在慢慢地适应大学生活，而我则快别人一步做好了迎接挑战的准备。

时间不经意间就到了大二，经过了大一的磨炼与沉浮。此时的我懂得了要作为一个成功的人更要内外兼修。不仅要多锻炼自己的社团工作能力，自己的专业素质也必须扎实。毕竟现在的公司老板是赚钱的商人，而不是收留失业者的慈善家。你没有过硬的专业本领给老板带来利润，他是不会让你来分他一杯羹的。所以我在继续担任班委的同时，也不忘学习与工作时间的合理分配。平时在课余时间也会努力地使自己坐在教室里自习。有时虽然一个晚上只是弄懂了那么一丁点东西，但是自己的心里还是有说不出的高兴与自豪。大二下学期，我开始到荆州电台做业余节目主持，《绝对意外》和《主播我来show》是当时比较红火的电台节目，因为大部分寝室都没有电视机，所以收音机成了大家最好的伙伴。每次做节目之前我都会通知我们寝室的几个好姐妹，要她们注意收听。回来之后，她们经常会七嘴八舌地跟我提一大堆的意见，然后又很八卦地向我问这问那，那种紧张而自豪的感觉我现在想起来都觉得是一种幸福。

秒针滴滴答答地转，一不小心它把我的大二带走了。当我意识到我已经是一个大三的学生时，我不得不佩服它的恒心与毅力。也许这就是"不积跬步无以至千里"的佐证吧。大三这一年应该说是我大学生活的转折点，因为在这一年里，我做了很多以前想都不敢想的事情，实现了很多梦寐以求的愿望。

连续三年我都参加了的"统一冰红茶"校园歌手大赛，终于在这一年开了点花，结了点果实，取得了不错的成绩。也许是老天看我太执着，被感动了吧！呵呵！也是在那年，一时冲动，连家人都没通知就拖着行李独自一人跑到湖南长沙参加"超级女声"的比赛。当时到那儿的时候是凌晨4点多钟，我独自一人坐在公交车站台上等天亮。现在想起来都有点后怕，不知道当时的我是勇气可嘉还是脑子进了水。再后来就参加了"飘影"全国影视歌手大赛、彩铃唱作先锋大赛、第十二届全国青年歌手大赛。

大三下学期，我的两个梦想都在大学里实现了。一个是拍电影，另一个就是带领着自己的校园乐队开一个属于自己的专场演唱会。

大学就是这样一个地方，它给你足够的时间和空间让你不断地去挑战自我、超越自我，让你不断地奋斗，去努力实现自己的一个又一个小小的梦想。

我们在大学里求知，就像金丹在炼丹炉内接受九味真火的烤炼。我们只有在大学里不断地学习，不断地坚持，才能不断成长，才能成为一颗有用的真丹。

我很佩服自己四年来能一直坚持写作和采访，从《荆州师院报》的一名小记者到《长江大学报》记者团的副团长，这四年来，每当看到自己的笔墨变成了铅字印刷成报纸发到每个同学手上，我心中的那种成就感溢于言表。

有同学说我笨，很笨，非常笨！别人的大学生活都过得那么安逸舒适，可我却每天忙忙碌碌地不是学习就是学生会工作，不是参加演出就是在参加比赛。但是，我正是乐在其中。当其他的同学在享受清闲的学习娱乐生活时，我在排练节目；当其他的同学在校园里散步闲逛时，我在外参加比赛。

> 　　大四那年，当其他的同学都在忙着实习和找工作的时候，荆州电视台给了我一个机会。人们常说"机会总是给那些有准备的人"，我想，正因为我时刻准备着，所以当机会来临的时候我紧紧地抓住了它。凡事没有做不到，只有想不到，你的思想有多远，你就能走多远。所以，永远不要怀疑自己的梦想是痴心妄想，只要努力加用心，一定会实现。
>
> 　　人，最大的敌人是他自己，人的失败很大程度上是自己不够自信，而不是对手如何强大；希望是无时无处不在的，很多人感到绝望，那是他的眼睛蒙上了厚厚的一层灰，看不到希望就在不远处向他招手；人不要在意别人的看法，人很多时候不是为别人活的，而是为自己活的。
>
> 　　大学四年是我一生中最为宝贵的财富，我还在这条路上，在剩下的旅途中我会认真走好每一步。成功对于我来说还很遥远，我才刚上路。我现在只是在夯实基础，为以后的事业做好准备。成功与否并不重要，只要曾经努力过，不给以后留下遗憾这就足够了。
>
> 　　所有的这一切都给我的大学生活增添了一笔又一笔的色彩，被大家看似无聊的大学生活在我的眼里是那么的丰富，那么的多姿多彩。
>
> 　　我的大学四年——忙碌，并快乐着。
>
> 　　策巴子的大学生活，虽然忙碌，然而并不乏味，相反却很快乐。在大学里无所事事不是快乐的，只有做自己感兴趣的事才能得到真正的快乐。只要你肯努力，你会度过一个快乐并充实的大学生活。

三、创新学习

创新学习的定义

　　创新学习是"将学习过程看作一种探索活动，一种创造性的劳动过程。不仅重视对基本知识、基本方法的掌握，更注重对所学知识的批判意识、综合意识的发展。它是在继承前人知识的基础上以应用知识并发展知识为目的，通过有利于培养创新精神和创造能力的学习方式进行学习的教学理念"。①

　　创新学习是在继承前人知识的基础上，注重知识的创新性理解，或者发现新知识，对知识进行发展，追求"青出于蓝而胜于蓝"和"踏着前人的肩膀向上攀登"的境界。它以掌握前人知识为起点，以应用并且发展知识为目标，注重知识的创新性，在提高应用能力的基础上培养创新的能力和技巧，讲究"推陈出新"。它以发展、创新的眼光审视一切知识，不盲目崇拜前人和权威，赞成孟子所说"尽信书不如无书"，以亚里士多德"吾爱吾师，吾更爱真理"的精神，敢于向前人和权威发起挑战，即使最后证明前人获得的知识是不可动摇的，也会在探究中获得对知识的不同理解。

创新学习的方法

　　怎样才能做到创新学习呢？《中国教育报》2008年10月13日登载的安徽大学党委副书

---

① 张笛梅，《培养创新型人才需要创新性学习》，《建设创新型国家和中国高等教育的改革与发展——2006年高等教育国际论坛论文汇编》，天津大学出版社，2007年，第295页。

记叶华针对新生入学教育的讲话《培养创新性学习的思维方式最重要——同大学新生朋友们谈心》，就很好地诠释了这个问题。①

 拓展阅读

一、要有探索未知的激情和冲动

探索未知、发明创造是人类独具的禀赋，是人类一切活动的核心所在。正是在不停地探索和创造中，人类才从蒙昧时代，经由野蛮时代，最终走到了文明时代。

历史发展到了今天，探索未知、发明创造理应成为现代文明人的一种基本的生活方式，与这种基本的生活方式伴随在一起的激情和冲动，理应成为现代文明人的一种基本的情感特征。大学生朋友们，让我们去尝试这种生活方式吧，让我们去体验这种推动探索、推动创新的激情和冲动吧！有了这种激情和冲动，我们就会眼界高远，胸襟开阔，就会摆脱低级趣味，发愤读书学习。当然，这绝不等同于死背书本，食古不化，也不是仅仅停留在述而不作的水平上，而是反复研究人们过去提出过的各种思想观念，将其融会贯通，努力从中寻求启迪，寻求我们今天解决问题的出发点。然后站在前人的肩膀上，去解决书本中没有解决的问题，给后人增添新的知识，增添解决问题的新思路。

这就是我们今天所需要的创新性学习。在这种学习过程中，我们有望把自己锻造成真正意义上的现代文明人。

二、对陈规旧说进行质疑和批判

探索和创新，其本质是质疑的、批判的。在探索和创新的过程中，对习以为常的事物与观点采取质疑和批判的态度，显得尤为重要。记得黑格尔说过，我们最熟悉的事物，往往是我们最不理解的事物。这是因为，对于这些事物，这些观点，人们司空见惯，也就习以为常，感觉便渐渐迟钝和麻木起来，造成了思维上的定式，限制了我们的眼界，束缚了我们的心智。

当我们用质疑的态度和批判的眼光去打破思维定式，把思想解放出来，从新的角度去看旧问题的时候，我们所说的探索和创新的活动，也就自然而然地开始了。爱因斯坦说得好，提出一个问题往往比解决一个问题更重要，因为解决一个问题也许仅是一个数学上或实验上的技能而已，而提出新的问题、新的可能性，从新的角度去看旧的问题，却需要有创造性的想象力，而且标志着科学的真正进步。同学们，你们看，能够从新的角度去看旧的问题，不仅是创造性的想象力在起作用，而且标志着科学的真正进步，这不是科学上的探索和创新吗？

讲探索和创新，从来就离不开质疑和批判。但是我们必须明确，质疑和批判不是凭空否定别人，不能搞"空手道"，它靠的是灵活而智慧地运用知识。而善于质疑和批判的人，往往都是从事创新性学习卓有成效的人。

如上所述，对于陈规旧说进行质疑和批判，需要才识和智慧，需要创造性的想象力。但除此之外，还需要有足够的胆力。胆力不足会制约才识和智慧的发挥，胆力充沛则能最大限度地激发出人的潜能。

---

① 叶华，《培养创新性学习的思维方式最重要——同大学新生朋友们谈心》，中国教育报，2008年10月13日，第5版。

历史上许多人做出重大发现、重大发明、重大贡献，一个重要的原因，往往是他们在年轻时代，就"初生牛犊不怕虎"，敢冲敢闯，无所畏惧。

三、重视实践在创新性学习中的作用

如前所说，创新离不开探索和研究、质疑和批判，我们所从事的创新性学习，实际上就是一种探索式的学习、研究式的学习、批判式的学习。它不仅要求我们学习知识，而且要求我们在学习知识的过程中获取研究的能力；它不仅要求我们熟悉和掌握尽可能多的知识，而且要求我们巧妙地运用这些知识，并在此基础上创造出新的知识。在这里，能力的训练和掌握、知识的运用和创新，都必须依赖于实践，实践是通向创新成功的桥梁。

现在大家都很重视研究能力的获取。我们从哪里获取，又如何获取呢？在他人的理论研究成果中，本来就蕴涵着产生这一理论成果的研究方法。我们在学习理论时就要注意去找出这一方法，真正把它搞明白。这一步是必不可少的。接下来是第二步，也是最为重要的一步，即把已经搞明白的这种研究方法真正转化成自己的研究能力，这个转化的中间环节就是自己动手去尝试，用学来的方法去做课题、做研究，在这个过程中不断地用心领悟，并不断总结，直到有一天，运用得熟练了，得心应手了，别人的方法就转化为自己的能力了。因此，从一定意义上说，读书是学习，使用也是学习，而且是更重要的学习。在研究中学会研究，从实践中掌握能力，这应该成为我们的正确选择。

学会研究，就是学会运用已有的知识；研究取得了成果，就是创造出了新的知识。不去运用，再好的知识也只是停留在纸面上的死东西，而一旦开始运用，我们就进入了实践的领域。当我们在实践中学会巧妙地运用知识，知识就具有了新鲜活泼的生命，而当我们再进一步，能够创造性地运用它时，原有的知识就会产生裂变，就会以我们意想不到的结果产生新知识、新理论。

四、要有在失败中学习提高的精神

创新就是突破老规矩，开辟新途径，它没有现成的答案可以遵循，需要我们去探索，冒着风险一步一步往前走，从没有路的地方尝试着走出一条路来。正因为如此，它的前景带有很大的不确定性，在探索的过程中可能会不断地遇到失败。对此，我们要有足够的心理承受力。

如果承受不起，轻言放弃，退回原点，那就没有任何成功的希望。

失败当然暂时阻碍了我们的前进，我们谁都不会喜欢它。但它既然来了，我们无法回避，那么，我们可以尝试着去接受它，换个角度去观察它，动点脑筋去分析它，客观冷静地去理解它。

我们遭到了失败，可能说明这条路走不通，需要考虑新的途径。

这种失败，对于我们今后达到预期的目标，就是一次很好的校正，我们实在应该欢迎它。

我们遭到了失败，也可能说明我们的知识和能力在某些方面还有欠缺，这种失败将会引导我们调整和完善自己的知识结构与能力结构，我们实在应该感谢它。

> 不管怎么说，失败总是意味着我们的主观方面和客观实际发生了背离，这时我们所要做的，是对客观实际进行重新认识，是对主观方面进行认真反思，是努力创造条件，促使主观和客观由背离走向统一。
>
> 任何科学的主张、恰当的措施，无一不是建立在主客观相统一的基础之上的。实现这个主客观相统一的过程，就是从失败中重新学习和深入学习的过程，就是学习如何运用活的知识的过程，就是实现创新的过程。在探索和创新的征途上，我们比以往任何时候都更加需要这种正确地看待失败、在失败中学习和提高的理性精神。

这篇讲话对实现创新学习诠释得多好！为了探索未知世界，我们必须饱含激情和冲动，这是创新的源泉和不竭动力。在探索过程中，不能墨守成规，不能迷信经典，要对陈规旧说进行质疑和批判，同时要重视实践，要勇于面对失败和挫折。

案例示范

丁同学的成长故事

丁同学于2007年7月被成都信息工程大学软件工程本科专业录取，2007年12月他作为团队队长报送的创业作品《奥想智能移动搜索引擎项目》荣获第六届"挑战杯"中国大学生创业计划竞赛国家级银奖，四川省金奖；2008年，他作为发明者之一参与两项软件系统设计，并成功申报国家专利；他与人合作编写《30天打造专业红客》一书，由人民邮电出版社出版发行；他荣获2007—2008学年度国家奖学金，并荣获成都信息工程大学第三届"十佳青年学生"称号。

2009年12月9日，第六届中国青少年科技创新奖颁奖大会在人民大会堂举行。时任中共中央政治局委员、全国人大常委会副委员长王兆国，中共中央政治局委员、国务委员刘延东，全国政协副主席、中国残联名誉主席邓朴方亲切接见了全体获奖学生并为获奖学生代表颁奖。丁同学作为四川省唯一一名本科学生喜获这一荣誉。

骄人的成绩背后，是丁同学坚持不懈的努力和带着思考的学习状态，当然也有教师的悉心指导。刚入大学，丁同学就表现出对学习极高的热情和善于思考的特点，碰到问题喜欢多问几个为什么，与专业老师交流频繁。从大一第二学期开始，课堂上讲授的知识已满足不了他的需要，在学有余力的情况下，为了拓展知识、探索未知、追求书本背后的东西，他加入了学院的并行计算研究室，在教师的指导下，开始了自己对知识的探索和研究，并在学习中不断提高自己的探索和研究的能力，锻炼自己的创新和创造能力。他现在就职于国家某地信息安全岗位。

四、全面学习

■ 全面学习的含义

从就业市场反馈的信息分析，用人单位对人才的要求正日益提高，因此培养综合素质高、实践能力强的复合型人才已成为高校新的工作目标，也是学生努力的方向。这就要求大学生在校期间，要树立全面学习的观念。全面学习包含两方面内容。"一是指在学习过程中，要做到德、才兼备，既要学会做事，更要学会做人；二是指在具体深入学习的过程中，要正确处理好'通'与'专'的关系，以达到在广博基础上的精深。"①

在古代希腊哲学时期，知识并没有像今天这样高度专门化，那个时代的哲学家研究的知识是关于世界的整体知识，并没有数、理、化、文、管、法等分类。举例来说，当时亚里士多德写了一本《物理学》，但其中论述的内容与今天的物理学有着本质上的不同，这本书严格地说是一本哲学书，论述的是关于世界本质的认识。现代意义上的专业分化是从工业革命开始的，目的是适应大工业时代对细致分工的需要。但是，越来越多的科学家看到，将来的世界必将是一个科技与文化，即自然科学、人文科学、社会科学高度融合发展的世界，现在的不少科学成果是跨学科合作的成就。因此，当代大学生必须要通过全面学习来加深对自然科学、人文科学和社会科学的了解，这不仅是要达到拓宽知识面、开阔知识视野的目的，更重要的是，我们能够从中看到不同学科间的联系，形成学科知识体系的整体概念，对事物间的联系产生更深刻的认识，这样，才能使我们的思维方式不再局限于某个学科，才能帮助我们从更全面、整体的视角来理解世界，使我们能够更加适应新时代的发展需要。

■ 进行全面学习的方法

古往今来，多数声名卓著、取得了巨大成就的伟大人物都不只精于自己所在专业领域，他们一生都在进行各种知识的学习和探究。文艺复兴时期的学者达·芬奇就是一个最知名的例子，他被誉为是最多才多艺的人，不仅精通绘画、数学等，还对人体结构、物理学等有深刻的研究，甚至还为人做过手术……。据报道，美国曾对1300多名科学家做了五年调查，结果发现在科学上有所成就的人其知识结构都是综合化的。例如，"丹麦物理学家玻尔，在大学读书期间除主修物理学外，还修了数学、天文学和化学，并且在生物学、语言学和哲学等方面也有广泛的兴趣，在他后来的科学生涯中，哲学、数学、生物学知识，对他在物理学上的突破，起了很大作用。还有我国地质学家李四光，对数学、力学、声学和电磁学都有很深的研究。正因为他基础扎实，知识面宽广，所以创立了'地质力学理论'，为我国找到了大量石油，并且在地震预报和地热开发研究方面也取得了丰硕成果。"①

为了适应全面学习的需要，培养并提高学生的综合素质，很多高校都对培养方案、课程计划进行了调整，增设了大量选修课，内容涉及各个学科，这无疑为"博"或"通"的学习提供了条件。但是要取得真正的效果，还需要学生树立全面学习的观念，同时在行动上也要努力实践。学生一定要注意，重视"博"或"通"，并不等于没有目的、没有计划地"泛学"。知识是一个浩瀚的海洋，一个人想要通晓一切知识是不可能做到的。大学阶段要善于根据所学专业的需要、自己的特点来进行适当的选择。

---

① 刘智运，《学改：高教改革的新亮点》，教学研究，2002年，第283-288页。

名人经历

林徽因的全面学习[①]

　　林徽因，中国著名建筑师、诗人和作家，人民英雄纪念碑和中华人民共和国国徽深化方案的设计者之一、建筑师梁思成的第一任妻子。二十世纪三十年代初，同梁思成一起用现代科学方法研究中国古代建筑，成为这个学术领域的开拓者，后来在这方面获得了巨大的学术成就，为中国古代建筑研究奠定了坚实的科学基础。文学上，著有散文、诗歌、小说、剧本、译文和书信等，代表作《你是人间四月天》《莲灯》《九十九度中》等。其中，《你是人间四月天》最为大众熟知，广为传诵。

　　1920年4月，她随父游历欧洲，在伦敦受到房东女建筑师影响，立下了攻读建筑学的志向。在此期间，她还结识了父亲的弟子——诗人徐志摩，对新诗产生浓厚兴趣。1924年6月，她赴美攻读建筑学。1924年9月，进入宾夕法尼亚大学美术学院学习，从三年级课程读起。因建筑系不收女生，林徽因即注册在美术系，但是她仍选修了建筑系的主要课程，实现了自己的志愿。1927年夏，从美术学院毕业后，又入耶鲁大学戏剧学院学习舞台美术设计半年。

　　从1930年到1945年，林徽因和丈夫梁思成共同走了中国的15个省，190多个县，考察测绘了2738处古建筑物，很多古建筑就是通过他们的考察得到了全国、世界的认识，从此加以保护。夫妇二人所著的《清式营造则例》一书是一本研究中国古代建筑必读的重要工具书。

　　林徽因在从事建筑科学研究之余，也开始从事文学创作。1931年4月，她的第一首诗《谁爱这不息的变幻》以"徽音"为笔名，发表于《诗刊》第二期。以后几年中，先后发表了几十篇作品，大部分是诗歌，也有散文、小说、戏剧和文学评论。她的诗多数是探索生活和爱的哲理。诗句委婉柔丽，韵律自然，受到文学界和广大读者的赞赏，奠定了她作为诗人的地位。

　　1940年，她随梁思成的工作单位中央研究院迁到四川宜宾附近的李庄，住在低矮破旧的农舍里。颠沛流离的生活和艰苦的物质条件，使她肺病复发。在病榻上，她通读了廿四史中有关建筑的部分，为写《中国建筑史》搜集资料，经常工作到深夜。这个时期，她的文学作品不多，诗中时时流露出了关怀祖国前途、命运的情愫。

　　抗战胜利后，林徽因于1946年8月回到北平。1948年5月，她在《文学杂志》发表了《病中杂诗》9首。1949年初，她编写了《全国文物古建筑目录》，此书后来演变成为《全国文物保护目录》。1952年，林徽因被任命为人民英雄纪念碑建筑委员会委员，抱病参加设计工作，与助手关肇邺一起完成了须弥座的图案设计。1952年5月，为迎接即将到来的建设高潮，林徽因、梁思成翻译了《苏联卫国战争被毁地区之重建》一书，并由上海龙门书局出版，为国家建设提供了借鉴。

　　从林徽因的经历中我们看到了她的全面学习，从小立志学建筑便不顾一切地去学习，即使因性别原因不能读建筑系，仍然自己选修建筑系的课程完成自己的志愿，并用

[①] 资料来源：https://baike.baidu.com/item/林徽因/236792?fr=aladdin#reference-[11]-16593476-wrap。

一生的时间为中国建筑做出卓越贡献。此外，在作为兴趣爱好的文学方面，她也为后人留下了许多经典的文学作品。作为新一代大学生，应该学习林徽因这种全面学习的精神，为成为对社会有用的复合型人才做好充分准备，让全面学习贯穿于我们的学习生活。

五、终身学习

■ 终身学习的含义

当今的时代是知识经济时代，信息密集、知识激增、科学技术发展迅速、人工智能扑面而来，信息的内容和载体多样化，知识老化的周期越来越短，仅凭在校所学的知识，也许可以应对一时，但绝不可能支撑一生。因此，我们每一个人都无一例外地要树立终身学习的理念，并努力加以实践。那么，什么是终身学习？

所谓终身学习，是指将各种形式的学习活动贯穿于人的一生的学习观念。它具有两层含义：时间上，从婴幼儿直到成人，要形成一个连续不断的完善的学习过程；空间上，要从学校学习扩展和延伸到家庭学习、社会学习，形成有机结合的一体化的学习系统。

终身学习的一个重要特点，是学习不受时间、地点、条件的限制，学习内容、方法具有灵活性、机动性和多样性的特点，可以因人而异。

长期以来，人们往往赋予了学习特定的含义和严格的界限，认为上小学、中学、大学是学习，攻读硕士、博士学位是学习，工作后就不需要学习，从工作中学就不算学习了。因此，人们往往把人的一生分为学习、工作、退休三个截然不同的阶段。这是一种错误的观点。因为当今的时代，知识激增，新知识、新技术如潮水般地涌现，知识更新的速度越来越快，更新周期越来越短，如果没有终身学习的意识，没有自主学习的能力和行动，那将很快被时代淘汰。另外，即使进入了职业生涯阶段，也很少有人在一个岗位上干一辈子，职务的变迁、工作岗位的转移，在人的一生中是不可避免的，适应变化的唯一途径就是不断学习。从企业来看，生产方向的调整、产品的更新换代，以及新技术的引进，都要求职业人坚持学习，主动地通过不断的学习，去适应这样一种变化。

■ 实现终身学习的方法

◆ 树立终身学习的意识

复旦大学原校长杨福家教授曾说，"一个大学生在毕业离开大学的那天起，他在这四年里所学的知识有50%已经过时。知识创造与更新的速度日益加快是现代社会的重要特征，人类知识总量翻番所需要的时间已从过去的100年、20年、10年缩短到目前的3年左右。有人预计，在50年后人类所拥有的知识总量中，现存知识只占其中的1%。也就是说，在未来的50年中我们所用的知识绝大部分都是新知识"。因此，个体能否在竞争中取得成功，更大程度上取决于学习掌握新知识的速度和掌握新知识的能力。

◆ 提升终身学习的能力

在学校阶段，尤其是大学阶段，要学会学习，提升终身学习的能力。提升终身学习的能力最核心的是具有较强的自主学习能力。前面已经就培养自主学习能力有了详细论述，学生可以参考。这里特别要强调的是，自主学习能力要建立在兴趣基础上，而兴趣的前提是好奇心。目前关于"学习力"的研究中，多数心理学家都认为好奇心是学习力非常重要的组成内容。学习的具体方法可以通过学习获取，而兴趣和好奇心却不容易获得。因此，我们在日常学习中应注意培养自己对世界的好奇心，并记住这是让我们保持学习劲头和学习状态的基本前提。

> **小故事**
>
> ### 求知与求生[①]
>
> 有一位青年人，想向大哲学家苏格拉底求学，一天，苏格拉底将他带到一条小河边，"扑通"一下，苏格拉底就跳到河里去了。青年人一脸迷茫：难道大师要我学游泳？看到大师在招手，年轻人也就稀里糊涂地跳进河里。
>
> 没想到，当他一跳下来，苏格拉底立即用力将他的脑袋按到水里。青年人拼命挣扎，刚一出水面，还来不及喘气，苏格拉底就再次死死地将他的脑袋按进水里……
>
> 青年人本能地用尽全身力气，拼命挣扎着出来。事情来得实在太突然，年轻人根本还没来得及反应，不过这次挣扎出水面，他本能地拼命往岸上游。爬上岸，惊魂未定，他指着还在水里的苏格拉底问："大，大大大师，你到底想干什么？"没想到，苏格拉底理都没理他，爬上岸好像没事一样就走了。
>
> 猛然之间，年轻人似乎在思索些什么，追上苏格拉底，虔诚地说："大师，恕我愚昧，刚才的一切我还未弄明白，请大师指点一二。"此时，苏格拉底似乎觉得年轻人尚属可教之才，于是站定下来，对他讲了一句著名的话："年轻人，如果你想向我学习知识的话，你就必须有强烈的求知欲望，就像你有强烈的求生欲望一样。"

◆ 充分利用一切资源

所谓"全力以赴"，并不是说我们要一个人努力战斗到底，而是说要利用一切我们可以利用的资源，帮助我们达成目标。在终身学习的问题上就是如此，我们的学习资源不仅仅来自课堂、课本、图书馆、网络，还来自我们日常参加的活动、优秀学长、同学等，这些都是我们可以使用的学习资源。

总之，新时代的大学生，为适应新型公民和科技人才的需要，应该自觉建立终身学习观，并在大学学习阶段，为终身学习打下坚实的基础。而实践终身学习，不仅能充实我们的生活，丰富我们的人生，更能改变我们的命运。

> **成功经验**
>
> ### 伍军的故事[②]
>
> 伍军毕业于中央司法警官学院，是一名痕迹鉴定专家(侦查指纹等)。曾在武汉汉西监狱工作过七年，后来由于家境困窘，他辞去工作，在家自修一年，专攻法律专业。
>
> 已经成了家的人，要抛却一切杂念专心学习，还是很要一些毅力的。已经没了工作，破釜沉舟，背水一战，勇气可嘉！他从公众视野中消失了一年，在这一年里，

[①] 资料来源：成功励志文章精选 3 篇，http://lizhi.yjbys.com。

[②] 资料来源：http://jxvc.com/xuexi/211/lizhiwenzhang/down-12850.html。

伍军手机关机，不看电视，不上网，没有节假日，没有休息，包括大年三十都一直在看书做题，最终在2001年通过了司法考试，考试成绩是湖北省第一名，全国第八名。要知道这个司法考试和注册会计师考试号称是中国最难考的两个考试，报考的都是精英人物，通过率有时连1%都不到。因此，**成功定律一：一定要全力以赴，专心致志地投入去做某件事。**

通过司法考试后，他来到一家著名的律师事务所——武汉诚明律师事务所上班，这家律师事务所一年可以有上千万元的收益。所里的律师有几十个人，按等级分为大律师、一般律师、小律师。进去后，他先从小律师做起，有两年时间在打杂，做些端茶送水、洒扫之类的工作。这期间，他就在观察大律师、一般律师、小律师都是如何做事的，并不断总结经验教训。律师事务所有900万元以上收益都来自大律师手上，现在他已经是律师事务所的大律师之一了（大概一共十个大律师）。因此，**成功定律二：从生活中积累，多观察，"见贤思齐，见不贤而内自省也"。想成功必须多接近成功者！**

在处理案件的过程中，伍军遇到很多经济纠纷，于是，在他夫人的帮助下，他又去学经济，考注册会计师，最终他也考上了。现在，他每周的时间都很紧凑，律师事务所待两天，会计师事务所待一天，学校上课两个半天，两个下午还要给专业律师讲课。他一直在为事业奔波，孩子还很小，只有一岁半，是典型的先立业后成家类型。他觉得还要去学习，还想考经济学的工商管理硕士（MBA）。一方面拓宽知识面，什么经济案中的预决算等都不会不清楚，另一方面可以结交人脉，提高自己的身价。到那时候，肯定是别人都来找他了，用不着像现在要出去应酬别人。他在经济上应该是很成功的：给健民药业做法律顾问，每年年薪就是35万元，还有办案的收入、会计师的收入、讲课的收入，一年收入60多万元。他还送了一套房子给他弟弟呢！两边的家庭都因为他的事业成功而有了很大的改善。因此，**成功定律三：要有目标，要坚持不懈地追求。当一个目标达成的时候，要树立下一个合适的目标。**

伍军现在每天看书，他说，第一要看与专业有关的书，第二看一点对工作有帮助的闲书。与当事人交流时，别人对篮球体育感兴趣，你可以谈；别人对养生医药感兴趣，你也可以谈；别人对时尚感兴趣，你还是有共同话题，这样，你的案件会办得顺利得多。此外，如果看的这本书没什么思想，一看就懂，就等于是浪费了时间，一定要看那种费点劲才能钻进去的书，他将一本《经济学原理》看了五遍终于看懂了，感到很高兴，在工作中就会应用自如。他经常问学生："你们看了《南方周末》《南风窗》没有？没事少上网玩，多看点有深度的书。"

每个人都想成功，但是，并不是每个人都能轻易取得成功。有句话说得好，成功是奋斗出来的。成功与个人的努力和社会的机遇密不可分。我们即便相信这个世界上有天才存在，也相信机遇会青睐于某些人，但是，我们更应该相信勤劳与奋斗。一个人要想获得成功，就要在机遇来临之前做好各种准备，给抓住机遇做好铺垫，在机遇来临时能一跃而上抓住机遇，并且努力使其成功。如果我们平时不努力，没有基本能力的训练和积累，就算社会给了我们很多很好的机遇，我们也抓不住。因此，我们只有功在平时，不断地充实自己，不断地丰富自己的知识，提升综合素质，完善个人能力，才能为以后的成功打下基础，做好铺垫。

六、学以致用和知行合一

大学，是运用知识、创造知识之处，也是面向社会、走向社会之所。因此，一个合格的大学生在大学阶段应做好两件事，即学会学习、学会做人。经过长时间的摸索，以及与老师、同学的交流，大致可以概括为学以致用，知行合一。

学以致用是指为了实际应用而学习。学是指学习；致用是指将知识运用到实际中，也就是理论联系实际。

知行合一是中国古代哲学中关于道德修养、道德实践方面的认识论和实践论的命题。中国古代哲学家认为，不仅要"知"（认识），更应当"行"（实践），只有把"知"和"行"统一起来，才能称得上"善"。也就是说，认识事物的道理与在现实中运用此道理，两者必须结合起来，密不可分。知就是认识万物所得的结论；行就是去实践，这就要求在实践的过程中符合一种认识—实践—再认识的规律。此外，要求在实践中运用认知的道理和知识，把认知和实践统一起来，也就是所谓的知行合一。

从以上两点看出，人类生活在大自然中，生活在社会的人文环境下，只有很好地运用从大自然中学习认知到的东西，才能很好地改善我们的生活。而不能违反它，违反了它就会受到惩罚，这是说的大我，也就是大自然。那么涉及小我，也就是一个人，道理也是同样的。

学以致用，知行合一，重点应该还是在"行"和"用"上面。就算我们学得再多，研究得再透彻，只要不运用，那么只是"死学""死读书"，这样白白浪费了时间和金钱，没有一点好处。只有用，真正地运用，才是我们学习的最终目的。否则我们浪费了十几年、二十几年的时间去上学，岂不是很没有意义吗？

学以致用，不仅仅是运用课堂上所学的知识去解决问题，更重要的是培养"发现问题→主动学习→解决问题"的能力。这种能力，并不能仅靠平时上课或自己看书就可以掌握。培养之道，本无成法可言，但必须有怀疑批判、慎思明辨的精神，可以先从自己感兴趣的方面入手。在探求答案的过程中，要善于及时总结经验、吸取教训。这样每做出一次探索，能力就得到一次提高。"用"，不仅仅是运用现成的知识解决实际问题，还需要把从各种渠道获得的知识进行消化、吸收，变成自己的、可利用的东西，还需要怀疑批判、慎思明辨，这样才能在用的过程中使自己变得更强大。只有这样，才能真正做到运用自如、得心应手。

大学生有必要选择性地学习一些似乎与专业无关的课程。不要认为学了不一定有用，浪费了大好的时光。其实，既然我们所学的知识都是在先人前辈的总结中产生的，今天为何就不可以把现代科学的各种先进成果为己所用？大好机会摆在面前，我们为何就不做这方面的尝试？如果愿意尝试去探讨每门课程与所学专业的联系，很快就会认识到"上极天文，下穷地纪，中悉人事"的必要，这将为今后的学习奠定广博而深厚的知识基础。

在"学以致用"的指导下，我们就会形成比较正确的学习目的与良好的学习习惯，不为学习而学习，更不为考试而学习。成绩不好，但并不代表学习偷懒，只要做到不死啃书本、不迷信书本、不满足于书本就很好。这些努力都建立在"尽力而为，作息有度"的基础上，以自己的怀疑批判、慎思明辨对待各种知识、各种观点，从中得到锻炼，不断走向成熟。

学习是为了什么？学以致用当然是一个方面，但大多数人似乎忽略了另一点——提高自身素质，指导自己言行。我们所讲的"知行合一"是指以认识所得为自身行为规范，指导自身言行。我们将走进社会，但我们凭借什么在社会立足？仅凭渊博的知识、过人的能力？无法想象一个自高自大、缺乏修养的人如何在社会上一展抱负。从幼儿园到高中，我们已经接受了许多道德规范、行为准则的教育，但大多数人觉得这些东西啰唆、迂腐，没有把它们放在心上，等到因自己缺乏修养、粗疏鲁莽而吃了亏时，才后悔莫及。亡羊补牢，未为晚矣。在大学阶段，在正式步入社会前，加强自己的道德文化修养，培养高尚的情操，树立牢固的团队精神与集体意识，不仅重要，而且非常有意义。不要总觉得学的东西"没用"，是真的没用还是自己有意无意间忽略了它们有用的一面，而只看到似乎"没用"的一面？我们并非不知道该怎样提高自身的素质、修养，而是不懂得把学到的东西用来指导、规范自己的言行，做到"知行合一"。也有人并非意识不到，而是不懂得把它们内化成自己的素质，从身边的平凡点滴之事做起。既作当代之士，为国家振兴、社会进步之中坚，更需通古今、辨然否，培养应有的社会责任感、历史使命感，上对先烈，下报百姓，前仰古人，后承来者，鞠躬尽瘁，尽心竭力。清楚自己的学习目的，现在的努力并不为得高分，也不为将来的安逸，而是为掌握广博的知识，掌握科学的思维方法，尽管它们不一定能得高分，却能使我们日后的努力取得更大的成果，为日后的成功奠定坚实基础。

过去的让它流逝，该忘却的让它消退，成绩只是历史，经验可作借鉴，该留下的还是要铭记。现在也许是留下点东西的时候了，给予以后的大学时光。

这里不妨给大家一个学以致用的例子，这也是发生在学生身边的故事。

成功经验

十年磨一剑：胡玮炜写下的摩拜单车传奇[①]

胡玮炜是摩拜单车的创始人，2015年1月份成立了摩拜科技公司，两年，仅仅只有两年，她一个85后的女子，就把一个企业从0做到了估值高达100亿元，实现从0位数暴增到11位数的逆袭。而实现这一目标滴滴用了3年（2010—2013年），阿里巴巴用了6年（1998—2004年）。

一个女记者如何逆袭成为百亿公司掌门人？

2004年胡玮炜从浙江大学城市学院新闻系毕业后，进入《每日经济新闻》经济部成为一名汽车记者。后来北上到了北京的《新京报》，随后又跳槽到了《商业价值》和极客公园做和汽车相关的报道，这一干就是10年。她把少女最美好的时光给了媒体，给了汽车。和其他大学生一样，胡玮炜参加工作也是从4位数的月薪干起，而传统媒体行业因为受到互联网和新媒体的冲击，她的收入一直没有质的飞越。

辛辛苦苦在汽车记者这个职业上干了10年，她的月薪也不过从4位数到5位数，当然绝对不是开头是9的5位数，是排名最靠前那个5位数。35～45岁对于一个女性来说，是人生最精华的10年。在此之前，女性从一个羞涩的小女孩成长为一个女人，大部分女性完成了结婚生子，而随后的这10年是女性打拼的最好的黄金时代，绝不能再虚度！

[①] 资料来源：http://www.sohu.com/a/135849841_744564。

胡玮炜逐渐意识到给别人打工的职业生涯，并不能实现自己的梦想，而媒体行业的低收入让她觉得，并不是对自己价值的体现，尤其和汽车圈从业者的收入相比，让她觉得没有尊严。35~45岁，女性最宝贵的10年，她必须利用好，实现自我突破，获得人生的价值。于是，2014年，她辞职了！

十年磨一剑，转机出现在和一群高人的聊天之中！有一天，她和一些投资人在一起聊天，当时一个天使投资人说："哎，你有没有想过我们做共享单车呢？用手机扫描开锁的那种。"此话说出之后，遭到在场的人的反对，因为在中国几乎每个拥有自行车的人都有自行车被人偷过的经历，"共享"这肯定不可能！这件事情的难度太大了，别人都退出了！胡玮炜听了这句话后，有一种被立刻被击中了的感觉，她马上就说，我可以做这个。机会就是这样，当很多人都觉得是机会的时候，那一定不是机会，而是危机，只有在被人看不懂、看不起、不想做、不敢做的时候，这才是机会。机会永远属于冒险者！属于行动者！

于是，胡玮炜成了摩拜单车的创始人，而提这个建议的人，成了她的天使投资人。就这样，一个从月收入4位数到月收入5位数打拼了10年的女生，因为一句话，两年间，她让摩拜单车估值从0达到11位数，达到100亿元。

胡玮炜为什么能成功？

一个跑汽车口的媒体女记者，一直围绕着汽车厂商转来转去，而且很难接触到汽车厂商的老大，最重要的是汽车和自行车相差实在是太远了，凭什么是她抓住了机会？另外，她从来没有什么创业的经验，为什么一创业就能成功，而且是一家估值100亿元的独角兽企业。

第一，有一个叫1万小时定律，就是说，你要想做一件事情取得成功，你必须要在这个行业做满1万小时。胡玮炜在出行行业干满了十年，这个1万小时的定律早就已经突破了！

第二，不是为了解决生存问题，而是一种情怀。胡玮炜说，在黄昏和清晨骑车是一件很浪漫的事情。对于一个女生来说，或许这里面有一个浪漫的爱情故事，和心爱的恋人骑车是一件最浪漫的事情。中国已经在进行产业升级，很多有情怀的创业项目更有机会。胡玮炜讲过一个小故事：在上海的时候，她常常跟同事一起去那些有树荫的小道骑行。有一次，他们一边骑一边讨论，陈奕迅有一首歌叫《单车》，其实它是一首粤语歌，她一直不知道《单车》讲的是什么。刚好那个同事是广州人，他跟胡玮炜说，那首歌是讲：他跟爸爸唯一的拥抱，就是他坐在后座的时候能够抱着爸爸的腰。爸爸总是对他很严格，他所有的温暖的记忆都是在那辆自行车上。那个同事也讲了自己一些他跟他爸爸的故事。这个故事让胡玮炜很感动。

第三，当然，胡玮炜完成了很多人无法完成的事情，就是路不拾遗、夜不闭户，她彻底解决了自行车被偷盗的问题。

第四，解决了用户的痛点。在大城市上下班，出了地铁到单位和家里都有一段距离，步行时间太长，打车又打不上，坐摩的又危险。因此，胡玮炜说要像机器猫那样变出来一辆自行车就好啦。这是胡玮炜上班时候的痛点，也是很多上班族的痛点。而摩拜单车解决的就是这个痛点。

第五，预判了未来的出行趋势，率先引爆！在物质匮乏的时候，每到过年的时候，大家都要吃肉吃好的，可是，现在的物质生活实在是太丰富了，天天过年。人们已经不爱吃肉了，反而以前的素食粗茶淡饭成为人们喜欢的东西了。在出行上也是如此，人们以前喜欢开车，但是，以后会逐渐喜欢骑自行车出行。这是一种回归，也是一种轮回，更是一种趋势！胡玮炜看到了这种趋势，并且率先引爆了。

想到什么就一定要去做！

很多人都说媒体人有一个通病：会说不会做。但在汽车行业做了10年媒体人的胡玮炜刚好相反，她不是一个很能说的人，更不会忽悠，但她想到什么就一定要去做。"其实我不是一个特别有野心和企图心的人，但是我是那种——如果我心里有一个想法，它就像种下了一颗种子，然后它就会不断发芽，如果我不去做的话，我可能会不能接受。所以我就一直不停地去 push 自己做这件事情。"

大概在2013年年初的时候，她去了一次拉斯维加斯，在那里她看到了很多汽车公司的展出。当时她就有一种非常强烈的感觉，那就是未来汽车可能会发生很大的变化。拉斯维加斯之行让她颇受冲击，更多的是启发，人与汽车的交互，汽车与汽车的交互，以及未来的交通出行。回来以后她跟当时的老板说，未来出行行业肯定会发生巨大的变化，她想做一个关于汽车和科技的小栏目，她来负责。但她最后没有说服老板，干脆就辞职出来自己做了一家公司，叫极客汽车。

2015年做摩拜单车也是这样。"有两次，一次在杭州，一次在瑞典的哥德堡，我都看到了公共自行车停在路边。两次都是靠近傍晚的时候。我就想，其实在城市里面骑车去游荡还是非常舒服的，我就使劲地想知道我该怎么来租这个车。我不知道去哪里办卡，也不知道去哪里交押金。那个硬件的小亭子，我用信用卡塞了半天也不能解决。"胡玮炜说，移动互联网支付已经那么方便了，为什么一辆自行车我却骑不了？那时候，做一辆随骑随停的自行车的种子已经在她心里生根发芽。直到有一天，她跟一群工业设计师和一些投资人坐在一起聊天的时候，当时她的天使投资人突然说了一句话："哎，你有没有想过我们做共享单车呢？用手机扫描开锁那种。""我当时就立刻被击中了，所以我当时就说我要做这个，我们可以做这个。"胡玮炜很激动。

最初，胡玮炜没想过她会来领导这个项目，但身边的那些工业设计师后来就不断地在论证说这个有多难：会被偷走，不知道应该布在什么地方……反正各种各样的问题提出来，最后他们就退出了。最后只有胡玮炜愿意来做这个，她就变成了这个项目的创始人。一开始遭遇的质疑当然很多。一个年轻的女记者，真能带着公司做到这件事情吗？似乎怎么看都不靠谱吧？胡玮炜说："我可能比较轴（犟），我会主动排斥掉所有这些跟我说不靠谱的东西，你说做不到，我现在没办法证明，我最后会做出来给大家看。"

第二节 做好学业规划

学业规划是"大学生对与其事业(职业)目标相关的学业所进行的安排和筹划。具体来讲，是指大学生通过对自身特点(性格特点、能力特点)和社会未来需要的深入分析与正确认识，确定自己的事业(职业)目标，进而确定学业发展方向，然后结合自己的实际情况(经济条件、工作生活现状、家庭情况等)制定学业发展计划。换言之，就是大学生通过解决学什么、怎么学、什么时候学等问题，以确保自身顺利完成学业，为成功实现就业或开辟事业打好基础"。[1]大学生学业规划是职业生涯规划在大学阶段的细化和具体化。

制订学业规划要做到"定心"、"定向"和"定位"。首先要"定心"，刚刚步入大学校门的青年学生，要尽快从兴奋、激动、忐忑不安等情绪中走出来，静下心来思考自己的学业目标，这是做好学业规划的前提。其次要"定向"，即根据自身兴趣爱好，结合社会发展趋势，确定自己的专业发展的方向，这是做好学业规划的关键。最后是"定位"，即通过对自身条件的准确认识和对外界环境的正确评估，确定自己要达到的发展水平，这是做好学业规划的保障。

一、学业规划设计对于大学生的现实意义

■ 为健康发展奠基

人的职业生涯发展通常经历四个发展阶段，即职业准备与选择、职业生涯早期、职业生涯中期和职业生涯后期。大学时期正处在职业准备与选择阶段，为了给职业生涯奠定良好的基础，便要做好学业规划，学业规划是职业生涯设计的前提和基础，是职业生涯规划的一个重要组成部分。从社会发展和用人单位对人才的要求来看，他们更钟情于综合素质高、专业能力强的复合型人才，也更加强调员工的主动性与创造性才干，更加喜欢对事业发展有规划和有准备的人。从大学生就业调查情况来看，那些从入校开始就有明确的发展目标，制定了周密的、科学的学业规划，并坚持不懈地实现规划目标的学生，在就业市场上往往炙手可热，成为用人单位争抢的对象。这部分学生也可以在这样的氛围中，有更多的选择机会，找到自己理想的工作，为整个职业生涯发展打下一个坚实的基础。反过来，大学中也有这样一部分学生，在校期间，没有明确的学业目标，没有学习的动力，浑浑噩噩地"混"大学，到头来，不仅得不到用人单位的青睐，有的甚至根本完不成学业，被大学校园无情地淘汰。由此可见，从入校开始就明确学业发展方向，制定科学的学业规划并为之奋斗，作为奠定大学生一生的良好发展基础，是何等的重要。

因此，在学生入学时，有必要建立起做好学业规划的概念，做好学业规划，为自己健康发展开好头、起好步。这既是对自己现在负责，也是对自己将来负责，为自己将来能够真正承担起个人、家庭、社会的责任奠定第一步。

■ 为自我实现助力

一份有效的学业规划设计，能够引导大学生真正意义上认识自己，了解自己的个性特点，发现自己的内在潜力，认清自己的优势与劣势；能够引导大学生从一进校开始就有树立明确的学业发展目标的意识，正确评估目标与现实间的差距，及时地调整学业目标；能够引导大学生学会运用科学有效的学习方法、采取切实可行的学习措施，不断增强自身的学业竞争力，实现自己的学业目标。一个成功的职业生涯是以一份良好的学业规划为前提和基础的。我们很难想

---

[1] 张恒亮，《学业规划》，电子科技大学出版社，2003年，第7页。

象,一个抱着"当一天和尚撞一天钟"的心态,浑浑噩噩度日的人能实现自己的高层次需求,能感受到人生成功的快乐。

因此,大学生都应该是自己人生、事业、学习的规划者,更是学业规划的实践者。为自我发展设计蓝图,为实现自我价值做好准备、创造机会。当然,没有学业规划设计,大学生也可能毕业,但有了有效的学业规划设计,获得的成功将更快、更大,实现的价值也更大。

■ 为自我激励加码

大学是青年学生走向社会的过渡阶段,制定好个人的学业规划可以为今后步入社会打下良好基础。进入大学后,许多学生都有一种感觉,那就是升学压力没了,离父母远了,父母管不着了,大学老师也不像中学老师天天跟着自己、管着自己,时间、空间自由了。其实,学生并没有完全意识到,大学学习是能动性和开放性的结合,不像高中那么枯燥、封闭,它有更强的目的性,可以选择自己适应的学习方法去学习,还可以根据自身的兴趣、爱好、特点,有针对性地学习专业知识。

没有压力的学习固然令人身心愉悦,但没有压力,就很难产生动力,很难让你有跳起来摸高的冲动。今天的时代,是一个能力比拼的时代,过去那种"60分万岁"的学习态度,早已不能让你在未来的职场上取胜,它只能是制约你发展进步的绊脚石。进入大学,在人生规划、职业规划的愿景下,尽早制定一个符合自己发展进步的学业规划,为自我激励加码,为顺利完成学业,学好每一门课、做好每一次实验、完成好每一个小论文……在知识和能力方面得到不断的提升,以适应当今科技知识高速发展、异常激烈的竞争社会。

■ 为学会思考导航

美国教育家 B.F.斯金纳曾说过:"如果我们将学过的东西忘得一干二净,最后剩下来的东西就是教育的本质了。"这些"剩下来的东西"就是靠自己的学习,通过思考的能力能够完成的。大学不是高中,更不是培训班,而是让学生能独立思考,将来有能力适应不同职业的教育和成长平台。在大学学习期间,我们在夯实专业知识的基础上,最重要的还是学会独立思考和看待问题的方法,进而能解决问题。

因此,一份合理而有效的学业规划在学习和思考的方向上起着重要的导航作用,促进大学生在学习的过程中学会思考,使其将来能更快更好地适应社会。

二、建立学业规划的依据

学业规划设计不能凭空而定,任意杜撰。当我们决定去制定学业规划时,首先要把握确立目标的依据,使学业规划建立在充分可靠的科学依据之上。制定学业规划主要有如下依据。

■ 社会需要

个人的理想、目标和发展不单纯是由自己的兴趣、爱好决定的,在很大程度上要受时代、社会需要的影响。社会需要是个人确立学习目标的根本点,身处现实社会的大学生,实现学习目标的最终目的是服务社会,为社会做贡献。因此,大学生不可能离开社会的需要去确立自己的学业规划。

我国高等学校人才培养的目标是"培养适应现代化建设、适应市场经济体制和社会进步的需要，德、智、体全面发展，有理想、有道德、有文化、有纪律，具有为国家富强和人民富裕而艰苦奋斗的精神，不断追求新知识，具有实事求是、独立思考，勇于创新的科学精神的高级专门人才"。[①]大学生应自觉地把学校的培养目标转化为自己的学习目标、奋斗目标。这与有些大学生在目标选择上想"自我设计"并不完全矛盾。因为，真正有效的"自我设计"应该是考虑社会需要和按照学校所能提供的条件来进行的自我设计，使自己的发展符合社会发展的趋势，而不是以自我为中心、以个人利益为半径的"自我设计"。后者由于背离了社会需要，确立下的目标是难以实现的。

■ 自身条件

任何一个选择要获得成功，不能脱离社会的需要和个人的实际。每个人的聪明才智和素质各不一样。当外部条件一定时，个人专业发展方向和发展水准，主要由个人的优势所决定。因此，自身条件也是确立学业规划的重要依据。大学生应该首先学会自我认知，即充分地认识自己，科学地分析自己的优势和劣势，取长补短，确立一个既适合自身条件、又能超越自我的目标。当然，自我认识是一个复杂且困难的过程，一定要对自己有一个比较准确的合理的判断，这就需要我们使用各种方法和途径来提高对自己的认识，例如，看他人的闪光点，找出自己的优势及劣势；借助一些心理测验工具和方法；向教师、同学了解等。只有做到尽可能客观、科学地认识自己，才能做到在确立目标时符合实际，使目标具有实现的可行性。

同时，我们也要看到，人的潜力是很大的，只要我们能正确认识，适宜地调动，它就能被充分地发挥。因此，在确立学习目标时，还要敢于选择具有一定挑战性、必须通过自己做出较大努力才能实现的目标。

■ 科技发展的要求

现代科技的发展，呈现出知识更新速度快以及学科之间的渗透、交叉、分化、综合的趋势越来越明显的特点。这就对大学生的学习能力提出了更高的要求。为此，大学生应具有宽厚、扎实的基础知识和获取、运用知识的能力，这些应该体现在学习目标的确立中，成为学习目标的重要组成部分。

扩大知识面，不仅指对本专业之内的知识要充分掌握、融会贯通地应用，对本专业之外的相关学科知识也要广泛涉猎。尤其是要避免成为只懂技术而灵魂苍白的"空心人"，或不懂科学、奢谈人文的"边缘人"。文科学生要学点理工科知识，理工科学生也要学点文科知识，并尽可能地吸收现代科学、技术和文化的新成果。在学好基础课的前提下，力求在某些专业领域深入研究，按照学科发展的新趋势和人才成长的素质要求，在较高层次上确定自己的奋斗目标。

另外，大学生应把提高自己的终身学习意识和实践活动能力确立为学习目标，掌握信息的搜集、分析总结和处理的方法，养成经常自我反思和自我总结提高的好习惯。

---

① 资料来源：中华人民共和国教育部，《国家中长期教育改革和发展纲要（2010-2020年）》。

三、做好学业规划设计的步骤

■ 选定学业目标

首先,遵循"以终为始"的方法,找到自己的兴趣爱好,确定自己将来想干什么。 兴趣是学业目标的基础。古今中外,因兴趣之花而点燃成功之火的事例不胜枚举。研究表明一个人做与自己兴趣相关的事情成功概率会大得多。兴趣可以成就一个人,兴趣也可以造就伟人,当然,不正当的兴趣也可以毁掉一个人。兴趣可以使人为自己所钟爱的事业而奋斗终生。然而,有一些大学生并不清楚自己的兴趣所在。因此,选定学业目标之前,一定要认清自己的兴趣爱好是什么,选择自己喜欢的专业方向和研究领域进行学习。有的同学会说,我读的专业是家长替我选的,或者是学校录取时安排的,根本不是我喜欢的。这一类同学更要尽早选定学业目标,要么转专业学习,要么调整心态学习既定专业。

其次,分析自己的能力和特长,确定自己将来能干什么。 学业目标往往是和自己将来的职业发展方向密切相关,而任何职业都要求从业者具备一定的知识和技能,所以大学生应该根据自己的能力与特长确定自己应该开发和培养的职业能力,确定自己将来能干什么。

最后,着眼未来,分析社会发展变化的趋势,立足社会发展需求,确定社会要求干什么。 大学生在选择学业目标时一定要避免盲目跟风,当前最热门的并非是最好的,当前最冷门的也不会永远冷门。任何事物都有一个发展变化的过程,不要哪个专业热门就跟风选择哪个专业,这样往往会顾此失彼,到最后落得竹篮打水一场空。最好的专业方向和研究领域是社会需要又适合发挥自身优势的。一个适合自己的学业目标应该是兴趣爱好、能力特长和社会需要三者结合起来形成的学业目标,是把想干什么、能干什么和社会要求干什么结合起来的学业目标。

■ 制定学业规划

按照"以终为始"的方法,在确定学业目标后,要着手制定学业规划,以保证目标的实现,如大学四年的规划,每学年、每学期的具体学习任务、实践项目、科技活动等。学业规划可以按照以下的思路进行:四年总的学业目标规划→学年的学业目标规划及措施→学期的学业目标规划及措施→月的学业目标规划及措施→周的学习目标计划→每天的学习内容、任务。这样可使自己的学业规划及实施措施落实到学习生活的每一天,确保学业目标的基本实现。

■ 实施学业规划

学业规划制定完以后,剩下的就是立即行动了,从我做起,从现在做起。如果有部分学生将制定的学业规划作为摆设,拖延不动,就会出现有学业规划却没有实施行动,或者不能持久地实施,最终无法实现既定的学业规划目标的情况。要避免这种情况,大学生们必须树立自信,培养积极的心态,增强实施动力、加大执行力,保证学业规划实施行动顺利完成。

学业规划书并不要求固定的格式,可以是表格,也可以是论文形式,只要包含个人能力特长分析、社会环境因素分析、学业目标与实现的措施等要素就可以。下面这份大学生学业规划书可作为一个范例,大家可以通过它详细了解如何撰写学业规划书。

> **案例示范**

我的大学，我主宰——我的学业规划书[①]

"我们跻身在人才济济的星空下！日月光华中有我们闪亮的眼睛，我们规划的秋天已退去童话的色彩，一个真实的现在可以开垦一万个美丽的未来！"

因为这句话，我对大学无限憧憬，我一直相信努力了就有收获。但现在，在憧憬中我也渐渐地迷失了自己，没了努力的激情，没了前进的动力。没有目标，让我找不到方向。我想我得规划我的学业了，给自己的将来铺一条明亮的路。未来并不是隐藏在我闲庭漫步的云彩后，只有我看准了未来，踏过艰辛后，才有灯火阑珊处寻她百度的感觉。

一、个人特质分析

1. 优势和特长

性格活泼开朗，交际能力强；遇事沉着冷静，有一定的分析和判断能力；组织策划能力较强，能独立地完成一项任务。

爱好读书，写读书心得。爱好体育运动，尤其是乒乓球和游泳。喜欢看美国职业篮球联赛(NBA)，喜欢赛场上为争取胜利的全力竞争的氛围，喜欢听音乐。不开心的时候喜欢找朋友谈心。

2. 劣势和不足

长时间做一件事容易浮躁，特别是自己不喜欢的事。有时说话做事不考虑别人的感受。大大咧咧，丢三落四，情绪波动较大，不喜欢跟别人商量，主观性强。

二、软件行业现状与前景分析

目前，软件产业是国家和××省重点发展的产业，对技术的要求越来越高，人才的需求量也不断增加。《软件及服务外包产业人力资源蓝皮书》的数据显示，2009年，××市软件与信息服务业从业人员规模达到15万人。××高新区软件及服务外包产业销售收入突破300亿元，出口2.1亿美元；聚集的企业近600家，包括国际知名的大企业和全球500强企业。

如此多的企业进驻高新区，对人才的需求必然很大。资料分析，未来三年软件专业技术人才的缺口达到30万人。因此，从未来的职业发展来看，学软件的发展空间更大，未来职业提升空间和收入提升空间都会更大。

三、大学四年的发展目标

1. 思想和道德素养目标

大学四年中，要努力使自己成为一名有理想、有道德、有文化、有纪律的人。思想要积极向上，充满热情。政治上积极要求进步，要积极向党组织靠拢，争取早日加入中国共产党。道德方面，自己的言行举止不违背大多数人的意志，但要坚持原则，守住道德底线，不能人云亦云。用正确的思维方式和生活方式引导大家共同进步。

实现目标的措施如下：

---

① 资料来源：http://blog.sina.com.cn/s/blog_5d6446480100b4tt.html。

每一个半月向党支部递交一份书面思想汇报。每个星期六自学马克思主义等政治理论著作，关注国家经济、社会、政治发展大势，用党性的思维去分析发生的事情。做出读书计划，挤时间多读书，开阔视野，联系实际，要善于思考，多做总结，沉淀积累下来的才是自己的东西。生活态度积极，勇于面对挑战，关注周边生活百态，理性区分是非善恶，多听取他人的意见，调整自己的思想目标，及时弥补缺陷。

2. 课程学习目标

(1) 学好基础课，尤其是英语，特别是英语听力和口语，要把英语作为一门交流工具，争取大二上学期通过英语四级，下学期通过英语六级，毕业时，可以用英语进行交流。

(2) 熟练地掌握所有专业基础课所涉及的计算机基础理论、原理和方法，尤其是"数据结构""计算机网络""数据库原理"等课程的内容。

(3) 精通一门编程语言。在大学四年时间里，编程的代码量至少10万行。

(4) 学好专业方向课。

实现目标的措施如下：

① 每天要记50个英语单词，每3天做1套英语四级真题试卷。每天阅读英语文章一篇，在和同学交流的过程中，条件允许时尽量用英语交谈。

② 上课认真听老师讲解专业知识，课后认真复习。认真上好实验课，有空就到实验室进行编程训练。

③ 争取加入老师的科研团队，认真完成老师布置的任务。通过科研活动学习知识，增长才干。如没有机会加入，就联络几位有相同专业兴趣的同学组成团队，共同完成一些项目，以提高自己的编程能力。

3. 人文著作阅读目标

我喜欢读书，更喜欢读大家之作，我个人比较偏爱鲁迅，曾一度被他的人格魅力所打动，喜欢他那种由文字透出来的骨气和坚强。读书中之人，读作者之意，体味他们最深层次的思想。人文著作，我偏爱中国近代大家之作和欧美文学名著，每一学期只读一本，不求数量，只求自己思想上有一个大的进步。还要多读百科全书，争取掌握多方面的知识，精要精学，范要广通。

实现目标的措施如下：

要读小说、散文、人文传记，图书馆是一个绝佳的地方，用大部分课余时间泡图书馆，因为不管什么时候进馆，总能在里面找到属于自己的书，属于自己的位置，幸运的话，还可以在向阳的位置，沐浴着阳光，读自己喜欢的书，何不为一种享受呢！因此，大学我需要做的也并不难，那就是爱上图书馆。在每一本书中汲取人类思想精华，让自己的精神世界得到升华。

4. 社会实践服务目标

在大学期间，积极争取校外社会实践机会，增加社会实践经验，感受当今社会的总体氛围，只有这样自己才不会在思想上与社会隔离开来，在社会实践中培养自己的社会责任感和敢于担当的精神，增强吃苦耐劳的精神。积累社会实践经验，为自己以后的发展打下良好的基础。

实现目标的措施如下：

加入 2~3 个社会实践服务社团，积极参加学校实践活动。现在我在校广播站担任播音工作，这是锻炼自我的一个绝好机会。积极参加各种课外科技竞赛活动，如"挑战杯"比赛。通过竞赛树立团队合作意识，提高自身能力。

5. 健康目标

大学四年自己始终要保持健康的体魄，身体是革命的本钱，没有健康的身体，一切都无从谈起。身体各方面的素质都要达到标准，保持身心健康。

实现目标的措施如下：

抓住一切可以锻炼的机会，尤其是体育课，要学好体育技能，坚持自己在体育方面的爱好，如跑步、打乒乓球、打篮球，暑假可以游泳。

第三节　大学学习方法

从中学到大学，是我们人生的重要转折。大学生活的特点在于思想的自觉性、学习的自主性、管理的自治性和生活自理性。大学学习，无论是学习内容、学习方法还是学习要求，都与中学的学习有着明显的不同。在大学的学习中要想真正学到知识，提高素质，锻炼能力，除了继续保持旺盛的学习热情，发扬勤奋刻苦的学习精神，更重要的是要适应大学的教学规律、学习特点，选择适合自己的学习方法。

一、在课堂、实践中学习

一个人一生有很多学习机会，然而从大的方面来说分为两种，即课堂学习和在实践中学习。不同的学习环境带给我们不一样的感受和收获。我们除了在课堂中学习理论知识，更多的是理论联系实践，理论指导实践。在实践中不断证明、理解、吸收在课堂中学到的东西。

■ **课堂学习**

课堂学习是大学生获得知识、提高科学文化素质最直接、最重要的途径之一。大学生必须主动适应大学课堂的学习，努力掌握大学课堂的学习规律，才能提高学习效率，收获良好的学习效果。

◆ **课堂学习特点**

大学课堂教学在教学方式、教学风格、学习环境、管理模式、目标要求等方面，与中学课堂相比都有很大的不同，而了解这些差别是适应大学课堂学习的必要条件。

第一，大学学习的目标多种多样。大学的学习不仅是为了将来的就业，更是为了我们过好这漫长的一生做准备。因此，大学开设了很多课程，目的就是让我们在掌握专业知识的基础上，能够拥有完满的人生，因为幸福是一种主观感受，而追求知识和真理的过程本身就是使人愉悦的。大学的学习目标不像中学时那样专一，很多时候，每个人的学习目标与别人相比都有着很大的差异。举例来说，有学生大一时就立下了将来要从事科学研究的志向，因此他选择了以拓宽知识面、学习高深知识、进行科学研究并发表论文为学习目标；有学生想利用大学的学习为将来自己的创业做准备，因此他的学习目标是以专业知识的学习为基础，再增加工商管理方面的知识和相关实践；有学生想成为技术型的应用型人才，他的学习目标是通过专业课考试，同时补充将来就业需要的各种专业知识和技能，也要通过职业资格证考试……可见，大学的学习目标根据每个人的实际情况不同而千差万别。

第二，大学学习的内容丰富多彩。根据每一个人的学习目标不同，我们需要掌握的学习内容自然也就不同。举例来说，有学生在大一时就不仅在专业课程的学习上取得了好成绩，同时在相关学术期刊上发表了一篇学术论文，而他整个大一时期的学习内容就不仅限于课堂学习的内容，还包括如何进行学术研究和论文写作等内容；有学生为了让自己能够在助老敬老的志愿者活动中做得更好，在保证专业课程学习的前提下，还学习了相关的心理学知识，以更好地帮助老人；有学生为了能做好一份卖手机的兼职工作，主动去别的专业蹭课，学习手机硬件软件的知识……大学开设了大量的课程，提供的学习内容是非常丰富的，真的可以称得上是"知识的大江大河"了。当然，如何在这样的江河里得到对我们有帮助的源头活水，还是要首先确定学习目标。

第三，大学的学习资源非常充足。有学生刚刚进入大学校园时会发出这样的感叹："好大的校园啊！从教室走到宿舍得走半个小时吧？"不过，大学不仅校园大，更重要的是在学习资源上非常充足。大学有先进的实验设备、拥有大量书籍的图书馆、五花八门的活动场地，还有在专业上精进钻研的老师，以及来自五湖四海的同学……这些都是我们的学习资源。更厉害的是，大学除了课堂，课外活动也是我们学习资源的重要来源，不仅有各种各样的学术报告、讲座，还有多种类型的活动，如迎新晚会、志愿活动、心理健康月、宿舍文化节……这些都是非常好的学习资源。此外，我们还可以参加不同的学生社团，认识更多的志同道合者，发展自己的特长和兴趣爱好。

第四，大学课堂的教学形式灵活多样。相信在进入大学前，学生一定看了很多关于大学老师的新闻，比如，复旦大学被称为"女神"的思政课陈果老师讲幸福课讲得非常有特色，深受学生欢迎。大学与中学不同，由于不再受到严格的以高考为目的的统整划一的教学大纲的限制，每一位老师对所教授的课程有较大的自主权，在满足课程教学大纲的基本要求的前提下，可以比较自由地选择教学的内容和方式。此外，一般来说，大学老师注重培养学生的思维方式和解决问题的能力，因此在授课中会采用多种多样的方法来调动学生的积极性，提高他们的参与度。

第五，大学的学生管理方式使学生有更多的自主权。学生肯定会觉得大学比中学自由，因为看上去好像管你的人不多，平时就一个辅导员会常常做一些管理工作，不像中学时被各科老师管。要知道，我们的人生不可能一直在一种被人牢牢管住的状况下度过，我们总要长大，总要成为国家的栋梁之材，这就要我们在大学阶段学会自己管好自己。优秀的人才都有着同样出色的自我管理能力，大学阶段就是我们学会、掌握这种自我管理能力最好的阶段。有的学生被管习惯了，一开始会有些不知所措，一天到晚不知道应该做些什么，好像一定要有老师来告诉自己要做什么才好。如果你有这种情况就一定要引起重视了，因为任课老师不可能一天到晚地盯住你，辅导员也不可能这样做。你当下最需要的就为自己制定详细的学习目标和规划，并一步步地利用大学的学习资源来实现它。

◆ 课堂学习环节

大学的学习是通过课堂学习、课后练习一系列自成体系又密切关联的教学环节和学习环节来完成的。这些教学环节包括课程、实验、复习、考试、实习和毕业设计（论文）等。课堂学习的基本环节主要包括预习、听课、记笔记、复习课后作业、老师（同学）答疑等。每个大学生在开始大学学习之时一定要弄清楚课堂学习环节的内容、要求、特点和作用，更好地把握各环节的学习方法，顺利地完成大学的学习任务。

第一，预习。预习是大学课堂学习的第一个环节，即课堂前的准备工作。大学的课堂教学不会再像中学那样，花费大量时间去讲一个定理，然后进行反复的刷题来让学生掌握。大学老师讲课非常有体系，但每一节课的内容很多，老师不会深入分析每一个知识点，往往是深入浅出、点到即止。因此，我们上课前，一是可以通过预习对自己不能掌握的地方做好记录，这样上课时就能够有重点地听，二是能够通过预习提前掌握学习内容，掌握听课的主动权，提高听课的效率。

第二，听课。听课是通过课堂学习掌握知识的重要渠道，在学校教育中，听课是非常重要的环节。不过，大学的听课与中学的听课有一些区别是需要明确的：一是老师讲课的内容与教材未必一致，有些内容教材上并没有，但是老师会讲，教材上有的内容老师并不一定会讲；二是老师讲课会有自成一体的逻辑体系，这个逻辑体系会贯彻整个课程教学的始终；三是老师会在课程中加入一些新的研究发现或自己的心得体会，这些内容有可能是在课外要通过专门的途径和方法获得的，而不是百度一下就能得到的。基于以上三点，就需要我们在听课中注意"三不三要"。"三不三要"是指：不要拘泥于教材，要跟着老师的讲课走；不要随便缺课，要掌握这门的整体逻辑；不要时常走神，要记好笔记、主动思考、主动提问。只有这样，我们才能真正掌握好听课这一环节，提高大学学习的效率。

 你知道吗？

课堂笔记应该记录下哪些内容？[①]

1. 记录老师的思路和方法。思路一般反映老师分析问题、推导结论的思考线路。记录下老师的思路，可以启发我们的思维，提高我们分析问题、解决问题的能力。对于工科学生来说，老师在讲解例题时，常常会讲解题的技巧、思路和方法。我们应将这些内容记录下来，并根据所记录的方法进行理解、复习。

2. 记录老师的板书或提纲。一般说来，课堂板书就是课堂学习内容的纲目。这些纲目是主讲老师在钻研教材内容的基础上总结出来的，反映了授课内容的知识结构和要点。它有助于学生理解、掌握、复习课程内容，构建课程的知识体系，所以，我们不妨完整地记录下来。

3. 记录重点和难点。课堂上时间有限，老师的讲课速度又快。要想在课堂上将老师的授课内容全部记录下来，几乎是不可能的，因此应该有选择地记录老师所讲的重要理论、观点和内容，以及某些精彩的、有特点的语言和观点。对一些一时难以记下的东西，要摘记老师讲课的要点和记录关键词，然后课后补齐。

[①] 王雄伟，《大学新生入学教育》，宁夏人民出版社，2006年，第66页。

4. 记录补充内容。大学老师在讲课时，除了讲解教材中的内容，常常还会做些适当的补充，这些补充的内容融入了老师的见解和研究成果，对于帮助学生更好地理解教材内容，启迪思路，开阔视野，是十分有用的。因此，在熟悉教材的基础上，要把老师补充的内容及时地记录下来。听课时，在老师的启发和指引下，学生有时可能会突发奇想，将两个以前认为不相关的观念串在一起，忽然悟出平日百思不得其解的道理，或者对老师讲解的内容有新的想法和心得，学生也不妨将这些思想的火花记录下来，以便于课后复习、理解、整理甚至进行新的创造。此外，在听课时，对有疑惑的地方，也要在笔记本上记录下来，以便请教老师和同学。

　　第三，复习和拓深。复习是学习过程中的一个重要环节，是对已经学过的知识的一次再学习。它是巩固和深化所学知识的一种有效手段，使已经获得的知识系统化，形成合理的知识结构。它对强化记忆能力、提高学习效率有重要意义。大学学习与中学学习的一个明显差别，就是大学里所学的知识内容成倍增长，一个学期开六七门课程，教材内容加起来有两三千页。这么多的内容只凭按部就班的学是很难掌握的。不善于复习巩固和记忆的人，常感到越学越多，越学越乱，越学越被动。如果能在学习过程中，经常进行复习，不断地总结并归纳所学内容，把学过的东西整理一下，把有关概念、思想、原理和分析方法条理化、系统化，这样就可以做到书从越学越厚，到越读越薄。抓住了所学内容的精华和各部分内容之间的内在联系，就会融会贯通，应用起来得心应手。复习可以发现和弥补课堂学习的不足。因为即使在课堂上再认真地听讲，也会出现知识疏漏或似懂非懂的情况。如果没有复习，这些不足是很难弥补的。

　　大学里进行复习的目的不仅是使知识系统化、网络化，形成科学的知识结构，更重要的是对知识主动进行拓深。这要求我们主动学习没掌握的知识或者觉得很有兴趣但老师没讲到的知识。当然，这些都是系统化、结构化知识的一部分，这样的知识才能在应用中发挥作用，才能帮助我们更好地解决问题。

■ 走进实验室

　　受传统教育观念的影响，我国在教学中注重学生的解题能力，培养的学生"高分低能"，学生在动手方面的能力，与西方国家相比存在着明显的差距。动手能力的培养就是要培养学生解决实际问题的能力。实验是对现实世界问题的模拟或重现，我们可以在实验室中培养对事物的观察能力、实际动手操作能力、数据分析处理能力等。

　　自然科学发展的历史告诉我们，一切科学上的重大发现和发明创造都不是从书本上得来的，而是从科学实验中发掘来的。在科学研究活动中，除某些学科领域的纯理论研究工作以外，不通过研究者亲自参加科学实验，就不可能对自然界的现象、性质、本质和规律有深刻的了解，也不会有新创举。这方面的例子不胜枚举，牛顿是在伽利略、开普勒、胡克、惠更斯等的实验及工作的基础上，总结并归纳出牛顿运动定律和万有引力定律，并建立了完整的经典力学体系。电磁学的一系列定律，如库仑定律、法拉第电磁感应定律、欧姆定律、安培定律等都是实验的总结。因此，实验教学是培养各类各层次科学技术人才的重要手段之一。国内外绝大多数高校都比较重视实验教学，其教学时数一般都占全部教学时数的 20%～30%。实验教学是培养科学技术人才的重要环节，它不仅能验证理论教学成果、加深对理论知识的理解,还能通过亲手实验培养大学生的分析问题能力和创新能力,在培养既会动脑又会动手的各类各层次人才中起重要的作用。因此,实验能力是理、工、农、医类大学生的基本能力之一,我们可以通过各门课程的实验课,进行系统的实验技能训练,培养自己分析问题、解决问题,正确使用仪器进行测量、进行数据处理,分析判断实验结果及撰写实验报告等方面的基础能力。对于理、工、农、医类大学生来说,实验技能倘若不高,今后很难在本专业上有所创新。

受实证主义范式的影响,随着科学研究手段的日益更迭升级,实验不再仅仅是理、工、农、医类专业的特权,经济管理科学、人文社会科学也都有了自己的实验范式。以经济管理为例,不少高校都设置了专门的经济管理实验室,有些高校还成立了经济管理综合实验中心,下设会计实务模拟实验室、金融工程实验室、证券模拟实验室、国际商务实验室、物流管理实验室等多个实验室,为大学生开展相关专业实践提供了很好的平台。

总之,大学里有数量众多的实验室和先进的实验设备,有系统的实验教学计划,有详细的实验教学大纲,有充足的独立操作的机会,并且很多实验室还是全天开放的,我们千万不要错过这么好的机会。走进实验室,对大学生成长成才,将理论应用于实践,提高分析问题、解决问题和动手能力具有非常重要的、积极的作用。那么,我们应该以一种怎样的态度、怎样的行动走进实验室呢?

做实验前要进行充分的预习,仔细阅读《实验指导书》,领会实验目的,掌握实验原理,明确实验步骤、方法及注意事项,并提出疑难问题。对于综合性和设计性实验项目,事先还要亲自设计实验方案,分析实验难点。总之,不打无准备之仗,否则,走进实验室就只是去点个卯,毫无收获可言。实验过程中要带着问题积极思考,对实验现象要仔细观察,对出现的问题要独立分析、独立解决,不要事无巨细都要看别人、问老师,实在"百思不得其解"的,可以请老师提示后自己再动手解决。只要明白了其中的道理,再加上勤于动手,就一定会在实验中有所收获,也才能真正体会到自己的设想、构思被实现,理论被验证后的愉悦。实验完成之后要认真整理和总结实验记录,分析实验数据,检查疑难问题是否全都解决了,还有些什么问题尚待解决,有些什么收获,最后按要求写出实验报告。

二、在竞赛中检验

竞赛是在一定的规则下的竞技活动,也是一种浓缩的实践活动。如今的竞赛活动已涉及各个领域。无论是奥运会,还是当下流行的"中国诗词大会""中国有嘻哈""脱口秀大会""这就是街舞""中国新歌声"等节目,其实都是一种竞赛。在当今这个年代,大家都喜欢冒充牛人,全球这么多人,不是你说你牛,你就真的牛了。所谓"无规矩不成方圆",那么,就需要制定一定的规则和制度,让所有都觉得自己是牛人的人,在这个规则和制度中一决雌雄,也只有通过这样的竞赛,才能让所有人都心服口服。

每个学生都有自己的天赋和特长,怎样利用并发展好自己的优势,而不做"江郎"呢?我们可以选择在大学里参加适合自己的学科竞赛。大学校园里的科技竞赛活动,就是一个知识应用与技术创新的科技实践活动,在竞赛的过程中可以经历一个创新项目的构思、设计、组装、运行、实现、检验的全过程,可以体验一支团队协作的集体智慧和力量,可以体验一次队与队之间竞争的跌宕起伏,也可以证明自己运用知识解决问题的能力和水平。因此,参加科技竞赛是不断锻炼自我、证明自我、完善自我的最好的实践过程。

你知道吗？

全国每年都会举办与大学生有关的学科、专业竞赛，在这里，我们整理出目前主要的竞赛，供大家参考(表5-1)。

表5-1　全国性大学生科技、文化竞赛主要活动一览表

竞赛类型	竞赛种类
综合类学科竞赛	"挑战杯"中国大学生创业计划竞赛 "挑战杯"全国大学生课外学术科技作品竞赛 全国大学生英语竞赛 全国大学院校学生创意实作竞赛 "CCTV杯"全国英语演讲大赛
理科专业竞赛	全国大学生数学建模竞赛 全国大学生力学竞赛 中国大学生程序设计竞赛 全国大学生结构设计竞赛 大学生机电产品创新设计竞赛 全国大学生电子设计竞赛 "西门子杯"全国大学生过程控制仿真挑战赛 "中国电机工程学会杯"全国大学生电工数学建模竞赛 全国大学生机器人大赛 ACM 国际大学生程序设计竞赛 SCILAB 自由软件编程竞赛
文科专业竞赛	全国大学生电子商务竞赛 中国大学生公共关系策划创业大赛 全国大学生市场营销大赛 全国大学生ERP沙盘模拟大赛 全国大学生电子商务"创新、创意、创业"大赛 全国大学生广告艺术大赛 国际商事仲裁模拟仲裁庭辩论赛
课余生活竞赛	全国大学生数码影像短片大赛 全国大学生街舞挑战赛 "飞思卡尔杯"全国大学生智能车竞赛 大学生多媒体作品设计大赛 中国大学生数码媒体艺术大赛 全国大学生摄影大赛 中国大学生校园歌手大赛

这么多竞赛中，对学生来说比较熟悉的就是"挑战杯"竞赛，全国大学生电子设计竞赛以及全国大学生数学建模竞赛等。

"挑战杯"是由共青团中央、中国科协、教育部和全国学联共同主办的全国性的大学生课外学术实践竞赛，该竞赛在中国共有两个并列项目，一个是"挑战杯"全国大学生课外学术科技作品竞赛；一个是"挑战杯"中国大学生创业计划竞赛。这两个项目的全国竞赛交叉轮流开展，每个项目每两年举办一届。

全国大学生电子设计竞赛内容既有理论设计，又有实际制作，从而全面检验与加强参赛学生的理论基础和实践创新能力。此项竞赛举办的目的是与高等学校相关专业的课程体系和课程内容改革密切结合，以推动其课程教学改革、工程教学改革和实验室建设工作，提升大学生实践创新能力和解决工程设计、方案实施、成果验证的能力。

> 全国大学生数学建模竞赛是要求参赛者根据题目要求,完成一篇论文或答卷,论文内容包括模型的假设、建立和求解、计算方法的设计和计算机实现、结果的分析和检验以及模型的改进等方面。竞赛的评奖标准主要看假设的合理性、建模的创造性、结果的正确性和文字表述的清晰程度。

三、向社会学习

大学的学习形式明显多于中学。中学主要通过课堂学习来获取知识,学习形式较简单,而大学的学习形式则丰富多彩,除了课堂学习,还可通过实验课、学术讲座、科研活动、互联网、大学生社团活动、志愿者服务、社会实践活动及实习、课程设计、毕业设计等形式获取知识,提升能力。

社会是一个大舞台,是世界上一所没有围墙的最大的"大学"。一方面,学生可以通过参与社会实践获得丰富的知识,锻炼自己的能力;另一方面,学生上大学的目的本身就是用我所学服务社会、贡献社会,所以,大学生应该积极地投身到社会实践中,向社会学习。

参与社会实践活动是主动式、参与式、体验式学习的方法之一,这种学习形式是由大学学习内容的"博"和"专"的需要而产生的,它对于形成和完善大学生的知识能力结构、提高大学生的综合素质起到了很好的作用。

中、高年级的大学生应积极参加科研活动。校园里经常举办的各种学术报告会和知识讲座,增添了校园里浓郁的文化学术气氛,对增强大学生的科研意识、培养大学生的科研能力、提高大学生的人文素养和科学知识而言是一种极好的学习形式。

参加第二课堂学习、大学生社团活动和社会实践活动,也是学习的极好形式,对培养大学生的组织管理能力、社交能力、语言表达能力和专业技能,起到了积极的促进和完善作用。例如,参加校园里的邓小平理论研究会、业余党校、大学生艺术团、文学社、校园广播电视台、播影协会、集邮协会及篮球、足球、排球、田径、游泳等各种运动队的活动,积极参加科技、文化、卫生"三下乡"及社会调查等活动,对培养和教育大学生,使他们树立正确的人生观、世界观,开阔视野,拓宽知识,陶冶情操,提高他们的文化素质和身体素质,学会专项技能,培养业余爱好和特长,起到了很好的帮助作用。

四、用好网络学习

伴随着科学技术的不断发展和进步,我们已步入了一个全新的社会——信息社会,而支撑信息社会的重要的基础设施就是计算机网络。毋庸置疑,计算机网络和信息技术已深刻地、全面地改变了我们的学习、工作和生活方式。网络学习正是在这样一个时代背景下应运而生。

那么什么是网络学习呢?简单地说就是基于 Internet 的学习。对网络学习比较科学的定义是网络学习主要是"通过因特网进行的学习活动,它充分利用现代信息技术所提供的、具有全新沟通机制与丰富资源的学习环境,实现一种全新的学习方式;这种学习方式将改变传统教学中教师的作用和师生之间的关系,从而在根本上改变教学结构和教育本质"。[①]

高校作为人才培养和知识创新的基地,也是青年群体的聚集地,他们是新生事物的最先接受者和新技术的最早运用者。所以理所当然地站在了网络学习的潮头,成为全社会信息化

[①] 张际平,《网络学习之本质属性探究》,现代远程教育研究,2010年,第6期,第15页。

使用程度最高的团体。当前全国所有高校都已开通互联网,几乎所有学校都通过网络为学生提供了大量教学资源,例如,教师课件、参考材料、精品课程等,网络公开课更是为广大学子提供了诸如哈佛大学、耶鲁大学、麻省理工学院等世界著名大学的视频课程。通过网络,学生可以关注社会热点新闻,查阅专业学术资料,进入国内外著名大学的数字图书馆查阅文献资料,从事学习和研究活动。可以这样说,目前,网络学习早已成为大学生获取知识,了解社会的一种不可或缺的重要的学习手段。

互联网上的信息浩若烟海,表现出信息海量、快速性、综合性和开放性等特点,其对大学生开展网络学习,促进学生学习成长起到积极作用。

第一,网络学习可以激发大学生的学习兴趣,改进学习方式,提高学习能力和学习效率。一方面通过网络,学生可以根据自己的兴趣爱好有针对性地选择学习内容。兴趣是最好的老师,兴趣是开始,兴趣是动力,既然选择的是自己的兴趣所在,便能激发起学生的学习主动性,也更容易坚持。另一方面,网络学习其本质就是一种全新的学习方式,它所具备的综合性、全面性和开放性的特点,为大学生们提供了相互交流、相互讨论和信息共享的环境,改变了完全由教师单方支配的"单向"型学习方式,形成了由大家相互的讨论、交流和帮助的"双向或多向"的协作学习方式。这样一种具有相互帮助的群体气氛,体现合作精神的学习方式,可以让大家在交流合作中获得启发和指导,帮助自己找到行之有效学习方法,从而提高自己的学习能力和学习效率。

第二,网络学习可以拓宽大学生的思维方式,激发他们的创新意识,满足大学生个性化发展。网络的发展,使得大学生不再完全以课堂学习为基础,接受被满堂灌的教育方式,而是转化为主动上网查找资料,验证课堂教学内容,广泛猎取自己感兴趣的知识,从而激发大学生创新知识和探究未知的信心。

第三,网络学习可以拓展大学生的视野,为他们及时获取最新知识提供了条件。Internet作为一个全球性的网络,不仅信息丰富,而且更新快速,如此使我们的学习超越了时空的限制,让我们可以在任何时间、任何地点、向任何人学习,能在第一时间接触到最先进最前沿的知识,获取最新知识。

当然,网络学习,如果目标不明确,使用方法不当,也会带来一些无法回避的弊端。首先利用网络进行游戏娱乐的多,学习提高不够。互联网作为一个全球性网络,充斥着各种各样的信息,完全是开放的,无国界,缺控制,给大学生提供了一个完全自由的空间。然而为数不少的大学生毕竟年轻,自制力不强,容易使一些学生失去约束,导致行为失控,游戏成瘾,荒废学业。其次,接受信息多,深入理解鉴别不够。互联网信息浩若烟海,要找到感兴趣的信息当然可以利用搜索引擎,但搜索出来的内容同样也极其丰富,如果对所获得的资料不加以鉴别,不深入学习和理解,获得的知识往往就"碎片化",不成体系,其上网行为也就演变成对资料的简单的积累和堆沏,完全达不到网络学习的效果。

那么怎样才能用好网络学习呢?**第一,从技术层面来说,要掌握网络学习的技巧和能力。**具体来说就是要学会使用各种网络学习的工具,学会访问网站。能够明确提炼出搜索主题,使用搜索引擎进行知识搜索。"工欲善其事,必先利其器"。**第二,要明确网络学习的目标和方向,合理安排学习时间。**利用网络学习时要有自我控制能力,因为网络上的不良诱惑很多,很容易吸引我们的眼球;上网学习时,时而有一条微信,时而QQ好友又来一条信息;浏览学习网站时,突然看到有某某明星的八卦新闻等,这些都是对我们进行网络学习时的干扰信息，要尽量屏蔽干扰，保持定力，专心致志，真正达到网络学习的效果。**第三，要制定详细的网络学习计划**。针对自己学习中的薄弱环节和弱势学科，制定学习计划是非常有必要的，要清楚自己需要什么，需在哪方面补短板，网络学习分几个阶段，步骤如何等。进一步更要切实落实，根据学习计划安排逐步完成网络学习任务。

综上所述，网络学习在大学生的学习过程中发挥着独特的积极作用。通过网络学习，大学生不仅能改进自己的学习方法，拓宽自己的知识面，提高自己学习的效率，而且能提高自身运用信息技术的能力，使自己成为现代化建设需要的掌握多方面技能的高素质人才。

但与此同时，网络也给大学生带来了一些不容忽视的负面影响，应引起足够重视并尽量避免。比如，网络一方面带来了自由创新的空间，一方面也带来了不健康的信息；在网络中任何人都可以传播任何消息，带来了传播权的滥用；网络是一个信息宝库，同时也是一个信息的垃圾场，各种各样的黄色、暴力信息混杂在一起，使得网络信息鱼龙混杂，大学生一定要懂得如何辨析信息。另外，网络的确给人们带来了相互交流的快捷与便利，但过于依赖网络也会影响人的健康人格的形成。一些沉迷于网络的学生，甚至出现了因对网络的过度依赖而导致的心理疾病，表现在网络交往的视野开阔了，但在现实社会中的心灵却越加封闭了，流行的"宅男宅女"说的就是有些人几乎不与外界交流，只活在所谓的网络世界里，其人格扭曲可想而知。生长在网络环境下的当代大学生，要加强对网络信息的甄别能力、判断能力和选择能力，提高自己的独立思考能力。只有这样，才能在充满诱惑的网络环境下不迷失方向，健康成长。

案例示范

郎同学的大学生活

郎同学于2004年考入成都信息工程大学软件工程本科专业，2008年7月毕业。他在校期间，在学好专业理论知识的同时，积极参加科技和社会实践活动，大一时参加了"2005湿地使者长江行动"，获得了组委会设立的最佳摄像奖；大二时加入中国共产党；大三时取得了美国Sun公司软件工程师资质认证，获得了Java软件工程师资质证书，并通过了大学英语六级考试。

郎同学和许多"80后"一样，都是在网络环境下成长起来的一代，使用搜索引擎已成为获取资讯或信息的习惯。然而他发现，"搜尽天下"的搜索引擎技术在满足用户精准搜索体验方面，带来的不是愉悦，而是海量信息的烦恼。搜索引擎技术越先进，功能越强大，搜出来的信息越多，离用户的体验需求就越远，"搜出来多了等于没有搜出来"已经成为互联网搜索应用的发展瓶颈和世界难题。如果能创新搜索模式，攻克"搜出来多了等于没搜出来"的世界性难题，为网民提供精准的搜索产品和服务，让网民至少在搜索商品信息及相关知识上节约时间，省事、省心，那将是一件功德无量的社会价值工程，也是一个能带来巨大商业利润的企业价值工程。[①]

从大二下学期开始，郎同学在老师的指导下，将所学到的知识应用到创业实践中，开始着手创业计划的准备工作，大三时完成了"Web表现层Beeline框架思想的研究"，自主开发了"Web表现层Beeline框架"。大四时加入了由在校学生组成的创

---

① 资料来源：http://langjiawen2006.blog.163.com。

业小组，提出创建了基于商品资讯搜索的"商碑网"创业计划。2009年，郎同学领导的团队设计的作品"6Joo商务资讯搜索"代表学校参加首届全国高校"创意、创新、创业"电子商务挑战赛总决赛，一举夺得一等奖和创业优秀奖。

后来，郎同学领导的大学生创业团队依托学校孵化、诞生、创建了走向市场的"了解传媒网"，迄今添加商品条目近5万个，添加知识链接220多万条，被谷歌、百度、雅虎、搜搜、搜狗、有道、必应等通用搜索引擎收录网页超过30万个，三分之一的商品条目网页宣传栏有了网络广告。"了解传媒网"的创业计划经历了四个发展阶段，形成了集商品资讯搜索、消费互助传媒、网络广告和大学生就业四位一体的了解网。

从2006年7月提出"商碑网"创意开始，历时3年，郎同学先后获得了260万元天使投资、成都信息工程学院创业孵化和广泛的社会支持，催生了大学生团队创业、知识创业和帮扶创业的"了解创业现象"，形成了具有鲜明时代特征的"了解创业文化"；研制开发了一种集成商品资讯搜索引擎、消费互助传媒和广告发布的由15个模块组成的网络平台。

梦想催生能量，理想导航事业，行动成就伟业。郎同学从在校开始，就坚持学以致用，知行合一。他所领导的创业团队的60多名缺乏工作和生活阅历的"80后"大学生，聚在一起创业，能在全球应对金融危机的当下取得这样骄人的"三创"（大学生创意、创新、创业）佳绩，实在难能可贵。

五、大学新生常见问题解析

■ 常见问题

目前全国几乎所有高校都建立了心理健康教育中心，专门对大学生进行心理健康教育。在多年的大学生心理健康教育中，我们发现，在大一新生中最容易出现以下几种心理问题。

问题一：就业压力带来的焦虑没有及时调节。

小菲是某大学会计学专业的一名学生。这个专业是小菲自己选的，当初选择这一专业就是因为家庭经济情况不好，父母为了自己能够上大学已经付出很多，小菲决定要读一门实用性比较强的专业，这样能早点工作。专业虽然这样选择了，但小菲进校开始学习后感觉压力越来越大，这种压力主要是来自将来的就业。因为小菲很早就决定本科的目标就是找一个好工作，所以她一进校，学习的目标就非常清晰。为了进一步提升自己，她还报名参加了相关职业证书考试培训。时间紧、任务重，还要参加各种培训考试，压力开始导致她焦虑不安。到了大一下学期，小菲发现自己看书时静不下心，无法集中注意力，常常失眠，有一次甚至晕倒在了教室里。还好她及时找到了学校心理健康教育中心的老师，进行了心理咨询。老师为小菲做了一些心理测试后，将小菲转介到省医院的心理卫生中心。经诊断，小菲已患上焦虑症，需要休学治疗。

个案分析：

有些大一新生在进校时就将自己的大学目标界定得非常清楚，直接指向就业。这样做既有好处，也有坏处。太过强调大学学习的就业价值，不仅会让我们错过大学里很多有意思的课程，而且可能增大我们的心理压力，该案例中的小菲就是如此。她的心理压力来自于她对就业的过分紧张，当太看重一个目标时，我们的焦虑水平会超过正常值，长此以往，必然会带来心理上的问题。

问题二：人际关系不和谐造成的心理问题。

小刚就读于某理工大学计算机专业，他所在的高校位列"985大学"名单中，是一所办学历史悠久、精英荟萃的学校。本来考上这所大学一直是小刚的心中梦想，在实现梦想走入学校后他发现，大学的人际关系与中学截然不同。中学里他有自己熟悉的伙伴，大家每天都为了上大学的理想共同奋斗，但大学里他还没找到像中学的朋友那样志同道合的伙伴。和他一个宿舍的同学都很优秀，但他们平时就各忙各的事：有同学忙着学外语，准备大四出国读研，有同学忙着参加他喜欢的社团活动，有同学忙着去校外兼职，很晚才回到宿舍……他们好像都很忙，没人顾得上跟小刚说话，也很少有人跟他一起去食堂吃饭或者去打球。小刚的家乡离自己的学校很远，在学校这边他也没有以前的同学可以交往，而且他对学校里的各种活动也不是很感兴趣，因此大学的第一个学期他感到自己非常孤独，觉得自己不喜欢任何人，好像也不会有其他人喜欢跟自己做朋友。这样的想法在他脑海中反复出现，他感觉自己快要发疯了……

个案分析：

进入大学的我们也进入了人生的另一个阶段，在这个阶段，我们的友情可能会表现出另外一种形态。在大学里交朋友并不难，难的是自己首先要敞开心扉。大学里有各种各样的活动，还有社团、学生会等各种组织帮助我们认识跟我们"三观一致"的朋友。但无论外面的世界有多么精彩，最重要的还是我们要先走出去，先向别人伸出橄榄枝。

问题三：成瘾问题。

小华在刚上大一时就迷上了网络游戏，他时常通宵打游戏，旷课打游戏，有次甚至连考试也不参加，老师在网吧里找到他。大一上学期，因为打游戏，小华的课程有五科没有及格，需要重修。老师找他谈话，告诉他如果再这样下去，他很可能会被学校退学。但小华仍然执迷不悟，在大一下学期仍然我行我素。无奈之下，家长只好将小华带到医院心理科。经诊断，小华已经患上了严重的网瘾症，需要住院治疗。

个案分析：

大学生的成瘾行为不只有网瘾，还有烟瘾等。这些成瘾行为的出现与进入大一时没有树立明确的学习目标有一定关系，也与自身的意志力、自我控制能力有关。要远离各种成瘾行为，最重要的是首先要有明确的学习目标，其次是远离明知对自己有害的活动，如打游戏、吸烟等。成瘾行为的戒除比较困难，也是一个需要花时间的过程。如果小华因为网瘾而休学，甚至因为"挂科"太多而被学校退学，那他以前为学习付出的努力就白费了，同时他可能会浪费掉人生宝贵的时间，这是非常可惜的事。

■ 解决办法

第三届国际心理卫生大会提出的心理健康标准有以下四个方面："① 身体、智力、情绪十分协调；② 适应环境，人际关系彼此谦让；③ 有幸福感；④ 在职业工作中，能充分发挥自己的能力，过着有效率的生活。"另外，美国著名的心理学家马斯洛和麦特曼也提出了心理健康的 10 个标准："有充分的安全感；充分了解自己，并能对自己的能力作恰当的估计；生活目标、理想的确定要切合实际；与现实环境保持接触；能保持个性的完整和谐；具有从经验中学习的能力；能保持良好的人际关系；适度的情绪控制和表达；在不违背集体利益的前提下，有限度地发展个性；在不违背道德规范的情况下，适度满足个人的基本需要。"[①]

部分国内心理健康教育专家认为，心理健康应该包含以下几点："保持对学习较浓厚的兴趣和求知欲望；保持正确的自我意识，恰当地接纳自我；协调和控制情绪，保持良好的心境；保持和谐的人际关系，乐于交往；保持完整统一的人格品质，培养健全人格；保持良好的环境适应能力，正确认识环境，并处理个人与环境的关系；心理行为符合年龄特征。"[①]

那么，对于大学生而言，要怎样面对自己的心理问题呢？首先要发现问题，然后才能解决问题，在前面我们认知了新生适应障碍的一些问题，每一位大一新生都可以对照前面所讲的内容，快速搞清楚自己到底是在哪些方面不适应大学生活。只有从根本上认识到自己的不适应之处，才能找到好的解决办法。

◆ 克服失落感

考进大学的学生往往是中学的尖子学生，他们曾在一片称赞声中度过了自己的中学生时代，以时代的幸运儿、竞争的胜利者的姿态进入大学，深信自己在大学里仍然能像中学时那样出类拔萃、出人头地。然而，现实是残酷的。进入大学后，我们会发现，大学校园里到处都是优秀的人，大家都曾经是"尖子"，谁也不比谁差。老师不会天天表扬自己，同学也不再总是围着自己转，优越感消失了，感到自己变得再平凡不过了。面对这样的变化，他们一时难以接受。另外，通过自己的一番努力后，觉得理想与现实的差距很大，要想名列前茅，并非容易之事，于是产生消极悲观的情绪。因此，新生应以平和的心态，面对现实，树立自信，从零开始，继续努力，去争取获得更优异的成绩。

◆ 评价由单一走向多元

在中学，评价学生的唯一标准是学生学习成绩，标准非常单一。而到了大学，评价一个人的标准是多元的，体育、文艺才华、社交能力、组织能力，甚至性格都会成为评价一个人的标准。我们要看到的是，人生本来就有很多面向，也有着很多不同的可能，大学能让每一个人更了解自己和他人内在的丰富，更了解这个世界并不是"非黑即白"，而是确实有着各种色彩的复杂性。因此，每一个大学新生都要经历一个将单一的以成绩评价自己和他人转向以多种方式重新评价自己与他人的过程。在这一过程中，我们会慢慢看到，原来自己除了学习成绩，还有那么多优秀的才能和品质，这些才能和品质都是以后进入社会必需的东西。同样地，我们也将更懂得欣赏别人的优点，也更能理解他们的缺点或者让我们感到不快的地方。

◆ 明确学习目标

刚进入大学时，由于没有明确的学习目标和努力方向，许多新生都觉得十分茫然。有的新生把大学当作休整、放松、享受的"乐园"，认为高中吃了"苦中苦"，进入大学应该尽享"甜上甜"，要尽情地放松一下；有的新生缺乏目标，学习得过且过，上课迟到、睡懒觉，

---

① 刘春寒，《大学生心理健康问题——大学新生的心理问题与教育对策》，新西部，2006年，第24期，第194-195页。

作业抄袭，专业学习不放在心上，临到考试搞突击，甚至有的在考试中作弊……更多的新生不明确大学学习的最终目标，不知道自己应该学到什么程度，不知道学到什么程度才算学好。其实，这些情况产生的主要原因只有一个，那就是没有一个可行的、现实的、明确的目标。要知道，大学四年后，我们将面对的是"双向选择"的就业，要找到一份理想的工作并非易事，必须从眼下开始努力，从大学生活的点点滴滴开始，不放弃每一秒的时光，不放弃每一次拼搏的机会。"九层之台，起于垒土"，大学是一个新的起跑线，也是一个更高目标的起点，竞争从进校的第一天就已经开始。

◆ 学会处理人际关系

现在的大学新生中，绝大多数都是独生子女，家庭模式为"6+1"，即爷爷奶奶外公外婆爸爸妈妈和自己，他们在家中备受亲人的宠爱和照顾，是家庭的"中心"，因而在人际交往中往往形成以自我为中心的思维定式，从而有的新生在个人言行中表现出极端个人主义倾向。进入大学后，宿舍成了他们另外一个"家"，来自五湖四海、个性不同、生活方式不同和行为习惯不同的人共同生活在一起，不可避免地会发生人际摩擦，大学新生如果对此毫无思想准备，仍以个人为中心的标准来要求他人，不能尽快转变集体生活的角色，不能遵从平等协商原则，没有一颗宽容的心，就很难在新环境、新寝室、新集体中建立起和谐的人际关系，由此会影响到自己的学习和身心健康。未来，人们在社会生活中、在工作中与人相处的能力会变得越来越重要，甚至超过了工作本身。因此，新生从一进校就要注意把握机会，主动参加班集体活动和社团活动，有意识地培养自己的交流能力和团队精神。在大学期间培养、提高自己的人际交往能力，主要应注意以下几点：第一，以诚待人，以责人之心责己、以恕己之心恕人；第二，培养真正的友情；第三，培养团队精神和沟通能力，争取参加一些学校的社团活动、志愿者活动或担任一些学生干部工作；第四，"三人行，必有我师焉。择其善者而从之，其不善者而改之"，虚心向周围的同学学习；第五，进大学的第一要务是学会如何做人，要诚实、守信。每一个新生都要努力提高自身修养和人格魅力，会因此而受益终身。

◆ 学会自我管理

目前我国的中学教育仍以应试为主，学生从小被管到大，目的就是要考上好的大学。然而这种捆绑式教育下长大的年轻一代却未必知道离开捆绑后自己应当做什么。前面也说过，大学学习主要是自主学习，大部分时候，我们需要自己定目标，定计划，掌握、支配自己的时间……这些都需要我们能够培养起很强的自我管理能力。古往今来，那些在事业上取得了巨大成就的人无一不是自我管理能力很强的人，他们能够控制自己，合理地安排、使用时间，让自己不至于在小事、琐事，甚至会带来负面影响上的事情上浪费时间、跌跟头。人生最不能错过的就是机会，最不能浪费的就是时间，因为这两样东西都只有一次。学会自我管理是十分要紧的事，大一新生可以通过向学长学姐请教、向老师咨询或阅读专业书籍等方式来学习自我管理的方法，慢慢培养起自我管理能力。

◆ 保持身心健康

身体健康和心理健康是现代人生活中面临的两大挑战。进入大学，要培养起良好的作息习惯，特别要养成定期参加体育锻炼的好习惯。只有拥有健康的身体，我们才能将精力集中在学习上，才能很好地完成每天的学习任务。同时，现代医学和心理学的研究都证明，身心是相互作用的，身体健康能够很大程度上影响心理健康。心理学研究证实，如果我们每周能锻炼三天以上，或每天至少进行一小时的体育锻炼，那将极大地改善我们的心理健康状况。当然，有些学生在进大学前可能就已经存在不同程度的心理障碍，还有些学生自身心理素质差，进大学后，由于各种原因造成不适应状态而产生心理障碍，患上心理疾病……面对这些情况不要担心焦虑，要知道，心理疾病同其他疾病一样是人的一种常见疾病，只要我们及时发现，正确对待，及时治疗，是能够康复的。因此，假如怀疑自己有心理疾病，要主动与年级辅导员老师、与学校心理咨询中心的老师交流，或到正规医院的心理科挂号就诊。请一定正视这个问题，不要回避，因为不少真实案例告诉我们，心理疾病如果得不到及时的治疗，不但影响眼前的生活和学习，还会造成非常严重的后果，千万不可讳疾忌医。

学习笔记

问题思考

1. 结合自己的兴趣、爱好和特长，制定一份大学四年的学业规划书。
2. 总结大学学习的特点，拟定一个自主学习的计划。
3. 围绕"我在大学学什么"的主题，完成一篇小论文。

参考文献

边洁, 张刚, 陈传忠, 2003. 大学生学习方法指南[M]. 哈尔滨: 哈尔滨工业大学出版社.

杜智敏, 2000. 学海导航: 献给工科大学新同学[M]. 北京: 北京航空航天大学出版社.

冀学锋, 2003. 赢在大学起跑线[M]. 长沙: 中南大学出版社.

焦远局, 2007. 大学新生如何做好学业规划[J]. 文教资料, (29): 162-163.

教育部高等教育司, 2001. 学会学习[M]. 北京: 教育科学出版社.

卢婷婷, 赵琼, 2008. 我的大学[M]. 北京: 新华出版社.

马立骥, 2002. 大学学习导论[M]. 合肥: 中国科学技术大学出版社.

毛晋平, 2002. 学习与建构: 论大学生的学会学习[M]. 长沙: 湖南教育出版社.

倪志英, 2003. 大学生学习指导[M]. 哈尔滨: 东北林业大学出版社.

孙丽娟, 2004. 大学学习重在"学会学习"[J]. 渤海大学学报(哲学社会科学版), 26(6): 102-104.

第六章　行动成就人生

> ▶▶▶导入
>
> **莱特兄弟：行动者与努力成就人类的飞翔梦**[①]
>
> 　　一百多年前，有位穷苦的牧羊人带着两个儿子来到一个山坡上，一群大雁鸣叫着从他们头顶上飞过，很快消失在远方。
> 　　小儿子问父亲："大雁要飞往哪里？"
> 　　牧羊人说："它们要去一个温暖的地方，在那里安家，度过寒冷的冬天。"
> 　　大儿子眨着眼睛羡慕地说："要是我们也能像大雁那样飞起来该多好呀！"
> 　　牧羊人沉默了一会儿对儿子说："只要你们想飞，你们也能飞起来。"
> 　　两个儿子试了一试，结果都没飞起来，因此用怀疑的目光看着父亲。
> 　　牧羊人却肯定地说："只有插上理想的翅膀，树立了坚定的目标，才可以飞向你们想去的地方。"
> 　　两个儿子牢记父亲的话，并一直向着自己的目标和理想奋斗。1903年，两个孩子的梦想成真了，他们果然飞了起来，因为他们发明了飞机。这两个孩子就是美国著名的莱特兄弟。
> 　　可见，没有目标和梦想不行，光说不做也不行。只有经过不懈的努力甚至反复的挫折，才能成就目标和理想。
> 　　莱特兄弟为了实现飞翔的梦，进行了无数次实验。在一次次的失败面前，他们并不气馁，而是以越发高昂的意志、不达目的不罢休的精神向困难挑战。当别人嘲笑他们太疯狂时，他们全然不顾，反而满怀勇气和希望，以惊人的毅力不断尝试，不断改进，一定要让飞机在蓝天飞翔。经历了反复的挫折与巨大的困难后，他们终于实现了自己的梦想，并为人类的飞翔梦想开启了更高、更远的方向。

　　"规划引领人生，行动成就人生"是本书的主题，也是一个人把握命运之舟、缔造美丽人生的法宝。人生是人们追求幸福和享受幸福的过程。人生在世，每个人都梦想成功，即想获得预期的结果。可成功不是从天上掉下来的，而是运用智慧通过奋斗经营而来的。如何把目标、规划与行动恰当地统一起来，以赢得成功，获得预期结果，正是人生面临的重大课题。一般来说，正确的目标、科学的规划加有效的行动，势必带来辉煌的成就。但问题是：如何确立正确的目标？如何进行科学的规划？如何采取有效的行动？

[①] 山西省民间文艺家协会，《哲理故事》，民间传奇故事 A 卷，2004年，第11期。

第一节 目标、规划、行动和结果

一、目标、规划、行动与结果的关系

成功经验

戈达德的生命清单

许多伟人的成功，皆因他们从小树立了坚定的目标，同时以顽强的毅力一路践行。

在一个雨天的下午，15岁的约翰·戈达德坐在洛杉矶家中的饭桌上，满怀雄心壮志地在黄色便条的顶端写下了一句话"My Life List"（我的人生目标）。在这个标题下，他把自己一生要做的事情列了一份清单，自称"生命清单"。在这份排列有序的清单中，他写下了自己所要攻克的127个具体目标，包括攀越世界上的主要山峰、探险巨大的水路、在5分钟内跑完1英里（1英里=1.609千米）、读完莎士比亚全集和《不列颠百科全书》、写一本书等。从此，他以惊人的毅力和非凡的勇气同命运抗争，一步一步地实现这些目标。44年后，他实现了109个目标，成了一个卓有成就的电影制片人、作家和演说家。戈达德用一生的行动诠释了目标、行动和结果的关系，成就了自我，奉献了社会，也成了我们的榜样。

人生，若只有规划，那你只是拥有了一张蓝图，而要把这张蓝图变为现实，你还必须行动起来！要知道，成功的人生就是规划与行动的完美结合。

显然，仅有理想和目标是不够的，更重要的是要朝着自己的目标不懈努力、不离不弃。那么，目标、规划、行动和结果是什么？它们之间又是什么关系呢？

 **目标、规划、行动与结果是什么**

敲黑板

什么是目标？

目标是指个人、部门或整个组织所期望的成果，也就是行为主体行动想要最终达到的境界或目的。

目标的种类因划分标准的不同而异。按内容和性质划分，有人生目标、职业目标和学业目标等。这些目标又可以按时限不同，分为长期目标、中期目标和短期目标。

目标的高下由个人的价值观决定。例如，你的人生目标是现实的吃喝玩乐，还是追求他人的思念敬佩，就由你的价值观决定。目标有其重要性，也有其实现的艰巨性。你认为最有价值并且不惜为其奋斗终生的那个目标，就是你的终极目标。

目标的实现也有高下之分。如孔子所言："取乎其上，得乎其中；取乎其中，得乎其下；取乎其下，则无所得矣。"得乎其上，即回报最大化，是我们的共同追求，但最终得乎什么，取决于多种因素，尤其是主观的努力。梦想、理想通常是目标的另一称谓。但梦想比较虚幻，理想相对现实，目标则更强调实践。目标与目的也不同，目标是一段时间内想要达到的程度，而目的则是最终想要达到的程度。

什么是规划？

规划有两层含义。作为名词概念，它主要指比较全面、长远的发展计划；作为动词概念，它指筹划、计划安排，是对未来整体性、长期性、基础性问题的思考和对未来整套行动方案的设计。

规划的种类也因划分标准而异。就个人而言，按内容性质划分，有学业规划、职业规划和人生规划；按内涵划分，有总体规划和专项规划；按时限不同划分，有长期规划、中期规划和短期规划。

规划与计划有所不同。计划也是行动之前预先拟定的具体内容和步骤，但规划具有长远性、全局性、系统性、战略性、方向性、概括性和鼓动性等特点。

什么是行动？

行动是指为达到某种目的而进行的活动，简称"做"或"活动"，即通过各种途径，寻找各种方法进行实践，实现行为主体所期望的结果。

在马克思主义哲学中，"行动"等同于"实践"。马克思曾就实践的问题进行过多次的专门论述，在他看来，实践是改造现实世界的唯一手段。不仅如此，在人类社会中，没有脱离人的实践活动的、纯自然的"时间"和"空间"，因为"时间"和"空间"是受人类这一主体的实践规定的、在实践中生成发展的。实用主义哲学也非常重视行动，如在杜威(Dewey)看来，"knowing"要转变成"knowledge"必须通过行动来完成的，即"做中学"。

中国的哲学家也非常重视和强调行动的作用。孔子不仅勉励弟子要"闻斯行之"[1]，他自己就是一个脚踏实地的行动者，在世时为了自己的社会理想能够实现，不停地奔走于各国，游说于君王，多次遇到困境，甚至"累累若丧家之狗"[2]也没有放弃过投身于行动。明代一代大儒王阳明将"知行合一"融入自己的人生，告诫弟子："人须在事上磨练做功夫乃有益。若只好静，遇事便乱，终无长进。那静时功夫，亦差似收敛，而实放溺也。"[3]这句话的意思是说，如果不投身于实践，空想是毫无意义的，人应该在行动中去安放自己的内心，而不是一味地关起门来求"心静"，那种关上门来得到的"心静"是假象。

行动是作为主体的人的根本特征，没有行动的人生是不可想象的。忆想过往的岁月，我们的哪一个目标不是依靠着行动实现的？我们踏出的哪一步不是行动的一部分？青年人喜爱的体育运动品牌NIKE有一个非常振奋人心的广告语："Just do it! Nothing is impossible!"正是在告诉我们，无论我们制定的人生目标是什么，都需要依靠行动才能实现。行动能够实现眼之所及，也能够实现心之所及；行动能够实现我们认为可能的事，也能够实现我们现在

---

[1] 杨伯峻，《论语译注》，中华书局，2012年，第164页。
[2] 司马迁，《史记》，群言出版社，2009年，第214页。
[3] 王阳明，《传习录下》，黄山书社，2011年，第209页。

认为遥不可及的理想。可以说，行动就是我们到达彼岸的渡舟，就是我们到达山顶的小径，唯有行动，才能帮助我们实现人生的目标，成就人生的意义！

 敲黑板

什么是结果？

结果是指在一定条件下事物发展所达到的最后状态。

这种最后状态是客观实在的，是人们根据一定目标，以实际行动做出来的实实在在的成果，而非主观虚幻的东西。

人的一生有很多目标，实现这些目标就是我们想要的结果，达到了目标就是得到了结果。结果的核心是有无可以满足行为主体需要的价值。没有有价值的结果，主体的行为就毫无意义甚至有害无益。

结果的类型，按目标实现状况来划分，有好结果、差结果和坏结果；也有预料中的结果和出乎意料的结果。"取乎其上，得乎其上"是人们的共同心愿，人人都希望行动能够得到一个好的结果。不过，由于人类理性的限制，什么样的结果对于人生来说是好的，这是我们无法完全预料的。有些时候，人们行动得到的结果并不是自己想要的，甚至也不为人看好，但却成为人生中最关键的一个转变，并由此带来了不一样的人生境界。比如，前面所说的明代大儒王阳明，因反对宦官刘瑾，触怒了明武宗，被廷杖四十后发配到了偏远的贵州龙场任驿丞。谁都以为王阳明的人生就此阴暗不明了，却没想到王阳明竟然在龙场这个安静又困难的地方对长久以来一直苦苦思考的"圣人大道"终于深刻领悟，得"龙场悟道"，成为王阳明一生的转折。

■ 目标、规划、行动与结果的关系

综上所述，目标就是"我想要什么"，规划就是"我应怎么做"，行动就是"我做了"，结果就是"我得到了"。显然，"想"、"做"和"得"之间是不可分割的，意味着目标、规划、行动与结果之间有着内在联系。这种关系可以简化为一个基本公式：目标+规划+行动=结果。

不播下希望的种子，就不能看到发芽、开花和结果；有了目标，不去执行，没有行动，也不能看到想要的结果。世上没有免费的午餐；即使天上掉馅饼，也要伸手去拾取。

"志不强者智不达，言不信者行不果。"这是战国著名思想家墨子留给后人的至理名言，蕴含着目标、规划、行动与结果相互关系的深刻道理。

■ 目标是获得成功的前提

"想"，虽然是脑海里的意识，但它能指引你的方向。志不立，天下无可成之事。

轮船在大海中航行，最可怕的不是绕了远路，而是失去航向；一旦失去航向，就不可能到达目的地。要做好一件事情，也是一样的道理：我们的行动要与目标对成一条直线，而不能偏离方向。百度百科对目标的定义为："目标通常是指行为主体根据自身的需要，借助意识、观念的中介作用，预先设想的行为目标和结果。作为观念形态的目标，它反映了人对客

观事物的实践关系,是人们进行实践活动的依据,贯穿于实践活动全过程。"[1]目标明确是人们做任何事情能够成功的先决条件或必要前提。

　　法国思想家罗曼·罗兰说:"人生最可怕的敌人,就是没有明确的目标。"的确,目标是你追求的梦想,也是你成功的希望。漫漫人生路,往往在迷路。有了目标,行动才有方向;有了目标,才有前进的勇气和信心,才能战胜怯弱和无能。

　　人生有目标,生活就有动力。坚定的目标也可以成为追求成功的强大动力。虽然人生道路坎坷不平,荆棘满布,但只要有明确的目标,你就能看到曙光,看准方向,充满力量,哪怕风浪滔天,也能执着追求,无怨无悔。

　　经验告诉我们,每个人要想成功,都应首先明确目标,带着目标上路。人生三件大事——做人、做事、做学问,第一要务是要明确目的。做人应立德,做事应立功,做学问应立言;伟大的成功,从小小的决定开始。如果你人生大事件件有目标,那你就有了成功的希望和前提。希望就像种子,只要肯播种,总有一天会发芽开花。

■ 规划是实现目标的保障

　　凡事预则立,不预则废。目标的实现首先需要规划乃至进一步的具体计划,规划和计划是实现目标的保障。目标是方向性、原则性的,需要通过规划或计划,才能变为清晰具体、系统详尽并可操作的东西,即变为合理的行动方案;遵循科学可行的行动方案,你的行动才能有条不紊,合理有效,免入误区。

　　未来不是现实。未来的事往往很少能够确定。如同航海,你在航行中很难准确知道会不会有风暴;即使天气预报,有时也会失误。未来的不确定性和各种情况的变动性,使得规划乃至计划更显重要;遵循科学的规划或计划,你才能高瞻远瞩,从容不迫,防患未然。即使未来的事是确定的,你也面临多种选择,如实现某一目标的最好方法、到达某一地点的最佳路径、完成某一事项的最好工具等;遵循合理的规划或计划,你才能以最佳状态来达到你的目的。

　　"规划引领人生"蕴含的深刻道理是:不管你有什么样的目标,你都应及时做出合理的规划和计划,这是你成功的保障。

■ 行动是实现目标的关键

　　行动决定一切,行动是成功的关键。因为,行动就是敢于直面困难,克服一切问题,主动去改变现状;行动就是坦然面对自己的缺陷,努力提升自己的优势;行动就是既有"扫一屋"的近期目标,又有"扫天下"的长远目标;行动就是努力去塑造坚强、诚实、果断、豁达的性格,以德服人;行动就是"勿以善小而不为,勿以恶小而为之"。没有耕耘就没有收获。拥有百宝箱的钥匙而不去开启,你将永远得不到宝藏;拥有通往高处的梯子而不去攀登,你将永远到不了巅峰;拥有过河的小艇而不去划行,你将永远到不了对岸。

　　要想成为一个成功的人,你就必须积极行动。美国著名成功学大师杰弗逊说:"一次行动足以显示一个人的弱点和优点是什么,能够及时提醒此人找到人生的突破口。"勇敢地迈

---

[1] 资料来源:https://baike.baidu.com/item/%E7%9B%AE%E7%9A%84/10924745?fr=aladdin。

出第一步，就等于站上了成功的起跑线。虽然行动也可能没有结果，但不行动肯定没有结果，正如勤劳不一定能致富，但懒惰一定不能致富。如果整天只考虑目标，而无有效的行动，那只会徒添烦恼，永远不能得到现实的成果。懒惰之所以讨人喜欢，一个重要的原因是不学就会；但懒汉没有明天，因为他们在昨天已将其透支。失败者只想不做，成功者立刻就做。要实现目标，必须注重实践或行动。

把目标变成结果的行动就是执行。一个真正有执行力的人，首先应具备行动能力。管理学大师彼得·德鲁克说："管理不在于知，而在于行。"因为想得再多、说得再多，如果没有行动那都没有用，我们的目标不是靠所知所想来实现的，而要靠自己的所作所为来达成；一句"拿着"胜过数句"我会给你"，一次行动比一万次思考强一百倍，坐着不动将一事无成。美国通用电气公司前总裁杰克·韦尔奇说："在公司里，我们最欣赏的不是那些为公司提出很多好点子的人，而是把公司现在的点子做出结果的人。"

人们大多从孩童起就拥有自己五彩的梦想，不少人也曾追求过自己的梦想，但真正实现远大理想和抱负的人却为数不多，成就大业的更是寥若晨星。其主要原因是什么呢？就是很多人总是想得多做得少，甚至坐而论道，光说不做或说到做不到。他们长于口头规划，但却短于付诸行动，犹如哈姆莱特似的"思想上的巨人，行动上的矮子"，随着时光流逝，会越来越偏离自己的目标，因而被无情地抛在了人生路上。而成功之人恰恰相反，他们敢想敢做，说到做到。显然，仅有理想和目标是不够的，更重要的是要朝着自己的目标不懈努力、不离不弃。

成功规律学告诉我们："成功=知识+自信+梦想+努力。要想成功，只具备知识、自信、梦想是不够的，一定还要奋发努力。"[①]少说多做，尤其是多做实事，那是成功的必要条件。只有努力，才能达到理想的目的；只有拼搏，才能获得辉煌的成就；只有播种，才有收获；只有追求，才能不断成长进步。因此，要想架构你人生的金桥，就要从现在开始，带上你的目标，付诸行动。多彩的生活不在万花筒里，而在奋斗者自己手中。

■ 结果是目标和行动的归宿

任何人，确立目标，积极行动，最终都是为了得到结果。在商业社会，有一条基本的法则：一切都要拿结果交换，靠结果说话。客户的关系靠什么维系，那就是你创造出了令客户满意的结果。这也是客户付钱的唯一理由，只要你不能为客户创造出满意的结果，你与客户之间的关系一定不会维持太久。职场上，职工与单位的关系也是这样。如果你没有提供令单位满意的结果，单位凭什么给你报酬？其实，在现实生活中，人们之间的诸多关系也渗透着这条基本的商业原则。因为，无论个人、单位还是社会，都要靠结果生存，靠结果来改变命运；没有结果的目标和行动是毫无意义的。

人的一生由无数个小目标组成。如果你的目标是在新学年里取得全优的学业成绩和国家奖学金，那你这一年就要为实现这个目标拼搏努力。但只有当你以行动把目标变成了结果，你的目标和行动才有效而有意义，你所作的努力也才能得到他人和社会的承认。

综上所述，目标、规划、行动和结果是人们获得成功的四大基本要素，对成功来讲，它们缺一不可，又各自起着不同的作用。任何人要想成功，都应该有目标，有规划，有行动，

---

① 资料来源：https://wenku.baidu.com/view/74e69eeab8f67c1cfad6b815.html。

也就是要处理好三者的相互关系,而不应顾此失彼,失之偏颇。只有这样,才能把预期的结果化为现实,最终迈入成功之门。

> **成功经验**
>
> "饿了么"的成长经历①
>
> "饿了么"创始人张旭豪2008年开始在宿舍创业,到2015年,获得E轮融资,拥有几千名员工,服务范围也从上海交通大学周边快速扩展到全国250个城市,这便是中国最大的在线外卖订餐平台"饿了么"的快速发展轨迹。张旭豪曾豪言,饿了么要做餐饮界的阿里巴巴,目标是成为估值一千亿美金的公司。
>
> 2008年,还在上海交通大学(以下简称交大)机械与动力工程学院读硕士一年级的张旭豪认为,只要自己做的东西被市场认可,个体就是有价值的。一天晚上,他和室友一边打游戏一边聊天,突然感到饿了,打电话到餐馆叫外卖,要么打不通,要么不送。创业就这样从不起眼的送外卖服务开始了。
>
> 有了创业的想法以后,张旭豪和康嘉等同学一起,制定了接下来的一系列规划,便开始行动,先从学校开始干起。他们将交大闵行校区附近的餐馆信息搜罗齐备,印成一本"饿了么"的外送广告小册子在校园分发,然后在宿舍接听订餐电话。接到订单后,他们先到餐馆取快餐,再送给顾客。这一模式完全依靠体力维持业务运转,没有太大的扩张余地。唯一的好处是现金流充沛:餐费由他们代收,餐馆一周结一次款。
>
> 慢慢地,张旭豪意识到只有互联网能够大规模复制并且边际成本递减。于是,2008年9月,"饿了么"团队开始研发订餐网络平台,张旭豪先通过校园BBS招来软件学院的同学入伙。用了半年左右,他们开发出了首个订餐网络平台。在网址注册上,他们用"ele.me"("饿了么"的汉语拼音)组成,网站订餐可按需实现个性化功能,比如,顾客输入所在地址,平台便自动测算周边饭店的地理信息及外送范围,并给出饭店列表和可选菜单。网络订餐系统初运营时,已有30家加盟店支持,日订单量达500~600单。可那段时间,张旭豪和康嘉却因为过于奔忙劳碌而"后院起火":先是窃贼光顾宿舍将计算机等财物一掠而空;接着,一位送餐员工在送外卖途中出车祸;随后,又有一辆配送外卖的电动车被偷……
>
> 重重压力下,张旭豪不得不撤销热线电话和代店外送,让顾客与店家在网上自动下单和接单。接下来该怎么办?经过和团队成员的商量,他们决定不停地参赛给网站造势。为了给网站造势,张旭豪不停地参加各种创业大赛,以扩充创业本金。2009年10月,"饿了么"网站在上海慈善基金会和觉群大学生创业基金联合主办的创业大赛中,获得最高额度资助10万元全额贴息贷款。12月,网站在欧莱雅大学生就业创业大赛上,获得10万元冠军奖金……
>
> 通过创业竞赛,团队总共赢得了45万元创业奖金,获得资金的"饿了么"网如鱼得水,到2009年底,订餐平台已拥有50家餐厅进驻,日均订餐交易额突破万元。
>
> 渐渐地,团队意识到顾客群只针对大学生显然已经不行,于是团队成员重新制定了新的一轮发展计划,将顾客群从大学生拓展到企业白领。仅隔一个月,"饿了么"

---

① 资料来源:http://baijiahao.baidu.com/s?id=1568867457850497&wfr=spider&for=pc。

> 就推出了超时赔付体系和行业新标准。2010年9月，"饿了么"全上海版上线，合作餐厅超过千家，单月最高交易额达到了百万元。
>
> 2010年11月，手机网页订餐平台上线，订餐业务不仅覆盖了全上海，目标还直指杭州、北京等大城市。2011年3月，"饿了么"注册会员已超过两万人，日均订单3000份。这一战绩，很快引起了美国硅谷一家顶级投资公司高度关注，接洽数次后，"饿了么"成功融得风险投资100万美元。2011年7月，"饿了么"相继成立北京和杭州等两大城市分公司，风投紧随而来，2013年完成B轮和C轮融资，2014年完成D轮8000万美元融资，并获得中信产业基金、腾讯、京东、大众点评、红杉资本联合投资3.5亿美元。
>
> 现在，"饿了么"已经牢牢站稳了中国最大在线外卖订餐平台的位置。谈及未来，张旭豪称，融资后的三大任务是：持续完善高校的外送服务；继续大规模地开拓白领住宅市场；搭建以自有物流为中心、社会化物流为辅的物流配送平台，使之成为广泛覆盖中国的最后一公里物流网络。

二、正确的目标，有效的行动

工业有"三废"，即废水、废气和废渣；人生也有"三废"，即"废想"（胡思乱想）、"废话"和"废事"（无意义之事）。工业要文明，需要清除和处理好"三废"；人生要精彩，也不能让"三废"荒废了我们宝贵的生命。

目标、行动与结果的关系原理告诉我们，要想成功，获得预期的结果，既需要做正确的事，又需要正确地做事。做正确的事是正确做事的前提，而正确地做事又是把正确的事带入成功殿堂的关键。

树三种志向

"有志者事竟成"这句话很有道理。因为，"有志"才能"事成"，要想"事成"就需"有志"；若无"志"则"事"不成。翻开中外史册，因有"志"而成功者不乏其人。

爱迪生幼年时为生活所迫只读了一年书，但他胸有壮志，不向命运屈服，积极进取，毕生有很多发明，取得发明专利权1093项，被誉为"世界发明大王"；华罗庚小时候面对"没有数学头脑"的斥责而立下大志，虽然初中都未毕业，但最后却成了数学领域的巨人；还有愚公移山、司马迁写《史记》、孙康映雪、王冕学画……

古今中外的很多成功人士都以其行动证明了"有志者事竟成"这一真理。

然而，"有志者事竟成"也非绝对真理。如果这里的"志"是正确的，固然有其成功的可能。因为正确的目标是正确做事的前提。但如果你的"志"本身就有问题，那你的行动就会被引入误区。而在错误的道路上，你越是勤奋努力，越是"正确"地做事，成功的希望就越是渺茫，就如失去罗盘的航船或迷失方向的小鸟。此外，在错误的道路上，你走得越远，退出的成本就越高，甚至被锁定在这个道路上，被迫放弃或忍受失败的苦痛。现实中，人们拼命地购买汽车奔向未来，结果反而把自己堵在了路上。

历史上，自13世纪开始，就不断有人立志要研制永动机，并为此做出了巨大努力，有的甚至付出了毕生精力，但却始终无人成功。从法国人亨内考最早提出著名的永动机设计方案，到文艺复兴时期达·芬奇制造的类似于永动机的装置，再到16世纪70年代意大利机械师斯特尔提出的永动机设计方案，乃至后人主张利用轮子的惯性、细管子的毛细作用和电磁力等获得有效动力的各种永动机设计方案，无一例外都失败了。

无数惨痛的教训告诉我们，"有志者"并非都能"事竟成"。只有目标正确，做正确的事，"事成"才有可能。

每个人都可以拥有目标。无论锦衣华服的王公、大臣，还是衣衫褴褛的贫儿、乞丐，只要你愿意，都可以为自己的人生确立一个目标。但是，目标是否正确，却往往因人而异。好的开头是成功的一半，错误的开始不可能有好的结果。要赢得成功，首先应确立正确的目标、做正确的事。

那么，怎样才能确立正确的目标、做正确的事呢？

◆ 立可行之志

目标志向应当符合客观规律和客观实际，具有可行性，而不能是异想天开、不切实际的幻想或空想。这是"有志者事竟成"的必要前提。人作为社会动物，其目标志向应当服务于社会，同时需要社会实践来对其进行检验；如果目标与客观实际相脱离或与客观规律相抵触，它就会是不可能实现的梦想，那再多的行动也无法达成。

历史上先后出现的永动机设计方案都在科学和实践的检验下失败了，为什么呢？就因为永动机研制者的"志"不符合客观规律和客观实际。那些热衷于永动机研制的人们闭门造车，做出了违背客观规律和客观实际的行动，尽管他们不乏良好的愿望，也不乏刻苦钻研的精神，最终也无法获得成功。物理学告诉我们，当机器运行时，机械能转化为其他形式的能，其间的能量损耗不可避免，因此，机器"永动"是不可能的，研制永动机之"志"也就无法成为现实之"事"。1775年，法国科学院宣布"以后不再审查有关永动机的一切设计"。说明当时的科学界已经认识到，制造永动机的目标没有成功的可能。

因此，我们应高度重视目标的可行性，应结合自己的兴趣、特点和外界的条件、需求等，扬长避短、趋利避害地确立现实可行的志向目标。从小具有音乐天赋的人，尤其像莫扎特一样天赋极高的人，就应首选献身艺术；从小高度近视的人，就应避免确立对视力要求很高的奋斗目标……

◆ 立有益社会之志

蜜蜂整日忙碌受到赞扬，蚊子不停奔波却人见人打；多么忙并不重要，为什么忙才最重要。所谓"有益社会之志"，并非好高骛远，而是要唱"正气歌"，你的目标志向要符合道德法律标准，应是正义健康、积极向上、利己利人利社会的，而非邪恶庸俗、消极颓废、损人利己危害社会的，也不是要搞个人英雄主义。政治意义上的目标志向尤其应强调正义正气。否则，即使像希特勒那样，虽然征服很多国家，看起来很成功，但由于给世界人民包括德国人民带来了深重灾难，最终也会被钉在历史的耻辱柱上。毛泽东从小志存高远，最终缔造了中华人民共和国；周恩来从小志在"为中华之崛起而读书"，最终成为人民的好总理。树立有益社会的志向，才能内有动力外有压力，集中精力去拼搏努力。为实现真正的大志而奋斗，才能实现人生的应有价值。

从小树立有益社会的志向，虽然不一定都能实现，因为"总统只能有一个""科学家也不会太多"，但这种志向有利于激励自我奋发图强，为自己的未来发展培养诸多宝贵品质，还能使我们带着志向去学习，带着历史责任感来思考，从而使人生更有意义。

◆ **立恒常之志**

志向目标应当是永不改变的"恒志"，而非变幻无常的"短志"。常言道："有志之人立长志，无志之人常立志。"立志是人生之中不一般的事，理当慎重对待。

一个人如果能早立长志，就会比别人更早地投入现实理想的奋斗之中，因而有可能比别人更早地实现梦想；但如果朝三暮四，今天立志当科学家，明天立志当文学家，过不了多久又想当政治家，如此"常立志"，其"事"定难"成"。就像小猴子下山来，本来掰到了玉米，但是并不甘心；看到桃子，就扔了玉米摘桃子；看到西瓜，又扔了桃子摘西瓜；看到小兔，又扔了西瓜追小兔；最后小兔跑得没踪影了，小猴子只能空手回山了。

大学生应具备成年人的心态，其志向目标应相对稳定。只要你的目标是正确的，那就不管外界如何变化，也不管你面临怎样的处境，你都应该"痴心不改"；即使遭遇挫折，也应"岿然不动"。只有这样，你播种的"志"才会有收获。

■ **做出正确行动**

目标一经确定，就应把行动与目标对成一条直线，及时起跑，全力以赴保证目标的实现。

俗话说，有"智"者事竟成。这里的"智"特指行动的"理智"而非"盲目"，即行动的正确性或正确方法。正确的行动是一种明智的、有针对性和创造性的行动。任何人要想成功，不仅应在头脑中想，而且应在现实中做；不仅应做正确的事，而且应正确地做事，即要以正确的方法做正确的事。做人应知足，做事应知不足，做学问应不知足。在目标正确的前提下，还要积极思考，寻求正确的方法，采取有效的行动，成功就是不言而喻的；狭隘短视或瞎撞蛮干，实乃成功之大敌，难免使自己陷入困境。

现实中常有这样的事：同样一件事，不同的人最后呈现给人们的结果是大不一样的。究其原因，正是人们"想"的思路、方法不同。

人生故事

渔竿和鱼[①]

从前，一位长者给了两个饥饿的人两样东西：一根渔竿和一篓鲜活硕大的鱼。他们一人拿了一篓鱼，另一人拿了一根渔竿，然后分道扬镳。得到鱼的人原地就用干柴搭起篝火煮起了鱼，他太饿了，狼吞虎咽，还没有品出鱼的滋味，就连鱼带汤吃了个精光。鱼吃完了就没有了，不久他又饿了，但再也没有鱼了，最后他饿死在空空的鱼篓旁。得到渔竿的人则继续忍饥挨饿，艰难地向海边走去，希望以钓鱼为生。但当他走到距大海不远的地方，还没有看到那片蔚蓝色的海洋，浑身就一点力气都没有了，只能眼巴巴地带着遗憾离开人间。

---

① 山西省民间文艺家协会，《哲理故事》，民间传奇故事 A 卷，2004 年，第 11 期。

又有两个饥饿的人，他们同样得到了长者恩赐的一根渔竿和一篓鱼。但他们并没有各奔东西，而是商定一起吃鱼，一起去寻找大海。他们每次只煮一条鱼来分着吃。经过长途跋涉，他们来到了海边，从此开始了捕鱼为生的日子。几年后，他们盖起了房子，有了各自的家庭，有了自己建造的渔船，过上了幸福的日子。

这个故事生动地说明：善思考者事竟成，善行动者事竟成。一个人不能只顾眼前的利益，也不能好高骛远。只顾当下得到的终将是短暂的愉悦，所以要有长远的目标，结合现实情况，寻求正确的行动思路和方法。既有"志"，又有"智"；既有正确的思路、方法，又有积极有效的行动，才可能成为成功之人。

常言道，事在人为，实际上是事在人"想"，事在人"做"。这个世界既不是有钱人的世界，也不是有权人的世界，而是有心人的世界。

那么，什么样的行动才是正确而有效的呢？

◆ 制定合理方案

目标确定后，当务之急是对目标进行规划，即把目标清楚地表述出来，把总目标分解成一个个易行的子目标，构建起合理的目标体系，制定出合理的行动方案，让目标规划为行动导航，为人生导航。大目标应尽可能长远，而无须详细、精确。目标越长远，进步就越大；中短期目标应有激励价值，又要现实可行。因此，你应尽可能将其清晰定义，做出行动计划，给出行动办法，并规定明确时限，使其具体明确、易于操作、便于检测。

每个人的一生都有多种目标。不管哪种目标，这个目标都应划分成长期、中期和短期，它可以是八九年以上的长期目标，三五年的中期目标和一月、一周甚至一天的短期目标。只有做出合理的规划或计划安排，你的目标才可能把你导向成功。

由此可见，我们应该对成功的公式做一个补充，在目标与行动之间加上规划或计划：**成功=目标+计划+行动**。

◆ 紧盯目标，不懈努力

"心动不如行动""说到不如做到"，因为行动决定一切。虽然心动不一定要行动，但说到一定要做到，而且说到更要做到，而不能只想不动或光说不做，否则只会一事无成；做得不够，也难以"事成"。

 你知道吗？

战胜蛇的鸟[①]

美国生物学家克林莱斯一次有幸拍到一组精彩的镜头：一种麻雀大小的鸟儿扑扇着翅膀停在沙地上正准备觅食，潜伏在沙子里的蛇猛地张开大口窜了出来。鸟儿一边躲闪着蛇的血盆大口，一边用爪子一下又一下地拍打着蛇的头部，虽然力量有限，但其准确程度分毫不差。当鸟儿拍击了一千多下后，蛇终于无力地瘫软在沙地上，再也爬不起来了。

---

① 山西省民间文艺家协会，《哲理故事》，民间传奇故事 A 卷，2004 年，第 11 期。

> 这种鸟与蛇的力量相比悬殊，它甚至没有一只麻雀飞得高。生物学家唯一能给出的解释就是：这种鸟经过长期的经验积累，掌握了一套对付蛇的办法，那就是瞄准一个点，不断地用爪子击打蛇的头部。
>
> 鸟的成功启示我们：坚定的目标是成功的首要原则，任何行动都要始终围绕目标进行；只有全力以赴，才能使自己的行动有效、可取。

努力等于99%的成功，放弃意味着100%的失败。大诗人苏轼说："古之立大事者，不唯有超世之才，亦必有坚忍不拔之志。"在现实生活中，很多人由于没有瞄准一个点，持之以恒地走下去，所以失败了。而成功者则是看准了这个点，并坚韧不拔地走到最后。这个点就是自己所定的目标、人生的理想。只要能瞄准一个点，哪怕力量微小，坚持到底，也能取得胜利；也只有如此，才能使"有志者事竟成"。因此，有了永不改变的"恒志"，还要有永不改变的行动。为了实现自己的"志"，应不怕困难，不怕讽刺挖苦，不怕挫折失败；应不懈努力，不断探索，始终如一地迈开你勤奋的双脚，在通向成功的崎岖山路上顽强跋涉。当你始终朝着一个方向去努力、去行动的时候，你才能发挥最大的潜能与力量，把理想变为现实。

名人经历

永不放弃的丘吉尔①

1948年的一天，丘吉尔应邀参加了牛津大学举办的一个题为"成功秘诀"的演讲会。会议吸引了世界各大新闻媒体，会场上人山人海、掌声雷动。丘吉尔用手势止住雷动的掌声，发表了一个极其简短的演讲。他说："我成功的秘诀有三个：第一是，决不放弃；第二是，决不、决不放弃；第三是，决不、决不、决不能放弃！我的演讲结束了。"说完他就走下了讲台。会场上一阵沉寂后，突然爆发出热烈的掌声，那掌声经久不息。因为他的精彩演讲不仅阐明了一个深刻的道理，而且是对他一生辉煌的最好诠释。丘吉尔就是一个有恒志而又因不懈努力而创造了诸多辉煌的人物。

每个人都惊叹成功的魅力，但并非所有人都知道成功的背后需要付出多少艰辛。有句话是这样说的："醒得早，起得晚。"就是形容有那么一种人，脑子里很早就有想法，也敢说，可就是没有实际行动，他把所有的想法都停留在脑海之中或口舌之上，甚至在琢磨中蹉跎了无数岁月，等白了少年头，却始终不曾向现实迈出一步，这不能不使我们警醒。我们做任何事情，都应勇于实践，大胆尝试，顽强坚持，而不能只是冥思苦想或坐而论道。

每个人都有得到宝藏的机会，关键看你是否有恒志和不懈的努力。机会总是垂青有准备、有行动的人；坐等机遇，机遇就会像满天星斗，可望而不可即。幸运之神的降临，往往只是因为你多看了一眼，多想了一下，多走了一步。偶然的成功有时比失败更可怕。

◆ **按规律行动**

人的行为活动是有目的、有意识的活动。人的意识具有主观能动性，而事物发展具有客

---

① 马正飞，《世界100位诺贝尔奖获得者智慧金言》，金城出版社，2004年，第159页。

观规律性。意识能动性的主要表现是：意识活动的目的性、计划性和创造性，意识对实践活动的指导作用和对人自身生理心理活动的控制作用。事物发展规律性的主要表现则是：事物运动、变化和发展的必然趋势与确定秩序。因此，我们从事任何活动，都应把人的能动性与事物发展的规律性结合起来加以正确处理。

事物发展不是杂乱无章、不可捉摸，而是有规律可循的，无论自然界还是人类社会的发展，都有一定的规律性。所谓规律，是指事物发展过程中本身所固有的、本质的、必然的、稳定的联系，具有独立于人的意识之外、不以人的意志为转移的属性；人既不能消灭，也不能创造规律。因此，我们从事任何活动，都必须尊重事物发展的规律性，即要按客观规律办事。这是人类实践活动的首要原则。当然，规律的客观性和稳定性，也为人们发挥主观能动性提供了可能。因此，我们又必须重视发挥自己的主观能动性，即要充分地发现和认识事物发展的规律，并合理地利用规律。但是，发挥人的主观能动性，也应以尊重规律、符合事物发展规律的客观要求为前提。

成功也有规律。在人的主观能动性与事物发展规律性的关系问题上，既要反对藐视或忽视规律的主观随意性和经验主义，又要反对在规律面前无能为力、无所作为的思想；只有正确处理二者的关系，才能把预定的目标方案化为现实结果，走向成功的殿堂，否则必败无疑。永动机设计者对永动机的顽强追求，可谓把主观能动性发挥到了极致，但他们前仆后继，最终失败，关键原因是违背了能量损耗规律。"大跃进"的狂热，人们信奉"人有多大胆，地有多大产"，要跑步进入共产主义，也是盲目冲动、违背规律的典型。而在黑暗的中世纪，神学统治一切，科学是神学的婢女，怀疑上帝、追求科学的人们难逃教会惩治，这些使得人性淹没，人们既不能很好地发挥主观能动性，又不能很好地按客观规律办事。这是时代的悲剧和落后的重要原因。因此，我们必须明白尊重客观规律是发挥主观能动性的前提，而正确发挥主观能动性又是发现、认识和利用规律的必要条件。我们必须坚持尊重客观规律，从现实条件出发，把高度的实干精神同踏实的科学态度结合起来。既要按规律办事，反对盲目蛮干、急于求成，反对不按规律办事的唯意志论；又要发挥大胆创新精神，反对因循守旧、消极被动、不求进取，反对否认主观能动性的机械决定论与宿命论。正确处理主观能动性和客观规律的关系，于己、于人、于社会都有极其重大的意义。

◆ 科学精神与人文精神相统一

按规律办事，是科学精神的一种体现，但非科学精神的全部。

科学精神，"就是要以科学的实事求是的精神去认识世界、改造世界，即要求真，求实。坚持科学精神，要求我们实事求是，把追求真实、反对虚假当作我们进行认识和实践活动的基本品格；要求我们崇尚理性思维，以清醒、严谨、合乎逻辑的思想从事科学认识和理论创造，并指导实践活动"。[①]

人文精神，"则是要以人为本，把人的生存发展需要和人民的利益当作一切认识和实践活动的出发点，即要求善、求美"。[①]坚持科学精神，要求我们从人的生存发展需要和人民利益、社会利益出发来设立认识与实践的目标，确定我们应做的事，把尊重人权人性、反对

---

① 马克思主义基本原理编写组，《马克思主义基本原理概论》，高等教育出版社，2010年，第85页。

冷酷无情当作我们进行认识与实践活动的又一种基本品格；要求我们把崇尚理性与调动各种非理性因素的作用结合起来，时刻以符合人民利益和发展要求的价值标准审视自己一切的思想和行动的合理性。显然，科学精神与人文精神对我们成就学业、事业和人生，都是缺一不可的。

把两种精神或两种品格相统一，是我们以正确的方法做正确的事的前提。因为人的行为是由思想观念决定的。思想决定出路，观念决定行为；有什么样的思想观念，就有什么样的语言和行为。只有把科学精神与人文精神相统一，才能使我们的言行既合理又合情。因此，任何人要谋求成功，都应把科学精神与人文精神有机统一，而不能顾此失彼。

名人经历

诺尔贝一生的奋斗

诺贝尔的一生可谓把两种精神都发挥到了极致，堪称我们最光辉的榜样。他一生只上过一年学，长期病魔缠身，但他刻苦钻研，勤于思考。为了改进炸药，不断战胜病痛，努力学习相关知识。他终生未婚，把毕生精力献给了科学事业，为人类奉献了300多项发明，临死前还留下遗嘱，把全部遗产捐献给科学事业，创立诺贝尔奖，用以激励后人向科学高峰努力攀登。他的名言是："我更关心生者的肚皮，而不是以纪念碑的形式对死者的缅怀。"

诺贝尔一生的奋斗，与某些人为一时功利而无视真理甚至弄虚作假，或为个人利益而损害他人与社会利益的做法，可谓对比鲜明。可见，是否坚持科学精神与人文精神，是否把两者相统一，这是有为与无为、成功与失败、伟人与凡人、君子与小人的分水岭。

◆ 善于提问题

正确地提出问题是解决问题的前提。做学问更应注重培养敏锐的问题意识，善于发现和提出问题。波普尔说过："科学只能从问题开始。"问题正是开展调查研究活动的出发点。开展调查研究之前，不应担心找不到解决问题的最终办法，关键是要先发现问题，找到"真问题"而不是"假问题""伪问题"，然后应对问题认真地梳理、分类和思考，总结规律，找出原因。马克思指出："主要的困难不是答案，而是问题……问题是时代的格言，是表现时代自己内心状态的最实际的呼声。"问题"是公开的、无所顾忌的、支配一切个人的时代之声"。无数事实表明，理论创新只能通过解决新的现实问题来实现，而重大的现实问题的提出是理论创新的起点。因此，正确地提出问题是关键，是解决问题的前提。找到"真问题"对解决问题而言，可以说是成功了一半。犹如医生给患者治病找到了病因。找准病因，就可以开处方，对症下药；找不到病因或没有找准病因就下药，那是江湖医生的作为。"科学巨人"爱因斯坦认为"提出问题比解决问题更重要，认为正确地提出问题，就意味着走完了一半行程"。因此，现代逻辑学把提出问题当作科学发现的重要课题来研究。邓小平也说，从问题堆里找规律，这就是理论研究。发现问题的过程，对问题进行归纳总结、分析原因并找出规律的过程，就是调查研究的过程。这一过程，与寻找答案并找到答案的过程一样重要。

为了准确找到"真问题"，就要始终坚持"以问题为中心"，增强问题意识，勤于观察思考，善于发现和提出问题。邓小平就是紧紧围绕"什么是社会主义、怎样建设社会主义"这个根本问题，创立了邓小平理论，指导我们党和国家走出了一条建设中国特色社会主义的道路。大学生肩负着建设社会主义现代化国家的重任，只有时刻怀着强烈的"问题意识"，以实事求是、解放思想、与时俱进的精神，不断追问这个时代实践工作遇到的重大问题，从中探寻理论答案，并反过来以研究成果指导实践，才能成为国家经济社会持续发展的助推器。有人说，所有问题都可以归结为两类：一类是没饭吃"饿"出来的；另一类是吃饱了"撑"出来的。这种归结不一定妥当，但给我们发现和提出问题提供了一种思路，我们不妨把这种归纳理解为生存问题和发展问题，再沿着这样的思路去探究相关的问题。

◆ 懂得利用技术工具

"技术正在改变一切"这句广告深刻地揭示了现代社会的特征。"回顾人类发展的漫长历史，真正推动社会飞速发展的力量只是近几个世纪的科学技术发明。18世纪，蒸汽技术的发明，完成了社会的工业革命。20世纪中后期，信息技术特别是Internet技术的发展及应用，则使人类从以资本为财富的工业经济时代跨入了以知识和信息为财富的知识经济时代。"[①]信息技术的广泛应用成为这个时代最突出的现象，信息化成了世界潮流，网络成了全球大学，对当代经济、政治、社会和教育等各方面产生了深刻的影响，也对知识的学习、利用、存储和创造产生了深刻的影响。如果还有什么需要补充，那就是技术的作用仍在被低估。

美国麻省理工学院对全球免费开放课程1800多门，中国开放教育协会组织已翻译1300多门；还有不少著名高校也有自己的开放课程。这使你可以在异国他乡分享世界名校资源，学你想学的专业和课程。麻省理工学院校长苏珊·霍克菲尔德女士说："通过麻省理工学院开放式课件，世界各地的教育者和学者都能从我们教师的学术活动中受益，同时加入了一个世界性的学习型群体中，大家都一同公开、自由地分享知识与交流思想，并从中获益。"现代远程教育和国内诸多高校的国家级、省级、校级精品课程也可以在网上调阅。这使你可以足不出户而学习传统条件下在大学校园才能学到的课程。现代技术尤其是信息技术的发展和应用，已为青年学子追求各种成功提供了强大的技术支持。因此，必须不断增强科技意识和理解、驾驭现代技术尤其是信息技术的本领，充分利用信息技术来成就你的学业、事业和人生。你不一定要成为技术专家，但你必须热爱技术，了解和驾驭技术，特别是信息技术。

奥巴马与希拉里竞选美国总统候选人时，虽然奥巴马没有希拉里那样丰富的人生阅历和良好的家庭背景，但他有远比希拉里高超的驾驭网络信息技术的本领；他不仅利用常规手段，而且通过互联网来筹集政治捐款并争取选民，这就比希拉里更容易得到选票和经费支持。如果告诉你，奥巴马竞选所需的数亿美元资金，竟然有80%来自于网络募集，你也许不会相信，可这就是事实。他运用网络获得了源源不断的选举捐款，也获得了越来越多的选民，使网络成为他物质与精神的双重"提款机"，造就了一个草根庶民崛起的神话。硅谷的一位资深专家曾说："能够利用网络全部潜力的竞选者，将在总统大选中脱颖而出。"对此，《纽约时报》载文认可："2008年，决定总统大选结果的关键因素不是谁更懂政治，而是谁更懂网络。奥巴马的胜出，对我们是一个重要的启示。"

[①] 林加祝，《21世纪财务会计发展的新趋势：会计信息化》，经济师，2010年，第3期，第153-155页。

◆ 做擅长的事

名人经历

跑步姿势怪异的世界冠军[1]

美国著名田径运动员迈克·约翰逊退役前屡获冠军,叱咤田坛,蜚声世界。细心的人不难发现,他的跑步姿势与众不同:像企鹅一样摇来摆去,看起来很是笨拙。为此,很多教练开始都不看好他,连同行也讥笑他是"跑道另类",不可能出成绩。但让人意想不到的是,约翰逊不仅保持这种独特的姿势,而且连创佳绩,打破了意大利选手门内阿保持了20多年的男子200米世界纪录,奠定了他的王者地位。如果约翰逊当年为了讨得教练或同行的认可而放弃自己擅长而习惯的姿势,那他就不可能有后来一连串的佳绩。足见,懂得发挥自己的长处,对于成功有多么重大的意义。

俗话说,人各有长。世上没有人是万能的,每个人都有擅长和不擅长的事,没有人可以做好自己能力以外的事。聪明人总是绕开短处,经营长处,把聪明才智用在自己擅长的方面,因而往往在人生赛场上领先别人;而愚蠢的人则抛弃长处,经营短处,把聪明才智用在自己不熟悉或不擅长的方面,因而总是落人之后或在泥沼中跋涉,无缘步入成功殿堂。

一个人所成就的事业,必然是其擅长的方面;舍长取短是最愚蠢的选择。很多人做不出结果,有一个重要的原因,就是能力不够。现实世界的财富主要是按能力分配的,我们之所以赚不到我们期盼的钱财,从根本上讲,是因为我们能力不够;成功率也与人们的能力水平成正比。因此,我们都应学会发挥自己的长处。如果发现自己的执行力有问题,就应冷静下来思考:这个事项是否能把自己的长处发挥出来?在处理事务时是否忽略了自己的长处?

◆ 管理好时间

每天早上醒来,你钱包里最大的资产是24小时。时间就像一张网,你撒在哪里,就会在哪里收获。但时间太瘦,指缝太宽;青春一旦典当,就永远不能赎回。我们浪费时间,实际上是浪费自己。时间规律要我们谨记:做事应增强时间观念,分清轻重缓急,在合适的时间做合适的事。

做好时间管理,可以把自己的事情分为四类,并"针锋相对",具体问题具体处理。

一是重要而又紧迫的事,应首先去做。

二是重要但不紧迫的事,应努力去做。现实中有不少这样的事,如防患于未然的事、人际关系、健康问题、挖掘机会、规划人生等,虽然因其不甚紧迫而往往被人忽视,但它们又事关重大,因而应花费较多精力,而且应该有步骤、有计划地去完成。

三是紧迫但不重要的事,应尽量委托别人去做。

四是既不紧迫又不重要的事,不用去做。

---

[1] 资料来源:http://2008.people.com.cn/GB/127097/127517/7586631.html。

谋求成功的办法还有很多，如注重行动效率、正确对待挫折与失败、定期评估计划的执行情况等。这些一般的方法，对每个人都有适用性。但是，每个人的自身情况和所处环境各不相同，具体的方法又不是包医百病的灵丹妙药，适用别人的方法不一定对自己有用。因此，我们应在借鉴"他山之石"的基础上，从自身实际出发，从自己面临的具体情况和具体环境出发，探索和总结适合自己的有效法宝。

让我们为自己加油，带着目标上路，去寻找内心的激情和澎湃，去追逐明天的辉煌与成功，去采撷人生道路上璀璨的珍珠！带着目标上路，你将鲜花遍地，馨香一路！

第二节 时不我待，从现在做起

一、心动不如行动，从小事做起

> **动手做一做**
>
> 想法与行动的关系，可以分为三类情形：
> A. 想了去做；
> B. 做了再想；
> C. 想了不做。
> 现在，请你将今天一天中有过的想法写下来，再将这些想法按照以上三类情形进行分类。分类完毕后，请你写下每种类型所占的百分比分别是多少？
> A类既有计划又有行动，可取；B类有点莽撞，尚可；C类只想不做，显然没有意义，想法再好，没有行动，目标和计划也势必落空。如果在你写下的百分比中，C类的情况占比最多，那你要好好思考一下人生了。因为，想到只是聪明，行动才是智慧。

■ **心动不如行动**

"心动不如行动"这话常被人们挂在嘴上，足以看出人们对它的认同。人们运用它的时候却往往反其道而行之：想得多而做得少，甚至只想不动、只说不动。如果我们真能把自己的想法都付诸行动，那就不会有太多的遗憾。

"心动不如行动"是至理名言，也是对优柔寡断者的警示。因此，古往今来，人们都力求做事时果断一些。虽然有时候难免会有所伤痛，但这是唯一能让大伤口尽可能缩小化的方法，同时能让他人好过一些。因为，很多事到了该解决的时候，就一定不能拖泥带水；小的事情不及时处理，等到汇集成堆甚至堆积成山时，就成了大问题，犹如百川成海，那时就要耗费更多精力。因此，仅有目标和计划远远不够，关键是要有及时有效的行动，行动才是成功之本。试想如果你只是想而不去做，会有什么样的结果呢？显然，没有行动，就没有结果，也无成功可言；如果你在行动中做到了全力以赴，那么即使最后的结果不尽完美，那也胜过没有结果。

光说不动无异于纸上谈兵、夸夸其谈。说一尺，不如行一寸。行动是成功的保证。伟大的成功无一不是建立在脚踏实地的行动之上；伟大的目标计划，也最终必须落实到行动之上。那些纸上谈兵、光说不动的人永远不会获得成功。

常言道：临渊羡鱼不如退而结网；机会只留给有准备的人。成功或失败，不是由命运决定的，而是由自己缔造的。

其实，在任何一个领域里，不努力行动，都不会有成功。凶猛的狮子要捕捉一只小兔，也必须全力以赴去行动。

任何希望、任何计划，只有落实到行动上，才能化为现实的结果。因为行动才能缩小结果与目标之间的距离。哲人说得好："想得好是聪明，计划得好是更聪明，做得好是最聪明。"

在人类活动中，汗水代表行动，行动就是努力。不少伟人的成功，看似具有偶然性，实则是以他们脚踏实地的行动换来的，因而并非偶然，而是有其必然性的。如果他们没有付出比常人多得多的努力，是不可能取得一个又一个成功的。

> **名人经历**
>
> ### 爱迪生成功的秘密
>
> 爱迪生75岁时，每天准时到实验室签到上班。
>
> 有人问他："你打算什么时候退休？"
>
> 爱迪生装出一副十分为难的样子说："糟糕，这个问题现在还没来得及考虑呢！"
>
> 他活了84岁，一生的发明有1000多项。
>
> 爱迪生对自己成功的秘密是这么说的："有些人以为我之所以在许多事情上有成就是因为我有什么天才，这是不正确的。无论哪个头脑清楚的人，如果他肯努力行动，都能像我一样有成就。"
>
> 他的名言就是："成功是百分之一的灵感，加百分之九十九的汗水。"

"坐而论道不如仗剑以行"。人人都希望自己有所成就，但是，有一步登天的雄心，还得有步步登天的努力。虽然"天生我材必有用"，但也得先找用武之地。对理想目标的实现，智者决不消极等待，而是靠埋头苦干，勇敢攀登，所以能最终如愿，获取成功。而那些徒然"羡鱼"的人，虽然也有美丽的愿景，可总是抱着侥幸心理，希望天上掉"馅饼"，幻想一觉醒来就有"交椅"可坐，甚至功成名就。也有人千方百计、投机取巧地寻找捷径，希望一举成功，一步登天。然而，捷径不会有，成功问题上也没有免费午餐；成功需要我们付出比"羡鱼"多数倍、数十倍的汗水，它与我们不畏艰辛、知难而上、勇于进取的思想境界和实际行动不可分离。

在大学校园里，不少学生做事都有一种习惯：事情计划好了，今日复明日，明日复明日，就是不付诸行动。结果，学期结束了，该读的书没有读完，该做的实验没有完成，学习科目亮起了红灯。还有个别学生，一进大学就立志本科毕业后要考研深造，计划本科四年好好学习，争取门门优秀，可行动上大打折扣，如睡懒觉、旷课、不完成作业等，等到毕业，考研目标就成了遥不可及的幻想和悔心的记忆。显然，类似的习惯和行为对取得成功是十分有害的。

■ 勿以事小而不为

任何大事都是由小事组成的。一个一心只想着做大事的人,会忽略很多小事,也看不起所谓的小事,这样肯定不会成功。只有把小事看成大事来做,并且做好的人,才能真正地成就大事。一个真正成功的人都会做好每一件小事。比尔·盖茨说:"每一天,都要尽心尽力地工作,每一件小事情,都力争高效地完成。尝试着超越自己,努力做一些分外的事情,不是为了看到老板的笑脸,而是为了自身的不断进步。"杰克·韦尔奇也说:"一件简单的小事情,所反映出来的是一个人的责任心。工作中的一些细节,唯有那些心中装着大责任的人能够发现,能够做好。"由此可见,"做好小事做到位"的确是"干大事"的重要前提。

要想成就大事业,必先从小事做起。正所谓"一屋不扫,何以扫天下"。

> **名言故事**
>
> **"一屋不扫,何以扫天下?"之由来**[①]
>
> 东汉有一个叫陈蕃的少年,独居一室龌龊不堪。其父之友薛勤批评他,问他为何不打扫干净来迎接宾客。
>
> 他回答说:"大丈夫处世,当扫除天下,安事一室乎?"
>
> 薛勤当即反驳道:"一屋不扫,何以扫天下?"
>
> 细细想来,陈蕃之所以不扫屋,无非是不屑而致。胸怀大志,欲"扫天下"固然可贵,然而,以"不扫屋"来实现自己"弃燕雀之小志,慕鸿鹄以高翔"之志,则有失偏颇。我国先秦著名思想家荀子说过:"不积跬步,无以至千里;不积小流,无以成江海。"如果做事不从一点一滴做起,那就不可能有所成就;反之,如果你尽心尽力做好了一桩桩平凡的小事,生活就不会亏待你。其实,"扫屋"与"扫天下"相辅相成,"小屋"也是"天下"的一部分,"扫天下"又怎么能排斥"扫一屋"呢?
>
> 凡事总是由小至大,犹如集腋成裘,必须按一定的步骤程序去做。《诗经·大雅》的《思齐》篇中也说:"刑于寡妻,至于兄弟,以御于家邦。"就是说,要先给自己的妻子做榜样,推广到兄弟,再进一步治理好一家一国。一个不愿扫屋的人,当他着手办一件大事时,难免会忽视它的初始环节和基础步骤。因为这些对他不过是"扫屋"之类。由此推之,他的事业也难免像一座没有打好地基的建筑一样,华而不实。

我们敬爱的周恩来总理,从小立下了"为中华之崛起而读书"的宏伟目标,并从小就为此而不懈努力。他在学生时代,酷爱学习,学习成绩拔尖,广泛参与社会实践活动,展现出了过人的口才与机敏。学生时代练就了他的雄才大略,对日后出任总理产生了重大影响。如果没有长期的实干精神,没有从少年时代开始的日积月累,也就没有了后来让人民口口相传的人民的好总理。

工匠鲁班之所以名留千古,就是因为他有恒心从小事做起。"他曾拜一位知识渊博的老

[①] 资料来源:"扫一屋与扫天下"讲评与赏析,http://blog.sina.com.cn/s/blog_14cb6f1d20102vp45.html。

工匠学艺。他每天早出晚归，按师傅的旨意，从练习砍木头开始，苦练到熟练以后，又着手砍木块、木条的基础训练，再制作各种小模型。"[1]日积月累，他的技术、经验与日俱增。最后他终于发明并制造出了第一架活动小亭——伞的"雏形"。他从单纯练习把木头砍成四方形开始，经过多年刻苦练习，最终成了著名的土木建筑发明家。他以行动诠释了从小事做起的重要性。因为注重小事，鲁班不为人知的昼夜练习成了传世典范，伟人区别凡人而成为永恒。

不少人不屑于事物的细节或"小节"，殊不知，假如每个人都能把分内的每一件小事做好，个人的生活、学业或事业，社会的发展进步，就不会有那么多的坎坷和矛盾。

> **人生故事**
>
> 小事情与大成就[2]
>
> 　　福特大学毕业后去一家汽车公司应聘，与他同时应聘的人个个都比他学历高，所以，当前面几位竞争者面试出来后，他很丧气，觉得自己没什么希望。但他转念一想，又觉得应该既来之则安之，于是敲门走进了董事长办公室。
>
> 　　走进办公室，他发现门口地上有一张废纸，便弯腰捡起来，把它扔进废纸篓里，然后才走到办公桌前对董事长说："我是来应聘的福特。"
>
> 　　董事长说："很好，很好！福特先生，你已被我们录用了。"
>
> 　　福特惊讶地说："董事长，我觉得前几位都比我好，你怎么把我录用了？"
>
> 　　董事长说："福特先生，前面三位的确学历比你高，且仪表堂堂，但是他们的眼睛只能看见大事，而看不见小事。你的眼睛能看见小事，我认为能看见小事的人，将来自然看得到大事；一个只能看见大事的人，他会忽略很多小事，他是不会成功的。所以，我才录用你。"
>
> 　　福特就这样进了公司。
>
> 　　这个公司不久名扬天下，福特把它改为"福特公司"。
>
> 　　福特公司的发展改变了整个美国国民经济，使美国汽车产业在世界占据鳌头，也成为当今世界国际知名的大公司，而福特就是这个公司的创始人。
>
> 　　从一个普通本科生到一个国际大公司的创始人，胜出或"起家"就靠了那张废纸，足见"小事"之重要。

小事虽小，但它往往体现人的聪明才智，展示人的文明素养，决定盈亏成败，改变前途命运。事实上，任何小事都是大事，万事从小事做起。集小事则成大事，集小恶则成大恶，集小善则成大善。培养良好的道德，也是从小事开始；好的道德品质是逐渐形成的，而不是专门找到大事一下子干起来的。

《庄子》曰："为老人折枝，是不为也，非不能也。"意思是说，你抬起手来为老人家折下一支柳条，这是很轻松的事，可是你却走开了。其实，生活中有许多"凡人小事"，就是因为它"凡"、它"小"，人们常常不屑一顾，不愿去做。然而，殊不知"汪洋大海汇聚

---

[1] 资料来源：https://baike.baidu.com/item/%E9%B2%81%E7%8F%AD/346165?fr=aladdin。
[2] 资料来源：https://wenku.baidu.com/view/3f6a844069eae009581becb8.html。

于小溪",现实生活中看似微不足道的事往往能成就一个人的大事。那些"心比天高,命比纸薄"的人,那些时常慨叹怀才不遇、英雄无用武之地的人,最大的弱点就是不清楚自己所处的环境,不明白事情的大小关系,不知道什么事应该做,什么事又不该做。事实证明:很多"小事"都是成就"大业"的基础。

> **成功经验**
>
> ### 善用时间的柳比歇夫[①]
>
> 　　苏联著名昆虫学家柳比歇夫从青年时代开始实行时间统计法。他详细地记下了自己时间的支出,掌握了支配时间的主动权,避免了时间的浪费。出门旅行,他看小部头的书,学习外语,利用时间的"边角料";在实地考察各种害虫工作的空闲里,他搜集了13000多只、300多种地蚤标本,比当时动物研究所的标本还多出5倍。正是这个对时间"斤斤计较"的人,在一生中取得了很多科研成果:出版70多部学术著作,撰写了12500多张打字稿纸的论文,内容涉及昆虫学、遗传学和哲学等领域。如果柳比歇夫当年不是抓紧零星时间学习研究,一次次地探求,一点点地积累,那么多的论文、那么多的划时代的科学发现将从何而来?
>
> 　　柳比歇夫的成功告诉我们:伟大的成就正是在分分秒秒的时间里、在一点一滴的辛勤劳动中获得的。正是生活中点点滴滴的小事日积月累才创造了奇迹。毫末般的"小事"是摘取事业成功桂冠的阶梯,是事业结出丰硕果实的沃土。如果拒绝做"小事",那么伟大的理想就永远是空中楼阁。

　　小事的积累会成大事。因为大事里面包含着许多小事,许多小事集合起来也就成为大事。周朝著名思想家荀子说:"积土成山,风雨兴焉;积水成渊,蛟龙生焉。不积跬步,无以至千里;不积小流,无以成江海。"秦国丞相李斯也说:"泰山不让土壤,故能成其大;河海不择细流,故能就其深。"由此可见积累可以使量变发生质变,办成每一件小事最终可成就大业。雷锋、焦裕禄、郑培民、任长霞就是平凡中彰显出伟大。我们熟知的雷锋精神,就是由诸多平凡小事构成的伟大精神,如他帮老奶奶找孙子、发挥钉子的挤和钻精神努力学习、对待同志像春天般的温暖等,如果离开了这些看似琐屑的小事,很难说雷锋比常人高尚在哪里。[②]

　　那么,怎样才能做到把小事做好?

第一,端正把小事做好的态度。

　　很多人都有过这样的体验,当灾难来临时,常会因为紧张和恐惧,本能地产生一种巨大的抗争力;而当一些鸡毛蒜皮的小事困扰你时,却可能束手无策。原因在于人们一般不会太留意工作、学习、生活中的小事,但正是这些小事占据了我们生命中的绝大部分时间,会不断地消耗一个人的精力。因此,我们一定要重视小事,端正做好小事的态度。

第二,树立小事决定成败的观念。

　　小事是构成大事的细胞或元素,小事不成何以成大事?一个人偶尔不经意表现出来的生

[①] 资料来源:https://baike.baidu.com/item/%E6%9F%B3%E6%AF%94%E6%AD%87%E5%A4%AB%E6%97%B6%E9%97%B4%E7%AE%A1%E7%90%86%E6%B3%95/6558086。

[②] 祁怀清,《善办小事才能成就大业》,政策,2005年,第8期,第60页。

活中的细节往往能反映这个人深层次的修养。生活中的细节是个人素养的最好体现,但往往最容易被人忽视。想拥有完美的自己很困难,因为需要每一个细节都做到完美;但毁坏自己很容易,只要你忽略一个或几个细节,局面就可能难以挽回。

在职场中,很多人都想成就一番大事业,却往往不愿意或不屑于从小事做起,认为小事简单、没有价值含量、琐碎、具体、单调,完成了也没有成就感。因此,工作激情渐渐消退,甚至出现牢骚满腹、抱怨不断的现象。但同样的工作,同样的环境,为什么有的人就会不断升职加薪,成为骨干,甚至取得重大成就?成功的经验是用心做好自己的工作,包括每一件小事。其实,但凡成功人士,都对"把小事做好做到位"看得很重。没有任何一件必要的事小到可以抛弃,没有任何一个必需的细节细到可以忽略。如果把每一件小事都看作锻炼自己、提高自己能力的大事去做,主动积极地去把握、去迎接,那么,用不了多久你就会发现,最大的受益者是你自己。

第三,不断提高把小事做好的本领。

人生有涯,而知识无涯。不管你多能干,如果没有终身学习的决心和努力,终将会丧失自己的竞争能力。因为,飞速发展、竞争激烈的现代社会,对不愿学习提高、缺乏知识能力的人是残酷无情的。一个人,一旦拒绝学习提高,就会停滞不前,逐渐落后,迟早被时代抛弃,正所谓"不进则退""优胜劣汰"。因此,不管你曾有过怎样的辉煌,都要不断投注心力,学习、学习、再学习,提高、提高、再提高,始终让自己的思想意识和工作能力处于一个良好的状态。

"天下难事,必作于易;天下大事,必作于细。"重视小事,做好每一件小事,成功就为期不远。海尔集团总裁张瑞敏说:"什么是不简单?把每一件简单的事做好就是不简单。什么是不平凡?把每一件平凡的事做好就是不平凡。"这话精辟地阐述了一个道理:想成就一番事业,必须从简单的事情做起,从细微之处入手。周恩来总理就一贯主张注重细节,他自己也是做好小事、成就大事的典范。因此,把小事做好是成功的关键,也是成就大事不可或缺的基础。

古往今来,成功者之所以能取得别人所没有的成就,多因他们有一个很突出特点:不拒绝做一些十分琐屑的小事。新时代的大学生,胸怀远大抱负,是个人也是社会的福音。但成功往往是从点滴开始的;如果不遵守从小事做起的原则,必将一事无成。

> **人生故事**
>
> 做生意的诀窍[①]
>
> 松下幸之助(曾任松下公司董事长)是日本的"经营之神"。有一天,他来到一家代销店进行业务访问。一阵寒暄后,店主抱怨说:"现在的生意越来越难做,真不知道我这个小店还能维持多久。为什么您的生意越做越大,无论景气不景气您都能赚钱,有诀窍吗?"
>
> "做生意的诀窍,无非是做好每一件小事。"松下回答。
>
> 店主感叹道:"说到用心,该想的办法我都想过了,生意却不见起色。"
>
> 松下微笑着说:"是这样吗?"

[①] 资料来源:https://www.u88.com/article/20150917-1043086.html。

> 正说着，一个小孩蹦蹦跳跳跑进来，说："伯伯，我买一个灯泡，40W的。"
>
> 店主停止谈话，转身取出一个灯泡，在灯座上一试，是好的，然后交给小孩，收钱。小孩又蹦蹦跳跳地跑出去了。
>
> 松下问："平时你都是这样做生意吗？"
>
> 店主说："是的。有什么不妥吗？"
>
> 松下说："你这样做生意是发不了财的。"
>
> "为什么？"店主感到很纳闷：生意不这样做，又怎样做呢？
>
> 松下说："那孩子来买灯泡时，你为什么不跟他聊几句呢？例如，'小朋友，上几年级了？长得可真高啊！'拿灯泡给他时说：'回去告诉妈妈，如果灯泡不好用，只管来退换，好不好？'孩子将你的话带回去，他们全家都知道这儿有一个很热情的店主，下次买电器，肯定会来找你。"
>
> 店主频频点头，觉得确有道理。
>
> 松下又说："还有，那孩子蹦蹦跳跳跑出去时，你为什么不提醒他走慢些呢？万一灯泡因此损坏，他家里人碍于情面不来找你麻烦，也会对你的商店留下不好印象吧！"
>
> 店主恍然大悟。这才意识到，自己平时确实太不注意这些"小节"了！

不要轻视小事，小事也能成就大业。生活中，那些创大业者，干的并非都是惊天动地的大事，他们往往从小事做起，把一件又一件容易做成的小事耐心地做好、做完美，而这一件件漂亮的小事，自然就构筑起了他们成功的大厦。

你想干一番大事业，但当你在学习或生活中遇到小事时，总是敷衍了事甚至不屑一顾，怎么能奢望成功呢？须知，事无大小，只要你努力去做，尽心尽职，总有成功的一天，是金子总有一天会发出光彩灿烂的光芒。

小事成就大事，细节成就完美。其实，人生就是由许多微不足道的小事构成的。对于敬业者来说，凡事无小事，简单不等于事小。如果你真的热爱学习，热爱生活，你就应该每天尽自己能力做好你面对的每件事，不论它是大是小。在妥善处理点滴小事的过程中，你的能力、态度就可能被大家认可，你良好的形象也可能悄无声息地逐渐形成，而不久你周围的人也可能从你这里受到感染或启示。因此，大学四年，我们既要立大志，又要学会从点滴小事做起的思想方法。

二、时不我待，从此刻出发

■ 时不我待

世上有一样东西是最奇妙的，它能使一切伟大的东西生命不绝，使一切渺小的东西归于消灭；没有它，什么事情都做不成。

对此，法国著名思想家伏尔泰曾经出过一个谜语："世界上哪样东西最长又是最短的，最快又是最慢的，最能分割又是最广大的，最不受重视又是最值得惋惜？"

它是什么呢？也许你已经猜到，它就是时间。**时间是物质运动的持续性和顺序性，其特点是一去不复返**。任何事物的运动总是朝着过去、现在和将来这一方向发展。"时乎时乎不再来""机不可失，时不再来"。这些至理名言强调的都是时间的不可逆性或一维性。《论语·阳货》曰:"日月逝矣,岁不我与。"时不我待,这是古训,即时间不会等待我们,因此要抓紧时间,从现在做起。

人的一生有多长?一位诗人不无幽默地说:"每个人的生命只有三天,即昨天、今天和明天。"昨天如影,你走到哪里她也走到哪里;今天如画,每个人都是出色或蹩脚的画家;明天如梦,世上有多少颗跳动的心,就会有多少个梦,大家都在向往自己的梦。对每个人而言,有更大潜力、更大意义的是今天和明天,而最为关键的只有今天。因为昨天已经成历史;明天还不可知;我们唯一能做的,就是抓住每一个今天。每个人都想入住一座宫殿,但仅凭金钱买不到门票。谁能驾驭自己命运的马车,谁才有资格进入宫殿之门。

"时光如梭,光阴似箭",时间是一去不复返的,所以显得十分珍贵。正如唐代诗人王贞白所言:"一寸光阴一寸金,寸金难买寸光阴。"诗人李白在《将进酒》一诗中也说:"君不见高堂明镜悲白发,朝如青丝暮成雪。"德国文学家李察德感叹道:"人的一生,好像天上的流星那样,很快就消灭了。"可叹人生之短促,可见时间之珍贵。

时间是珍贵的,是组成生命的材料。在市场经济环境中,时间就是金钱,时间就是生命。因此,每个人都应对时间倍加珍惜。只要你珍惜时间,那么,再短的时间你也会大有作为。相反,如果你不珍惜时间,那么,再长的时间对你也没有任何用处。

时间对每个人的回报都是不一样的。每天早上醒来,你钱包里的最大资产就是24小时;你这一天的收入回报如何,全取决于你如何进行时间经营。因此,你应努力增强时间观念,提高时间使用效率。如果你是勤奋努力的人,时间就会馈赠给你收获、智慧与力量;如果你是懒惰散漫的人,时间就会带给你后悔、失败与沮丧。要"取乎其上,得乎其上",就应该付出100%的努力。达尔文说:"我从来不认为半小时是微不足道的很小的一段时间。" 因为他惜时如金,所以取得了巨大的成就。而不少人缺乏时间观念,挥"金"如土,"少壮不努力,老大徒悲伤"。明代大学士文嘉早已告诫我们:"今日复今日,今日何其多。今日又不为,此事何时了?人生百年几今日,今日不为真可惜!若言姑待明朝至,明朝又有明朝事,为君聊赋今日诗,努力请从今日始!"人生苦短。谋求成功,显然应从现在做起。

 你知道吗?

"从我做起,从现在做起"的由来[①]

"从我做起,从现在做起。"这是1979年12月6日清华大学化学化工系七二班团支部提出的口号。当时,他们针对不少学生只管埋头读书,对时事政治不感兴趣,对社会主义的认识模糊等问题,组织全班学生进行关于社会主义优越性的讨论。通过讨论教育,学生坚定了对社会主义的信念,精神面貌发生了深刻变化,提出了"干社会主义,要从我做起,从现在做起"的行动口号,并整理和拟定了11条具体措施,作为对全班学生的要求。例如,积极参加政治活动,认真学好政治课;在学习上培养科学、严谨、老实的作风;尊敬老师,关心同学,爱护集体;在集体活动中,遵守纪律,听从指挥;爱护公共财物,讲究公共卫生,不随地吐痰;乘车给老幼让座,在公共场所自觉地维持社会新风尚;讲究礼貌,说话和气,排队买东西

---

① 王文一,《"从我做起,从现在做起"是如何叫响的》,光明日报,2011年4月27日,1版。

> 不夹塞等。"从我做起，从现在做起"这一口号，充分表达了清华学子强烈的爱国主义热情，抒发了其献身祖国的豪情壮志，因此，它在中国十年动乱刚刚结束的年代吹响了嘹亮的号角，后来逐渐被广大青年自觉接受，成为20世纪80年代青年建设祖国、实现"四化"的行动口号。《中国青年》1980年第5期上发表了评论员文章《一代新人的崛起——谈"从我做起，从现在做起"的时代意义》。
>
> 如今，"从我做起，从现在做起"这一口号的时代意义远远超出了20世纪80年代，它早已响彻大江南北，激励着一代代学子不断前进。
>
> 2008年金秋，在清华大学"传承清华精神，践行科学发展"的新生演讲比赛中，马冬晗同学的演讲倡议新时代学生要勇担大任、居安思危，再次提出了"从我做起，从现在做起"的口号，引起了人们的极大关注。2009年6月11日，清华大学新闻网登载了马冬晗同学的演讲稿，浏览数迄今已达12 000多万次，日均274 503次。这从一个侧面反映了"从我做起，从现在做起"的口号在人们心目中的分量及其对人们的影响。
>
> 清华学子的优良作风，对每一个新时代大学生都是一种榜样和启示，我们也应以行动来践行。

人生目标确定容易、实现难，但如果不去行动，就会连实现的可能都没有。而及时积极地行动，则可以化难为易，化不可能为可能、可行。当你有了某种打算，或面对某种机遇、某个问题时，往往面临多种选择。等待观望，拖延不动，犹豫不决，势必浪费时间甚至坐失良机；及时行动，当机立断，则可能化理想为现实，或快刀斩乱麻，使问题迎刃而解，甚至抓住机遇，顺势而上，开辟一片新天地。因此，志在成功，理应"从我做起，从现在做起"。

■ 即刻行动

"从我做起，从现在做起"，其实质是要即刻行动，勇于担当。在此时此刻开始行动，去做任何你想做和该做的事，敢想敢干，敢作敢为。显然，这是一种十分优秀的道德品质、精神状态和行为习惯，因而是一个制胜的法宝、成功的要诀。"即刻行动"，是自我激励的警句，也是自我发动的信号。这个世界没有任何事情比下决心立即行动更为重要、更有效果。因为人生可以有所作为的时机只有一次，那就是现在。

怎样"从我做起，从现在做起"？这没有统一的模式，但应有一般的原则。

第一，即刻行动，请不要等待重大的时刻。

常言道，"台上三分钟，台下十年功""十年树木，百年树人""十年磨一剑，今朝显锋芒""养兵千日，用兵一时"。任何成果的产生都有一个特定的孕育过程，任何成功的喜悦都是用辛勤的劳动换来的，鲜花和掌声的背后总是辛勤磨砺的心血和汗水。你只有立刻付诸行动，每天都为未来做一点准备，方能有显露英雄本色的时日。

常有人感叹，现在无机枪可堵，我成不了黄继光；现在无碉堡可炸，我成不了董存瑞……其实，这些人只看到战争硝烟中的英雄，而忽视了和平环境中的英雄；只知道非凡时刻出英雄，"时势造英雄"，而忽略平凡之中见非凡、平凡之中更显精神本色。

诚然，重大事件往往能成就英雄，但英雄的成长绝不是一招一式之功。平日里的思想提升、行为养成，铸就了他们在关键时刻的挺身而出，出类拔萃，与众不同。

有不少学生，刚进大学时满怀理想，希望自己成为各方面都很优秀的人。学校的均衡教育机会、大学的校园文化、学校的各类能力锻炼的实践活动，也为学生的全面发展提供了良好的机会。可为什么有的学生成长、进步了，步入了优秀学生的行列，而有些学生却与既定目标越来越远？究竟是什么造成了差距？其实原因很简单，那就是成功了的学生有目标又有行动，而失败的学生有目标却没行动或行动不力。

第二，即刻行动，请不要等待机会来临。

法国科学家巴斯德早已说过："机遇只偏爱那些有准备的头脑。"有准备的你，加上有准备的行动，才能不断为成功创造条件，最后成为那个幸运的人。

每个人都期盼成功，但为什么有些人总是没有成功或错过成功的机会？原因是他犯了"拖延症"。其实，很多人都有轻微的拖延习惯，有"拖延症"的人一个最大特点是，做事拖拉，不到最后一刻是不会起身（动手）把自己该做的事做完。比如，我们有些同学早上赖床不起，起床后不想上课（看书），踩着上课铃声进教室，结果还没吃早饭；有些同学该做的作业不做，遇到疑难问题没有及时请教、及时解决，结果问题积少成多，成绩越来越差；有些学生遇到矛盾困难没有及时把握、及时化解，结果"小洞不补，大洞一尺五"，学习、生活越来越困难……今天拖明天，明天何其多。长此以往，"拖延症"既妨碍了你的行动，又偷走了你的希望、你的健康、你的成功，并带给你不良的习惯和后果。

万事行动第一。即刻行动是制服拖延这个"贼"的有效武器。它能使你勇敢地驱走拖延这个"贼"，帮你抓住时间去完成应做之事；它能使你勇敢地迈出第一步，因而站在成功的起点上；它能使你迈出的步子越来越大，因而提高你的成功率。如果你始终坚持即刻行动，那么当机会来临时，你就能乘机而上，乘势而飞。

大学有许多英语考级的机会。常有这样的学生，他每考必到，但每考都不过。看到别的学生英语四级过了，心里很着急，并暗下决心：从明天开始，每天早上早起一小时读外语。可是，每到早晨闹铃响了，他就是爬不起来，内心还不断原谅自己：今早就算了，从明天开始。日复一日，天天这样原谅自己，结果，毕业时英语考级成了他永久的遗憾。这不能不说是一个反面的教训。

第三，即刻行动，请不要等待万事俱备。

你应该在现有的条件水平上采取行动，否则你永远不能开始。如果说具备某些条件更有利于行动成功，那么，即刻行动则是在积极创造成功的条件，并把已有的条件加以利用，把成功的可能化为现实；即刻行动就是成功的土壤条件，是成功的发动机和助推器。因此，要谋求成功，就应即刻行动，而不要等待万事俱备才开始行动。

无论什么时候，无论在学校、家庭还是在社会、单位，你都应尽力做些切实的事情。因为，进步是一天天取得的，只有即刻行动，你才会边做边进步；行动是成功的最短途径，多一些行动，便多一些成功的机会。缺乏行动的期望是对自己也是对社会不负责任。仅有知识是不够的，只有把已有的知识运用于当下想做的事，知识才是力量，你才会在这股力量中取得进步和成功。

第四，即刻行动，请不要遇事麻木躲避。

当下有一种社会现象，就是遇事充耳不闻，或视而不见，或绕道而行，或麻木躲避。例如，见水龙头坏了任水长流；见人病痛跌倒了不予搀扶；见窃贼偷人钱财不抓不喊；见坏人抢劫杀人避而远之……诸如此类，比比皆是。这些行为与我们的年龄和受教育程度极不相称,更与社会公德的要求和社会和谐发展的需要格格不入,十分危险,令人惋惜甚至不安和痛苦。作家殷谦在《棒喝时代》中对这种现象批判道:"有人开始变得势力和圆滑,路见不平而表现出麻木不仁的心理状态,是由一个人的道德连根拔起造成的。势力圆滑的人不再有任何标准,他们不复有正义感、同情心和对群体的责任感……他们势利、圆滑,除了因利乘便,别无所谓良心。"①

你知道吗?

忠信高级工商学校的故事

在台湾省忠信高级工商学校,人们的言行与我们所见所闻的不良现象形成了鲜明比对。如果教室很脏,老师问:"怎么回事?"假如有学生站起来说:"报告老师,今天是32号同学值日,他没打扫卫生。"这个学生是要挨揍的。在这所学校里,面对这样的问题,学生会说:"老师,对不起,这是我的责任。"然后马上去打扫。如果灯泡坏了,哪个学生看见了,自己就会掏钱去买一个安上。如果窗户玻璃坏了,学生自己会买一块换上……因为这些学生爱校如家,以天下兴亡为己任,不仅有丰富的知识、良好的技艺,而且有优秀的品质,所以在社会深受欢迎,在台湾省各大报纸的招聘广告上,甚至经常出现"只招忠信毕业生"的字样。

社会是一个大家庭,它由无数个小家建造,由无数个小我组成。"天下兴亡,我有责任",这句由台湾省忠信高级工商学校校长高震东提出的口号,塑造了该校学生的良好素质,也对大陆学生不无启示。新时代的大学生,理应是社会风气的矫正器和引领人,遇事就应该即刻行动,勇于担当,而不能"事不关己,高高挂起",或抱有"多一事不如少一事"的心理。

第五,即刻行动,请不要安于现状,不求进取。

一些学生进了大学门,就以为自己进了保险箱,因此安于现状,没有及时设立新的奋斗目标,继而产生懈怠心理。

人生如同骑脚踏车,不是维持前进,就是翻倒在地,所以你"踏车"的脚一刻也不能停息。人生如同逆水行舟,不进则退。进一步退两步是"退";你进一步别人进两步,你也是"退"。董必武在《题赠〈中学生〉》一诗中说:"逆水行舟用力撑,一篙松劲退千寻。古云此日足可惜,吾辈更应惜秒阴。"这对大学生同样是一种勉励。

进入大学,只是取得了阶段性的成功,大家又站在了同一起跑线上,我们都应不断拼搏,奋发进取。

有一位成功者,很多人对他提出了同样的问题:当你遇到困难时如何处理?当你在经济上或其他方面遇到重大压力时你会怎么做?当你在工作和生活上遇到挫折或沟通不良时呢?他始终只有一个答案:"马上行动!"他的信念就是:一定要马上行动,决不放弃。他在人生过程中遇到困难都这么处理,所以他成功了。

现在,也让我们马上行动来突破现状吧!

---

① 殷谦,《棒喝时代》,香港中文大学出版社,2009年3月。

第三节 习惯和自律，持之以恒

一、习惯决定性格，性格决定命运

■ **习惯决定性格**

心理学巨匠威廉·詹姆士说："播下一个行动，收获一种习惯；播下一种习惯，收获一种性格；播下一种性格，收获一种命运。"行动养成习惯，习惯铸就性格，性格成就命运。也就是说，一个人的行为习惯长时间地影响着自己的性格甚至一生的命运。当我们羡慕名人的成功、赞叹伟人的业绩时，常常以天赋论之。其实，天赋虽然重要，但成功最重要的因素却是良好的习惯和优秀的性格。

那么，什么是习惯？什么又是性格呢？

习惯就是人的行为倾向。也就是说，习惯一定是行为，而且是稳定的甚至是自发的或不自觉的行为。在心理学上，习惯是刺激与反应之间的稳固联系。

性格是指"表现在人对现实的态度和相应的行为方式中的比较稳定的、具有核心意义的个性心理特征，是一种与社会联系最密切的人格特征，包含有许多社会道德含义，表现了人们对现实和周围世界的态度。性格主要体现在人们对自己、对他人、对事物的态度和所采取的言行上"。[①]

习惯类似于一种内驱力，好的习惯可以对人起促进作用。化学家齐仰之有"闲谈不过三分钟"的习惯，这种习惯让他可以屏蔽外界干扰，抑制内心的躁动，潜心钻研，在化学上取得丰硕成果。东晋名将祖逖有"闻鸡起舞"的习惯，这种习惯促使他坚持苦练本领，始终保持一颗报国雄心，最后成为一位民族英雄。篮球巨星姚明进入 NBA 后，仍保持赛后加练的习惯，这种习惯促使他身体体质越来越好，篮球技术越来越全面，成为当时 NBA 第一中锋。在日常生活中，我们应当养成良好的生活习惯，多用礼貌用语、外出旅游时保护环境不乱扔垃圾、爱护公共设施、各种场合自觉排队等。用行为养成习惯，形成品质，你的人生交响曲必然会演奏得高昂而激烈。

性格是体现每个人的个体心理差异的重要方面，世间每个人的个性差异首先就表现在人的性格上。人的性格既表现在"做什么"，又表现在"怎么做"。"做什么"，反映一个人的追求和对生活的态度；"怎么做"，反映一个人追求的过程和采取的行为方式。如果一个人对现实生活的某种态度在相似的情境下反复出现，这种态度就会逐渐得到巩固，并且使相应的行为方式固化，久而久之，这种态度和行为方式所表现出的心理特征就是性格。

> **人生经验**
>
> **诺贝尔奖获得者的习惯养成**[②]
>
> 1998 年 1 月，75 位诺贝尔奖获得者聚首巴黎，会议期间有人向其中一位获奖者提问："你在哪所大学学到了你认为最重要的东西？"

---

① 资料来源：http://baike.baidu.com/item/%E6%80%A7%E6%A0%BC1915370?fr=aladdin。
② 资料来源：http://edu.sina.com.cn/ischool/2014-07-26/1131428600.shtml?46t--www.ph158com.com--fangieg.html。

这位白发苍苍的老人出人意料地回答："在幼儿园！"

那人又问："在幼儿园学到什么？"

老者答："把自己的东西分一半给小伙伴，不是自己的东西不拿，东西要放回原处，做错了事情要表示歉意，午后要休息，要仔细观察大自然，我学到的东西就这些。"

这位老人的回答看似简单，细细品味，却不那么简单。

"把自己的东西分一半给朋友"，这是宽阔的胸怀，体现合作的精神、奉献的精神、关爱他人的精神。"东西要放回原处"，这能带来很高的效率。用品放置井然有序，想找一本书，想找一个用品，随手拿来，不浪费分秒，效率自然提高。"做错了事要表示歉意"，这是一种严谨的态度，谦逊、和善的情怀。这样的处事态度，谁还会因为你的一点过失而不依不饶呢？这种知过即改的习惯和品格，必然带给你不断的进步、良好的人缘等你所期望的东西。很多人人际关系不好，关键就是唯我独尊、死不认错。当真理和虚荣冲突时，好多人宁要虚荣而不要真理；心里明知错了，嘴上却不示弱。这样的人在亲子关系中难受儿女尊重，在上下级关系中难让人心悦诚服，在师生关系中往往遭受学生鄙视。

因此，这位诺贝尔奖得主说的这些得益于幼儿园的好习惯，合乎情理，正所谓"三岁看大，七岁看老"。

习惯并非与生俱来，它是人在生活中慢慢培养而成的，与一个人的成长经历、生活环境、文化层次、知识结构等甚为密切。习惯是一种不容易改变的行为、倾向或社会风尚。习惯有好坏之分，好与坏都是自我要求、日积月累的结果。可以说，习惯决定一切。它能载着你走向成功，也能驮着你滑向失败。

那么，在大学期间要养成哪些能够使我们受益终身的好习惯呢？

◆ 积极思维的习惯

现实中，我们的不少活动往往都是在被动地应对各种需求，因而被迫地做出各种思考。其实，养成良好习惯，需要我们改变被动思考的习惯，养成积极思维的习惯。

怎样才能养成积极思维的习惯呢？当你在实现目标的过程中，面对具体的学习或工作任务时，你的大脑里永远不要有"不可能""完不成"的想法，应积极思考"我怎样才能做到？"用积极的思考和有效的方法，来完成你的任务。

◆ 强身健体的习惯

健康是福。健康是"革命"的本钱，是成功的保证。拥有健康就拥有一切。保持健康，需要坚持科学生活、强身健体的好习惯。

锻炼身体的重要性不言而喻，但很多人始终停留在口头上重视、行动上乏力的状态上。大学生虽然处于年轻力壮的黄金时期，但同样需要爱惜和强健自己的身体。要坚持体育锻炼，培养一至两项体育爱好，如跑步、打球等；要养成良好的作息习惯，早睡早起；要养成良好的卫生习惯，勤洗衣服勤洗澡，注重个人卫生；要有良好的饮食习惯，不抽烟酗酒，不暴饮暴食，吃健康食品等，这些都有利于保证我们有足够的精力去学习科学、享受生活。

◆ **善于读书的习惯**

关于读书的重要性,古往今来很多名言警句。美国著名科学家、发明家本杰明·富兰克林说:"读书使人充实,思考使人深邃,交流使人清醒。"英国哲学家弗兰西斯·培根也说:"读书使人渊博,辩论使人机敏,写作使人精细。"虽然"万般皆下品,唯有读书高"的时代已经过去,但养成善读书的好习惯永远不会过时,它是打开你成功大门的金钥匙。

成功者大多都喜欢阅读。据了解,世界 500 强企业的 CEO 平均每周都要翻阅大约 30 份杂志或图书资讯。青年大学生更不应懈怠。如果你每天读书 15 分钟,你就可能在一月之内读完一本书,一年之后读完 12 本书,10 年之后读完 120 本书。120 本书看似很多,其实仔细算一算,每天才花费了 15 分钟时间阅读而已,每天 15 分钟,10 年就可以读完 120 本书,这是一件多么轻松而又有意义的事。

 你知道吗?

习近平的"读书故事"

近年来,习近平总书记在国内外不同场合,不止一次讲述过他的读书故事,也每每在演讲中引经据典、信手拈来,让听者叹服。他还号召大家尤其是领导干部要"爱读书、读好书、善读书",因为"读书可以让人保持思想活力,让人得到智慧启发,让人滋养浩然之气"。

故事一:带一箱子书下乡①

1969 年,16 岁的习近平在延安开始知青生涯。曾任梁家河村村支书的石春阳回忆有人扛箱子时,拿了习近平一个较小的箱子,以为轻松一些,结果在路上还是落在了后面。等歇息的时候,他随手掂量了一下别人扛的大箱子,才发现远没有自己的沉。他后来才知道,那个箱里面装了一箱子书。

——央视新闻时政微视频《窑洞里的读书人》

故事二:田间地头看字典②

"我到农村插队后,给自己定了一个座右铭,先从修身开始。一物不知,深以为耻,便求知若渴。上山放羊,我揣着书,把羊圈在山坡上,就开始看书。锄地到田头,开始休息一会儿时,我就拿出新华字典记一个字的多种含义,一点一滴积累。"

——《中国有梦 青春无悔——习近平五四青年节参加主题团日活动侧记》

故事三:思考"生存还是毁灭"③

"我不到 16 岁就从北京来到了中国陕北的一个小村子当农民,在那里度过了 7 年青春时光。那个年代,我想方设法寻找莎士比亚的作品,读了《仲夏夜之梦》《威尼斯商人》《第十二夜》《罗密欧与朱丽叶》《哈姆雷特》《奥赛罗》《李尔王》《麦克白》等剧本。莎士比亚笔下跌宕起伏的情节、栩栩如生的人物、如泣如诉的情感,都深深

---

① 中央党校采访实录编辑室,《习近平的七年知青岁月》,中共中央党校出版社,2017 年,第 86 页。
② 中央党校采访实录编辑室,《习近平的七年知青岁月》,中共中央党校出版社,2017 年,第 242 页。
③ 人民日报评论部,《习近平讲故事》,人民出版社,2017 年,第 96 页。

吸引着我。年轻的我，在当年陕北贫瘠的黄土地上，不断思考着"生存还是毁灭"的问题，最后我立下为祖国、为人民奉献自己的信念。"

——《共倡开放包容 共促和平发展——习近平在伦敦金融城市长晚宴上的演讲(2015年10月21日，伦敦)》

故事四：30里借书30里讨书[①]

"我年轻时读了不少文学作品，涉猎了当时能找到的各种书籍，不仅其中许多精彩章节、隽永文字至今记忆犹新，而且从中悟出了不少生活真谛。文艺也是不同国家和民族相互了解和沟通的最好方式。去年3月，我访问俄罗斯，在同俄罗斯汉学家座谈时就说到，我读过很多俄罗斯作家的作品，如年轻时读了车尔尼雪夫斯基的《怎么办？》后，在我心中引起了很大的震动。今年3月访问法国期间，我谈了法国文艺对我的影响，因为我们党老一代领导人中很多到法国求过学，所以我年轻时对法国文艺抱有浓厚兴趣。在德国，我讲了自己读《浮士德》的故事。那时候，我在陕北农村插队，听说一个知青有《浮士德》这本书，就走了30里路去借这本书，后来他又走了30里路来取回这本书。"

——《习近平在文艺工作座谈会上的讲话(2014年10月15日)》

◆ 谦虚好学的习惯

谦逊是一种美德，更是一种人生的智慧。面对知识的海洋，任何一个博学的人掌握的知识其实都很浅薄。因此，一个人没有理由不谦逊。谦虚这种美德和智慧成就了法拉第的伟业，告诉新时代的大学生：谦逊能让你不断进步，不断成功。

名人经历

平凡的法拉第[②]

著名科学家法拉第晚年，法国政府准备授予他爵位，以表彰他在物理、化学方面的杰出贡献，他拒绝了，但退休之后，他仍然常去实验室做一些杂事。

一天，一位年轻人来实验室做实验，对正在扫地的法拉第说："干这活，他们给你的钱一定不少吧？"

老人笑笑说："再多一点，我也用得着呀。"

年轻人又问："那你叫什么名字？老头？"

"迈克尔·法拉第。"老人淡淡地回答。

年轻人惊呼起来："哦，天哪！您就是伟大的法拉第先生！"

"不！"法拉第纠正说："我是平凡的法拉第。"

◆ 理性自制的习惯

任何一个成功者都有非凡的自制力。当今社会，诱惑越来越多，如果人们缺乏理性和自制力，就会难逃各种诱惑，偏离人生轨道，甚至断送美好前程。大学生虽然不能像司马懿一样老谋深算，但也要理性处理日常事务，尤其是一些感情纠葛、困难麻烦等，切忌感情用事。

[①] 人民日报评论部，《习近平讲故事》，人民出版社，2017年，第276页。
[②] 资料来源：https://blog.csdn.net/killer000777/article/details/1835514。

 你知道吗？

懂得自制的司马懿[①]

三国时，蜀相诸葛亮亲自率领蜀国大军北伐曹魏。魏国大将司马懿采取闭城休战、不予理睬的办法对付诸葛亮。司马懿认为，蜀军远道来袭，后援补给必定不足，只要拖延时日，消耗蜀军的实力，一定能抓住良机，不战而胜。

诸葛亮深知司马懿沉默战术的利害，几次派兵到城下骂阵，企图激怒魏兵，引诱司马懿出城决战，但司马懿一直按兵不动。诸葛亮于是用激将法，派人给司马懿送来一件女人衣裳，并修书一封说："仲达不敢出战，跟妇女有什么两样。你若是个知耻的男儿，就出来和蜀军交战，若不然，你就穿上这件女人的衣服。"

这封充满侮辱轻视的信，虽然激怒了司马懿，但并没使老谋深算的司马懿改变主意，他强压怒火稳住军心，耐心等待。相持数月之后，诸葛亮不幸病逝军中。蜀军群龙无首，悄悄退兵，司马懿果然不战而胜。

抑制不住情绪的人，往往伤人又伤己。如果司马懿不能忍耐一时之气，出城应战，可能历史就会重写。

◆ 言行一致的习惯

《礼记·中庸》曰："言顾行，行顾言。"切不可"自食其言""面诺背违""阳是阴非"。朱熹认为："信是言行相顾之谓"，要"口能言之，身能行之"，才是"国宝"；如果"口言美，身行恶"，那是"国妖"，是君子所不取的。孔子说："始吾于人也，听其言而信其行；今吾于人也，听其言而观其行。"意思是说，孔子从前看人，只要听其讲的话，就会相信其行为；而现在看人，当听其讲话后，还要观察其实际行动。在此，孔子肯定了道德实践是评价诚信品格的标准。

◆ 诚实守信的习惯

作为新时代的年轻人，作为生长在我国经济体制深刻变革、社会结构深刻变动、利益格局深刻调整、思想观念深刻变化环境中的大学生，我们将不断面临新的诚信考验。例如，学费的交付问题，各类考试的诚信问题，助学贷款的还贷问题，办出国留学资料的真实性问题等。因此，我们不仅应做好最基本的方面，达到最基本的诚信要求，而且应该以不变应万变，始终坚持诚信理念；不管别人怎么做，无论学校乃至社会发生什么样的变化，我们都应坚守道德底线，追求高层次的道德水准。

诚信，是中华民族的传统美德和人类文明的文化瑰宝，它影响着社会的发展，引领着社会的未来。讲诚信，我们的社会才会变得和谐，我们的未来才会变得美好。让我们养成诚实守信的好习惯，从我做起，从现在做起，让诚实和勤勉成为我们永久的伴侣。

◆ 幽默风趣的习惯

幽默是一种风趣而意味深长的交流方式，是人际交往中调节气氛、化解尴尬、增进情感、

[①] 资料来源：https://blog.csdn.net/killer000777/article/details/1835514。

成功沟通的催化剂,是一个人成熟和机智的表现。有人把它看作精神上的"按摩师"。列宁说:"幽默是一种优美的、健康的品质。"可见,学会幽默,笑纳幽默,是人的一种表达能力和沟通能力。

让我们在幽默中感受快乐、感受融洽、感受和谐吧!

> **小故事**
>
> ### 林肯的长相[1]
>
> 林肯虽然长相丑陋,但他从不忌讳这一点,相反,他常常诙谐地拿自己的长相开玩笑。在竞选总统时,他的对手攻击他两面三刀,搞阴谋诡计。林肯听了指着自己的脸说:"让公众来评判吧。如果我还有另一张脸的话,我会用现在这一张吗?"林肯就是这种幽默的方法,多次成功地化解了可能出现的尴尬和难堪。

◆ 时常微笑的习惯

在一些欧美发达国家,人们见面都要点头微笑,这使人感到十分温暖。微笑是大度、从容的表现,是人际交往的通行证,也是大学生建立良好人际关系的润滑剂。你待人以微笑,回报你的一定是一个友好的微笑。

> **小故事**
>
> ### 希尔顿的经营秘诀[1]
>
> 举世闻名的希尔顿大酒店,其创建人希尔顿在创业之初,经过多年探索,发现了一条简单易行、不花本钱的经营秘诀——微笑。从此,他对所有员工提出要求:无论饭店遭遇什么困难,希尔顿饭店服务员脸上的微笑永远是属于顾客的阳光。结果,这束"阳光"最终使希尔顿饭店赢得了全世界的一致好评。

◆ 主动参与社会生活的习惯

作为一个社会成员,有没有积极投身社会、参与社会活动的好习惯,决定了社会对你的认可和肯定程度。热爱自己的学校,热爱自己的班级,积极参与社会活动和学生工作,不仅可以锻炼自己的社会活动能力,更重要的是,在这些活动中可以展示自己的才华,并得到他人的认可和帮助。

> **小故事**
>
> ### 每桶四美元[1]
>
> 美国标准石油公司有一个叫阿基勃特的小职员,开始并没有引起人们的特别注意,但他却是积极参与企业宣传、处处注意维护和宣传企业形象的标兵。有一件小事足以说明。他出门在外住旅馆时,总是不忘在自己签名的下方写上十个字——"每桶四美元的标准石油",连给亲友写信甚至在打收条时都不例外。为此,同事都叫他"每

---

[1] 资料来源:https://blog.csdn.net/killer000777/article/details/1835514。

> 桶四美元"。这事被董事长洛克菲勒知道了，董事长邀请阿基勃特共进晚餐，并号召公司职员向他学习。后来，阿基勃特成了标准石油公司的第二任董事长。

■ 性格决定命运

性格是成就学业、事业和人生的基础。性格决定行为，行为决定成败。在你的奋斗旅程中，智商固然重要，但性格更为重要，具备一种良好的性格比任何其他条件都更为关键。美国已故总统尼克松说过："对一个人来说，真正重要的不是他的背景、他的肤色、他的种族或是他的宗教信仰，而是他的性格。""江山易改，禀性难移"，其外延就是性格决定命运。

命运并非是不可捉摸的东西，它只是性格的反映。若想改变自己的命运，必先改变自己的性格。

名人经历

成功的条件：性格[①]

有位美国记者采访晚年的投资银行一代宗师J.P.摩根时问："决定你成功的条件是什么？"

老摩根毫不掩饰地说："性格。"

记者又问："资本和资金何者更为重要？"

老摩根直截了当地回答："资本比资金重要，但最重要的是性格。"

翻开摩根的奋斗史，无论他成功地在欧洲发行美国公债，慧眼识中无名小卒的建议，大搞钢铁托拉斯计划，还是力排众议，甚至冒着生命危险推行全国铁路联合，都与他那倔强和敢于创新的性格分不开。如果他没有这种性格，恐怕有再多的资本，也无法开创投资银行这一伟大的事业。

无独有偶，20世纪初时美国心理学家特尔曼和他的助手做了一个调研。他们在25万名儿童中选拔了1528名最聪明的孩子，测定他们的智商，调查他们的个性品质，一一记录在案，然后进行长期观察和跟踪研究，看看是不是聪明的孩子长大后都有成就。跟踪结果表明：他们的成就大不一样。其中，多数人在事业上取得不同程度的成功，成为专家、教授、企业家或有各种专长的人，但也有罪犯、流浪汉和穷困潦倒者。

为什么有些人会失败甚至走向反面？据分析，如果排除机遇等社会因素，失败者几乎都存在某些不良的性格品质。如意志薄弱、骄傲自满，或缺乏积极进取的精神，或孤僻而不善于处理人际关系……总之，非智力因素水平都较低。

有性格缺陷的人在生活中往往会遭遇各种障碍。例如，缺乏自信而导致精神不振、过于自信而走向自负、不善于总结总是犯相同的错误、轻易否定自己而找不到自己的人生坐标等。

无论在学习、工作还是在生活中，性格都决定着命运。古希腊哲学家赫拉克利特说："一个人的性格就是他的命运。"性格好比建造大楼的钢筋骨架，知识学问好比大楼浇筑的水泥。

[①] 资料来源：https://baike.baidu.com/item/%E6%80%A7%E6%A0%BC/915370?fr=aladdin。

良好的行为习惯养成良好的性格品质，不良的行为习惯养成不良的性格品质，不同的行为习惯和性格品质对人的发展会产生不同的影响。人们在同样的社会背景、家庭环境、生活机遇和智商条件下做同样的努力，奋斗到最后，有的成功了，有的却失败了。产生差异的一个重要原因，就是他们有不同的行为习惯和性格品质。

性格并不完全是天生的，主要还是后天塑造的，正所谓艰难困苦，玉汝于成。因此，我们需要更好地掌握塑造性格的主动权。掌握了自己的性格，也就在某种程度上掌握了自己的命运。

也许，在过去的历史中，性格因素的作用并不突出。但在今天这个高度发达的信息时代，在竞争激烈的体制环境中，性格因素对人们获得机遇、获得成功的作用则越来越明显而重要。在企业里，有的人选择了吃苦耐劳、坚韧不拔地奋斗，他们一步步地实现自己的人生目标；有的人选择了懒散松懈，他们的境遇与前途自然不尽如人意。因此，作为新时代大学生，我们没有理由推卸责任，更不能怨天尤人，自己就是一座宝藏，我们应该更好地塑造自己的性格，把握好自己的命运航标。现实中，每个人的性格是复杂的，往往是多种性格集于一身，而在某一个或某几个方面表现突出。优秀的性格，往往在深陷逆境时表现出坚强，在机会出现时表现出毫不犹豫的果断，仁慈时慈眉善目，勇猛时如猛虎下山，紧要关头心细如发，开拓之初朝气蓬勃，为人处世不拘小节，接人待物细腻而善解人意。培养和锻炼自己的性格，需要我们熟悉并了解自己的性格特征，综合各种性格的优点，根据自身实际来进行。

名人故事

工作狂盖茨[①]

盖茨之所以会成为当今计算机界的显赫人物，其独特的性格特征起了重大的作用。盖茨是一个典型的工作狂，这种品质在他中学时代就已表现得淋漓尽致。无论是钻研计算机，还是玩扑克，他都是废寝忘食，不知疲倦。盖茨也许不是哈佛大学数学成绩最好的学生，但他在计算机方面的才能却无人匹敌。他的导师不仅为他的聪明才智感到惊奇，更感叹他那旺盛而充沛的精力。在创业时期，盖茨除了谈生意、出差，就是在公司里通宵达旦地工作，常常干到深夜。有时，秘书会发现他竟然在办公室的地板上鼾声大作。一位曾到过盖茨住所的人惊讶地发现，他的房间里不仅没有电视机，而且连必要的生活家具都没有。盖茨常在夜晚或凌晨检查编程人员所编写的程序，向其下属发送电子邮件。他每天至少要花几个小时来答复雇员的电子邮件。一般的情况是，他在凌晨开始工作，午夜之后才返回家中。

成就事业是一件艰难的事情，需要浓厚的兴趣和孜孜不倦的追求，甚至需要付出比常人多得多的努力。盖茨之所以取得骄人的成就，首先应归功于他非同寻常的性格。

性格是非智力心理品质的核心。优良的性格与个人成就关系密切。这种关系主要表现在四个方面。

第一，优良性格是人的品德基础，可以为自己营造一个良好的生活环境。一个性格优良的人总是积极开朗，从小活泼上进，在思想上情趣高尚，在工作中勤劳善良，在生活中正直

[①] 资料来源：https://wenku.baidu.com/view/af2c6a1af242336c1eb95e68.html。

诚实，往往有着崇高的理想信念和追求。他们热爱生活，热爱大自然，孝敬父母，关心他人，心中有着家国情怀，希望世界和平，人民生活更美好。自然也为自己营造了一个良好的生活环境。

　　第二，优良性格是实现人生目标的保证，可以培养自己坚韧不拔的意志。一个性格优良的人往往都有着长远的人生目标，人生目标的实现总是磕磕绊绊，没有一帆风顺的，因此，必须要付出努力去争取。只有性格坚强、乐观，敢于创造、不怕失败和耐得住寂寞的人，才有希望实现人生目标。实现目标的过程中也培养了自己坚韧不拔的意志。

　　第三，优良性格是人生幸福感获得的主要条件。幸福感已经成为当今社会人们追求生活品质最看重的一种精神需求，幸福感获得的关键是要有优良的性格。只有积极上进、乐观开朗、与人为善的性格的人，才容易满足，懂得生活幸福的真谛，更容易获得持续的长久的幸福。人生活在复杂多变的自然环境和社会环境中，只有优良的性格才能始终维持对待生活的心理平衡感。渴望幸福生活的大学生，养成一种优良的性格，更容易收获生活的幸福感。

　　第四，优良性格是智力发展的动力，可以培养创造性的人格。智力发展中最有价值的是学习者自身的学习主动性，这是学习者的内驱力。一个优良性格的人更容易获得这种内驱力，从而更大地促进智力发展。随着智力发展到一定阶段，优良性格的学习者便开始有了创新和创造，他们常常具有批判精神，敢于挑战，有着强烈的求知欲和好奇心，并将这种求知欲转化为行动，长此以往便可以培养一种创造性的人格。

　　可见，性格与成长、成才、成功关系极大。正如爱因斯坦所言："一个人取得的成绩往往取决于性格上的伟大。"显然，每个人都应努力培养优秀的性格。

　　青年大学生主要应注重培养自信型性格、自制型性格、善思型性格、学习型性格、理智型性格、独立型性格、果断型性格、豪爽型性格、坚韧型性格和刚毅型性格这十种性格。做一个自信大方、永不言败，自我控制、冷静控制，善于思考、以智取胜，充实自我、不断进取，关键时刻、思路清晰，改变命运、全靠自己，心胸坦荡、豪爽率真，果断行事，敢于冒险，风摧不垮、雨打不折，阳刚气度、强者风范的新时代大学生。

二、培养良好习惯，坚持严格自律

■ 习惯和自律是成功基石

　　性格决定命运，而构成性格的正是日常生活中的一个个习惯。

　　好习惯是在严格自律中培养出来的。在自律中养成的好习惯越多，个人的能力就越强。养成好的习惯，就为梦想插上翅膀，能为成功打下坚实基础。

> **人生故事**
>
> **良好习惯与事业成功**[①]
>
> 　　有一次，一家大公司以年薪40万元招聘总经理助理。

[①] 资料来源：https://wenku.baidu.com/view/0aafbdbfla37f111f1855bcc.html。

> 经过初试和复试,才华出众、能力超群的20人有幸参加面试。他们个个都做了充分准备,希望自己能被选中。到了总经理办公室,他们都静静地坐着,等待总经理到来。
>
> 时间过去10分钟后,有些人坐不住了,开始在办公室内走动、聊天。
>
> 15分钟后,有人开始翻看总经理办公桌上的应聘材料。
>
> 30分钟后,几乎所有人都在翻看总经理办公桌上的材料,只有一位仍然静静地坐在那里没有动。
>
> 40分钟后,总经理终于来了,20个人重新迅速坐好,等待面试。
>
> 但在这时,总经理却宣布面试已经结束。大家都十分惊讶。
>
> 总经理说:"你们20个人,确实都非常优秀,但只有一个人具有不随便翻看别人东西的好习惯,他就是今天的获胜者,未来的总经理助理。"
>
> 这个故事告诉我们:良好的习惯对于每个人来说,都是事业成功的重要条件。

好的习惯催人成功,而坏的习惯则可能使人无所成就,甚至身败名裂。

在大学阶段,高效学生一般都具备三个重要习惯:确立目标、主动参与、定期盘点。

确立目标主要是指这一类学生都有自己的长期的、短期的目标,且付诸行动,划分到某一天的小目标定会当日完成,无论多晚。

主动参与而非被动参加,包括各类组织和活动。这里面两点想跟大家沟通:一是想当团队长的人首先得学会当好队员,主动协助、眼里有活儿;自己分内的事情做完了,必多问一声:需要帮忙吗?这样做一点儿损失没有,是特别好的加分项。二是一定要争取当众发言,管他说得怎么样,就当下面是"白菜",我说得不好不好意思委屈"白菜"难受,说得好了大家皆大欢喜。你都不吃亏。为什么要练?因为现在你不在学校里面练,将来,好的招聘单位给你机会练,代价是offer(录用通知)也许拿不到;社会给你机会让你练,代价是你的薪酬涨幅不大。如果你说,到时候再练吧!到时候再练,你能和人家习惯成自然、闪亮登场的学生比吗?笨鸟还是先飞一下吧!

定期盘点,根据自己的目标每周、每天做小结(勤快的人每天做,懒点人的每周做),而且最好是用日记乃至公开的微信朋友圈或小组微信群,或者就自己心里盘点也可以。定期总结、每天盘点就是让我们的言语行为与内心的契合度越来越高,这个习惯会让你看到:我每天所做的是不是我内心里真实喜欢和想要的?如果是,你会越做越顺、神清气爽、乐此不疲。如果不是,你会身心分离,疲惫不堪……这个世界上最有力量的人不是肌肉男、暴发户或者外表光鲜的所谓成功人士,而是身心合一的人。

良好的行为习惯是保证成功学习的前提,也是树立健康人格的基础。一位外国教育家对习惯有这样的描述:"习惯就像神经银行的资本。好的习惯就像银行里的存款,它所产生的利息让一个人终生受用不尽。坏的习惯就像向银行的贷款,它所让你承担的利息和本金让一个人终生受其所累。"这话很有道理。

千万别犯傻

某大学生的作息时间表[①]

成都某高校有位大学生有这样一张作息时间表:

---

① 资料来源:http://www.doc88.com/p-464115301496.html。

> 13:00，起床，吃午饭；
> 14:00，去网吧玩网络游戏；
> 17:00，晚饭在网吧叫外卖；通宵上网打游戏；
> 第二天早上9:00，回宿舍休息……
>
> 这位学生几乎把所有的课余时间都拿来上网打游戏，并开始拒绝参加同学聚会、活动等。
>
> 大约两个月后，他发现自己思维跟不上同学的节奏，脑子里想的都是游戏里发生的事，遇到事情会首先用游戏中的规则来考虑。他开始感到不适应现实生活，陷入了深深的焦虑之中……
>
> 目前，有不少年轻人像这位大学生一样，长时间沉迷于网络游戏后，发现自己身心出现了各种问题。他们无心读书，对父母、老师的教诲闭目塞听，几乎整天迷恋在网络里，精神恍惚，神情呆滞，注意力不集中，从而导致学习成绩下降。还有的人经不起声色撩人的网络诱惑，在网上交结异性朋友，没有能力去分辨选择，因而上当受骗，有的甚至付出了年轻的生命。

网络游戏不是不能玩。网络游戏的发展本身有它的存在空间和合理需求。它可以满足人们休闲娱乐、调剂生活、释放压力等需要，也可以使人们的反应能力在一定程度上得到提高。如果你只是在确有必要时玩玩，对你其实也有益无害。但如果操之过度，把大量黄金时间耗费其上，甚至整天沉迷其中，无法自拔，则有害无益；对以求学深造为重任的大学生，若整日沉迷于网络游戏中，绝对是一种不当之举，这种习惯是你成功的大敌，也会给你带来不良后果。

■ 好习惯的培养

习惯是一种长期形成的思维方式和处世态度，它是由一再重复的思想行为形成的，具有很强的惯性，一经养成，就难以改变，因而对人的影响重大而久远。人们在日常活动中往往会不由自主地启用自己的习惯，但只有好的习惯才会产生良性的作用。因此，我们应高度重视培养自己良好的习惯。

一般来说，习惯可以在有目的、有计划的训练中逐渐养成，也可以在无意识的状态中自发形成。但是，事实证明，良好的习惯总是在有意识的训练中逐渐养成的，很难在无意识中形成，而不良习惯却往往在不自觉中自发形成。因此，培养好习惯不是一件轻而易举的事。正所谓"变坏容易变好难"。从这个意义上讲，培养好习惯，需要我们不懈地努力。

培养好习惯，应注重把握四大原则。

第一，明确好习惯的内涵和意义。 只有搞清楚什么是好习惯，理解好习惯对你做人做事的重要影响力，并把它与不良习惯区分开来，你才会有培养好习惯、克服坏习惯的强烈愿望，也才能找到培养良好习惯的正确途径。

第二，对自身的不良习惯进行排序分析。 克服一个坏习惯，培养一个好习惯，往往是一件很难的事。因此，你应该首先对自己的不良习惯加以罗列，写出"不良习惯一览表"，明确哪些不良习惯是最制约你进步、成长的，因而是最应该、最急需克服的，从而使你分清主次，理智、有序地克服坏习惯。

第三，制定计划，逐一实施。 人的习惯是多种多样的，包括工作方面的习惯，也包括学习、健康、感情、与人相处、思维方式或行为方式等方面的习惯；它像一棵大树，有干、有枝、有叶。因此，我们要对准备培养的好习惯作统筹安排，列出计划，并对其逐一实施，循序渐进，由易到难，由近及远。

第四，抓好开头，严格自律。 俗话说，万事开头难""好的开端是成功的一半"。开始时要宁少勿多、宁简勿繁。先找一个做起来较有兴趣、易见成效、易受自己和周围人关注与激励的习惯开始，下大功夫，坚持到底。这样做容易成功，还可以激发兴趣，为下一步活动打好基础。要特别注重第一个月，根据美国科学家的研究，一个好习惯的养成需要21天，90天的重复会形成稳定的习惯。一个观念如果被验证21次以上，它就会形成你的信念。美国著名教育家曼恩说："习惯像一根缆绳，我们每天给它缠上一股新索，要不了多久，它就会变得牢不可破。"

培养好习惯，还应做到"君子慎独"。就是在你独处或独自行事时，要谨慎自律，坚守道德信念，自觉用道德规范或良好习惯约束自己的言行。长此以往，好习惯就会自然养成。

培养好习惯的方法很多，也往往因人、因环境条件而异，但以下方法应对我们有较大帮助。

第一，明确目标法。 当前你要培养的好习惯具体是什么，你应有一个明确清晰的目标。这样才能有的放矢，事半功倍。与之相对的坏习惯是什么，你也应有一个清醒的认识；如果这类坏习惯你已具有，你就应对症下药，加以克服，以扫清你培养好习惯的障碍。

第二，潜意识输入法。 把你要培养的习惯"输入"头脑，了然于心，强化信念，潜意识就会不时提醒你去完成。这是一个费力不多而很见成效的方法。

第三，视觉刺激法。 把你要培养的习惯制成卡片或画成图形，然后牢记于心，再贴于墙头、门上或桌面等醒目易见之处，以刺激视觉，强化效果。

第四，行动强化法。 对你要培养的习惯，应不断实践，反复练习，坚持到底；要反复对自己说"我做得到！""我要去做！"以不断给自己加油打气。如果你能连续行动21天，好习惯在你身上就不难形成。

第五，他人协助法。 把你要培养好习惯的计划向亲朋好友宣布或许诺，并请其协助或督查，也会有不错的效果。

第六，综合训练法。 好习惯的培养，需要个人有良好的素质条件。因此，要注重提高自己的思想道德素养、文化科技素养、心理健康素养和科学思维素养，来为良好习惯的形成创造良好条件。

> **案例示范**
>
> **某高校同一宿舍4女生都成功读研**
>
> 2018年5月，贵州师范大学某一女生宿舍4人全部考研成功在网上引发热议！4名学生大学4年互相监督、相互扶持，最终2人保研，2人考上硕士研究生，大学期间4人共获得96张证书。
>
> 值得一提的是，入校以后她们就制定了寝室公约，比如：
>
> 对于考试前特殊期，寝室将作为自修室，将"断网"一周！
>
> 在七点之前起床的小伙伴，请小声完成洗漱。

> 晚上 11 点之后，不能用手机或者计算机放音频、视频……
> 请周六、周日不回宿舍的伙伴交代去向。
> 请自觉清理自己垃圾桶的垃圾，遵守值日表上的值班安排。
> 请爱护宿舍环境，切勿乱画乱添。
> 宿舍的小伙伴相亲相爱，互相扶持，共度美好人生。
>
> 对于4人都继续选择读研，宿舍成员谈到，入学后学院就开展了新生教育活动，有许多考研相关讲座，遇到专业问题4人会互相讨论交流。决定考研后，每天早上6点，4位学生都会相约一起去图书馆或者自修室看书学习，通过与老师的交流和有师兄师姐作为榜样，宿舍里便形成了一个良好的学习氛围，这也为后来成功考研创造了条件。
>
> 消息一出，网友纷纷点赞，称团队协作真棒，这才是真正的室友。也有网友总结道：自律的人最可贵，身边的人很重要，我就差3个自律的室友了。

三、成功来自于持之以恒

关于持之以恒，战国著名思想家孟子曾作过一个比喻："有为者譬若掘井。掘井九仞而不及泉，犹为弃井也。"[①]孟子认为，学习就好比挖井，须持续不断地努力方能见得成效。如果挖井挖下几丈不见水就放弃了，那就只能留下一口废井。

成功来自坚持不懈的行动。每一个想要成功的人都应牢记，目标朝上看是信仰，朝外看是抱负，朝内看是责任，朝下看就是行动。假如你现在不仅心动，而且决定去行动，那么还要请你谨记：行动不能"三天打鱼，两天晒网"，更不能一曝十寒。最差劲的马，只要它跑个不停，最终也会到达目的地；走得最慢的人，只要他不放弃理想而持续行动，也比漫无目的而懒于行动的人走得快。成功需要行动，但偶尔一搏只能逞强一时，持续奋斗才能英雄一世。学习好与学习差的人，一般并不存在智力上的多大差异，产生差距的根本原因，总是有无坚定不移的意志和持续的行动。

行动贵在平凡中的坚持。细微之处见风范，毫厘之间定乾坤。坚持就是在每一个今天都要行动，要抓住每一个今天。因为昨天是一张兑现了的支票，明天是一张期票，只有今天才是可用的现金，抓住今天最为可靠。不要把前途寄托在昨天或明天，而要寄托在今天的行动上。每天多做一点点，就是领先的开始；每天进步一点点，就是成功的开始；每天创新一点点，就是卓越的开始。不少人承受不了暂时的挫折或失败，表现为丧失信心甚至一蹶不振。但有志于成功的人就一定要做到：别人放弃我坚持，别人后退我前进；即使眼前没有光明与希望，我依然要努力前行，直到取得最后的胜利。

"骐骥一跃，不过十步；驽马十驾，功在不舍。"无数事实说明，做任何事都需要持之以恒。相反，没有持之以恒精神的人，则难以到达光辉的顶点。项羽具有霸王之称，却因为他的刚愎自用，没有乘胜追击汉王刘邦，结果落得功败垂成。

"锲而舍之，朽木不折；锲而不舍，金石可镂。"荀子在《劝学》中的教诲时刻提醒我们：做事要有恒心，不可半途而废。任何成功的获得都需要持之以恒。如果一个人做事总是"三天打鱼，两天晒网"，那他注定一辈子都一事无成。

---

① 资料来源：《孟子·尽心上》，http://baike.baidu.com/item/%E5%AD%9F%E5%AD%90%C2%B7%E5%B0%BD%E5%BF%83%E4%B8%8A?507480?fr=aladdin

谋求学业成功依然需要持之以恒。有的学生虽然很聪明，但往往"三天打鱼，两天晒网"，结果学业成绩不理想，追悔莫及。这方面有太多的经验值得学习，也有太多的教训需要吸取。只有努力学习，勇攀高峰，持之以恒，锲而不舍，才能赢得学业的成功。

> **名人经历**
>
> **陶渊明的治学功夫**[①]
>
> 对持之以恒在学业中的重要性，东晋著名诗人陶渊明早有说明。
>
> 一次，一个读书少年向陶渊明求教。陶渊明带他来到田边，指着尺把高的稻禾问："你仔细瞧瞧，它现在是否在长高呢？"
>
> 少年蹲下目不转睛地盯着禾苗，看了半天没看出名目，就说："没见长啊。"
>
> 陶渊明问："真的没见长吗？那么，春天的秧苗又是怎样变成尺把高的呢？"
>
> 少年不解地摇头。
>
> 陶渊明开导说："其实这禾苗每时每刻都在生长，只是我们没观察到。读书学习也是这样。知识的增长是一点一滴积累的，有时自己都觉察不到。但只要勤学不辍，持之以恒，就会由知之不多变为知之甚多。所以，有人说'勤学如春起之苗，不见其增，日有所长'。"
>
> 接着，陶渊明又指着一块大磨石问："你看那磨石，为什么会出现像马鞍一样的凹面呢？"
>
> 少年答："那是磨损的。"
>
> 陶渊明又问："那你可曾见到，它是哪一天被磨损成这样的呢？"
>
> 少年说："不曾见过。"
>
> 陶渊明进一步诱导说："这是农夫天天在它上面磨刀、磨镰、磨锄，天长日久，磨损而成。由此可见，'辍学如磨刀之石不见其损，日有所亏'。学习一旦间断，所学知识就会不知不觉地慢慢忘掉。"
>
> 陶渊明循循善诱的开导，使少年悟到了治学必须"循序渐进，持之以恒"和"勤学则进，辍学则退"的道理。

那么，怎样才能做到持之以恒呢？对此，应从以下几个主要方面努力。

第一，努力培养学习兴趣，不断提高学习的自觉性。要充分认识知识、能力对你成长进步、成才成功的重要意义，以及对社会进步发展、国家繁荣强盛的重大意义。不要把学习当作一种任务和负担，否则，你会感到学习是迫不得已的压力，从而处于消极被动状态。

第二，加强自我管理，培养自制力。自我管理体现在，学习一定要有明确的学习目的、详细的学习计划、科学的实施方案。这样才更容易严格约束自己并严格执行学习计划。在自我管理的过程中，也培养了自制力。

第三，营造一个良好的学习环境和学习氛围。好的学习环境才能有好的学习心情、好的学习动力和好的学习效率，没有各种干扰和诱惑。例如，把书桌和书本、文具、衣物等收拾

[①] 资料来源：https://zhidao.baidu.com/question/317862483.html。

整齐，以保持学习环境的整洁；劝告旁人不要随意打扰、大声喧闹，以保持学习环境的安静；自觉抵制各种不利于按计划学习的诱惑因素，克服各种不良情绪，以求得内心的平静安宁……所有这些，都有利于集中注意力，全力以赴搞好学习。

第四，注意防止懒惰思想和拖延症侵入。人都是有惰性的，稍不注意，惰性便会发作，拖延症也是如此，稍不注意，便会养成凡事拖一拖的习惯，导致学习无法坚持。因此，要时刻提防懒惰思想和拖延症的侵入，否则，就会越来越懒散，越来越拖延，以致妨碍学业的顺利完成。

许多事不可能一蹴而就，往往需要花费较多的时间，甚至要一而再、再而三地反复努力。学习并不仅仅在于方法和努力，有恒心才是最为重要的。爱迪生说："巨大的成就，是出于长期的勤奋。"这是他一生的真实写照。

学习目标确立后，实现目标会遇到很多困难或挫折，但如果你有战胜困难的耐心和不达目的决不罢休的精神，你在学习上就会有更大的收获。漫漫学海不会总是风平浪静，难免有汹涌波涛甚至惊涛骇浪。成就学业，需要有信心、有热情、有目标，能够持之以恒地坚持下去。如果你能持之以恒，把握好自己，你就能做学习的主人。

持之以恒是航行在大海上的舵手，是攀登在高山上的拐杖，是灵动的色彩，是青春的活力。让我们为实现理想而不懈奋斗吧！

第四节　按逻辑思考，按规则行事

一、按诚信的规则行事

■ 诚信是基本道德底线

在字典、词典中，诚信与诚实守信、诚心诚意等概念同义，它是日常行为的诚实和正式交流的信用的合称，是做人的基本准则。意即待人处事诚实不欺，真诚老实，讲信誉，一言九鼎，一诺千金。亦即孔子所言："言必信，行必果。"

讲诚信，是一个道德底线，是讲规则的根本前提，也是我们做人、做事、做学问获得成功的根本前提。

第一，诚信是谋求成功的基础。

只有诚实守信，才能承担责任、担当重任、气度宏大；只有诚实守信，才能胸怀坦荡、豁达包容、善解人意；只有诚实守信，才能实事求是、解放思想、与时俱进、开拓进取；只有诚实守信，才能不贪不骗、不邪不欺，不为个人蝇头小利而虑，不为顾我而忘天下甚至损人利己。

> **人生故事**
>
> **宋濂借书**[①]
>
> 明代开国文臣宋濂幼年时十分喜爱读书，无奈家境贫寒，他只能向别人借书来读。每次向别人借书后，他都能在规定的时间内将书还到主人手中。如果看到一本好书，

[①] 资料来源：http://www.lishiquwen.com/news/24213.html。

> 宋濂会将这本书抄写下来，因为书不是自己的，他又想要反复品读书中意境。要是遇到时间来不及，或者要抄书的内容实在太多，宋濂会选择连夜抄书。哪怕是在天气非常寒冷的时候，手指冻僵了，宋濂也要用僵直的手指握着毛笔把书抄下来，然后一定会在约好的时间把书还给书的主人。不仅如此，每一本借来的书宋濂都用纸张包好，以免弄脏。他从来不会在借的书上折叠页面，更不会在别人的书上做记号，把每一本书借来的书都整理得十分平整。书的主人看到宋濂能按时还书，信守诺言，就特别放心，并且都乐意将自家的书籍借给宋濂看。后来，诚信勤勉的宋濂成为明代的著名文人，被朱元璋尊为"五经师"，专门为太子讲经。

第二，诚信是讲规则的前提。

"按逻辑思考，按规则行事"，是走向成功的捷径。规则遍及生活、学习和工作等各个方面，是约束人们各种行为的准则，是社会对应然行为的抽象概括。抽象的行为规则有的具有符号特征，如马路上的红绿灯，但更多的是看不见、摸不着而又实实在在起作用的隐性规则。当这些有形或无形的规则应用于社会现实之时，如果现实是虚假或扭曲的，规则的意义就不复存在。具体地说，从虚开增值税发票、卖假货到办假证件、假证明等，这些行为为获取私利而逃避规则，本身就是虚假的，运用相应规则的前提就不具备，因而再好的规则都毫无意义。从这个意义上讲，按规则办事的前提是讲诚信；创建法治国家的前提是创建诚信社会。没有诚信，就谈不上规则；没有诚信社会，法治国家就是水中月、镜中花。

由此可见，讲诚信与讲规则、谋大气、谋成功三个方面密不可分，而诚信是这一切的基础和核心，是立人、立业的根基，需要我们正确处理其相互关系。只有始终坚持诚实守信、按规则办事并具有大气精神和大气品质的人，才能获得最后成功。

第三，诚信是立人之本。

孔子曰："人而无信，不知其可也。"意思是，人若不讲信用，那他在社会上就无立足之地，也将什么事情都做不成。

美国已故总统林肯说得好：虚伪可以惑少数人于终世，惑人类于一时，而决无惑世界人类于最长时期也。不讲诚信，即使你有莫大能力，也会孤立无助，走向失败。有了诚信，我们才会有立足之地。

诚信是人生的最大美德，是人生的第一桶金。哈佛大学学子爱默生说："诚实的人必须对自己守信，他的最后靠山就是真诚。"人可能有多种美德：勇敢、机智、勤勉、乐观、富有创造力等，但如果是一个不诚实、说假话的人，这一切都毫无意义。在哈佛大学，每个学生都懂得，诚信是一个人的立身之本，是一切美德和能力的基础，如果失去诚信，就将失去一切。

第四，诚信是"心灵良药"。

古语云："反身而诚，乐莫大焉。"意思是说，一个人只有做到真诚无伪，才可能使自己的内心无愧、宁静坦然，给人带来最大的精神快乐。因此，诚信才是人们心灵得以安慰的良药。

英国著名诗人、戏剧家莎士比亚认为，诚信是最能使人安心的东西。美国名流富兰克林进一步认为，人与人之间和人生中最重要的幸福，莫过于真实、诚意和廉洁。英国哲学家培根认为："从来最有能力的人，都是有坦白直爽的行为、信实不欺的名誉的。"英雄所见略同。古往今来，有不少著名人物都从不同侧面发现并阐明了诚信在心理健康中的重要作用。

第五，诚信是交友之道。

友谊是建立在诚信基础上的。只有自己先做到言而有信，才能使朋友信之；反之，自己对待朋友毫无诚信可言，也就不会有真正的朋友。古人云："以诚感人者，人亦诚而应。"诚信具有双向性，只有对他人以诚相待，才能赢得他人以诚相报。西汉文学家、哲学家扬雄在《法言·学行》中说："朋而不心，面朋也；友而不心，面友也。"若交朋友而不交心，不能开心见诚，这种缺乏诚信的友谊是难以持久的，故交友贵在真心、知心。

第六，诚信是商海之魂。

在商品经济活动中，"诚信"尤为重要，其主要原则是以诚待客、货真价实、公平买卖、信守合同、偿还借贷、不做假账等。商家只有诚实经营，以诚待客，才能赢得顾客盈门。

名人经历

诚信的希尔顿[①]

世界饭店大王尼克森·希尔顿一生奋斗拼搏的成功秘诀便是"诚实"二字。在20世纪30年代世界经济大萧条时，希尔顿饭店生意不景气，所欠债务高达50万美元，追债者络绎不绝，更有债主向法院提起诉讼。他的私人律师劝他宣布破产，便能勾销一切债务。可希尔顿义正辞严地宣布："我不能扔掉我所剩下的唯一的东西。信誉就是我的生命，我绝对不能宣布破产。这样做意味着失去了信誉，失去了希望。"结果，他在最困难的时刻，以诚实和信誉赢得了社会的信任，靠着诚信渡过难关，东山再起。

诚信是市场经济的灵魂，是维护市场主体正当利益的根本前提。在市场交易中，签订交易合约，需要各方都诚实守约。欺诈违约，破坏协议，不但损害对方利益，而且损害自身信誉，造成不良的社会影响甚至危及自身的前途和社会的利益。因此，在所有的营销策略中，诚信才是最好的营销策略，才是商业竞争取得成功的关键手段，才是企业的"金质名片"。在公共关系学中，诚信是最好的公共关系政策。

第七，诚信是为政之基。

《左传》云："信，国之宝也。"意即诚信是治国的根本法宝。孔子认为，在"足食"、"足兵"和"民信"之中，宁肯"去兵"、"去食"，也要保留"民信"。因为"民无信不立"，如果人民不信任统治者，国家朝政根本立不住脚。只有政府守信、赏罚分明，人民才能信赖政府、遵纪守法。因此，统治者必须"取信于民"。正如王安石所言："自古驱民在信诚，一言为重百金轻。"

对于从政者来说，取信于民最为重要，祸莫大于无信。周恩来总理是十分讲究诚信的人。他无时无刻不在提醒自己和工作人员注重诚信，他的诚信深深打动着每一个人。因此，无论国人还是国际友人，都对他赞美有加；即使对他有敌意的人，最后也折服于他的高尚品质。这也是他能治理好国家的重要原因。与之对比鲜明的是，昏君周幽王为了取悦宠妃褒姒，以烽火戏弄诸侯，终因失信于诸侯而亡国。

综上所述，诚信对于修身、交友、立业、治国、平天下等，都是一种不可缺少的美德，正如《吕氏春秋·贵信》有语云："如果君臣不讲信用，则百姓诽谤朝廷，国家不得安宁；

[①] 资料来源：https://zhidao.baidu.com/question/71918910.html。

做官不讲信用，则少不怕长，贵贱相轻；赏罚无信，则人民轻易犯法，难以施令；交友不讲信用，则互相怨恨，不能相亲；百工无信，则手工产品质量粗糙，以次充好，丹漆染色也不正。"可见，诚信在个人生活与社会生活中都起着极其重要的作用。

随着信息时代的逐渐来临、市场化程度的日益提高、社会联系的日益广泛、信用关系的日益复杂，诚信问题越来越显示出其重要性。市场经济是以契约精神为基础的，契约精神的要求就是诚信。人若不讲诚信，就会造成社会秩序混乱，彼此无信任感，给自己和社会留下无穷后患，最终也影响自己的进步与发展。足见无信失信的危害之大和诚实守信的重要性。正因为这样，有人把诚信比作一个人的第二张公民"身份证"。

但是，在当今社会，诚信问题正遭遇严峻挑战。企业制假售假，学术剽窃造假，迎考弄虚作假，办事言而无信，贷款拖欠不还……诚信的缺失严重阻碍着社会的发展，诚信问题已成为人们越来越关注的话题。这对大学生是一个挑战，也是一个考验。能否坚守诚信原则、传播诚信理念、引领社会文明，这是检验大学生合格与否、优秀与否的一块试金石。

■ 诚信的基本原则

要做一个合格的公民、一个合格的大学生，应当怎样做到诚实守信呢？

前事不忘，后事之师。讲诚信，理应从各方面做起。例如，在平日里，待人处事，我们可以从守时开始；在校园里，无论对待同学、老师还是学校，都应诚恳诚信等。因为在各个方面、各个领域，都有其特定的诚信要求。但无论何时何地，讲求诚信，都有一些最一般、最基本的原则。其中，最为重要的是四项基本原则，需要我们始终坚持。

第一，戒除欺诈。

戒除欺诈，就是不自欺也不欺人。《礼记·大学》曰："所谓诚其意者，毋自欺也。"即真诚实意就是不自欺。宋代哲学家陆九渊也说："慎独即不自欺。"即使在闲居独处时，自己仍能做到谨慎不苟且、不自欺。曾任北京大学校长的蔡元培说过："诚字之意，就是不欺人，亦不可为人所欺。"可见，戒除欺诈是诚信的一个基本原则。

真正的"诚信"，就是要在无人监督的情况下还能做到不自欺也不欺人。大学生在校求学，是一个艰苦漫长的学习过程。求学时应抱着"知之为知之，不知为不知"的态度，而不应不懂装懂甚至欺世盗名。

第二，知过即改。

如何对待过错，是诚实与否的重要表现，是君子与小人的重要区别。《左传·宣公二年》曰："人谁无过？过而能改，善莫大焉。"孔子曰："过而不改，是谓过矣。"韩愈曰："告我以吾过者，吾之师也。"陆九渊曰："闻过则喜，知过不讳(忌讳)，改过不惮(畏惧)。"申居郧曰："小人全是饰非，君子惟能改过。"可见，古代哲贤十分强调知过即改，认为知过即改就是诚实的表现。

第三，信守承诺。

《左传·僖公十四年》曰："弃信背邻，患孰恤之？无信患作，失援必毙。"意思是说，若你丧失信用，背弃邻国，遇到祸患，有谁会来同情你？而失去信用，一旦祸患发生，没有人来援助，你就必定灭亡。由此可见，信守承诺十分重要。我们一旦对别人许下诺言，就必须对自己的承诺负责，切勿失信于人。

> **想一想**
>
> 助学贷款：还，还是不还？
>
> 近些年，有些大学生信誉缺失，助学贷款到期不还，引起人们的极大担心。有些学生为了不还贷款，毕业后更换手机，再留一个假单位、假地址，让银行找不着自己，或抱有侥幸心理，认为银行会不了了之。
>
> 教育部的一项调查显示，有约 20%的贷款毕业生不同程度存在还贷违约情形。据悉 2006 年 5 月 15 日，北京市昌平区人民法院就曾对某大学两名学生进行了缺席宣判，判令其立即返还所拖欠的中国建设银行北京昌平支行的贷款。此前，建设银行北京昌平支行状告该大学 42 名毕业生拖欠贷款。此后，昌平区人民法院还对另外 3 名欠贷不还的学生进行了宣判。
>
> 其实，大学生贷款拖欠不还既害人又害己。这不仅导致银行对大学生不信任、不愿贷款，影响以后困难学子的贷款和学业，而且迫使银行因追讨贷款进入诉讼程序，使不少学生官司缠身。
>
> 人们真诚希望，个人信用缺失的大学生能及早醒悟。

第四，以诚待人。

以诚待人是人的修身之本，也是成功的保证。《河南程氏遗书》有语："学者不可以不诚，不诚无以为善，不诚无以为君子。修学不以诚，则学杂；为事不以诚，则事败；自谋不以诚，则是欺其心而自弄其忠；与人不以诚，则是丧其德而增人之怨。"说明"诚"对于做人、做事、做学问都十分重要。

二、讲规纪：遵规守纪，按规则"出牌"

■ 规则的内涵和意义

"规则"一词有三个层次的含义：一是仪范、规范；二是规章、法则；三是整齐，合乎一定的方式。总体来看，其基本含义是指，规定出来供大家共同遵守的制度或章程。规则就是做一件事所要遵循的准则，通常因得到众人的承认和遵守而存在。规则的基本形式有两种："一是由书面形式规定的成文条例；二是约定俗成、流传下来的不成文规定。"

人一出世就置身在各种各样的规则中，家庭、学校与职场的规则，生活、学习与工作的规则，情场、商场与官场的规则……各种规则总与我们如影随形、不离不弃。在我们日常生活中，充满了各种各样的规则。例如，过马路要看红绿灯；乘公交车要买票；买东西要排队；集体场合不喧哗；上课不能迟到早退；考试不能违纪作弊；著书立说不能作假抄袭等。

在我们大学生活中，同样充满了各种各样的规则。例如，家庭贫困，要予资助，视困难程度给予不同帮助；表现优秀，要予奖励，视情况给予"三好学生奖""优秀学生干部奖""精神文明奖""学习进步奖"等；完成学业，要予颁证，分别授予学位证、毕业证、合格证、资格证等；违规、违纪、违法，要予校纪处分，视情况给予警告、严重警告、记过、留校察看、开除学籍处理，严重者交公安机关依法处理等。

几乎我们所做的任何一件事情都有它的规则；针对不同领域或不同的人，还会有不同的规则。它要求我们按照一定的程序、格式、方法来做一件事情，以使这件事情更加简便，方便管理或方便完成。可见，规则与人一生的关系多么密切，它对人一生的影响多么广多么深，深谙规则、按规则行事又有多么重大的意义。

第一，规则可以规范行为，维护社会和谐。

社会是由人集合而成的，社会活动是人的活动，人们在社会活动中的动机往往不同，如果没有规则规范人们的行为，大家各行其是，社会就会陷入混乱不堪、各种冲突矛盾之中。

人类社会需要规则。在任何一个场合，如果只有一个人，可以不要规则；但如果有两个人，就需要一些简单的规则来规范两个人，使两个人之间不会互相干扰。而社会中的各个场合是由很多人组成的，人们就必须依照规则来分享各种社会资源。因此，规则是和人类社会共生存的必需事物。按自然法学家的说法："创设规则就是为了缓和冲突，保证人类不在互相争斗中毁灭，保证社会稳定和谐。"

第二，规则可以减少交易成本，提高经济效益。

人是趋利避害的，如果人们遵守规则可以带来自己利益的最大化，人们就会很乐于改变自己的行为，按已有的规则行事。

你知道吗？

规则与人性

19世纪中叶，大英帝国向其殖民地澳大利亚运送囚犯，当时政府与船主商定：按上船的囚犯人数付费。不料，船主为了多赚钱，竟然不顾卫生条件、生活条件而超载运输囚犯；而在航海中，船主为了最大限度减少成本，又大肆虐待囚犯，结果导致大量囚犯非正常死亡。

这事引起英国舆论一片哗然。政府先后采用不少办法，如派牧师上船教化、派医生治病、派官员监管船主等，结果都是无济于事。

后来，英国政府把付款方式做了改变，宣布按实际到岸的囚犯数付款，结果问题立告解决。

这个故事告诉我们：人性是难以改变的，但人的行为是可以改变的；"好"规则能使"魔鬼"变为"天使"，"坏"规则却能使"天使"变为"魔鬼"。人类如果能够创制出"好"的规则，就会改变人的"魔鬼"一面，使人人成为"天使"，从而满足规则创制者的目的需求。

"科斯定理"告诉我们："在交易费用为零的情况下，不管权利如何进行初始配置，当事人之间的谈判都会导致财富最大化的安排；而在交易费用不为零的情况下，不同的权利界定和分配，则会带来不同效益的资源配置，所以产权制度的设置是优化资源配置的基础，能使交易成本最小化的法律是最适当的法律。"①

科斯的主要贡献在于指出了不同的制度安排会带来不同的资源配置效果，即制度安排的不同会直接影响经济效益，而采取哪种制度安排又取决于哪种形式能使交易成本最低。

---

① 许俊峰、谢云山，《科斯定理在我国人口政策中的应用分析》，企业研究，2010年，第8期，第87-88页。

这个结论后来被美国华盛顿大学的诺斯教授概括为:"当存在交易成本时,制度是至关重要的。"由此可见,"好"的规则或"最适当的法律"对经济活动与经济效益影响极大。

第三,规则可以帮助我们实现个人利益,保护个人自由。

规则是依靠在社会中占支配地位的力量来制定的,但规则的遵守则主要依靠社会成员对规则的敬畏。不遵守规则和遵守规则都是利益驱动,让人们自觉遵守规则的最有效手段是形成完善的利益机制。因此,制度设计必须运用利益机制,使人们遵守规则能得到好处,违反规则会受到惩罚,而且其损失程度大于收益。创制规则的目的,就是要约束该约束的人和行为,保护多数人的正当权利,正如家要防止不该发生的事,保护该保护的人一样。显然,讲规则,既能获得制度框架内的利益,又能获得制度框架下的自由;倘若人人都遵纪守法,我们就能获得合纪合法的权利,实现制度框架内的利益最大化和自由最大化。

综上所述,讲规则,对实现社会和谐、满足社会需求、提高经济效益、获取个人利益和自由等,都是必不可少的。因此,好的规则,我们都应坚决维护,自觉遵守。

"没有规矩,无以成方圆。"这话由来已久。规成圆,矩成方,引申到我们生活、学习或工作中,就是要遵规守纪,按规则"出牌"。青年大学生更应做遵规守纪的模范;在大学生生活中,首先要通晓和遵守学校的规章制度。

诚然,规则好比命令,执行规则时容不得个人意志,这会限制个性和自由。而人都是有思想的,做事总有自己的意愿,面对生命的幻境,不少人甚至每个人在清醒的时候都想用力挣脱,总试图按意愿而不按规则行事,但每挣扎一下,反而深陷一步——受到一种新的规则约束,因而陷入矛盾与冲突之中,感到迷茫、麻木、无奈、彷徨甚至痛苦。

然而,从现实结果和效果上讲,显而易见的是,我们应该按逻辑思考、按规则行事。要谋求成功和幸福,就应在思考的时候借助自己的理解或逻辑,而在行事的时候遵循相应的规则。因为正确的规则能使我们的言行合于情理,按规则行事是明智而理性的;按理解或逻辑行事是认真、执着的。若追寻个性的自由、解放,则往往是固执而任性的,它可能使我们的言行不合情理,甚至造成不良后果。

人生故事

麦道夫的下场

在美国,前纳斯达克主席兼美国证监会顾问麦道夫,素以金融市场的"作势交易先驱"著称。但他不按规则创办基金,也落得了可悲下场。

麦道夫创办基金的做法是:成立一家所谓的基金公司,承诺给投资者高额回报,而事实上,他筹集的大量基金并未投资于实业,而是用后来投资者的钱向前面的投资者支付收益,并隐瞒事情真相,一直向投资者报告说,他的基金处在稳健增长中。这一做法可谓"庞兹骗局"的现代演绎。到金融危机爆发时,他已行骗近20年,创造价值650亿美元"基金"。但是,金融危机使他现了原形。因为危机使新加入的投资者急剧减少,并有越来越多的投资者要求还款,他的骗局无法继续。上当受骗的有数以百计,来自世界各地的银行、对冲基金和富有者,不少银行、公司的损失上亿甚至数十亿美元。然而,麦道夫也因此付出了沉重代价,最终获刑150年,被罚1700亿美元,应了中国千年古训:"善有善报,恶有恶报。"

> 麦道夫的下场让华尔街威信扫地,也让我们看到了违规、欺诈的危险和危害。
>
> 显然,无论你是谁,无论何时何地,要赢得真正的成功,都必须遵守"游戏"规则,而不能把规则当作游戏。

■ 按规则办事

怎样按规则办事,做到遵规守纪呢?

讲规纪,同样没有统一的模式,因为具体的规则太多。但我们应该探索并遵行其一般的原则和方法。

第一,加强学习,熟悉、理解规则。

遵守规则以熟悉和理解规则为前提。不少时候,我们对某些规则一无所知,结果是不自觉地忽略了规则,甚至违背了规则。不少时候,我们很清楚办事的规则,但我们不理解或不很理解某些规则,甚至对它们抱有偏见,结果我们也不能按规则行事,至少不能很好地执行规则。

规则是必须执行的。但只有熟悉规则、理解规则,才能遵守规则,按规则办事。对于自己尚不理解的规则,自然不能向它低头。如果你深谙学校的条例、商场的规则、职场的艺术、情场的爱恨,就可能在学海里如鱼得水,在职场上游刃有余,在商场上斩兵杀将,在情场里热烈演绎……

要熟悉规则、理解规则,就应加强自身学习。在当今知识、信息"爆炸"的时代,规则成千上万、层出不穷、变化不断,没有持续、有效的学习积累,不知、不懂、不会、不专、不强等问题就会影响我们对规则的执行。

大学生应首先熟悉并理解学校的规章制度,注重理解并掌握与自身生活、学业、就业、创业相关的规章制度,尤其是一些与自身关系密切的规章制度,如学生行为准则、学生管理规定、学籍管理规定、学生奖励条例、校园秩序管理规定、学生安全教育与管理规定、学生纪律处分条例等。

第二,严于律己,加强人格修养。

人格的形成受环境影响很大。因为人一出生,就受到外部环境的各种影响,很多时候,我们都是被动地接受环境影响。但人格修养并非不能改变,而是可从自己培养、加强的。这是人作为万物之灵与其他动物的本质区别。

青年大学生的人格特质是多种多样的,可塑性很强。要熟知规则,遵规守纪,按规则办事,就要先具备诚实守信的优秀品质和强有力的自我控制力。面对舒适、名利、金钱、美色等诱惑,你顶住了,人格便升华一步;你踏入"雷区",触及"高压线",人格便堕落下去,规则便荡然无存。因此你应严于律己,加强人格修养,始终坚持做到诚实不欺,不断增强自制力,自觉抵制不良诱惑。

第三,重视规则,强化执行力度。

在当今经济社会快速发展的时代,规则众多、复杂、多变,规则的作用越来越大。因此,我们要不断增强规则意识,高度重视规则的作用,始终加强对规则的执行力度。

大学生应从遵守学校的规章制度做起,做一个寝室、课堂和校园的"护花人";应自觉遵守学术道德、择业道德、社会公德,做一个和谐社会的"护航人"。

加强对规则的执行力度，要反对实用主义、形式主义和浅尝辄止的行为。实用主义从功利出发，对我"有用"的规则就执行，对我"没用"(不利)的规则就不执行或片面执行，结果导致规则的执行变味，使规则成为维系本位"私利"的工具；形式主义是做表面文章，不可能真正按规则办事；浅尝辄止也缺乏遵规守纪的真情实意。因此，实用主义、形式主义、浅尝辄止行为都是应该杜绝和防范的。

第四，明辨是非，按好的规则办事。

规则或制度对个人和社会的发展都影响重大。好的规则或制度，可以使坏人变好，可以促进社会发展；坏的规则或制度，则可以使好人变坏，可以阻碍社会发展。因此，按规则办事，并非要你不加区别地统统执行，而需要你明辨是非，严格划清"好"规则与"坏"规则或显规则与"潜规则"的界限，维护和执行正确合理的规则，自觉抵制"坏"规则、"潜规则"。

作为青年精英，大学生在执行什么样的规则上，应为社会做出表率。

第五，善于反思，勇于开拓创新。

没有规矩，难成方圆；墨守成规，则无创新。在讲规则与求创新的关系上，显然需要正确处理。

每个人都生活在现有的一套规则中，这种规则为你提供了很多方便，使你不假思索就能心领神会，实现协调，节约生活、学习和交往等方面的成本。但也正是这些既有的规则，让你习以为常，不经大脑的理性思考就承认它的合法性，因而隐藏着致命的危机——墨守成规，不能创新。

事实上，迄今为止，人类没有任何一套规则会令所有人在所有时候都满意。智者首先从这种直觉性的不满中展开理性思考，试图改变既有规则尤其是有明显缺陷甚至错误的规则，这是一种"革命"性的行为，其实也就是大家熟知的"创新"。普通人在现成的规则中活着，强者却是为改变规则而活着。如果你有足够的理由，打破或超越既有规则从而为个人和社会都带来更好的结果，为什么不去打破或超越它们呢？

现代社会日新月异，规则也应与时俱进，很多既有规则终究应被打破。因此，我们应在掌握现有规则的基础上，不断反思总结，发现其不足与问题，实现改革与创新。在这方面，青年大学生尤其应该激流勇进，为构建一个更为理想的创新型社会付出应有努力。

三、讲法治：知法守法，依法行事

■ 知法守法的重要性

法律是人类在社会层次的规则，是社会上人与人相互关系的规范，是由立法机关制定而由国家政权保证执行的行为准则。

当前中国正在进入法治社会，法治手段将越来越广泛地运用于现实生活。置身于现代社会的人们，无一能摆脱法律而生存。这意味着，法律素养已经成为现代人立足社会不可缺少的基本条件。法律素养是指"人们认识和运用法律的能力或素质"。一个人的法律素养是通过其法律意识、掌握的法律知识以及运用法律手段等表现出来的。

法律知识主要由两部分组成："一是制定法中关于规则的知识，即所谓的法律条文体系，其价值追求是秩序、自由、效益、平等、人权、正义等;二是法律学问中关于原理的知识,即所谓的法律原理或法律理论。一般意义上的学法、懂法,就是要求既熟知一些基本的法律条文,同时又掌握一定的普遍适用的法律原理。"[①]

法律意识,一般由"法律心理、法律观念、法律理论、法律信仰等要素整合构建,其中,法律信仰是法律意识的最高层次,也是大学生法治教育的核心。"美国著名法学家哈罗德·伯尔曼说:"法律必须被信仰,否则它将形同虚设。"这句话成为所有崇尚法治的人们所信奉的一句真理。人只有信仰法律,才可能守法。

大学生法律意识和一般社会群体的法律意识有相同之处,也有不同之处,既有一般法律意识的特点也有其自身的特殊性。大学生的年龄层次、受教育程度有别于一般社会群体,他们的人生观、世界观和价值观尚未成熟,观察问题、分析问题不够全面,因此,大学生法律意识有着易变性和不成熟性的特征。但随着国人普遍法律意识的增强,当代大学生的法律意识也已经有了很大程度的增强,只是大部分学生对法律还停留在感性认识水平,不同学生的法律意识水平也还参差不齐。这主要表现在大学生的一些行为表现上。大学生一方面拿起法律武器维护自身合法权益,另一方面,大学生违法犯罪的现象也时有发生。

自我评估

你的法律素养属于哪种类型?

调查发现,当代大学生的法律素养在面对具体问题时大致表现为三类。

第一类:法律意识较强,熟悉法律相关规定,能正确行使法律权利,履行法律义务,极力维护自己的合法权益,遇事均通过法律途径解决。

第二类:有法律知识,且了解法律规定,但因现实中存在的一些社会问题而对法律有误解,如对腐败问题反感而误解法律等,一些学生犯法并非因为不知法,而是知法犯法,把法律狭隘地理解为一种工具,而非追求的目标,认为法律就是条文,而忽视了法律所追求的秩序、自由、效益、平等、人权、正义等价值目标。

第三类:法律意识较弱,行事易冲动,不冷静,易感情用事,处理事情时很容易丧失理智,常常忽视法律规定和行为后果。

想想看,你属于哪一类呢?

总的来看,目前我国大学生的法律素养有以下特点。

第一,法律信仰缺失导致法律素养缺失。

随着我国依法治国理念的实施,高校均开设了法律基础课程,有必修课也有选修课。必修课的学分较少,学习时间比较短,学生能从课堂上获取的法律知识有限。由于大多数大学生对学习法律知识的重视程度不高,主动选择法律相关的选修课的学生较少,教学效果大打折扣。随着知识的积累和视野的增加,不少大学生会对社会问题进行深层次的思考,会开始关注国家的法治建设,更关注自己的合法权益。但大学生往往又缺乏全面思考,对国情的全面了解不够,对问题的分析不够冷静和理性,往往会因法律素养缺失而表现出不理智的情绪化。

[①] 资料来源:https://www.docin.com/P-1593972235.html。

第二，法律意识淡薄导致法律素养缺失。

当前大学生更加注重实现自我价值，但是他们普遍缺乏社会阅历，法律意识淡薄，往往不能正确认识自我，就会表现出以自我为中心，先入为主看待周围的人和事，有的把学校的规章制度看作对自己行动与自由的束缚，对规章制度存在逆反心理，老是对着干，有的直接无视学校的规章制度，做出违规之举。传统的法律教育中，内容大多是对违法犯罪案例的解读，这让大学生一提到法律只联想到害怕和无情，无法意识到法律是自身生存的需要，是自身行为的准则，也是自身利益的维护者。错误地以为只要我小心谨慎，不违法就行了，学不学法不是很必要。

第三，法律能力欠缺导致法律素养缺失。

现在大学生中也有这种现象，有的学生了解很多法律知识，但在现实生活中却常常不遵守法律法规，知法而不守法。比如，当自己的合法权益受到侵害时，不会运用法律武器保护自己，维护自己的合法权益，而是采取所谓"私了"的方式去处理，有的甚至以极端的方式去处理，无视法律，结果走到了违法犯罪的地步。

上述情况说明，处于发展期的当代大学生法律意识还比较淡薄，受社会负面能量的影响，大学生的法律信仰缺失，受法律能力影响，大学生往往知法却不知如何守法。由此可见，大学生法律教育还有很长的路要走，加强大学生法治教育力度，增强大学生法律意识，重拾大学生缺失的法律信仰，提高大学生的法律能力，全面提升大学生的法律素养，势在必行，任重而道远。

第四，大学生违法犯罪现象呈现上升趋势。

近年来，在校大学生犯罪率呈增长趋势。

2002年，发生了清华大学学生刘海洋在北京动物园的"伤熊事件"。

2003年，发生了浙江大学学生因毕业就业问题而产生悲观情绪后报复杀人事件。

2004年，发生了云南大学学生马加爵在校园里的杀人案。

2010年，发生在四川大学校园伤害他人致死案。

2016年，发生在四川师范大学的校园杀人案……

大学生犯罪的频频发生，引起了人们的高度关注。

大学生犯罪的特点[①]

研究表明，目前大学生犯罪有三大主要特点。

(1) 犯罪涉及的罪行往往比较单一。大多涉及盗窃和故意伤害这两种罪行；涉案学生男女比例大致是7∶1，男生主要涉嫌故意伤害罪，女生几乎都涉嫌盗窃罪和色情诈骗罪。

(2) 犯罪的侵害客体多是同学，越熟悉的人越容易成为侵害对象，如同寝室同学等。

(3) 涉案学生以民办高校的本专科生、成人教育学院的本专科生和公立高等院校的本专科生为主。人员结构上以本科一、二年级和专科一年级的学生为主。

大学生犯罪率上升这一事实表明，目前很多大学生并未把法律知识转化为法律意识，用

---

① 资料来源：《关于在校学生犯罪情况及学校处理情况的调查报告》，https://www.chinacourt.org/article/detail/2008/05/id/303644.shtml。

以指导自己的行为，因而不知道自己的行为是否正确。这一事实也表明，现行的法治教育模式没有让大学生真正懂法、守法。

因此，针对目前大学生法律意识和护法守法中表现出来的问题，高校应高度重视大学生法律意识的培养和教育。另外，大学生也必须加强自我教育，树立法治意识，自觉地知法守法、依法行事。正如苏联教育家苏霍姆林斯基所说："教育的目的是达到自我教育的境界。"不管老师的苦口婆心有多么动人，学校的各种教育活动有多么细致，如果没有大学生自我教育的介入，不管什么样的法治教育都无法起作用、有效果。因此，学生在大学生活中务必要做到知法守法、依法行事。

■ 知法守法，依法行事

遵纪守法是每个公民应尽的社会责任和道德义务。作为社会主义现代化建设事业的接班人，大学生更应懂法守法，加强对法律知识的学习和理解，培养良好的法律品德，增强法律意识，增强法律观念。

那么怎样才能做到知法守法，依法行事呢？

知法守法，就要树立宪法意识和法治观念，严格遵守宪法和法律，自觉在宪法和法律范围内活动。

第一，学法知法是守法护法的前提条件。

朱熹有一句名言："论先后，知为先。论轻重，行为重。"学法知法与守法护法的关系也是一种知行关系。显然，守法护法是关键，但学法知法是前提。

只有学法知法，才能知道什么行为是国家法律支持、许可因而是可以做的，什么行为是国家法律禁止、反对因而是不可以做的，从而指导自己自觉地依法行事，在宪法和法律范围内活动，并用法律标准去判辨自己和他人的言行，做出"合法"、"非法"或"违法"的正确评判，理智地同违法行为做斗争，维护法律尊严，从而维护社会正常秩序和自己的合法权益。可见，只有学法知法才能更好地守法护法。

在法治社会，法律几乎覆盖社会生活的各个方面，人与人之间的关系、人与物之间的关系、国家集体与个人的关系等，无不为法律所规范。无论你是否意识到，都要处处与法律打交道，这不以个人意志为转移。此外，社会经济越发展，社会分工越精细，社会竞争越激烈，生活节奏越快，法律对各领域的活动和秩序规范就越必要、越典型，不学法知法，就难以适应依法治国的需要。

大学生是未来社会的建设者和接班人，在学校，大学生是成年人，要树立法律意识和强化依法行事概念，知法守法，严格自律；走向社会以后，大学生不仅要依法律己，还要依法管理经济、管理社会。因此大学生应从所肩负的历史使命出发，努力学习和掌握相关的法律知识，养成依法办事的良好素质。这对个人、他人和社会都极其重要。

> **案例示范**
>
> 知法守法的大学生活
>
> **案例一：学法知法，才能维护自己的合法权益。**
>
> 某高校大学生胡某在一个杂货摊购笔，经过挑选后买了一支。但当他转身离开摊

位时，被老板喊住并予以质问，老板声称少了一支笔。该生在众目睽睽之下很是难为情，为了表示自己的清白，主动把衣兜翻给老板看。老板不相信，又在该生腰部和裤腿处搜查，最终却没在他身上找到笔。

点评：事实上，按法律规定，这个学生没有义务接受老板的质问，更不应该允许老板搜查；对于老板的侵权行为，还应让其赔礼道歉。这位大学生的举动虽然证明了自己的清白，但也反映出他对法律有关规定的无知，因而没有维护好自己的正当权益。

案例二：学法知法，才能辨别法律是非。

大学生小周在赌博过程中欠同学小胡赌债500元钱。小胡多次催要未果，二人发生争吵、互殴。几位赌友在一旁起哄助威："欠债还钱，天经地义，不还就是不行，自找挨打。"结果，小周受伤住院，花去医疗费近千元。

点评：其实，小周欠小胡的债务，是在赌博输赢中产生的"赌债"，是不正当的、非法债务，不受法律保护。同时，他们的赌博行为还应受到法律的制裁。他们采取殴斗来解决"欠债"问题，更是违反法律。可悲的是，这几位"青年精英"不仅认为赌债"该还"，而且把小周"该挨"当作天经地义，足以见其不知法律规定，而且是非辨别能力低。

案例三：学法知法，才能避免违法犯罪。

男学生小张和女学生小赵恋爱交往一段时期后，小赵以性格不合为由提出分手，要求只保持一般同学关系。小张不同意，继续纠缠，终未如愿，于是以捏造事实诽谤小赵的手段进行报复，致使同学对小赵议论纷纷。小赵受到侮辱，情绪低落，精神恍惚，其学习和生活受到严重影响。

点评：其实，小张的行为侵害了小赵的人格权、名誉权，构成了违法行为。如果因此导致小赵精神失常，不能正常生活或自杀，小张的行为便会转化为犯罪行为。对此，小张却全然不知，我行我素，其后果必然是十分危险的。

第二，学法知法应掌握的主要法律。

法学，作为一门科学，也是一个庞大的体系，浩如烟海，我们很难精通穷尽。

就现行的法律内容和大学生成才成功的需求而言，大学生应主要学习一些基本的法学理论、知识和主要的法律规范，具体包括以下内容：

(1)《中华人民共和国宪法》；
(2)《中华人民共和国治安管理处罚法》；
(3)《全国人民代表大会常务委员会关于维护互联网安全的决定》；
(4)《中华人民共和国道路交通安全法》；
(5)《中华人民共和国知识产权法》；
(6)《中华人民共和国民法通则》；
(7)《中华人民共和国消防法》；
(8)《中华人民共和国物权法》；
(9)《中华人民共和国刑法》；
(10)《中华人民共和国劳动合同法》和《中华人民共和国劳动法》。

另外，在国际局势风云变幻的今天，当代大学生对与跨国贸易、劳动权利保护等相关的国际法律也应高度重视。学生可以通过关注国际争端、特殊案例，或者阅读相关书籍、资料等形式来进行学习。

总之，当代大学生在大学四年的学习过程中，要能正确理解民主与法治、自由与纪律、道德与法律的关系，多学习并掌握法律法规基础知识，不断增强法治意识，树立法律观念，遵纪守法，自觉履行公民的权利与义务，懂得运用法律武器维护自己的合法权益，敢于同违法犯罪行为做斗争，即要做到学法、知法、守法、用法、护法并重。

第三，自觉守法护法，争当模范标兵。

知法守法，每个人都应从自我做起，从一点一滴做起。青年大学生更应以高标准来严格要求自己。大学生要做到以下几点。

(1) 认真学习以《中华人民共和国宪法》为核心的法律法规，不断增强自身的宪法意识和法治观念。

(2) 以各种法律法规及相关文件来约束和规范自己的言语与行为。

(3) 积极参与各种普法宣传和法律咨询活动，用自己所掌握的法律知识为普法宣传做出努力和贡献。

(4) 自觉遵守校规、校纪，以实际行动为构建和谐校园贡献自己的力量。

(5) 遵守并维护公共秩序，营造良好的校园文明氛围。

(6) 增强自身依法维权意识，勇于用法律武器维护自己的合法权益，敢于同违法违纪行为做斗争。

朋友们，让我们严于律己，以身作则，做一个知法、懂法、守法、护法的人！让我们共同努力，为构建法治社会、和谐社会做出自己应有的贡献！

学习笔记

思考与训练[①]

1. 习惯培养训练

1) 习惯培养卡 1
以早睡早起或天天锻炼为目标，通过这种方式，培养自己良好的生活习惯。

2) 习惯培养卡 2
给自己确立一周的学习计划，如每天记住 50 个英语单词，培养自己良好的学习习惯。

3) 习惯培养卡 3
找出自己一个小小的坏习惯，用心理学的方法来尝试纠正。如果成功的话，就奖励自己。

4) 习惯培养卡 4
每天睡觉前 20 分钟反省自己一天的言行，找出不足或问题，提出解决方案。

---

① 资料来源：https://www.mifenged.cn/articles/10_tips_to_start_a_new_habit.html。

5）习惯培养卡 5

（1）培养习惯：即刻行动，不拖延。

（2）开始时间：此时此刻。

（3）基本步骤与方法：

① 坚持 30 天——无论如何坚持新习惯 30 天。这需要你 95%的努力，所以一定要在第一个月里坚持、坚持、再坚持。

② 记录下来——如果你想改变一个习惯，请马上计划你想干什么并且记录下来。每天早上制定一天的工作计划，严格执行，不达目标誓不罢休。

③ 保持一致——原本决定培养锻炼一个好习惯，但你第一天跑步，第二天改成骑自行车，第三天又换成跳舞。这样换来换去，虽然使你的行为变得有趣，但却很难坚持并形成固定的习惯。在你培养好习惯的第一个月内，应保持你的习惯内容前后一致，不要任意改变。

④ 每日培养——在培养好习惯的第一月内，每天都要坚持，以便更容易地把习惯变成长久稳定的习惯。

⑤ 了解收获——如果你想培养一个永久的习惯，你就需要一点动力。了解你能从新习惯里获得什么好处。只有发现新习惯能带来的好处，才有不断的动力促使你培养这个习惯。

⑥ 提前计划——找一段适当的时间培养习惯。提前找出这个月内可能会破坏你培养新习惯的事情，如假期旅游、工作日程改变等。提前计划可以让你避免苦心培养的减肥计划被突然来临的生日聚会破坏，也可以让你避免因旅游而扰乱自己尝试坚持的节约支出的好习惯。

⑦ 举行仪式——在你开始新习惯前，最好举行一个仪式，如打扫房间、将工作台整理干净、准备好做计划的笔记本等。

⑧ 填好空隙——有些习惯并不固定。一个新习惯形成，必然有旧习惯被抛弃，从而产生一些"空隙"，你应想办法填补这个"空隙"。例如，养成了管理时间的好习惯，工作效率提高了，无形中时间就比以前延长了；过去在网上瞎逛一小时，现在改掉了这个毛病，生命中就多出了一小时，就应设法利用好这一小时。"填好空隙"，就是用养成好习惯改掉坏习惯而"延长"或"多出"的时间去做更多有意义的事，如奖励自己看一场电影、出去跑步等，以使新习惯巩固下来，也使事情变得有连续性。

⑨ 及时奖励——每当你成功培养了一个新习惯时，就给自己一些奖赏，这样可以增强你的动力，让你继续坚持。奖赏不一定是钱。如果这个月可以严格执行既定计划，不妥协地完成，下个月就可以奖励自己去旅游一趟。

⑩ 善用"但是"——使用"但是"来改变习惯培养中的坏情况。每当你坚持新习惯一段时间后，往往会或多或少地产生一些消极想法。你应在每一个消极想法后面及时加入"但是"，并且加入一些积极的想法。例如，"我不知道这件事怎么做，但是，我是一个很聪明的人，能马上就学会的"。

2. 行动力指数测评

行动力指数是对行动力等级的具体量化数值。根据"旗帜行动力系统"对个人行动力指数测试值，个人行动能力可划分为四个等级，如表 6-1 所示。通过该指数等级对照，我们可以更直观地了解自己行动能力的成长变化情况。

表 6-1 行动力等级划分标准表

入门级	有想法，但工作主动性差，害怕冒险，惧怕工作中所面对的困难与挫折；容易受惰性和不良风气的影响，对自己没有自信；奋斗目标不坚定，缺少行动动力

续表

初级	敢于主动请战，承担相应的工作与职责；敢于用"尝试"的方法解决问题，不惧怕困难与挫折，对自己比较有自信；树立了相当明确的目标，并开始尝试为之努力
中级	敢于打破固有模式，敢于用新办法、新思路对原有工作创新和解决问题；敢于立即采取行动，不怕失败打击；对于上级安排的工作总能按时或者提前完成；积极应对工作压力，在工作中不怕困难与挫折，敢于不断尝试；已经能有效运用行动工具，掌握一定的实现目标的具体方法
高级	具有强烈的企业家冒险精神，非常愿意通过不断尝试创造从无到有的结构；面对过程中的困难与挫折毫不畏惧，坚持走自己的路，有足够的行动力实现目标、管理目标

参考文献

埃勒让, 2001. 勇气创造辉煌[M]. 沈阳：春风文艺出版社.

侯书森, 王媛, 2009. 言与行[M]. 北京：新世界出版社.

华之田, 2008. 一步赢全部[M]. 北京：中国纺织出版社.

江俊文, 2008. 大学生就业与创业指导[M]. 北京：高等教育出版社.

蒋鸿, 张伟, 李勤, 2002. 大学法律基础读本[M]. 西安：西安交通大学出版社.

李玉华, 李景平, 2001. 大学生素质论[M]. 西安：西安交通大学出版社.

马克思, 1995. 马克思恩格斯全集第1卷[M]. 北京：人民出版社.

宁玉民, 2001. 思想政治教育方法和途径的创新[J]. 学校党建与思想教育, (5)：29-31.

宋继东, 2008. 论社会主义荣辱观[M]. 武汉：华中科技大学出版社.

孙施文, 2007. 遵纪守法[M]. 合肥：中国科学技术大学出版社.

王笑非, 2010. 靠结果生成[M]. 深圳：海天出版社.

闻君, 张佰仲, 2008. 世界上最伟大的成功学[M]. 北京：北京工业大学出版社.

赵震江, 付子堂, 1999. 现代法理学[M]. 北京：北京大学出版社.

郑日昌, 1999. 大学生心理诊断[M]. 济南：山东教育出版社.

郑雪, 2006. 社会心理学[M]. 广州：暨南大学出版社.

后 记

当我改完手中的书稿，为本书的最后一个句子打上句号时，心中并没有如释重负的释然。面对初入大学、活力四射、像喷薄欲出的朝阳一样的青年学生，就他们未来的人生宏愿说点什么，毕竟不是一件十分容易的事。我和我的同事都是昔日的学子、而今的教师，虽然都在从事这件平常但不平凡的工作，经历了许多人生的选择和考验，但是我们依然感到，在瞬息万变的人生苍穹里，人生轨迹从来都是难以预知的，也不是一成不变的；人类的前途是光明的，个人的前景是未定的，青年学生的未来更是充满变数、扑朔迷离。但是，成长的本身，就意味着在变化莫测、万象纷呈的大千世界里破除万难、抵御诱惑，坚定地沿着预定的目标，到达理想的彼岸。

浩如烟海的历史长河和宏大壮丽的未来世界都是由点滴人生汇集而成的，把握并清晰地描述这些东西，远非这本书可以完成，但这并不妨碍我们就青年学生迫切关心的问题加以讨论。感谢我的同事，我们一起把一些艰涩难懂的哲理变成了浅显易见的人生趣事。本书用朴实的语言、鲜活的事例诠释先哲的智慧，讲述平凡故事背后的人生辉煌。期望本书的这种表达方式能满足青年学子在知识和智慧的海洋里汲取营养的渴望，希望他们在阅读这些故事的时候能够对人生的真谛有所觉悟。

《规划引领人生——走进大学》一书是《构建具有成信特色的综合素质教育体系的研究与实践》四川省高等教育人才培养质量和教学改革重大项目(Z11120)的部分研究成果。全书共6章，第一版撰写分工如下：第1章由敬枫蓉、姜林琳编写；第2章由姜林琳、沈登学编写；第3章由张小红、袁世斌编写；第4章由卢军编写；第5章由朱毅、戴丽红编写；第6章由江俊文、黄澜编写。全书由敬枫蓉统稿修改定稿，并撰写前言和后记。写作期间戴丽红、刘春玉、刘绍全、周波等参与了研讨。本书第二版由敬枫蓉统稿并修改定稿，姜林琳、张小红、潘光林、阮丽娜和江俊文参与了修订工作。本书第三版由敬枫蓉、祖霞、姜林琳、张小红、卢军、阮丽娜、朱毅进行修订，祖霞对全书进行了统稿、编辑和排版，由敬枫蓉最终统稿修改定稿。

限于作者对未来的有限理解，限于作者的学识涵养，限于作者的人生经验和觉悟，本书可能难免存在一些问题，但这并不妨碍本书成为引玉之砖，希望引来更多的有识之士用他们的人生辉煌照亮青年学子的未来之路。我同时期望，读过这本书的青年才俊，在未来，无论你身处何方，从事何种职业，无论社会分工如何差别，作为茫茫人海中真实而鲜活的成员，作为璀璨河汉中明亮而不落的星辰，或在回顾自己的精彩人生时，或在给你们的下一代津津乐道时，你们能说："在我的大学里曾读过这样一本书……"

作 者

2018年5月4日于成都